Herta Nagl-Docekal
Innere Freiheit

Deutsche Zeitschrift
für Philosophie Sonderbände

36

Herta Nagl-Docekal

Innere Freiheit

Grenzen der nachmetaphysischen Moralkonzeptionen

DE GRUYTER

ISBN 978-3-11-055458-8
eISBN 978-3-11-036254-1

Library of Congress Cataloging-in-Publication Data
A CIP catalog record for this book has been applied for at the Library of Congress.

Bibliografische Information der Deutschen Nationalbibliothek
Die Deutsche Nationalbibliothek verzeichnet diese Publikation in der Deutschen Nationalbibliografie; detaillierte bibliografische Daten sind im Internet über http://dnb.dnb.de abrufbar.

© 2017 Walter De Gruyter GmbH, Berlin/Boston
Dieser Band ist text- und seitenidentisch mit der 2014 erschienenen gebundenen Ausgabe.
Satz: Frank Hermenau, Kassel
Druck und Bindung: Hubert & Co GmbH & Co. KG, Göttingen

♾ Gedruckt auf säurefreiem Papier
Printed in Germany

www.degruyter.com

Inhalt

Siglen 7
Einleitung 9

Teil I: Moral oder soziale Freiheit?

1.1 Eine kontraktualistische Moralkonzeption 17
    1.1.1 Moral aus der Perspektive des abstrakten Rechts 17
    1.1.2 Rückblick: Das Verhältnis von Recht und Moral bei John Rawls 25
    1.1.3 Ein reziprok auferlegtes Verhaltensschema 33
    1.1.4 Moral als Möglichkeit der Freiheit 47
1.2 Moderne Intimbeziehungen 51
    1.2.1 Die Methode der normativen Rekonstruktion 51
    1.2.2 Die Wirklichkeit der Freiheit in persönlichen Beziehungen 54
    1.2.3 Ein säkularer Trost? 65

Teil II: Zuwendung zu Individuen

2.1 Autonomie und Alterität 79
    2.1.1 Selbstgesetzgebung versus Selbstbestimmung 79
    2.1.2 Äußere und innere Freiheit 87
    2.1.3 Für eine Kultur des Zuhörens 92
    2.1.4 Liberale Rechtsverhältnisse als Bedingung für moralisches Handeln . . 102
2.2 Moralische Aufrichtigkeit 107
    2.2.1 Die Beziehung des Menschen zum ‚moralischen Gesetzgeber' 107
    2.2.2 Die Gesinnung, die Gott allein kennt 116
    2.2.3 Nach der Vorstellung vom ‚Herzenskündiger' 124

2.3 Liebe in ‚unserer Zeit' 129
  2.3.1 ‚Diese weltliche Religion des Herzens' 129
  2.3.2 Fragen der Aktualisierung 135
  2.3.3 Ein *happy end* oder Katzenjammer? 137
  2.3.4 Mit Hegel über ‚unsere Zeit' hinaus 141

Teil III: Religion jenseits nachmetaphysischer Disjunktionen

3.1 Der Ort von Religion 151
  3.1.1 Das intransparente Andere der Vernunft? 151
  3.1.2 ‚Ein System wohlgesinnter Menschen' 161
3.2 Die Utopie der Einheit von Kunst und Natur 173
  3.2.1 Das ultimative Ziel der Geschichte 173
  3.2.2 Vom Elend der Zivilisation zur Autonomie der Staatsbürger 176
  3.2.3 Die Zuneigung der Geschlechter als Ort der Moralisierung 181
  3.2.4 Julies Garten bei Rousseau und Kant 184
3.3 Religiöse Pluralität im modernen Rechtsstaat 193
  3.3.1 Viele Religionen – eine Vernunft 193
  3.3.2 Religiös konnotierte Konflikte der Gegenwart 198
3.4 Aufklärung und Religion bei Habermas und Hegel 203
  3.4.1 Die Gefahr einer ‚entgleisenden Modernisierung' 203
  3.4.2 Das Christentum auf dem Weg zur Moderne 206
  3.4.3 Religion in der Form des Denkens 215

Literaturverzeichnis 223
Personenregister 235

Siglen

A II: Hegel (1970): Vorlesungen über die Ästhetik II.
AM: Kant (1963 f.): Mutmaßlicher Anfang der Menschengeschichte.
AP: Kant (1963 f.): Anthropologie in pragmatischer Hinsicht.
BB: Kant (1910 ff.): Vorlesungen über Rationaltheologie (nach Baumbach).
BR: Hegel (1952): Briefe von und an Hegel.
BW: Kant (1910 ff.): Briefwechsel, Bd. I.
CP: Rawls (1999): The Idea of Public Reason Revisited.
DO: Kant (1963 f.): Was heißt: sich im Denken orientieren?
E III: Hegel (1970): Enzyklopädie der philosophischen Wissenschaften (1830) III.
ED: Kant (1963 f.): Das Ende aller Dinge.
EF: Kant (1963 f.): Zum ewigen Frieden.
EM: Rousseau (1971): Emil oder Über die Erziehung.
ES: Rousseau (1979): Emile und Sophie oder Die Einsamen.
GB: Honneth (1995): Zwischen Gerechtigkeit und affektiver Bindung.
GM: Kant (1963 f.): Grundlegung zur Metaphysik der Sitten.
GV: Rousseau (1964): Vom Gesellschaftsvertrag oder Prinzipien des Staatsrechts.
GW: Hegel (1970): Glauben und Wissen.
HL: Rawls (2002): Geschichte der Moralphilosophie.
HO: Hegel (2003): Vorlesungen über die Philosophie der Kunst (Hotho).
HZ: Honneth (2013): Daniela Zumpf im Gespräch mit Axel Honneth.
IG: Kant (1963 f.): Idee zu einer allgemeinen Geschichte.
IP: Rawls (1992): Die Idee des politischen Liberalismus.
IW: Honneth (2010): Das Ich im Wir.
KA: Honneth (1992): Kampf um Anerkennung.
KP: Kant (1963 f.): Kritik der praktischen Vernunft.
KR: Kant (1963 f.): Kritik der reinen Vernunft.
KU: Kant (1966): Kritik der Urteilskraft.
LB: Kant (1910 ff.): Logik (nach Blomberg).

LG:	Kant, (1963 f.): Logik.
LI:	Rawls (2003): Politischer Liberalismus.
LR:	Kant (1889): Lose Blätter (Reicke).
LU:	Honneth (2001): Leiden an Unbestimmtheit.
MS:	Kant (1963 f.): Die Metaphysik der Sitten.
MT:	Kant (1963 f.): Über das Mißlingen aller philosophischen Versuche in der Theodizee.
NA:	Kant (1910 ff.): Handschriftlicher Nachlass, Bd. XV.2.
NH:	Rousseau (1988): Julie oder Die neue Héloïse.
OP:	Kant (1910 ff.): Opus postumum, Convolut I–VI.
PD:	Kant (1963 f.): Über Pädagogik.
PG:	Hegel (1970): Vorlesungen über die Philosophie der Geschichte.
PH:	Hegel (1970): Phänomenologie des Geistes.
PK:	Hegel (2005): Philosophie der Kunst. Vorlesung von 1826.
PL:	Rawls (1993): Political Liberalism.
PR:	Hegel (1970): Grundlinien der Philosophie des Rechts.
R I:	Hegel (1970): Vorlesungen über die Philosophie der Religion I.
R II:	Hegel (1970): Vorlesungen über die Philosophie der Religion II.
RF:	Honneth (2011): Das Recht der Freiheit.
RG:	Kant (1963 f.): Die Religion innerhalb der Grenzen der bloßen Vernunft.
RL:	Hegel (1970): Entwürfe über Religion und Liebe.
RX:	Kant (1910 ff.): Reflexionen.
SF:	Kant (1963 f.): Der Streit der Fakultäten.
TH:	Rawls (1976): A Theory of Justice.
TJ:	Hegel (1991): Theologische Jugendschriften.
TP:	Kant (1963 f.): Über den Gemeinspruch.
UU:	Rousseau (1978): Diskurs über den Ursprung und die Grundlagen der Ungleichheit zwischen den Menschen.
VE:	Kant (1924): Eine Vorlesung zur Ethik.
VM:	Kant (1910 ff.): Vorlesungen über Moralphilosophie, erste Hälfte.
VP:	Kant (1910 ff.): Philosophische Religionslehre (Pölitz).
VS:	Kant (2004): Vorlesung zur Moralphilosophie (Stark).
VW:	Hegel (1968): Vorlesungen über die Philosophie der Weltgeschichte.
WA:	Kant (1963 f.): Beantwortung der Frage: Was ist Aufklärung?

Einleitung

‚Denkschrift' ist wohl der Begriff, der ein Buch dieses Zuschnitts am treffendsten bezeichnet, da es sich um eine Wortmeldung in einem laufenden Diskurs handelt. Der Fokus ist darauf gerichtet, wie rezente Werke der nachmetaphysisch orientierten Sozialphilosophie auf Moral Bezug nehmen: Ist das dort explizierte, mitunter auch indirekt zum Ausdruck gebrachte Moralverständnis überzeugend? Kennzeichnend für dasselbe ist eine kontraktualistisch geprägte Zugangsweise, die dem äußeren, reziproken Rechtfertigungsdruck maßgebliche Relevanz für die moralische Beurteilung beimißt, und die sich ferner darin ausdrückt, dass die Logik des Vertrags den Blick auch auf das ‚Wir' persönlicher Beziehungen leitet. Damit bleiben freilich zentrale Aspekte des Moralischen, wie sie auch in alltagssprachlich formulierten Moralauffassungen präsent sind, unterbelichtet. Die hier vorgelegte kritische Auseinandersetzung mit dieser rechtstheoretischen Engführung betrifft jedoch nicht den Kern der Konzeption des liberalen Verfassungsstaats *per se*; sie intendiert, ganz im Gegenteil, diesen von der Hypothek eines defizitären Moralverständnisses zu entlasten. Im Rekurs auf Kant und Hegel lassen sich – so lautet eine Kernthese dieses Buches – Elemente für eine angemessenere Theoriebildung gewinnen. Wird Autonomie im Sinne von Kants Konzeption der inneren Freiheit als Selbstgesetzgebung bestimmt, tritt die Verpflichtung der Zuwendung zu anderen in ihrer Einzigartigkeit hervor, primär die Pflicht des Zuhörens, die auch globale Relevanz besitzt; und die Vermittlung von Moral und Glück stellt sich in einer subtileren Weise dar, als die gängige Rigorismuskritik annimmt. Von Hegel her kommt in Sicht, wie die Idee der ‚wahren Liebe' in einer für heutige Geschlechterbeziehungen plausiblen Form formuliert werden könnte. Vor dem Hintergrund der praktischen Philosophie Kants und Hegels erscheint auch die laufende Debatte zur religiösen Pluralität im Kontext des liberalen Verfassungsstaates in neuem Licht. Das Verhältnis von Moral, Recht und Religion kann nun anders durchdacht werden als in jenem Diskurs, der eine Gleichsetzung von Vernunft und säkularem Denken vornimmt.

Um das nachmetaphysische Denken in einer der avanciertesten Ausführungen zu betrachten, richtet *Teil I* dieses Buches das Augenmerk primär auf Axel Honneths 2011 erschienene Studie *Das Recht der Freiheit,* wobei sich freilich Rückgriffe auf Schriften von Jürgen Habermas und John Rawls als angezeigt erweisen, und ebenso Bezugnahmen auf andere rezente Wortmeldungen aus diesem Segment der Sozialphilosophie. Im Zentrum steht der Weg, den Honneths Studie – in Anknüpfung an Hegels *Grundlinien der Philosophie des Rechts* – von der Sphäre des abstrakten Rechts über die der Moral bis zur ‚sozialen Freiheit' beschreitet. Im Zuge der näheren Erkundung dieses Argumentationsganges wird zunächst thematisiert, inwiefern die Logik des Vertrags auch die Darstellung der Sphäre der Moral bestimmt; dies geschieht u. a. anhand jener These, die im Konflikt zwischen der handelnden Person und den von ihrer Handlung jeweils Betroffenen den eigentlichen Anstoß zur moralischen Beurteilung ausmacht. Demgegenüber wird der von Kant geführte Nachweis in Erinnerung gerufen, dass von den Bürgern gemeinsam festgelegte Prinzipien sich nur auf den äußeren Aspekt von Handlungen, nicht aber auf Gesinnungen, beziehen können. Das heisst, auf der Basis von Kants Konzeption der ‚inneren Freiheit' wird hier Einspruch erhoben gegen eine von Habermas' Projekt der ‚intersubjektivistischen Lesart des Kategorischen Imperativs' initiierte Denkweise, und diese Kritik läuft auf die Frage zu, ob sich hier nicht eine moralische Entleerung des Subjekts abzeichnet.

Im Blick darauf, wie Axel Honneth – in Anknüpfung an Hegels These, wonach Recht und Moral nur bis zur ‚Möglichkeit der Freiheit' gelangen können – die Ebene der ‚Wirklichkeit der Freiheit' darstellt, wird die Aufmerksamkeit vor allem auf die Ansicht gerichtet, derzufolge das ‚Wir' der Liebenden – in heterosexuellen ebenso wie in gleichgeschlechtlichen Bindungen – seine vorrangige Bedeutung darin hat, die individuelle Freiheit der Partner zur vollen Verwirklichung zu bringen. Sondiert wird, wie weit die kontraktualistische Logik, freilich kontraintentional, auch hier bestimmend ist. Unter dieser Perspektive erscheint es als signifikant, wenn Honneths Darstellung der Liebe als intimer Bindung sich in der Weise am Prinzip der Reziprozität orientiert, dass die Frage, was man vom jeweiligen Gegenüber ‚erwarten' bzw. mit welchem Verhalten desselben man ‚rechnen' kann, maßgebend ist. Hat Hegels Konzeption des ‚Wir' nicht im Grunde gegenläufigen Charakter?

Die kritische Lektüre, für die dieses Buch plädiert, hat ihr leitendes Anliegen nicht in einer punktuellen Auseinandersetzung mit bestimmten Theorien, sondern darin, eine Debatte über die Konsequenzen eines kontraktualistisch verkürzten Moralverständnisses zu initiieren, in der nicht allein Folgen in der Theoriebildung, sondern auch existenzielle Auswirkungen zu erörtern sind. Um die Bedeutung dieser Problemstellung anhand eines Beispiels hervortreten zu lassen, wird thematisiert, wie sich die durch Tod und Trauer aufbrechenden Fragen im Kontext des nachmetaphysischen Denkens heute darstellen. So rückt Axel Honneths Skizze zu einem ‚säkularen Trost' in das Blickfeld, die von der Überzeugung getragen ist, dass wir ‚als Mitglieder des westlichen Kuturkreises angesichts der schwersten Schicksalsschläge unseres Lebens inzwischen alle zu puren Naturalisten geworden sind'. Geht man diesen Überlegungen Honneths nach, erhebt sich die Frage, wie weit der darin vorgeschlagene Trost die *de facto* erfahrenen unterschiedlichen Dimensionen von Trostbedürftigkeit angemessen auszuloten vermag. Dabei legt sich erneut nahe, Ausführungen Kants und Hegels als differenzierte Alternativen zu bedenken: zum einen Kants moralphilosophisch geprägte Erkundung menschlicher Verzweiflung und seine davon ausgehende religionsphilosophische Konzeption der Hoffnung, zum anderen Hegels Reflexionen über den dem Individuum in seiner Einzigartigkeit geltenden ‚unendlichen Schmerz'.

Dieses Buch ist so strukturiert, dass in den weiteren zwei Teilen jene Elemente des Denkens Kants und Hegels näher dargestellt werden, die in Teil I nur in Form knapper Hinweise zur Sprache kommen konnten. Die Konzentration auf diese beiden Autoren bedeutet freilich eine Beschränkung, liegt doch auf der Hand, dass auch von vielen anderen Positionen der Philosophiegeschichte her wichtige Differenzierungen für die heutige Debatte gewonnen werden können; durch einige Hinweise, etwa auf Hannah Arendts Konzeption der Vergebung oder auf Rousseaus Verständnis der Geschlechterrelationen, wird dies auch hier signalisiert. Der Grund für die gewählten Bezugnahmen liegt darin, wie in den rechts-, moral- und sozialtheoretischen Ausführungen im Rahmen des nachmetaphysischen Denkens Kant und Hegel im zweifachen Modus von Anknüpfung und Distanznahme laufend präsent sind. Manche Formen der Abgrenzung gehen, wie es scheint, auf verkürzte Rezeptionen zurück, die oft über lange Zeit unhinterfragt, respektive ungeachtet mehrfacher Einwände, tradiert wurden; paradigmatisch Hegels Kritik am ‚leeren Sollen' der Moralkonzeption Kants. Dieses Buch sucht Erkundungsgänge anzuregen, die verhärtete Einschätzungen dieser Art hinter sich lassen – im Sinne dessen, was man im anglophonen Raum ‚taking a fresh look' nennt. Allerdings wird eine solche Relektüre auch von anderer Seite her erschwert. Infolge der zunehmenden Aufsplitterung der philosophischen Forschung in spezielle Fachdiskurse hat sich das Studium der ‚Klassiker', und damit auch der Werke und Vorlesungsnachschriften Kants und Hegels, in einer Weise professionalisiert, die zur Befürchtung Anlass gibt, ein Vorgehen mit der Intention ‚to take a fresh look' könnte rasch auf zu dünnes Eis geraten. So geht es in diesem Buch auch um eine Kritik an der Tendenz zu einer Polarisierung, in der einander ein Tradieren verkrusteter Einschätzungen, einerseits, und abgeschottete professionalisierte Diskurse, andererseits, gegenüberstehen. Im Zeichen dieser kritischen Absicht werden hier einzelne Elemente aus den Werken Kants und Hegels so rekonstruiert, dass erkennbar wird, wie viel daraus für eine angemessene philosophische Auseinandersetzung mit heutigen sozialen Konstellationen gewonnen werden kann.

Auf diese Weise erörtert *Teil II*, wie eine Konzeption der Zuwendung zu anderen, die nicht auf einer kontraktualistischen Logik der Reziprozität beruht, aussehen könnte. Die Basis wird durch eine Einforderung von Trennschärfe hinsichtlich des Begriffs ‚Autonomie' gelegt. Im Blick darauf, dass dieser Begriff im zeitgenössischen Diskurs häufig primär im Sinne von ‚Selbstbestimmung' verwendet und dabei oft mit Konzeptionen wie ‚individuelle Selbstfindung' und ‚Selbstverwirklichung' verknüpft wird, soll die in der Moralphilosophie Kants zentrale Bedeutung – Autonomie als ‚Selbstgesetzgebung'– wieder zur Geltung gebracht werden. In der Folge dieser Akzentverschiebung kommt u. a. zur Sprache, welche Bedeutung Kant in seiner Theorie der Maxime dem selbständigen Denken der Individuen beimisst, das allererst das moralische Gesetz mit der jeweils konkreten Situation zu vermitteln hat, und ferner, dass der kategorische Imperativ nicht, wie häufig unterstellt wird, dazu anleitet, andere nur als ‚verallgemeinerte Andere' zu betrachten, sondern dass er Kontextsensitivität als eine unverzichtbare Voraussetzung moralischen Handelns einfordert. Unter der Perspektive der ‚Selbstgesetzgebung' tritt auch die Bedeutung der moralischen Biographie hervor und damit die Frage der Aufrichtigkeit sich selbst gegenüber. Diesen Punkt zu rekonstruieren erfordert freilich, sich darauf einzulassen, wie Kant Begriffe wie Gewissen und Reue mit religionsphilosophischen Mitteln expliziert.

Das Thema der bedingungslosen Zuwendung zu Individuen in ihrer Einzigartigkeit wird im letzten Kapitel von Teil II mit Rückbezug auf Hegel weitergeführt. Die Pointe lautet, dass Hegel auf der Basis seiner Konzeption des Geistes eine ebenso anspruchsvolle wie einleuchtende Idee der Liebe für Menschen ‚unserer Zeit' entwickelt, die zugleich ein kritisches Instrument hinsichtlich sozialer Pathologien der modernen Lebenswelt bildet. Diese Bedeutung lässt sich freilich erst im Rückblick, unter Voraussetzung der rezenten feministischen Theorie, umfassend darstellen, da es darauf ankommt, Hegels Sicht der Liebe aus der vor allem für seine rechtsphilosophischen Überlegungen kennzeichnenden engen Verknüpfung mit der geschlechterhierarchischen bürgerlichen Eheauffassung herauszulösen. Ziel dieser Interpretationsarbeit ist nicht allein eine theoretische Präzisierung, sondern vor allem das Aufzeigen einer Option, die gegenwärtig oft nicht wahrgenommen (d. h., im zweifachen Sinn von ‚wahrnehmen' nicht gesehen und nicht ergriffen) wird: jene Haltung, die davon ausgeht, dass es auch sinnvoll sein kann, sein Leben an Idealen zu orientieren, deren Umsetzung sich als nicht voll einlösbar darstellt.

Teil III setzt sich damit auseinander, wie die durch nachmetaphysische Prämissen bedingte Ausblendung der inneren Dimension von Moral darauf hinausläuft, dass auch die Frage nach einer möglichen Verknüpfung von Moral und religiösem Glauben unterbelichtet bleibt. In den Vordergrund rückt damit zunächst das Thema ‚Vernunft'. Geht Jürgen Habermas davon aus, dass die säkulare Sprache, deren sich die Bürgerinnen und Bürger in der Öffentlichkeit bedienen, Ausdruck unserer ‚natürlichen Vernunft' ist, während die religiöse Rede sich als ‚opak' und damit als das ‚intransparente Andere der Vernunft' darstellt, wird hier dagegen gehalten, dass es für einen auf diese Weise säkularistisch verkürzten Vernunftbegriff keine zwingenden Gründe gibt. Kant und Hegel machen von ihrem jeweiligen systematischen Zugang her einsichtig, dass Glaube und Vernunft in einer komplexen Interrelation verknüpft sind. Von hier aus zeichnen sich nuancierte Zugangsweisen gerade auch hinsichtlich jener gesellschaftlichen Pathologien ab, die Habermas dazu veranlasst haben zu erkunden, ob bzw. wie Religion heute der moralischen Regeneration dienlich sein könnte. So kann nun auch Kants Konzeption einer ‚auf die Beförderung des Guten im Menschen abzweckenden Vereinigung', die von der Ebene des öffentlichen Rechts klar abgehoben ist, neues Interesse gewinnen – freilich nur in einer Lektüre, die sich nicht mehr von der verbreiteten rigiden Ansicht behindern lässt, dass Kants These, wonach das ‚ethische gemeine Wesen' nur ‚in Form einer Kirche' realisiert werden kann, schlechthin obsolet ist.

Insofern der Blick auf moralische Defizite der Gegenwart die Frage nach der Zukunft provoziert, kommt in Teil III auch zur Sprache, wie Kant die Aufgabe einer allmählichen Moralisierung der Menschheit darstellt. Während gängige Rekonstruktionen seine

Geschichtsphilosophie bis zu dem Punkt verfolgen, an dem sie eine weltweite Rechtsordnung als Ziel benennt, wird hier die Aufmerksamkeit darauf gelenkt, dass für Kant eine solche globale Ordnung allererst die Bedingung der Möglichkeit einer vollen Entfaltung von Moralität darstellt. Damit kommt ein oft unterschlagenes Element seines Denkens in Sicht: dass letztlich die Aufgabe der Menschheit darin besteht, in allen Einzelnen eine möglichst weitgehende Harmonie von Moralität und Glück hervorzubringen. Wie erläutert wird, erhält diese Pointe vor allem dann deutliche Konturen, wenn man Kants Rousseau-Rezeption nachgeht. Freilich gilt hier erneut, dass sich der Zusammenhang erst im Rekurs auf Kategorien der rezenten feministisch motivierten Forschung gut ausleuchten lässt, da Rousseau die in Richtung der antizipierten künftigen Harmonie nötigen Schritte im Kontext seiner Konzeption der Geschlechterbeziehungen erläutert. In diesem geschichtsphilosophischen Rahmen ist überdies zu verfolgen, wie Kant gerade in der Erörterung der ultimativen Aufgabe der Menschheit unsere unentrinnbare Endlichkeit zur Geltung bringt und dabei aufzeigt, wie die Erfahrung der Endlichkeit zum Ursprungsort von Religion wird.

Zu den brisanten Problemen der Gegenwart, die hier in Auseinandersetzung mit nachmetaphysisch orientierten Einschätzungen erörtert werden, gehört auch das Konfliktpotential der religiösen Pluralität im modernen Verfassungsstaat. Der im Anschluss an John Rawls häufig vertretenen Ansicht, wonach die vielfältigen Glaubensgemeinschaften Denksysteme repräsentieren, die durch unüberwindliche Differenzen voneinander getrennt sind, wird die Leistungsfähigkeit von Kants Konzeption der einen, den diversen Varianten von ‚Geschichtsglauben' zugrundeliegenden moralischen Religion gegenübergestellt. Von dieser Konzeption her zeichnet sich für alle Bekenntnisse die Aufgabe ab, ihre Lehren neu zu durchdenken und damit auch deren Kompatibilität mit dem für die Moderne maßgeblichen Begriff der Menschenwürde hervortreten zu lassen. Inwiefern eine wohldurchdachte Relektüre religiöser Lehren erfordert, wissenschaftstheoretische, die Relation von Theologie und Philosophie betreffende Fragen zu klären, wird hier ebenfalls von Kant her untersucht, jedoch auch mit Blick auf Hegels These: ‚Wenn die Theologie nicht Philosophie ist, so weiss sie nicht, was sie will'. Dem Hintergrund dieser These geht das Schlusskapitel dieses Buches nach. Ausgehend von Hegels geschichtsphilosophischer Darlegung, wie die verabsolutierte Methode der Erfahrungswissenschaften zum Signum der Moderne hatte werden können, wird Hegels Einsicht hervorgehoben, dass die szientistisch enggeführte Aufklärung religiöse Überzeugung nicht zu widerlegen vermochte und daher den Versuch einer denkenden Neu-Aneignung der Glaubensinhalte nicht diskreditieren kann.

Die hier rekonstruierten Zugänge Kants und Hegels zum Thema Religion haben ihre spezifische Relevanz darin, dass sie sich klar gegen jene Formen von Aufklärungskritik verwahren, die eine Rückkehr in vormoderne Denk- und Lebensmuster nahelegen. Dennoch findet sich im Kontext der Gegenwartsphilosophie kaum jemand bereit, die Thesen vom Vernunftbedürfnis nach Religion aufzugreifen. Dieses Buch könnte dazu beitragen, die dadurch generierten Leerstellen deutlich werden zu lassen.

Teil I:
Moral oder soziale Freiheit?

1.1 Eine kontraktualistische Moralkonzeption

1.1.1 Moral aus der Perspektive des abstrakten Rechts

Um zu erkunden, wie Moral im Kontext des nachmetaphysischen Denkens heute aufgefasst wird, ist es angezeigt, die anspruchsvollsten rezenten Ausführungen dieser philosophischen Denkrichtung heranzuziehen. Unter diesem Gesichtspunkt soll hier das Augenmerk primär auf Axel Honneths Buch *Das Recht der Freiheit* gerichtet werden. Zunächst zum allgemeinen Rahmen, in dem Moral in dieser Studie verortet ist. Im Zeichen der Frage, wie die Begriffe ‚Freiheit' und ‚Gerechtigkeit' im Hinblick auf die heutigen sozialen Gegebenheiten angemessen bestimmt werden können, kommen auch Themen wie ‚moralische Autonomie' und ‚Verpflichtung' zentral zur Sprache. Honneths Buch ist daraufhin angelegt, zu demonstrieren, dass Hegels Werk *Grundlinien der Philosophie des Rechts* von eminenter Aktualität ist, insofern es eine Ausdifferenzierung vorgibt, auf deren Basis Defizite der aktuellen rechtstheoretischen Debatte überwunden werden können. Um dieses Potential freizusetzen, sind freilich Honneth zufolge eine Reihe von Redimensionierungen nötig (von denen einige im Weiteren thematisiert werden sollen). Hinsichtlich der entscheidenden Argumentationsschritte adaptiert Honneth den systematischen Aufbau der *Grundlinien* in der Form, dass er in den drei Hauptteilen seines Buches – nach „A. Historische Vergegenwärtigung" – die Differenz der „Möglichkeit der Freiheit" (Teil B) und der „Wirklichkeit der Freiheit" (Teil C) in den Vordergrund rückt. Während er unter dem Titel der „Möglichkeit" Recht und Moral behandelt, kommen unter dem der „Wirklichkeit" drei Formen von ‚Wir' zur Sprache – die persönlichen Beziehungen, das marktwirtschaftliche Handeln und die demokratische Willensbildung –, deren Gemeinsamkeit im Untertitel von Teil C: „Soziale Freiheit" signalisiert ist.

Die ‚soziale Freiheit' bildet das eigentliche Zentrum dieser Konzeption. In Anknüpfung an Hegels Begriff der ‚Sittlichkeit' macht Honneth geltend, dass eine konsistente Auffassung von ‚Freiheit' nur zu gewinnen ist, indem auf das wechselseitige Von-einander-abhängig-Sein der Einzelnen[1] Bedacht genommen wird. „Als isoliertes Subjekt bleibt der Mensch in all seiner reflexiven Freiheit von der äußeren Welt der sozialen Einrichtungen und Institutionen abgeschnitten. So gut es ihm auch gelingen mag, sich in seinem Handeln auf nur selbstgesetzte Ziele zu beschränken, so ungewiss bleibt doch deren Realisierbarkeit in der objektiven Wirklichkeit."[2] Die Einzelnen können sich demnach nur unter der Voraussetzung als frei erfahren, dass sie „die Ergänzungsbedürftigkeit ihrer jeweiligen Ziele anerkennen"[3] und dazu gelangen, ihre „komplementäre[n] Zielsetzungen gemeinsam zu verwirklichen".[4] Honneth entwickelt so eine Theorie der „intersubjektiven Freiheit".[5] Dieses Vorhaben verdient in zweifacher Hinsicht Beachtung; zum einen aufgrund des Anspruchs, die Bedeutung von sozialen Beziehungen, die seitens der liberalen Rechtstheorie marginalisiert wurden, neu in Sicht zu bringen, zum anderen aufgrund eines zeitkritischen Aspekts: Während ein Trend in der gegenwärtigen Mentalität zweifellos dahin geht, Institutionen bzw. eingespielte soziale Praktiken allein unter dem Gesichtspunkt der aufgenötigten Beschränkung und damit *toto genere* als suspekt zu betrachten, stellt Honneths Vorhaben, bestimmte institutionelle Konstellationen als Orte der Freiheit und damit als unverzichtbar auszuweisen, eine klare Herausforderung dar.

Im Folgenden soll Honneths Konzeption freilich nur im Blick darauf näher untersucht werden, wie das Thema ‚Moral' behandelt wird. Wenn dabei Einwände formuliert werden, so betrifft diese Infragestellung nicht die beiden eben aufgezeigten zentralen Ansprüche als solche; es geht vielmehr um die argumentative Stringenz und Plausibilität ihrer Umsetzung.

Unter Berufung auf Hegel wählt Honneth die Sphäre des ‚abstrakten Rechts' als Ansatzpunkt für die schrittweise aufbauende Entfaltung seiner Theorie. (Dabei weicht er von Hegel insofern ab, als er nicht eine Erörterung des Begriffs des ‚Willens' an den Anfang stellt, die für Hegel die systematische Grundlage seines gesamten Werkes bildet.[6]) Honneth charakterisiert die Sphäre des abstrakten Rechts als „eine besondere Klasse von sozialen Praktiken […], die durch eine gemeinsame Akzeptanz der Norm zustande kommt, ‚sei eine Person und respektiere die anderen als Person'".[7] Es gilt hier zunächst zu sondieren, wie der Schlüsselbegriff ‚Person' gedacht ist. Honneth erläutert, „dass die Institutionalisierung subjektiver Rechte einen Typ von sozialen Interaktionen ermöglicht, in denen die Subjekte sich unter Abstraktion von persönlichen Motiven und Wertorientierungen begegnen".[8] Er setzt hinzu, dass „die beteiligten Subjekte sich wechselseitig den normativen Status einräumen, all die Handlungen ohne öffentlichen Rechtfertigungsdruck ausüben zu können, die mit dem System der subjektiven Rechte

---

1 RF, 86.
2 RF, 85.
3 RF, 86.
4 RF, 93.
5 RF, 86.
6 Für eine eingehende Erörterung dieses systematischen Zusammenhanges siehe: Vieweg (2012).
7 RF, 148. Honneth zitiert hier PR, § 36.
8 RF, 148.

vereinbar sind: Sie erkennen sich, mit den Hegelschen Worten, reziprok als Personen an, die berechtigt sind, im Rahmen der existierenden Gesetze selbst zu entscheiden, welche Zwecke sie verfolgen möchten."[9] In der weiteren Ausgestaltung erfährt der Begriff ‚Person' dann aber eine Anreicherung mit moralbezüglichen Akzenten, die der Kerngedanke der subjektiven Rechte keineswegs notwendig macht.

Honneth beschreibt die reziproke Anerkennung als ‚Person' auch dahingehend, dass „die Subjekte [...] mit der wechselseitigen Unterstellung rein willkürlicher Interessen handeln."[10] Es ist jedoch ein Unterschied, ob festgehalten wird, dass das abstrakte Recht gerade deshalb ‚abstrakt' zu nennen ist, weil es auf die „Anonymisierung der Motivlagen und bloß erfolgreiche Koordinierung der nach außen sichtbaren Interessen"[11] abzielt, oder ob die ‚Rechtsperson' so aufgefasst wird, dass sie bloß willkürlich handelt. Dazu ein Beispiel: Um einen Kaufvertrag rechtsgültig abzuschließen, spielt der motivliche Hintergrund der involvierten Parteien keine Rolle. Wohl kann ich einschätzende Überlegungen hinsichtlich eines Geschäftspartners anstellen, doch nehme ich ihn dann als Menschen und nicht als ‚Rechtsperson' wahr.[12] Gewiss trifft es zu, „dass allen Beteiligten eine Vielzahl an Möglichkeiten offensteht, ihre wahrhaften Absichten zu verbergen und gegebenenfalls spielerisch damit umzugehen",[13] aber das spielt für ihre Positionierung als ‚Rechtspersonen' keine Rolle. Im Falle eines Kaufvertrags zählt allein, ob eine rechtsgültige Unterschrift geleistet wird. Kants Konzeption der ‚Legalität' – an der Hegels Ausführungen zum ‚abstrakten Recht' orientiert sind – hat die Pointe, dass es in der Sphäre des Rechts darauf ankommt, die gesetzlichen Bestimmungen einzuhalten, nicht jedoch darauf, welche Gründe die Einzelnen dazu bewegen. Dem entsprechend hat das Recht, wie Kant aufzeigt, „nur das zum Objekte, was in Handlungen äußerlich ist".[14] Wechselseitige Vermutungen hinsichtlich der jeweils ausschlaggebenden Motive bilden somit kein Element der Rechtssphäre.[15]

Der von Habermas gerne verwendete Ausdruck ‚Unterstellung' scheint dazu zu verführen, das Thema der reziproken Anerkennung von ‚Rechtspersonen' vorschnell mit dem einer charakterlichen Einschätzung zu verknüpfen. Diese Gefahr zeichnet sich ab, wenn Honneth zufolge Anerkennung hier darin besteht, dem jeweils „anderen Subjekt die Fähigkeit *und Bereitschaft* zu unterstellen, für alle [...] eingegangenen Verpflichtungen die Verantwortung zu übernehmen".[16] Während es sich bei der Zuschreibung der

---

9 RF, 149.
10 RF, 148 f.
11 RF, 149.
12 Vgl. die Hinweise zu Kants Unterscheidung von ‚Menschen' und ‚Bürgern' in Kap. 1.1.2.
13 RF, 149.
14 GM, 339. Für nähere Hinweise zur Kant-Rezeption in Hegels Begriff des ‚abstrakten Rechts' siehe: Vieweg (2012), 97–148.
15 Die Motivation kann nur sekundär eine Rolle spielen, etwa wenn im strafrechtlichen Kontext hinsichtlich eines bereits überführten Täters mit der Unterscheidung von ‚Mord' und ‚Totschlag' operiert wird.
16 RF, 150 (Hervorhebung H. N.-D.).

,Fähigkeit' darum handelt, ob jemand als mündiges Rechtssubjekt zu agieren vermag, geht es bei der Zuschreibung der ‚Bereitschaft' um eine Haltung, die nicht schon allein durch Mündigkeit verbürgt ist. Bei Honneth ist eine moralische Aufladung der Relation zwischen Rechtssubjekten zu verfolgen, wenn er festhält, dass vom Einzelnen „verlangt [wird], seinem Gegenüber trotz aller Undurchsichtigkeit der wahrhaftigen Absichten und Motive die Bereitschaft zuzutrauen, sich autonom an die Rechtsnormen zu halten; das setzt einen hohen Grad von Vertrauensvorschuss [...] voraus".[17] Hier wäre zu bedenken, dass zwischen einer empirischen und einer rechtstheoretischen Zugangsweise zu unterscheiden ist. Während es sich – um beim Beispiel des Kaufvertrags zu bleiben – empirisch wohl so verhalten mag, dass wir in der Regel davon ausgehen, dass ein unterzeichneter Vertrag eingehalten wird, hat der zivilrechtliche Begriff ‚Vertrag' seine Pointe nicht darin, dass wechselseitiges Vertrauen ‚verlangt' wird; vielmehr geht es darum, dass die beteiligten Rechtspersonen sich absichern für den Fall der Nichteinhaltung einer getroffenen Vereinbarung. Der Text eines Kaufvertrages enthält in der Regel auch Angaben über das im Streitfall zuständige Gericht. Anders gesagt: die Tatsache, dass ein Vertrag abgeschlossen wird, bekundet, dass man sich gerade nicht auf eine vertrauensvolle Haltung verlassen möchte. Rousseau formuliert dieses Argument mit Bezug auf gesetzliche Regelungen insgesamt, indem er festhält: „Ein Land, in dem niemand die Gesetze umginge und sein Amt mißbrauchte, hätte weder Obrigkeit noch Gesetze nötig."[18]

Eine charakterliche Anreicherung der ‚Rechtsperson' zeigt sich auch dort, wo Honneth das Rechtssubjekt unter der Perspektive der ersten Person Singular darstellt: „Ein derartiges Subjekt muß [...] gelernt haben, von seinen eigenen moralischen oder ethischen Überzeugungen gegebenenfalls zu abstrahieren, um sie in der rechtsvermittelten Interaktion mit anderen nicht handlungswirksam werden zu lassen; die individuell für richtig gehaltenen Moralnormen oder ethischen Grundsätze müssen gewissermaßen mental eingeklammert werden können, wenn die über das Recht ermöglichte Handlungskoordination erfolgreich sein soll".[19] Wie Honneth erläutert, hat die ‚Rechtsperson' „Selbstbeherrschung und Toleranz" aufzubringen, „weil die rechtlich legitimen Handlungen des anderen auch dann akzeptiert werden müssen, wenn dahinter von den eigenen Überzeugungen abweichende, ja ihnen widersprechende Einstellungen vermutet werden können [...]; ihr wird eine Differenzierungsleistung abverlangt, die in extremen Situationen bis zum Opfer der Selbstverleugnung reichen kann".[20] In diesem Gedankengang ist die ‚Rechtsperson' nicht im Sinne des abstrakten Rechts bestimmt; sie wird vielmehr als ein Mensch mit moralischen und ethischen Überzeugungen dargestellt, der lernen muss, dieselben einzuklammern und notfalls das ‚Opfer der Selbstverleugnung' zu bringen. Mit dieser moralischen bzw. ethischen Anreicherung verliert jedoch der Begriff ‚Rechtsperson' an Prägnanz.

---

17 RF, 150.
18 UU, 81.
19 RF, 150.
20 RF, 150 f.

Das Problem liegt am Wechsel zur Perspektive der ersten Person. Wie Honneth zunächst zu Recht hervorhebt, geht es im Bereich der subjektiven Rechte um die „Koordinierung der nach außen sichtbaren Interessen".[21] Das heißt, ich betrachte meine (z. B. Vertrags-) Partner – und diese betrachten mich – allein unter der Perspektive der geäußerten Interessen, und der motivliche Hintergrund der Beteiligten ist dabei nicht von Belang. Wenn ich aber mich selbst betrachte, ist das Bild ein anderes. Ich bin mir primär als ein Individuum präsent, nicht als eine ‚Rechtsperson', und in diesem Selbstverständnis spielen meine Überzeugungen eine Rolle. Nicht die ‚Rechtsperson' muss lernen, was es heißt, in einem Rechtsstaat zu leben, der subjektive Rechte zusichert, sondern ich muss lernen, was es heißt, eine ‚Rechtsperson' im Kontext eines liberalen Verfassungsstaates zu sein. Ich gehe in meiner mehr oder weniger komplexen Motivlage den rechtlichen Kommunikationen, auf die ich mich einlasse, immer schon voraus. Damit erhebt sich die Frage, was dieses Sich-Einlassen erfordert. Honneth stellt die Sache so dar, dass wir eine bestimmte Verhaltensweise zu erlernen haben: „Das Verhaltensschema, das den Subjekten innerhalb des Rechtsverhältnisses [...] auferlegt wird, ist dasjenige eines einsamen Aktors mit vordergründig nur strategischen Zielsetzungen."[22] Doch gilt es hier erneut zu differenzieren: Wohl trifft es zu, dass in der Interaktion von Rechtsträgern – z. B. in einem Gerichtsprozess – strategische Gesichtspunkte im Vordergrund stehen, doch heißt dies nicht, dass ich (unter der Perspektive der ersten Person) auf eine strategische Handlungsweise reduziert bin.

Es ist nicht nachvollziehbar, warum ich meine moralischen Überzeugungen – bis hin zum ‚Opfer der Selbstverleugnung' – suspendieren soll, um als ‚Rechtsperson' auftreten zu können. Das würde ja bedeuten, dass der Rechtsstaat grundsätzlich im Widerspruch steht zu meinen moralischen Verpflichtungen. Wie dagegen Kant ausgeführt hat, lässt sich demonstrieren, dass zu unseren im kategorischen Imperativ begründeten Pflichten auch die gehört, uns auf eine rechtsstaatliche Ordnung einzulassen bzw. eine Verbesserung der jeweiligen historisch entstandenen Rechtssysteme anzustreben. Die moderne Konzeption des Rechts – inklusive der Abstraktheit der ‚Rechtsperson'– wird dadurch nicht unterlaufen; es wird lediglich gezeigt, dass sie mit der Moral kompatibel ist und – mehr noch – moralisch fundiert werden kann.[23] Von hier aus stellt sich anders als bei Honneth dar, was es für mich heißt, „innerhalb des Rechtsverhältnisses"[24] zu agieren. Dass ich mich moralisch verpflichtet weiß, alle meine Handlungen auf ihre Vereinbarkeit mit dem Sittengesetz zu prüfen, betrifft auch die Frage, wie ich mich hinsichtlich meiner subjektiven Rechte verhalte. Nicht nur kann es sein, dass ich mich in einer konkreten Situation aus moralischen Gründen entschließe, einen bestimmten Rechtsanspruch nicht geltend zu machen; auch wenn ich meine Ansprüche durchzusetzen suche, bedeutet das nicht, dass mir seitens des Rechts eine bestimmte Verhaltensweise aufoktroyiert ist. Ich habe z. B. im Zuge eines Gerichtsverfahrens die Möglichkeit abzuwägen, ob ich gewisse

---

21 RF, 149.
22 RF, 151.
23 Vgl. die Ausführungen zu Kants Unterscheidung von ‚Mensch' und ‚Bürger' in Kapitel 1.1.2.
24 RF, 151.

Informationen preisgebe, wenn dies meinem Vorteil dient, oder ob ich sie aus moralischen Gründen – etwa aufgrund eines gegebenen Verschwiegenheitsversprechens – für mich behalte. Es scheint daher überzogen, wenn Honneth notiert, dass „die Rechtsperson ihre Interaktionspartner stets nur als Akteure mit strategischen Interessen behandeln kann".[25]

Diese Unschärfe belastet auch Honneths Darstellung des Freiraums, der den Einzelnen durch das liberale Recht eingeräumt wird: „Es liegt in der Logik solcher Individualrechte, dass sie die durch ihre Schutzleistungen geschaffene Sphäre persönlicher Autonomie als einen rein privaten, nur monologisch nutzbaren Bezirk konstruieren müssen; durch sie soll ja gerade jedes einzelne Subjekt zum Ausstieg aus dem Netzwerk kommunikativen Handelns berechtigt und damit von der Zumutung normativer Verpflichtungen entlastet werden"; damit gibt die rechtliche Freiheit „jedem einzelnen ein unverzichtbares Element der radikalen Herauslösung aus allen sozialen Verpflichtungszusammenhängen an die Hand. [...] [D]ie Haltung, die der Aktor in dieser rechtlichen Position einzunehmen vermag, macht als solche den Zugang zur Welt intersubjektiver Bindungen und Verantwortungen zunächst einmal unmöglich."[26] Zur Erläuterung zieht Honneth hier u. a. die Ehescheidung als Beispiel heran. Doch ist seine Sicht der Implikationen der Individualrechte nicht einleuchtend. Wohl hat der negative Charakter des Rechts die Pointe, dass jedem Subjekt ein „Schutzraum" zur Verfügung gestellt wird, „innerhalb dessen es nach Gutdünken seine eigenen Lebensziele abwägen, überprüfen und erproben kann",[27] was bedeutet, dass dem Einzelnen seitens des Staates keine Vorgaben hinsichtlich seiner Lebensziele und keine ethischen Normen auferlegt werden. Daraus lässt sich jedoch nicht ableiten, dass ich – aus der Perspektive der ersten Person – an einem moralischen Verhalten gehindert werde. Gerade weil mir aufgrund des negativen Charakters des Rechts keine Auflagen gemacht werden, wie ich in diesem ‚Schutzraum' vorzugehen habe, ist auch nicht vorentschieden, dass ich aus allen sozialen Verpflichtungen herausgelöst bin. Der negative Charakter bedeutet ebenso wenig, dass ich in eine sozialatomistisch verfasste Lage gebracht bin, die mich nötigt, meine Entscheidungen ‚monologisch' zu treffen. Kurz: Es steht mir in der ‚Sphäre persönlicher Autonomie' durchaus frei, Verantwortung für andere wahrzunehmen – nicht weil mir dies von außen auferlegt wäre, sondern weil ich selbst es will. (Es sei angemerkt, dass in Honneths Verwendung des Begriffs ‚persönliche Autonomie' jene Bedeutung von Autonomie, die Kant unter dem Titel ‚moralische Autonomie' erörtert hat, offenbar – einem heutigen Usus entsprechend – zur Gänze getilgt ist.[28]) Demgemäß ist mit der Einreichung einer Ehescheidung nicht *eo ipso* die Folge verbunden, dass persönliche Verpflichtungen nicht mehr akzeptiert werden.

---

25 RF, 155.
26 RF, 152.
27 RF, 152.
28 Näheres zu dieser Problematik in Kap. 2.1.1.

Wenn Honneth festhält, dass wir „zuvor die Sphäre rechtlicher Freiheit verlassen haben müssen",[29] um in diejenige moralischen Handelns einzutreten, so dürfte dies auch durch seinen Anspruch bestimmt sein, dem Aufbau der Hegelschen *Grundlinien* zu folgen. Damit erhebt sich die Frage, ob der Fortgang vom ‚abstrakten Recht' zur ‚Moralität' bei Hegel auf diese Weise gedacht ist. Dieser Frage kann hier nicht eingehend nachgegangen werden, doch sei angemerkt, dass sich Hegels Fokus auch anders deuten lässt. Wenn Hegel hervorhebt, dass er „die Momente […], durch welche der Begriff der Freiheit sich aus der zunächst abstrakten zur sich auf sich selbst beziehenden Bestimmtheit des Willens […] fortbildet",[30] aufzuzeigen sucht, macht er deutlich, dass sein Augenmerk – entsprechend der Dialektik des Willens[31] – auf die *Begriffs*momente gerichtet ist. Demgemäß hält er fest: „Im Recht hat der Wille sein Dasein in einem Äußerlichen; das Weitere ist aber, daß der Wille dasselbe in ihm selbst, in einem Innerlichen habe".[32] Unter dieser Perspektive haben Hegels kritische Ausführungen in diesem Kontext zwei Adressaten: zum einen Theorien, die die Freiheit des Menschen allein über die Ebene des Rechts (bzw. der Moral) definieren und damit unterbestimmen, zum anderen Verhaltensweisen, die ein in dieser Weise verkürztes Selbstverständnis verraten. Daraus lässt sich jedoch nicht ableiten, Hegel vertrete die These, dass wir immer dann, wenn wir als ‚Rechtspersonen' auftreten, unsere moralischen oder auch sittlichen Bindungen ausblenden müssen. Hegel weist – im Gegenteil – mehrfach darauf hin, dass die Art, in der die philosophische Begriffsanalyse systematisch-aufbauend vorzugehen hat, nicht parallel zu den realen Voraussetzungen verläuft. (Wie Honneth die Abgrenzung der Sphäre der Moral von der des Rechts im Einzelnen bestimmt, wird noch zu erörtern sein.)

Doch zurück zum Beispiel der Ehescheidung. Es könnte wohl empirisch belegbar sein, dass Personen, die eine Ehescheidung anstreben, sich häufig genau so verhalten, als hätten sie einen moralischen Anspruch auf eine „radikale Herauslösung aus allen sozialen Verpflichtungen". Probleme dieser Art klingen an, wenn Honneth festhält, „dass das Recht Einstellungen und Verhaltenspraktiken fördert, die einer Ausübung der von ihm geschaffenen Freiheit gerade im Wege stehen".[33] Er nimmt dabei Bezug auf heute allgemein zu verzeichnende Tendenzen, die er unter dem Titel „Pathologien des Rechts"[34] zu Recht moniert. Honneth unterscheidet hier zwei Formen von fragwürdigem Verhalten. Die eine besteht darin, dass die Einzelnen zunehmend bereit sind, kommunikative Relationen abzubrechen und nur mehr mit rechtlichen Instrumenten gegen einander vorzugehen;[35] die andere läuft darauf hinaus, dass der rechtlich gewährte Rückzug aus allen kommunikativen Verpflichtungen in der Art als Leitbild genommen

---

29 RF, 153.
30 PR, 199.
31 Siehe: PR, §§ 5–7.
32 PR, 202.
33 RF, 151.
34 RF, 157–172.
35 Wie sich diese „Pathologie" bei Habermas und Hegel darstellt, wird in Teil III dieses Buches behandelt.

wird, dass der Einzelne sich auf Dauer „von jeder bindenden Entscheidung freihält", woraus eine „charakterliche Formation" entsteht, „die sich als Unentschlossenheit und bloßes Getriebensein bezeichnen lässt".³⁶ Doch ist keine dieser Verhaltenspathologien darauf zurückzuführen, dass „das Recht" sie fördert; es ist nicht das Recht als solches, das derartige Praktiken nahelegt, sondern die Art, wie die Bedeutung des Rechts in der öffentlichen Diskussion im Allgemeinen wahrgenommen wird – genauer gesagt, der Umstand, dass das Recht zunehmend als die vorrangig relevante normative Sphäre aufgefasst wird. Dieser Sichtweise kommt die zeitgenössische Rechtstheorie insofern entgegen, als zentrale Proponenten davon ausgehen, dass ein moderner Begriff von Moral mit rechtstheoretischen Mitteln gewonnen werden kann. (Davon wird hier noch die Rede sein.)

Es zeichnet sich heute folgende Diskurslage ab: Wenn es um aktuelle normative Problemstellungen geht, dominieren zum einen kirchlich gebundene, zum anderen politisch-rechtliche Positionen die Debatte so, dass einer eigenständigen moralphilosophischen Zugangsweise kein Platz eingeräumt wird; dem entsprechend kann denjenigen, die sich nicht an einer Glaubensgemeinschaft orientieren, die rechtliche Herangehensweise als die einzig naheliegende Option erscheinen. Doch bleiben auf diese Weise basale Unterscheidungen wie die, dass nicht jede Handlungsweise, die rechtlich erlaubt ist, auch moralisch gerechtfertigt werden kann, unberücksichtigt. Unter diesem Gesichtspunkt ist Honneth zuzustimmen, wenn er fordert, in der Lebensorientierung über die Sphäre des Rechts hinauszugehen. Geht es indessen nicht um zeitdiagnostische Überlegungen, sondern um eine philosophische Klärung des Verhältnisses von Recht und Moral, so gilt es, die Komplexität dieses Verhältnisses zu präzisieren.

Honneth begründet seine These, wonach „die moralischen oder ethischen Überzeugungen" des Rechtssubjekts „mental eingeklammert" werden müssen, an der zitierten Stelle damit, dass „Selbstbeherrschung und Toleranz" aufzubringen sind, „weil die rechtlich legitimen Handlungen des anderen auch dann akzeptiert werden müssen, wenn dahinter von den eigenen Überzeugungen abweichende, ja ihnen widersprechende Einstellungen vermutet werden können".³⁷ Dies gibt zur Frage Anlass, welche Vorstellung von Moral hier ausschlaggebend ist. Herkömmlicherweise werden Selbstbeherrschung und Toleranz als Elemente einer moralischen Haltung verstanden und nicht darauf zurückgeführt, dass die moralische Überzeugung eingeklammert wurde. In diesem Sinne macht Kant plausibel, dass es zu unseren moralischen Verpflichtungen gehört, darauf einzugehen, dass die Einzelnen in ihrem Handeln sehr unterschiedliche Vorstellungen von Glück verfolgen. Dabei entwirft Kant nicht nur eine Auffassung von Toleranz im Sinne des Akzeptierens der Tatsache, dass andere sich von Überzeugungen leiten lassen, die von meinen abweichen (sofern dies in rechtlich legitimer Form geschieht); er macht darüber hinaus geltend, dass es unsere Pflicht ist, andere auf ihren Wegen zum Glück so weit wie möglich (und zulässig) zu unterstützen.³⁸

---

36 RF, 169.
37 RF, 150.
38 Zum argumentativen Hintergrund dieser These Kants siehe Kapitel 2.1.3.

Ein Hinweis darauf, warum für Honneth Toleranz gerade ein ‚Einklammern' von Moral erfordert, dürfte in der Wendung „moralische und ethische Überzeugungen" zu finden sein, die er mehrfach gebraucht. Hier ist der Begriff ‚Moral' im Sinne der Rawlsschen Konzeption der ‚comprehensive doctrines' verwendet, d. h., er ist nach dem Muster der jeweils identitätsstiftenden Überzeugungen gesellschaftlicher Gruppierungen gedacht, deren Vielfalt – auch in Form der Pluralität von Glaubensgemeinschaften – für moderne Staaten kennzeichnend ist. In diesem Kontext wird ‚Moral' als ein dogmatisches System von Normen aufgefasst, dessen Absolutheitsanspruch dazu anleitet, die gesamte soziale Ordnung danach auszurichten, und in dem somit Toleranz für andere Überzeugungen nicht vorgesehen ist. Es zeigt sich so, dass zwei Ebenen der Theoriebildung bei Honneth ineinander verschoben sind: Zum einen die der Fundierung des liberaldemokratischen Rechtsstaates, wie sie etwa von Rawls in der Konzeption des Urvertrages entfaltet wurde; hier sind die vertragsschließenden Parteien in der Tat so konzipiert, dass ihre jeweiligen persönlichen Überzeugungen ausgeblendet werden müssen. Paradigmatisch ist „die Entkoppelung religiöser Bekenntnisse von der Sanktionsgewalt des Staates und deren Koexistenz unter Bedingungen religiöser Toleranz", wie Habermas resümiert.[39] Die zweite Ebene betrifft hingegen die Frage, wie ich mich im Kontext des auf diese Weise konstituierten Verfassungsstaates in konkreten Situationen verhalte; hier ist – aus den angegeben Gründen – die Forderung nicht am Platz, dass ich meine moralischen Überzeugungen unterdrücken soll. An diesem Punkt scheint es naheliegend zu sondieren, wie sich dieses Themenfeld bei Rawls ausnimmt; möglicherweise beerbt Honneth Unschärfen der Rawlsschen Überlegungen?

1.1.2 Rückblick: Das Verhältnis von Recht und Moral bei John Rawls

Die Rawlssche Theorie des Rechts nimmt in mehrfacher Weise auf das Thema ‚Moral' Bezug. Drei zentrale Elemente dieser Bezugnahme seien hier unterschieden. Rawls macht *erstens* geltend, dass seine Gerechtigkeitskonzeption auf eine Theorie der Moral hinausläuft. Indem er den Anspruch erhebt, die Grundprinzipien einer fairen sozialen Kooperation vom wohlverstandenen Eigeninteresse her – d. h., „innerhalb eines vernünftigen empiristischen Rahmens"[40] – zu gewinnen, hält er explizit fest: „Gerechtigkeit als Fairness [...] ist zugleich eine Moralkonzeption".[41] Zu beachten ist hier nicht nur, dass die Moraltheorie auf eine empirische Basis gestellt werden soll, sondern auch, dass Rawls intendiert, mit den Mitteln der Vertragstheorie zu einem angemessenen Verständnis von Moral zu gelangen. Diese beiden Elemente seines Denkens haben sich bis heute als wirkmächtig erwiesen. So lässt z. B., wie im Folgenden erläutert werden soll, auch bei Honneth – ungeachtet seiner dezidierten Distanznahme von Rawls – das

---

39 Habermas (1991a), 207.
40 IP, 75.
41 IP, 77.

Moralverständnis einen kontraktualistischen Zuschnitt erkennen. Als eine weitere folgenreiche Weichenstellung erwies sich Rawls' Bezugnahme auf Kant, genauer gesagt sein Vorhaben, der Moralphilosophie Kants „durch die Konstruktion des Urzustandes eine prozedurale Deutung zu geben"[42] – ein Vorhaben, an das bekanntlich Jürgen Habermas und viele andere Autoren anknüpften. Wenn in der heutigen Debatte der Ausdruck ‚kantianische Konzeption' verwendet wird, geht es um diese von Rawls ausgehende Denkrichtung. Dabei bleibt freilich oft die Frage ungestellt, wie weit als ‚kantianisch' bezeichnete Gedankengänge – im Zuge ihrer pointierten Abwendung von den ‚metaphysischen' Elementen der praktischen Philosophie Kants – auf eine Rezeption von Differenzierungen verzichten, die für die heutige Debatte zum Thema ‚Moral' sehr wohl relevant sein könnten.

Rawls rekurriert, *zweitens,* immer wieder auf eine moralische Haltung, die außerhalb des Rahmens der vertraglich vereinbarten Regelungen liegt. Dies zeigen u. a. seine Überlegungen zum Problem der „Stabilität": Damit eine in „rationaler Übereinkunft"[43] gegründete Ordnung über die Zeit hinweg Bestand haben kann, „muss" sie – so Rawls – auch allgemein „anerkannt"[44] werden. Demnach kommt es darauf an, dass die Bürger[45] die Prinzipien ‚Freiheit' und ‚Gleichheit' nicht (nur) im Blick auf angedrohte Sanktionen, sondern *von sich aus* respektieren. Um die so geforderte Haltung zu charakterisieren, spielt Rawls auf Kants Unterscheidung eines Handelns ‚aus Pflicht' von einem bloß ‚pflichtgemäßen' Handeln an.[46] Die vereinbarten Gerechtigkeitsgrundsätze sollen von den Einzelnen „aus moralischen Gründen akzeptiert"[47] werden. Woher aber kommen diese moralischen Gründe? Hier wird offenbar unterstellt, dass Moralität in den Einzelnen bereits vor jeglicher Übereinkunft angelegt ist.

Freilich sucht Rawls die moralische Haltung der Bürger noch einmal vertragstheoretisch zu fundieren, etwa in seinen Ausführungen über die „Tugenden der Kooperation im öffentlichen Leben",[48] die den Bestand der ‚wohlgeordneten Gesellschaft' sichern

---

42 IP, 75.
43 IP, 76.
44 IP, 327.
45 Für das gesamte vorliegende Buch gilt die sprachliche Festlegung, dass der Ausdruck ‚Bürger' als Übersetzung des englischen Wortes ‚citizen' benutzt wird, das geschlechtsneutral ist und daher Bürgerinnen ebenso umfasst wie Bürger. Es ist befremdlich, dass im *Mainstream* der heutigen deutschsprachigen Rechtstheorie ein präzisierender Hinweis dieser Art in der Regel unterlassen wird. Eine diesbezügliche Klarstellung scheint insbesondere im Hinblick darauf wünschbar, dass in der Geschichte der modernen Rechtstheorie lange Zeit unter den Begriff ‚Bürger' (in welcher Sprache auch immer) ausschließlich Männer subsumiert waren. Diese Problematik wird am Beispiel Rousseaus in Kapitel 3.2.2 näher erläutert.
46 Rawls zufolge gibt es einen von den Bürgern „bejahten Begriff der moralischen Person" (IP, 87), zu deren maßgeblichen Vermögen ihr „Gerechtigkeitssinn" gehört, „d. h. ihre Fähigkeit, die Gerechtigkeitsgrundsätze zu verstehen, sie anzuwenden und aus ihnen heraus zu handeln (nicht nur in Übereinstimmung mit ihnen)" (IP, 93). Vgl. GM, 22–24.
47 IP, 327.
48 IP, 326. Rawls nennt sie auch „Tugenden der politischen Kooperation" (IP, 319).

sollen. Die Parteien im Urzustand entscheiden auch darüber, welche Tugenden von den Bürgern ausgebildet und kultiviert werden sollen;[49] diese Tugenden sollen dann „öffentliche Anerkennung" erfahren und dadurch „gefördert" werden.[50] Es handelt sich also um „bürgerliche Tugenden", auf die sich die „moralische Qualität des öffentlichen Lebens"[51] gründen soll. Doch diese Art der Identifikation von ‚Tugend' und ‚Moral' führt in Probleme – sie lässt unberücksichtigt, dass es zwei Begriffe von Tugend auseinander zu halten gilt. Kant formuliert dies mit der nötigen Trennschärfe, indem er „Menschen von guten Sitten" und „sittlich gute Menschen"[52] unterscheidet. Der erste Begriff bezeichnet ein Verhalten nach Regeln der „Klugheit",[53] d. h. eine „pragmatische"[54] Ausrichtung; der zweite eine Orientierung daran, dass das Gute um seiner selbst willen zu tun ist – auch dann, wenn dies dem eigenen Vorteil abträgliche Folgen haben sollte. Bürgerliches Wohlverhalten, das die Wertschätzung der Mitbürger bzw. der Öffentlichkeit erntet, kann auf der Basis einer pragmatischen Ausrichtung zustande kommen; eine Orientierung am moralischen Imperativ ist dafür nicht zwingend erforderlich. Rawls scheint an Kants Differenzierung anzuknüpfen, wenn er notiert, dass die Bürger es „für [...] *klug* halten" werden, ihre Loyalität gegenüber dem Gemeinwesen zu bekräftigen.[55] Auch seine Bezugnahme auf die Konzeption der ‚Rechtschaffenheit' bei Hegel deutet in diese Richtung. Das heißt aber, dass der Anspruch, die ‚*moralische* Qualität des öffentlichen Lebens' zu sichern, genau genommen, auf diese Weise nicht eingelöst ist.

Diese Spannung wird an zahleichen Rawlsschen Formulierungen sichtbar; etwa wenn von grundlegenden politischen Pflichten gesagt wird, es handle sich dabei um „an intrinsic moral duty (not a legal duty)",[56] oder wo „liberal political principles and values" generell als „intrinsically moral values"[57] bezeichnet werden. Mit dem Terminus ‚intrinsic' wird jeweils indirekt zum Ausdruck gebracht, dass Moral ihren Ort außerhalb der Vertragskonzeption hat. Doch zugleich bleibt Moral bei Rawls stets vom Gemeinwesen her bestimmt. Das wird nicht zuletzt an ihrer näheren Charakterisierung deutlich: Es ist keineswegs selbstverständlich, wenn das moralische Beurteilungsvermögen als ‚Gerechtigkeitssinn' bezeichnet wird, und wenn damit ‚Reziprozität' zu einer zentralen Beschreibungskategorie des Moralischen wird (darauf wird noch einzugehen sein).

---

49 Es finden sich bei Rawls mehrere Aufzählungen dieser Tugenden, die im Detail leicht voneinander abweichen, doch da es sich dabei nicht um grundlegende Modifikationen handelt, genügt es hier, eine Textstelle in Erinnerung zu rufen: Rawls nennt „Toleranz, die Bereitschaft, anderen entgegen zu kommen, Verantwortlichkeit und den Sinn für Fairneß" (IP, 319).
50 IP, 326.
51 IP, 326.
52 MS, 678. In geschichtsphilosophischem Kontext stellt er in diesem Sinne „zivilisierte" und „moralisierte" Verhältnisse gegenüber (IG, 44). Dazu siehe Kapitel 3.2.1.
53 GM, 45–48.
54 GM, 46.
55 IP, 327.
56 CP, 577.
57 CP, 583.

Kant nimmt hingegen eine klare Abgrenzung vor. Demnach verhält es sich notwendig so, dass auf dem Wege vertraglicher Vereinbarung ein moralisches Verhalten im eigentlichen Sinn (wie er auch alltagssprachlich aufgefasst wird) nicht fundiert werden kann. Die von den Bürgern gemeinsam festgelegten Prinzipien können sich nur auf den „äußeren"[58] (d. h., empirisch fassbaren) Aspekt von Handlungen, nicht auf Gesinnungen beziehen. Wenn im liberalen Verfassungsstaat niemand das Recht hat, die (vertraglich zugesicherte) Freiheit und Gleichheit anderer zu verletzen, so ist damit ein Leitfaden für die Beurteilung gesetzter Taten festgelegt. Eine bestimmte Gesinnung zu haben – in diesem Fall: die vereinbarten Prinzipien aus innerer Überzeugung einzuhalten –, kann hingegen nicht vertraglich vereinbart werden. Ein diesbezüglicher Versuch würde an einer Aporie scheitern: Die Vertragsparteien müssten ja gerade darauf verzichten, künftig eine Gesinnung – die immer nur ‚meine eigene' sein kann – zu haben. Zur Unschärfe in diesem Punkt könnte der Gebrauch des Ausdrucks ‚Prinzipien' verleitet haben. Wie Höffe (in Anknüpfung an Kant) zu bedenken gibt, sind zwei verschiedene Themen im Spiel, die es auseinander zu halten gilt, wenn zum einen über vereinbarte Grundprinzipien der Gesetzgebung gesprochen wird, die die Ordnung des Gemeinwesens leiten sollen (und damit auch den empirischen Blick auf die Handlungen der Einzelnen sowie auf Entscheidungen seitens staatlicher Instanzen), zum anderen über das für das moralische Urteil der Einzelnen ausschlaggebende Beurteilungsprinzip.[59]

Die Leistungsgrenze der kontraktualistischen Zugangsweise, die im Kapitel 1.1.1 anhand des Begriffs des ‚abstrakten Rechts' erörtert wurde, ist hier auf folgende Weise zu akzentuieren: Selbst in einem optimal geregelten Staat, dessen Gerechtigkeitsprinzipien allgemeine Zustimmung gefunden haben, bleibt es den Bürgern anheimgestellt, unmoralisch zu handeln, solange sie damit kein Gesetz übertreten. Von der Ebene des Staates her gesehen, ist die Moralität der Einzelnen deren Privatangelegenheit. Nun entspricht aber der Gedanke eines schlichten ‚Laissez-faire' nicht dem, was wir üblicherweise unter ‚Moral' verstehen – die Frage der Verbindlichkeit bleibt hier also offen.

Eine bedenkenswerte Alternative bietet Kant, der – verglichen mit Rawls – die entgegengesetzte Argumentationsrichtung einschlägt: Sein Vorschlag für die Vermittlung von Recht und Moral setzt bei der Moral an. Dafür ist ausschlaggebend, dass die Einzelnen zunächst als ‚Menschen' und erst sekundär als ‚Bürger' betrachtet werden.[60] Unsere *differentia specifica* als ‚Menschen' liegt Kant zufolge darin, dass wir uns mit dem in unserer Vernunft fundierten kategorischen Sollen konfrontiert sehen. Entscheidend ist im Blick auf die hier erörterte Thematik, dass der Geltungsbereich dieses Sollens insofern umfassend ist, als der kategorische Imperativ *jede* unserer Handlungen betrifft. Das bedeutet, dass eine Orientierung am Sittengesetz auch Verpflichtungen impliziert, die unsere Stellung zu Staat und Politik betreffen. Aus dem kategorischen Imperativ leitet sich, neben einer Reihe anderer moralischer Pflichten, auch ab, dass wir uns für

---

58 Kant charakterisiert „juridische" Gesetze dadurch, dass sie „nur auf bloße äußere Handlungen und deren Gesetzmäßigkeit gehen" (MS, 318).
59 Höffe (1995), 328.
60 Siehe: RG, 754.

Gerechtigkeit bzw. eine Vermehrung von Gerechtigkeit engagieren sollen. Auf dieser Basis gelangt Kant zu einer moraltheoretischen Begründung des Vertragsgedankens. (Es gilt zu beachten, dass Kant zwei unterschiedliche, doch auf einander abgestimmte Begründungen aufzeigt. Die andere geht von den pragmatischen Erwägungen aus, die dem durch den Antagonismus der Partikularinteressen generierten Leidensdruck Rechnung tragen, und nicht von der Gesetzgebung der reinen praktischen Vernunft. Dieses Thema wird in Kapitel 3.2.1 aufzugreifen sein). Im Rahmen dieses – abgeleiteten – moralischen Begriffs von Gerechtigkeit lässt sich wohl auch mit Kant sagen, dass wir über einen ‚Sinn für Gerechtigkeit' verfügen, doch ist dieser nicht deckungsgleich mit dem moralischen Sollen insgesamt; er fokussiert vielmehr unser – moralisch begründetes – Handeln als Bürger.

Die Differenz, um die es hier geht, lässt sich anhand des bei Rawls zentralen Grundsatzes der ‚Reziprozität' verdeutlichen. Dieser kennzeichnet die Perspektive der Bürger: Für die Vertragsparteien ist eine gerechte Ordnung nur dann gegeben, wenn alle Einzelnen nach dem Grundsatz der gleichen Rechte und Pflichten behandelt und auxiliatorische Belastungen nach dem Prinzip des wechselseitigen Nutzens arrangiert werden. Lassen wir uns hingegen – als Menschen – vom kategorischen Imperativ leiten, indem wir unsere Maximen anhand dieses Leitfadens prüfen, so darf auf eine derartige Symmetrie nicht Bedacht genommen werden: Es kommt darauf an, dass ich die Menschenwürde in anderen und mir selbst achte (im Sinne der engen Pflicht bei Kant), und dass ich die Zwecke der Anderen so weit wie möglich zu meinen mache (im Sinne der weiten Pflichten) – unabhängig davon, ob andere mich in der gleichen Weise behandeln. Dies ist die Pointe des Begriffs der moralischen Autonomie, in Abgrenzung gegenüber Heteronomie.[61] (Kant hat die über die philosophische Fach-Argumentation hinausgehende Plausibilität dieser Sichtweise durch den Hinweis unterstrichen, dass das christliche Gebot der Feindesliebe im Sinne des unbedingten Sollens des kategorischen Imperativs zu verstehen ist.[62])

Es bleibt heute oft unterbelichtet, was es bedeutet, dass die Differenz zwischen unserem Gerechtigkeitssinn einerseits und der genuin moralischen Verpflichtung andererseits jeden Einzelnen betrifft. Da jeder nicht nur Bürger, sondern auch Mensch ist, gilt es im Blick auf alle Einzelnen zu beachten, dass sie hinsichtlich der Auseinandersetzung mit normativ relevanten Handlungsweisen über *zwei distinkte* Beurteilungskriterien verfügen, und dass es im Zuge der Beurteilung des jeweils eigenen Handelns beide zur Anwendung zu bringen gilt. Dass es sich in der Tat um zwei Kriterien handelt, zeigt sich nicht zuletzt daran, dass das Ergebnis der Beurteilung ein und derselben Handlungsweise jeweils anders lauten kann. Sofern ich mich (moralisch) verpflichtet sehe, die geltenden

---

61 Näheres dazu in Kapitel 2.1.
62 GM, 25. Nun könnte versucht werden, einen Einwand darauf zu gründen, dass Kant in seinen Erläuterungen zum kategorischen Imperativ seinerseits den Gedanken der Reziprozität ins Spiel bringt. Doch geht es Kant dabei um ein anderes Thema: um die Idee einer Gesellschaft, in der alle Einzelnen sich am kategorischen Imperativ orientieren. Diese Idee ist aber nicht als Begründung für moralisches Handeln gedacht; sie bezieht sich vielmehr auf die Konsequenz eines bedingungslosen moralischen Handelns.

Gesetze einzuhalten, habe ich für jede meiner Handlungen zu prüfen, ob sie auch rechtmäßig ist. Doch bin ich, sollte diese Beurteilung positiv ausfallen, dadurch noch nicht moralisch (im vollen Sinn des Wortes) gerechtfertigt – es gibt, von Kant her formuliert, viele Möglichkeiten, gegen den kategorischen Imperativ zu verstoßen, ohne dabei ein Gesetz zu übertreten. Wie bereits betont: Was rechtlich erlaubt ist, ist nicht *eo ipso* moralisch zulässig. Das liegt nicht daran, dass wir nicht in einem optimal geregelten Staatwesen leben, sondern gilt auch hinsichtlich gesetzlicher Regelungen, die wir von unserem Gerechtigkeitssinn her (der, wie gesagt, selbst moralisch fundiert sein kann), als Bürger, mitzutragen vermögen. Ausschlaggebend ist, dass Recht und Moral unterschiedliche Blickwinkel repräsentieren: Während das Augenmerk der Bürger auf die soziale Ordnung als ‚äußere Freiheit' gerichtet ist, geht es bei der moralischen Perspektive um die jeweils eigene Motivation, d. h., um die ‚innere Freiheit'. Bei Kant kommt dies darin zum Ausdruck, dass der kategorische Imperativ als Anweisung zur *Selbst*prüfung formuliert ist; die sprachliche Ausdrucksform der persönlichen Anrede – ‚Handle nur nach der Maxime ...' – lässt diesbezüglich keinen Zweifel.[63]

---

63 Die Unterscheidung zwischen der für die Sphäre des Rechts kennzeichnenden Beurteilung von Interaktionen aus der Außenperspektive einerseits, und der moralischen Selbstbeurteilung andererseits, hat auch für die so oft als unlösbar eingeschätzte Frage der Abtreibung Relevanz. Während zum einen gute Gründe für eine rechtliche Regelung vorgebracht wurden, welche Abtreibung (in einem bestimmten Rahmen) nicht unter Strafe stellt – Gründe, die z. B. im gesellschaftlichen Druck liegen, dem sich schwangere Frauen oft ausgesetzt sehen –, ist zum anderen die moralische Frage damit nicht vorentschieden. Aus der Perspektive der ersten Person singular bedeutet es daher keine Inkonsistenz, wenn eine Frau als Bürgerin des Rechtsstaates für eine diesbezüglich liberale Gesetzgebung votiert, es zugleich jedoch aus moralischen Gründen ablehnt, an sich selbst eine Abtreibung vornehmen zu lassen. Vielleicht hat Honneths (in Kap. 1.1 zitierte) These, wonach es mitunter notwendig ist, meine moralische Überzeugung bis hin zum ‚Opfer der Selbstverleugnung' zu suspendieren, um den Anforderungen des liberalen Staates gerecht zu werden, auch die Abtreibungsdebatte im Blick; in diesem Fall wäre geltend zu machen, dass dieses ‚Opfer' nicht erforderlich ist, sobald die Ebenen des Rechts und der Moral klar unterschieden werden – was allerdings impliziert, dass die Moral nicht wieder – analog zum Recht – als Instrument der Beurteilung ‚von außen' aufgefasst werden darf. Dieser Hinweis betrifft auch Habermas, insofern dieser die Abtreibungsfrage allein mit Bezug auf die Pro- und Kontra-Argumente auf der rechtlichen Ebene in den Blick nimmt und so nur zur Einschätzung gelangt, dass „beide Seiten gute, vielleicht gleichermaßen gute Argumente zu haben scheinen" (Habermas (1991a), 165). Auch wenn Habermas daraufhin sondiert, ob „sich die eigentlich moralische Frage erst auf der allgemeineren Ebene der legitimen Ordnung koexistierender Lebensformen" stellen könnte (ebd., 166), heißt dies, dass die genuine Dimension der Moral umgangen bzw. nicht hinreichend von der des Rechts unterschieden wird. Entscheidend ist, dass die gesetzliche Regelung der Straffreiheit nicht mit einer moralischen Exkulpation verwechselt werden darf. Im Blick auf die gegenwärtige öffentliche Diskurslage ist zu bedauern, dass die Aufgabe der Aufklärung über diesen Unterschied, die von Seiten der Philosophie zu leisten wäre, kaum wahrgenommen wird. Diese Aufgabe sollte nicht zuletzt deshalb von philosophischer Seite in Angriff genommen werden, weil in kirchlichen Stellungnahmen die beiden Ebenen ebenfalls häufig nicht unterschieden werden.

Rawls weist der Moral *drittens* einen Ort in der ‚Hintergrundkultur' zu. Wenn die Vertragsparteien einander im Urzustand „Grundfreiheiten (Gedankenfreiheit, Gewissensfreiheit usw.)"[64] einräumen, so betrifft dies nicht nur individuelle Meinungen und Überzeugungen; Rawls geht davon aus, dass die Einzelnen ihre Weltsicht in der Regel aus umfassenden Lehren beziehen, die in darauf gegründeten Gesinnungsgemeinschaften vermittelt werden. Er bestimmt diese Lehren als „reasonable comprehensive doctrines, religious, philosophical, and moral".[65] Wie Rawls unterstreicht, ist, jedenfalls unter modernen Konditionen, damit zu rechnen, dass sich die Bürger eines Gemeinwesens an unterschiedlichen Lehren orientieren. Daher folgt für ihn aus der Institutionalisierung der Grundfreiheiten, dass „tiefe und unauflösliche Differenzen in Angelegenheiten von fundamentaler Bedeutung als dauerhafte Bedingung menschlichen Lebens"[66] anerkannt werden müssen. (Es ist wohl dieser Punkt, an den die in Kapitel 1.1.1 behandelten Überlegungen Honneths zum Thema ‚Toleranz' anknüpfen.) Demgemäß unterscheidet Rawls die von den Bürgern geteilte öffentliche Vernunft (im Singular) – „public political reason" – und „many forms of nonpublic reason",[67] wobei er nur dem ersten Typus zuspricht, allgemeine Verbindlichkeit erlangen zu können, während er den zweiten als auf die Binnenlogik der je besonderen Doktrinen beschränkt erachtet.

Auch dieser Zugang zum Thema ‚Moral' führt in Probleme. Gewiss kann es nicht Aufgabe des Staates sein, weltanschauliche Differenzen – oder Kontroversen zwischen unterschiedlichen philosophischen Denkrichtungen – einer Vermittlung zuzuführen. „Caesar non est supra Grammaticos"[68] hatte Kant in seiner Schrift zur Frage *Was ist Aufklärung?* zitiert. Doch sind die Kompetenz-Grenzen des liberalen Staates nicht ohne weiteres als Grenzen von Verständigung insgesamt aufzufassen. Methodologisch betrachtet, gilt es hier die empirische Ebene von der philosophischen zu unterscheiden: In einer erfahrungsbezogenen Einschätzung ist zweifellos davon auszugehen, dass die Vielfalt tradierter Orientierungsmuster vorderhand weiter bestehen wird (und dass es Aufgabe des liberalen Staates ist, den daraus resultierenden Konflikten mit einer äquidistanten Rechtsordnung zu begegnen). Aber für eine philosophische Erörterung von ‚Moral' bildet die faktische, historisch kontingente Pluralität nicht das letzte Wort. Im Gegenteil: Wo praktische Philosophie ernst nimmt, dass sich der Begriff ‚Moral' auf die Frage nach der ‚richtigen' Handlungsweise bezieht, hat sie zu thematisieren, dass nor-

---

64 IP, 95.
65 CP, 573. In diesem Punkt setzt Rawls einen anderen Akzent als Habermas, indem er nicht nur im Blick auf gläubige Menschen den Hintergrund einer solch umfassenden Lehre konstatiert, sondern davon ausgeht, dass auch religiös ungebundene sich an mehr oder weniger „umfassenden Lehren" orientieren (vgl. IP, 315).
66 IP, 118.
67 CP, 575 f. Eine detaillierte Ausdifferenzierung seines Begriffs ‚public reason' unternimmt Rawls in: „Lecture VI. The Idea of Public Reason", in: PL, 212–254, sowie in Kap. ‚1. The Idea of Public Reason', in: CP, 574–581. Für eine eingehende Analyse der verschiedenen Definitionen von ‚public reason', die sich bei Rawls finden, siehe: Freeman (2007), 381–415, und Larmore (2003).
68 WA, 59.

mative Konventionen die Individuen nicht von ihrer Verantwortung entbinden können. Letzteres zeigt sich u. a. daran, dass es mitunter moralisch geboten sein kann, gegen konventionell begründete gesellschaftliche Erwartungen zu handeln. In der rezenten Debatte ist dies u. a. im Blick auf die herkömmliche geschlechterdifferente Sozialisation und die darauf bezogenen Theorien über Unterschiede von ‚männlicher' und ‚weiblicher' Moral eingehend dargelegt worden.[69] Allgemein gesagt, bedeutet ein bloßes Konstatieren von ‚Moralen' (im Plural), dass die Kernfrage der Moral unthematisiert bleibt.

Nicht nachvollziehbar ist ferner, warum die konventionell bedingten Auffassungsunterschiede auf die Dauer ‚unauflöslich' sein sollten, wie Rawls annimmt. Plausibler erscheint Kants These, dass ein öffentlicher Diskurs über Fragen der Gewissensentscheidung möglich ist – und ein Desiderat darstellt. Es gilt zu beachten, dass Kant den Begriff ‚öffentlicher Vernunftgebrauch' gerade nicht auf den Diskurs unter Bürgern – der durch die in der Verfassung festgelegten Grundprinzipien normiert ist – bezieht, sondern auf den Gedankenaustausch zwischen Menschen. Demnach sind wir, um das in unserer Vernunft angelegte moralische Sollen möglichst konsequent umsetzen zu können, auf eine Verständigung mit anderen angewiesen. Das zeigt sich gerade im Blick auf die tradierten Normvorstellungen von Gemeinschaften: Während es geboten ist, diese Handlungsanleitungen auf ihre Vereinbarkeit mit dem kategorischen Imperativ hin zu durchleuchten (i. e., die darin angelegten Maximen kritisch zu prüfen), sind Kant zufolge vereinzelte Einzelne kaum in der Lage, dieser Aufgabe voll gerecht zu werden – „es ist [...] für jeden einzelnen Menschen schwer, sich aus der ihm beinahe zur Natur gewordenen Unmündigkeit heraus zu arbeiten. Er hat sie sogar liebgewonnen und ist vorderhand wirklich unfähig, sich seines eigenen Verstandes zu bedienen."[70] Eine gemeinsame Anstrengung im Medium der Kommunikation erlaubt jedoch, dieses Hemmnis zu überwinden. Demgemäß bestimmt Kant die Gewissensfreiheit – die auch er als ein Kernelement des modernen Staates einfordert – als „Freiheit [...], von seiner Vernunft in allen Stücken *öffentlichen Gebrauch* zu machen"[71]. Bei dieser Öffentlichkeit handelt es sich nun nicht um einen Freiraum für den ungehinderten Diskurs unter Mitgliedern eines Kollektivs – im Sinne der ‚many forms of nonpublic reason' –, sondern um einen Verständigungsprozess, der potentiell alle Menschen einbezieht. Kant erläutert dies am Modell des Gebrauchs der eigenen Vernunft, „den jemand als Gelehrter [...] vor dem ganzen Publikum der Leserwelt macht"[72]. (Diese Theorie Kants wird in Kap. 2.1.3 erneut aufzunehmen sein.)

Wird dagegen die Möglichkeit öffentlicher vernünftiger Verständigung auf den Diskurs unter Bürgern eingeschränkt, so erhebt sich die Frage, ob dadurch nicht – wenn auch kontraintentional – die weltanschaulichen Differenzen, deren Potential für einen ‚clash' das Ausgangsproblem für die Konzeption des liberalen Staates gebildet hat, bestärkt werden.

---

69 Vgl. Horster (1998).
70 WA, 54.
71 WA, 55 (Hervorhebung durch I. K.).
72 WA, 55. Zur näheren Erläuterung der Kantschen Konzeption des ‚öffentlichen Vernunftgebrauchs' siehe: Rossi (1998).

Es könnte nun angenommen werden, dass die RawlsscheThese von den ‚unauflöslichen Differenzen' zumindest hinsichtlich der Religionen Plausibilität hat. Die *de facto* gegebenen Konflikte mit religiöser Konnotation könnten nahe legen, die Sphäre der Religion als eine Pluralität von Systemen zu deuten, die sich jeweils nur für die Mitglieder der einzelnen Glaubensgemeinschaften als vernünftig ausnehmen. Doch liegt die diagnostizierte ‚Unverträglichkeit' in der Tat an den ‚Doktrinen' als solchen, oder an Gruppen von Menschen, die sich auf jeweils andere Lehren berufen? Dieser Frage soll in Kap. 3.1.1 dieses Buches nachgegangen werden. Hier war das Augenmerk zunächst allein auf die Verortung der Moral bei Rawls gerichtet, um auf dieser Basis sondieren zu können, wie weit seine Zugangsweise die heutige Debatte prägt.

1.1.3 Ein reziprok auferlegtes Verhaltensschema

Die Art, in der Axel Honneth das Thema ‚moralische Autonomie' behandelt, entspricht in doppelter Hinsicht seiner Intention einer Distanznahme von ‚kantianischen' Gerechtigkeitstheorien: zum einen, insofern die Sphäre der Moral klar von der des Rechts abgetrennt werden soll; zum anderen, insofern in Anlehnung an Hegel sowohl dem ‚abstrakten Recht' als auch der ‚Moral' die Sphäre der ‚sozialen Freiheit' übergeordnet wird. Dessen ungeachtet stellt sich bei näherer Betrachtung heraus, dass wesentliche Züge des Rawlsschen Moralverständnisses erhalten geblieben sind – und damit auch Probleme desselben.

Indem Honneth – im Kapitel „Die Möglichkeit der Freiheit"[73] – dem Abschnitt über die „rechtliche Freiheit" denjenigen über die „moralische Freiheit" folgen lässt, wird das Thema ‚Moral' vom Rechtsverständnis des liberalen Staates, d. h., vom ‚negativen' Begriff der Freiheit her aufgerollt. Während der moderne Staat den einzelnen Bürgern einen gesetzlich geschützten Freiraum zuspricht, in dem sie „nach Gutdünken"[74] handeln können, kommt mit der Konzeption der moralischen Autonomie der Gedanke hinzu, so Honneth, „dass die wirkliche Freiheit des Menschen in der Unterwerfung unter das für richtig gehaltene, als vernünftig eingesehene Moralgesetz besteht".[75] Honneth beschreibt dies als „die Ausdehnung der Freiheit nach innen"[76] und hält fest, dass damit – neben dem Recht – ein zweites, spezifisches „Handlungssystem"[77] eröffnet ist: „Wie bei der Institutionalisierung der rechtlichen Freiheit gehen mit der Institutionalisierung der moralischen Autonomie bestimmte Praktiken der wechselseitigen Anerkennung einher, wird wechselseitig eine besondere Art des normativen Status zugeschrieben und eine bestimmte Form des individuellen Selbstverhältnisses erwartbar gemacht."[78] Frei-

---

73 RF, 127–218.
74 RF, 193.
75 RF, 176.
76 RF, 84.
77 RF, 174.
78 RF, 193.

lich ergab sich mit dieser (in der Moderne erfolgten) ‚Ausdehnung der Freiheit nach innen', so Honneth, auch ein wesentlicher Unterschied: Während bei der Umsetzung der Idee der rechtlichen Freiheit „verbindliche Handlungsnormen etabliert" wurden, „ist die Vorstellung moralischer Autonomie nicht mit staatlich kontrollierbarer Verbindlichkeit ausgestattet worden, so dass sie insgesamt nur die schwach institutionalisierte Form eines kulturellen Orientierungsmusters angenommen hat".[79] Die Charakterisierung als ‚schwach' rechtfertigt Honneth damit, dass diese Institutionalisierung „nur auf dem brüchigen Fundament einiger informeller Sanktionen des Schuldgefühls und der moralischen Beschämung"[80] aufruht.

Um die moralische Autonomie als ein besonderes ‚Handlungssystem' auszuweisen, schreibt Honneth ihr sowohl einen spezifischen Zuständigkeitsbereich als auch spezifische ‚Praktiken' zu. Zur Abgrenzung gegenüber dem Rechtssystem macht Honneth zunächst geltend, dass die Moral in den „juridisch ungeregelten, allein persönlich zu verantwortenden Handlungskonflikten"[81] ihre Zuständigkeit hat.[82] Was indessen die moral-spezifischen ‚Praktiken' betrifft, so bezieht er sich laufend auf Kant, wobei er jedoch betont, dass er auf dessen Moralphilosophie nicht in vollem Umfang (und das bedeutet: nicht in ihrer transzendentalphilosophischen Grundlegung) eingehen, sondern sich auf die Frage konzentrieren möchte, welche Bedeutung die Vorstellung der moralischen Autonomie für unsere sozialen Lebensverhältnisse hat – d. h., die „Vorstellung [...], dass wir zu individueller Freiheit allein durch Rückbesinnung auf einen moralischen Standpunkt der Verallgemeinerung gelangen".[83] Honneth geht davon aus, dass eine „schnelle Verbreitung und Popularisierung des kantischen Gedankenguts"[84] stattgefunden hat, wodurch die Konzeption der moralischen Autonomie zum „allgemeinen Handlungswissen geronnen"[85] ist. Diese „kulturelle Idee"[86] begründet nun seines Erachtens einen spezifischen „Typ von sozialen Interaktionen, in dem sich die Subjekte mit der wechselseitigen Unterstellung der vernünftigen Urteilsfindung begegnen und sich daher untereinander die Chance der moralischen Stellungnahme einräumen. Der eine traut dem anderen zu, im Konfliktfall auf der Basis von allgemein rechtfertigbaren, universalisierungsfähigen Gründen zu urteilen, so dass dessen moralische Überzeugungen im gleichen Maße berücksichtigt werden müssen wie die eigenen; die individuelle Freiheit, die sich die Beteiligten daher hier reziprok zugestehen, ist die der Selbstgesetzgebung."[87] Die „Praktizierung" der „moralischen Freiheit" ist so „an die wechselseitige Bereitschaft

---

79 RF, 174.
80 RF, 192.
81 RF, 192.
82 Zur These, dass die Zuständigkeit der Moral im Bereich rechtlich ungeregelter Konflikte liegt, siehe auch: RF, 193 und RF, 196.
83 RF, 178.
84 RF, 190 f.
85 RF, 178.
86 RF, 193.
87 RF, 193.

gebunden, auf Nachfrage die eigenen Entscheidungen intersubjektiv zu rechtfertigen".[88] Dem entsprechend präzisiert Honneth den Unterschied zwischen den Sphären der rechtlichen und der moralischen Freiheit unter dem Gesichtspunkt der Rechtfertigungspflicht: „Bin ich in der Sphäre rechtlicher Interaktionen ‚frei', im Rahmen der bestehenden Gesetze nach Gutdünken und also ohne Rechtfertigungspflicht zu handeln, so kann ich in der Sphäre moralisch bestimmter Aktionen nur dann die ‚Freiheit' beanspruchen, mir die Richtlinien meines Handelns selbst aufzuerlegen, wenn ich gleichzeitig bereit bin, für deren allgemeine Akzeptierbarkeit intersubjektiv einsehbar die Gründe zu benennen."[89]

Wie in den bisher zitierten Textpassagen bereits angeklungen ist, beruht diese Form von gesellschaftlicher Praktik – durch die der „zweite Typ der individuellen Freiheit"[90] geprägt ist – darauf, dass den Einzelnen eine „besondere Art des normativen Status zugeschrieben"[91] wird. „Weil sich die Gesellschaftsmitglieder als ‚moralisch freie' Subjekte nur begegnen können, wenn sie die Bereitschaft zur Rechtfertigung ihrer Handlungsgründe besitzen, müssen sie sich zuvor wechselseitig den normativen Status eingeräumt haben, ihren Willen rational an verallgemeinerungsfähige Normen [...] binden zu können. Reicht es für die rechtsvermittelte Interaktion aus, dem jeweils anderen nur zweckrationale Fähigkeiten zu unterstellen [...], so sind die [...] Rationalitätszuschreibungen im Fall der moralisch vermittelten Interaktion [...] anspruchsvoller: Um gegenüber allen anderen über die Freiheit verfügen zu können, sein Handeln ausschließlich auf individuell für richtig gehaltenen Grundsätze stützen zu dürfen, muss ein Aktor aus Sicht all dieser Kommunikationspartner als eine Person gelten, die ihre Neigungen durch höherstufige Willensanstrengungen kontrollieren kann und sich dabei von allgemein zustimmungsfähigen Prinzipien leiten läßt [...]. Dadurch, dass der einzelne normativ für fähig gehalten wird, die Richtlinien seines Handelns gegebenenfalls vor allen anderen zu rechtfertigen, wird ihm zugleich das Recht eingeräumt, nur solche Grundsätze in seinen Handlungen zu artikulieren, die er selbst aus sich heraus für richtig hält."[92]

Indem er überlegt, wie sich auf dieser Grundlage die Perspektive des Subjekts ausnimmt, hält Honneth fest: „Ist ein Individuum einmal zu einer solchen gesellschaftlichen Existenz gelangt, indem ihm die entsprechenden Fähigkeiten öffentlich zugerechnet werden, so kann es sich als ein Subjekt wissen, dem die Freiheit der moralischen Selbstgesetzgebung zukommt. Das Verhaltensschema, das Subjekten innerhalb der Sphäre moralischer Freiheit damit auferlegt wird, ist dasjenige eines kommunikativen Aktors mit universalistischen Handlungsorientierungen", die er im „Falle von intersubjektiven Konflikten, die nicht rechtlich geregelt sind",[93] zum Tragen bringt. Kennzeichnend für diese Haltung ist die Bereitschaft zu einem Handeln „aus der unparteilichen

---

88 RF, 193.
89 RF, 193 f.
90 RF, 191.
91 RF, 194.
92 RF, 194.
93 RF, 196.

Perspektive".[94] Honneth unterstreicht mehrfach, dass seine Konzeption von moralischer Freiheit nicht im Sinne individueller Beliebigkeit verstanden werden sollte, und seine Auffassung vom „modernen Begriff des ‚Gewissens'" liegt ganz auf dieser Linie: „Das Recht zu haben, sich in moralisch relevanten Konflikten auf sein ‚Gewissen' zu berufen, soll nicht etwa der Begründung eigener Entscheidungen an bloß individuellen Prinzipien Vorschub leisten, sondern setzt die Bereitschaft voraus, jene öffentlich als verallgemeinerbar darzulegen."[95]

Hier anschließend wäre nun die zweite Abgrenzung der Handlungssphäre der Moral – gegenüber jener der ‚sozialen Freiheit' – darzustellen, doch sei dies noch aufgeschoben, um zunächst zu sondieren, inwiefern die eben resümierten Überlegungen Honneths ihrem Anspruch gerecht werden, Kants Konzeption moralischer Autonomie unter dem Aspekt „ihrer spezifischen Vorstellung von Freiheit"[96] zu rezipieren. Dabei wird sich zeigen, dass die Zugangsweise Honneths auf deutliche Abweichungen von Kants Moralphilosophie hinausläuft – also nicht nur darauf, bestimmte Konsequenzen, die in Kants Moralphilosophie bereits angelegt sind, zu extrapolieren. Wenn im Folgenden solche Divergenzen thematisiert werden, so geschieht es nicht primär unter der Perspektive philosophiehistorischer Präzisierung, sondern im Zeichen der Frage, wie weit in Kants Moralphilosophie Differenzierungen vorliegen, die größere Plausibilität beanspruchen können und daher nach wie vor unverzichtbar sind.

Wie die Wendung von der ‚Ausdehnung der Freiheit nach innen' signalisiert, ist die ‚Moral' bei Honneth an die ‚äußere' Sphäre der gesellschaftlichen Interaktion angebunden. Dem entspricht die Darstellung, wonach die Mitglieder einer Gesellschaft sich auf die ‚wechselseitige Unterstellung der vernünftigen Urteilsfindung' einlassen und damit einander ‚reziprok zugestehen', sich in ihrem Handeln von ihrer ‚Selbstgesetzgebung' leiten zu lassen. Dieser Gedanke folgt offenkundig dem kontraktualistischen Muster: Analog zum Bereich des Rechts ist auch derjenige der ‚moralischen Freiheit' auf eine Vereinbarung zwischen den einzelnen Beteiligten gegründet. Doch woran, genau, ist dabei gedacht? Wenn davon die Rede ist, dass jemandem etwas ‚zugestanden' wird, so impliziert dies, dass das betreffende Zugeständnis auch verweigert werden könnte. Aber lässt sich dies auf die moralische Autonomie der Einzelnen anwenden? Hängt diese davon ab, ob sie den Einzelnen von anderen zugesprochen wird – oder eben nicht? Honneths Ausführungen darüber, was ‚der eine dem anderen zutraut', können auf unterschiedliche Weise gelesen werden. Genauer betrachtet, überlagern sich zwei Bedeutungen, die in einer seiner früheren Schriften explizit auseinander gehalten sind.[97]

Zunächst lässt sich die These von der ‚Unterstellung der vernünftigen Urteilsfindung' im Sinne einer seitens der Gesellschaft vorgenommenen Einschätzung der Vernunftfähigkeit der Einzelnen beziehen, vergleichbar mit gewissen Festlegungen im rechtlichen Kontext, etwa hinsichtlich der Großjährigkeit bzw. des Wahlalters, oder mit einer auf be-

---

94 RF, 183.
95 RF, 195.
96 RF, 178.
97 Vgl. die Unterscheidung von „zwei Bewußtseinsoperationen" in: KA, 182.

stimmte Einzelpersonen zugeschnittenen Feststellung der Zurechnungsfähigkeit. Wenn Honneth von einer ‚Rationalitätszuschreibung' in dem Sinne spricht, dass der Einzelne für ‚fähig gehalten wird', seine ‚Neigungen durch höherstufige Willensanstrengungen zu kontrollieren', legt sich diese Deutung nahe. Die ‚wechselseitige Unterstellung' würde dann darauf Bezug nehmen, dass es für unsere alltäglichen Interaktionen von Relevanz ist, ob wir davon ausgehen können, dass diejenigen, mit denen wir zu tun haben, zu moralischem Handeln imstande sind. Für eine Deutung des Begriffs der moralischen Rationalitätszuschreibung im Sinne einer solchen Festlegung spricht auch, dass Honneth offenbar einen einmaligen Akt vor Augen hat, wenn er formuliert: ‚Ist ein Individuum *einmal* zu einer solchen gesellschaftlichen Existenz gelangt, indem ihm die entsprechenden *Fähigkeiten* öffentlich zugerechnet werden, so kann es sich als ein Subjekt wissen, dem die Freiheit der moralischen Selbstgesetzgebung zukommt'. Nun liegt auf der Hand: Eine äußere Beurteilung der Zurechnungsfähigkeit kann wohl ausschlaggebend dafür sein, wie die betreffenden Individuen im sozialen Kontext behandelt werden; doch bedeutet eine positive Zuschreibung natürlich nicht, dass die Einzelnen erst dadurch die Fähigkeit zum moralischen Urteilen erlangen. Überdies würde ein argumentativer Zirkel drohen: Um anderen moralische Selbstgesetzgebung zuschreiben zu können, muss man sie bereits an sich selbst kennen gelernt haben, da man sonst nicht wüsste, worum es geht.

Doch weisen Honneths Ausführungen auch eine andere Akzentsetzung auf, die sich klarer erschließt, wenn man frühere Schriften Honneths hinzuzieht. Es geht nun darum, mit welcher Konzeption von Subjekt der liberale Rechtsstaat operiert. So erläutert Honneth: „[W]enn eine Rechtsordnung nur in dem Maße als gerechtfertigt gelten [...] kann, in dem sie sich im Prinzip auf die freie Zustimmung aller in sie einbezogenen Individuen zu berufen vermag, dann muß diesen Rechtssubjekten zumindest die Fähigkeit unterstellt werden können, in individueller Autonomie über moralische Fragen zu entscheiden [...]. Insofern ist jede moderne Rechtsgemeinschaft [...] in der Annahme der moralischen Zurechnungsfähigkeit all ihrer Mitglieder gegründet."[98] Bezugnehmend auf diesen Gedanken heißt es nun, „daß sich die Subjekte *unter Bedingungen moderner Rechtsverhältnisse* reziprok in ihrer moralischen Zurechnungsfähigkeit anerkennen".[99] Honneth führt weiter aus, dass im Laufe der Entfaltung der Konzeption des liberalen Rechtsstaates auch der „Umfang der allgemeinen Eigenschaften einer moralisch zurechnungsfähigen Person sich schrittweise vergrößert hat".[100] Im Hinblick auf den u. a. von Marshall rekonstruierten Weg von den liberalen Freiheitsrechten zu den politischen Teilnahmerechten und schließlich zu den sozialen Wohlfahrtsrechten[101] hält Honneth fest: „Sich wechselseitig als Rechtsperson anzuerkennen, heißt insofern heute mehr, als es noch zu Beginn der modernen Rechtsentwicklung bedeuten konnte."[102]

---

98 KA, 184 f.
99 KA, 178 (Hervorhebung H. N.-D.).
100 KA, 185.
101 Honneth zitiert hier: Marshall (1963), 67 ff.
102 KA, 190.

Betrachtet man diese Darstellung näher, so zeigt sich eine Vermengung von zwei Themen, die nicht schlüssig ist: Während es zum einen darum geht, mit welchen Rechten das Rechtssubjekt des liberalen Staates ausgestattet wurde, kommt mit dem Begriff der ‚moralischen Zurechnungsfähigkeit' das Thema Moral ins Spiel, wobei nicht einsichtig gemacht wird, warum der Bürger, der seine Rechte in einer rationalen Weise in Anspruch nimmt, dadurch bereits moralisch qualifiziert sein soll. An genau diesem Punkt hat Honneth weiter gearbeitet: In seinem Buch *Das Recht der Freiheit* werden diese zwei Themen getrennt behandelt; vom Rechtssubjekt wird nun nur mehr gesagt, dass es über ‚zweckrationale Fähigkeiten' verfügen muß,[103] während die moralische Autonomie einem gesonderten Handlungssystem zugeordnet wird. Freilich folgt auch die Darstellung dieses Systems der kontraktualistischen Logik, und daraus resultieren gravierende Probleme. Um eine Pointe der folgenden kritischen Anmerkungen vorwegzunehmen: Während Rechtssubjekte ihre Kompetenzen in der Tat aus den Zuschreibungen seitens des betreffenden Staates beziehen, lässt sich moralische Autonomie nicht – analog dazu – durch reziproke Unterstellungen begründen.

Honneth charakterisiert die Sphäre der ‚moralischen Freiheit' zunächst dadurch, dass die Einzelnen einander zugestehen, ihr Handeln an jeweils selbst auferlegten moralischen Richtlinien zu orientieren. Kennzeichnend sind Formulierungen von der Art, dass die Einzelnen das *Recht* haben, sich in moralisch relevanten Konflikten auf ihr Gewissen zu berufen, oder: dass sie ihr Handeln an individuell für richtig gehaltenen Grundsätzen orientieren *dürfen*. Dem gegenüber mag die Frage naheliegend scheinen, worin das Besondere dieses Handlungssystems liegen sollte, steht es doch auf der Basis der liberalen Freiheitsrechte den Einzelnen ohnehin frei, nach moralischen Richtlinien zu handeln. Insofern die Gesetze Raum geben, um ‚nach Gutdünken' zu entscheiden, bildet ja (wie in Kapitel 1.1.1 erläutert) ein Handeln nach moralischen Grundsätzen eine der legitimen Möglichkeiten. Doch Honneth verfolgt ein anspruchsvolleres Ziel; das zeigt seine Konstruktion der reziproken ‚Erwartung', dass die Einzelnen bereit sind, für die Richtlinien ihres Handelns ‚intersubjektiv einsehbar die Gründe zu benennen', d. h., ihre Grundsätze – im Konfliktfall – ‚*öffentlich* als verallgemeinerbar darzulegen'. So hat die wechselseitige Zuschreibung hier die Pointe, dass sie den Einzelnen ein ‚Verhaltensschema auferlegt', insofern die öffentliche Erwartung etabliert wird, dass jeder sich als ein ‚kommunikativer Aktor mit universalistischen Handlungsorientierungen' verhält. Die strukturelle Analogie zu Honneths Darstellung der Sphäre des ‚abstrakten Rechts' ist offenkundig: Auch dort ging es darum, dass den Subjekten in reziproker Weise ein „Verhaltensschema [...] auferlegt wird".[104]

Auf diese Weise wird die Moral bei Honneth zu einer öffentlichen Angelegenheit. Dem entspricht, dass er die Möglichkeit einer öffentlichen Sanktionierung moralischer Verstöße thematisiert und ‚moralische Beschämung' als ein diesbezügliches Instrument betrachtet. Doch erhebt sich die Frage, ob der wechselseitige öffentliche Erwartungsdruck in der Tat in den Einzelnen eine moralische Haltung zu generieren vermag. Wie

---

103 RF, 194.
104 RF, 151.

Kant klar gemacht hat, kann im Modus des Vertrags wohl vereinbart werden, dass die Einzelnen bestimmte Handlungen setzen oder unterlassen, nicht aber, dass sie eine bestimmte Denkweise – in diesem Fall: eine ‚universalistische Handlungsorientierung' – kultivieren. An diesem Punkt zeigt sich die Scharfsichtigkeit der Kantschen Unterscheidung von ‚innerer' und ‚äußerer' Freiheit. Bezogen auf Honneth bedeutet sie: Wenn die Kommunikationspartner in einem Konfliktfall darauf drängen, dass jemand ‚intersubjektiv einsehbare Gründe' seines Handelns ‚öffentlich benennt', so sind sie in ihrer Beurteilung der in Rede stehenden Handlungsweise auf die daraufhin dargelegten Gründe angewiesen, ohne wissen zu können, ob diese Gründe auch tatsächlich für diese Handlung ausschlaggebend waren. Mit einer gewissen Fähigkeit zur Sophisterei dürfte eine Tarnung der eigentlichen Motive durch allgemein zustimmungsfähige Gründe leicht gelingen. Hatte Honneth hinsichtlich der Relation zwischen ‚Rechtspersonen' notiert, „daß allen Beteiligten eine Vielzahl an Möglichkeiten offensteht, ihre wahrhaften Absichten zu verbergen",[105] so wäre dies auch im Blick auf Interaktionen im Zeichen von moralischen Ansprüchen festzuhalten. Kant spitzt diesen Punkt noch zu, indem er zu bedenken gibt, dass auch dann, wenn jemand sich nicht zu verstellen trachtet, eine angemessene Beurteilung durch andere nicht zu erwarten ist: „[D]ie reine Gesinnung des Herzens [ist] das, was den eigentlichen moralischen Wert ausmacht, diese aber wird niemals von anderen recht erkannt, oftmals gar verkannt."[106]

Zur Erläuterung der Begrenztheit der Außensicht lässt sich die heute gängige Konzeption der ‚political correctness' heranziehen: Während es sich für die sozialen Interaktionen als sinnvoll erweisen mag, bestimmte Formen der sprachlichen Ausdrucksweise, wenn nicht rechtlich, so doch mit ‚moralischer Beschämung' zu sanktionieren, liegt zugleich auf der Hand, dass sich nicht mit Sicherheit feststellen lässt, ob jemand, der sich an solche Sprachregelungen hält, auch die entsprechenden Überzeugungen hegt. Das heißt, um öffentlichem Erwartungsdruck zu entsprechen, reicht eine pragmatische Haltung aus, während eine genuin moralische Motivation dadurch nicht generiert werden kann. Mit anderen Worten: Sofern sich Honneths Ausführungen als Versuch deuten lassen, Kants Konzeption des ‚Reichs der Zwecke' mit kontraktualistischen Mitteln in die heutige Sozialtheorie zu übersetzen,[107] ist festzuhalten, dass diese Absicht nicht einlösbar ist. Kant erläutert denn auch, dass öffentlich artikulierte moralische Anforderungen

---

105 RF, 149.
106 Kant, Reflexion 6858 (1776–78?), in: Bittner/Cramer (1975), 125.
107 Diese Vermutung legt sich u. a. im Blick darauf nahe, dass Forst eine derartige Verknüpfung vorgenommen hat, insofern er den „Raum der Rechtfertigungen", in dem „moralische Personen ihr Verhalten wechselseitig verantworten", dahingehend charakterisiert, dass die Einzelnen hier „Mitglieder eines gemeinsamen ‚Reichs der Gründe' (sind), welches in moralischer Hinsicht einem ‚Reich der Zwecke' korrespondiert: einer Gemeinschaft von moralischen Personen, die die Achtung des grundlegenden Rechts auf Rechtfertigung zur Basis ihres Handelns machen" (Forst (2007), 38).

zunächst nur zur ‚Zivilisierung' – die noch keine ‚Moralisierung' darstellt – führen[108] (darauf wird noch einzugehen sein).

Die Gefahr einer Doppelbödigkeit besteht auch auf Seiten derjenigen, die beurteilen sollen, ob die für eine Handlung genannten Gründe verallgemeinerbar sind. Es liegt auf der Hand, dass sie ihrerseits strategisch vorgehen, d. h. sich an Eigeninteressen orientieren können, wenn sie den genannten Handlungsgrund als nicht einsehbar zurückweisen. Diese Gefahr zu benennen, bedeutet freilich nicht, einen generellen Einspruch gegen eine Erörterung von Gründen unter Kommunikationspartnern zu erheben; vielmehr geht es darum, dass eine derartige Erörterung im besten Falle eine beratende, für Handlungsfolgen sensibilisierende Relevanz haben kann. Das Faktum der unterschiedlichen Fähigkeit von Individuen, Motive ihres Handelns auszubuchstabieren, und die damit gegebene Gefahr, dass jemand in der intersubjektiven moralischen Argumentation überfahren wird, dürfen hier freilich nicht außer Acht gelassen werden. Generell ist festzuhalten, dass es letztlich an den Einzelnen liegt, über den moralischen Zuschnitt ihres Handelns zu befinden. Gewiss ist auch diese innere Beurteilung nicht ungefährdet, da die Individuen durchaus geneigt sind, sich die Abgründigkeit mancher ihrer Motive nicht voll einzugestehen.[109] Doch wird die generelle These dadurch nicht konterkariert: Dass es der Selbstprüfung mitunter an Aufrichtigkeit ermangelt, kann nicht dadurch behoben werden, dass eine Beurteilung von außen an ihre Stelle gesetzt wird. Dem entspricht auch das Alltagsverständnis von moralischer Verantwortung. In der deutschsprachigen philosophischen Debatte wurde dieser Punkt bereits in den kritischen Kommentaren zu Karl-Otto Apels Solipsismus-Vorwurf gegenüber der Moralphilosophie Kants differenziert zur Geltung gebracht.[110]

Zu seinem Versuch einer öffentlichen Verankerung der Moral sieht Honneth sich offenkundig durch eine bestimmte Deutung des Begriffs ‚Selbstgesetzgebung' veranlasst. Seine Darstellung des ‚moralischen Subjekts' setzt damit ein, dass die Einzelnen sich an jeweils besonderen, ‚individuell für richtig gehaltenen Grundsätzen' orientieren – die sie dann im Konfliktfall öffentlich als verallgemeinerbar zu erweisen haben. Von Kant her gesehen bedeutet dies, dass Honneth den Begriff der ‚Selbstgesetzgebung' auf die individuelle Wahl von Maximen bezieht, während die Prüfungskompetenz nach Art des kategorischen Imperativs gewissermaßen nach außen gekippt wird, in die öffentliche Verständigung unter den Kommunikationspartnern. Honneth führt damit die Argumentation der Diskursethik fort, die auf „eine intersubjektivistische Lesart des Kategorischen Imperativs"[111] abzielt. Der von Habermas formulierten Erläuterung zufolge „stößt die Moraltheorie, sobald sie sich von der in der 1. Person Singular gestellten Frageper-

---

[108] Diese Differenzierung ist nachzulesen in: IG, 44 f. Kant zufolge kann die ‚Zivilisierung' wohl Bedeutung für die Erziehung zu einer moralischen Handlungsweise haben, doch geht es dabei nicht um ein Generieren von Moralität *per se*, sondern um die konkrete Umsetzung des in der praktischen Vernunft jedes Einzelnen angelegten Sittengesetzes.
[109] Zu Kants Auseinandersetzung mit dieser Problematik siehe Kap. 2.2.2.
[110] Siehe Baumgartner (1982); Schönrich (1994).
[111] Habermas (1991a), 100.

spektive löst, auf eine Realität des fremden Willens, die eine andere Art von Problemen aufwirft".[112] Diese Art der Distanznahme von Kant ist jedoch nicht einleuchtend. Insofern die ‚Zweck-an-sich'-Formulierung des kategorischen Imperativs die Achtung aller anderen als ‚Person' impliziert, gehört es immer schon zur moralischen Verpflichtung, auf die ‚Realität des fremden Willens' einzugehen. Die Perspektive der ersten Person Singular – im Sinne der Frage ‚Was soll ich tun?' – ist bei Kant dahingehend bestimmt, dass ich eben diese Pflicht habe; eine Anleitung zu bloßer Selbstbezogenheit ist darin nicht angelegt. (Dass die Forderung eines Eingehens auf den Willen anderer zu den unumgehbaren Implikationen des kategorischen Imperativs gehört, wird in Kapitel 2.1.3 näher erörtert.) Indessen besagt die ‚intersubjektivistische Lesart des kategorischen Imperativs': Ob ich moralisch gehandelt habe oder nicht, entscheiden in letzter Instanz andere. Das läuft auf eine moralische Entleerung des Subjekts hinaus.

Kennzeichnend für diese Verlagerung in den öffentlichen Diskurs ist die These, dass die ausschlaggebende moralische Beurteilung mit einem ‚Konfliktfall' einsetzt. Auch in diesem Punkt knüpft Honneth an Habermas an, der festhält: „Moralische Urteile erklären, wie Handlungskonflikte auf der Grundlage eines rational motivierten Einverständnisses beigelegt werden können."[113] Das heißt, den Anlass für eine Beurteilung nach moralischen Kriterien bildet, dass eine gesetzte Tat bei den jeweils Betroffenen Anstoß erregt hat. Dies widerspricht dem Alltagsverständnis, wonach derjenige, der eine verwerfliche Tat begangen hat, auch dann mit deren Verwerflichkeit konfrontiert ist, wenn sie von anderen unbemerkt blieb. Dass diese Art von einsamem Schuldbewusstsein auch zu den Elementen der retrospektiven Selbstprüfung unter der Perspektive des vorweggenommenen Todes gehört, wird noch zu thematisieren sein.[114] Hier ist zu notieren, dass für einen angemessenen Begriff von ‚Moral' eine reichere Ausdifferenzierung erforderlich ist.

Aus Kants Argumentation kann diesbezüglich viel gewonnen werden. Entscheidend ist, dass der Begriff ‚Autonomie' (wie in Kap. 2.1.1 erläutert) bei Kant so gefasst ist, dass er die den Menschen *gemeinsame* Kompetenz der Unterscheidung von Gut und Böse bezeichnet. Es ist die von allen geteilte Vernunft, in der die moralische Urteilsfähigkeit ihren Ort hat – sie gibt jedem Einzelnen das gleiche moralische Gesetz, das nur ein einziges ist. Kants Begriff ‚moralische Selbstgesetzgebung' besagt also, dass es unsere Vernunft selbst ist, die das Gesetz erlässt – nicht unsere je individuelle Einschätzung. Diese (im Lehrstück vom kategorischen Imperativ näher erläuterte) moralische Kompetenz ist uns somit vorgegeben; es verhält sich mit dem Sittengesetz nicht so, dass wir es erst auf seine Vernünftigkeit hin prüfen und ‚für richtig' halten müssten, da es –

---

112 Habermas (1991a), 101.
113 Habermas (1991a), 11. Dass der Konfliktfall als Ausgangspunkt betrachtet wird, ist für den laufenden an Habermas orientierten Diskurs generell kennzeichnend. So formulierte Rainer Forst folgende Definition: „Moralische Normen stellen kategorisch verbindliche Antworten auf intersubjektive Konfliktsituationen dar, die allen Betroffenen gegenüber gleichermaßen begründbar sein müssen." (Forst (2004), 180.)
114 Siehe Kapitel 1.2.3.

umgekehrt – gerade die Voraussetzung für jegliche moralische Beurteilung bildet. Auf die individuelle Einschätzung kommt es erst in zweiter Linie an, wenn es darum geht zu prüfen, ob meine subjektiven Grundsätze (Kant nennt sie Maximen), mit dem Sittengesetz vereinbar sind,[115] bzw. darum, nach welchem Grundsatz ich in der jeweils vorliegenden Situation handeln soll. Den Hinweis, dass es hier zwei Ebenen zu unterscheiden gilt, hätte Honneth freilich nicht allein aus Kant, sondern auch aus der Kantlektüre in seinem näheren Diskursumfeld beziehen können. So spricht Forst von „einer praktischen Einsicht zweiter Ordnung", welche sich auf die „unbedingte Pflicht zur Rechtfertigung" bezieht: „Diese Pflicht muss als eine wahrgenommen werden, die man nicht wie eine Verpflichtung (etwa durch ein Versprechen) übernimmt und zugleich schafft, sondern als eine, die man in seiner Eigenschaft, moralische Person zu sein, schlechterdings hat." Forst betont daher, dass man anderen gegenüber „als autonome Person – ohne einen weiteren Grund – verantwortlich ist".[116]

Der Zusammenhang von ‚Autonomie' und ‚Freiheit' stellt sich von Kant her so dar, dass der Einzelne nur dann, wenn er das in seiner Vernunft immer schon angelegte moralische Gesetz umzusetzen sucht, wahrhaft aus sich selbst heraus und damit frei handelt. Verzichtet man darauf, die Moral in dieser Weise in der ‚inneren Freiheit' zu verankern, so zieht dies einen stark verkürzten Begriff von Moral nach sich, wie nun noch näher erläutert werden soll.

Die These, wonach ein Handeln aus moralischen Gründen nur für ‚juridisch ungeregelte Konflikte' in Frage kommt, kann nicht überzeugen. Sie beruht auf Honneths Ansicht, dass das abstrakte Recht den Einzelnen ein strategisches Verhaltensschema ‚auferlegt' – d. h., auf einer These, deren Unhaltbarkeit bereits (in Kapitel 1.1.1) aufgezeigt wurde. Hier sei erneut betont, dass aus der Perspektive der ersten Person Singular jede einzelne Handlung – ungeachtet der Sphäre des Zusammenlebens, in der sie vollzogen wird – der Überprüfung auf ihre Vereinbarkeit mit dem Sittengesetz bedarf. Wohl kommt es hinsichtlich gültiger Rechtsvorschriften primär darauf an, dass – und nicht: warum – sie befolgt werden; doch bin ich dadurch nicht von einer Beurteilung der Lage unter moralischen Gesichtspunkten entbunden. Ich kann mich z. B. bei einer Wanderung in den Alpen an das Verbot halten, einen bestimmten Hochwald nicht zu betreten, auch wenn ich überzeugt bin, dass ein Zuwiderhandeln von niemandem bemerkt würde. Vor allem aber ist zu berücksichtigen, dass das Prinzip des Rechts als solches in der Moral fundiert ist. Kant bringt dies z. B. folgendermaßen auf den Punkt: „Die Ethik sagt, es sei gut, d. i. aus motivis internis notwendig, recht zu handeln. Daher gehört das Recht mit zur Sittlichkeit."[117] Wo der moraltheoretische Diskurs heute auf diese Art des Zugangs zum Recht nicht eingeht, gerät er in die Gefahr einer Komplizenschaft mit dem ohnehin anwachsenden Trend, Gesetze allein unter dem Gesichtspunkt der für den Fall der Übertretung jeweils angedrohten Sanktionen einzuhalten.

---

115 Dazu siehe: Illies (2007).
116 Forst (2007), 61.
117 Kant, Reflexion 7014 (1776–78), in: Bittner/Cramer, 116.

Dass Moralität vom ‚Konfliktfall' her thematisiert wird, d. h. im Blick auf eine Situation, in der andere meine Handlungsweise als Grund einer Verletzung benennen, hat außer der bereits thematisierten Problematik weitere Defizite zur Folge. Zum einen kann die gesamte Dimension der von Kant einsichtig gemachten „Pflichten gegen sich selbst"[118] nicht angesprochen werden; zum anderen drohen jene Implikationen der Moral ausgeblendet zu bleiben, die Kant unter dem Titel „Liebespflichten"[119] erörtert. Insofern nämlich die Pflichten der Hilfeleistung und des Wohltuns ‚weite Pflichten' sind, deren Umsetzung eine ermessende Abwägung erfordert, handelt es sich – wie u. a. Onora O'Neill herausgearbeitet hat[120] – um Pflichten, denen keine komplementären Rechte gegenüber stehen: Bedürftige können ihre Ansprüche auf Unterstützung nicht gegenüber bestimmten Einzelnen zwingend geltend machen. Ein ‚Konfliktfall' könnte hier freilich auch so gedacht werden, dass mir von anderen als den potentiellen Adressaten – z. B. von Freunden – vorgeworfen wird, zu wenig auf dem Gebiet der Hilfe und des Wohltuns zu leisten, doch vermag eine solche ‚advokatorische Argumentation', auch wenn sie *in concreto* die positive Auswirkung einer Ermahnung haben kann, den Grundzug der ‚weiten Pflicht' nicht zu unterlaufen: Sie kann mir nicht nachweisen, dass ich eine bestimmte Leistung gegenüber bestimmten Personen unterlassen habe. Kurz, die ‚Liebespflichten', die zweifellos für eine umfassende Theorie des Moralischen unverzichtbar sind, können nur von der inneren Freiheit – nicht vom äußeren Konflikt – her stringent begründet werden.[121]

Ferner: Bedingt dadurch, dass Honneths Verständnis von Moral kontraktualistisch geprägt ist, bleibt unklar, welcher Personenkreis als in die moralische Handlungssphäre einbezogen gedacht wird. Wenn Honneth festhält, ‚dass sich die Gesellschaftsmitglieder als ‚moralisch freie' Subjekte nur begegnen können, […] wenn sie sich zuvor wechselseitig den normativen Status eingeräumt haben, ihren Willen rational an verallgemeinerungsfähige Normen […] binden zu können', entspricht dies strukturell der Relation zwischen Bürgern eines jeweils einzelnen Verfassungsstaates. Doch liegt auf der Hand, dass die moralische Verantwortung nicht auf die immanenten Interaktionen besonderer ‚Gesellschaften' beschränkt werden kann, sondern sich auf alle Personen bezieht, die von meinem Handeln potentiell betroffen sind. Aber vielleicht denkt Honneth hier, wo er den Ausdruck ‚Gesellschaftsmitglieder' im moraltheoretischen Kontext verwendet, an eine fiktive ‚Weltgesellschaft'? Dieser Vermutung widersprechen jedoch seine Ausführungen über die Geschichte des Moralverständnisses, in denen er die diskursethische

---

118 MS, 549–583.
119 GM, 62 f.; MS, 584–591.
120 O'Neill (1996), 179–184 (Kap. 3: „Gebotene Tugenden: Pflichten ohne Rechte").
121 Dass die Konzeption der ‚Liebespflichten' in der heutigen, kontraktualistisch geprägten Rezeption der Moralphilosophie Kants oft ausgeblendet wird, belegt u. a. der Band Celikates/Gosepath (2009). Die darin abgedruckten Textpassagen aus Kants *Grundlegung zur Metaphysik der Sitten* enden genau vor dem Punkt, an dem Kant – im Anschluss an die ‚Zweck-an-sich-Formel' des kategorischen Imperativs – beginnt, die ‚Liebespflichten' zu erläutern. (Siehe: Celikates/Gosepath (2009), 222).

Argumentationslinie auf den eingeschränkten Raum der unmittelbaren Auswirkungen der europäischen Aufklärung rückbezieht. Wenn er, wie oben zitiert, davon ausgeht, dass Kants Konzeption der moralischen Autonomie ‚zum allgemeinen Handlungswissen geronnen ist', lässt sich dies wohl nicht als These über eine globale Entwicklung deuten (einmal abgesehen von der Frage, wie weit die Auffassung, wonach ‚eine schnelle Verbreitung und Popularisierung des kantischen Gedankenguts' stattgefunden habe, überhaupt auf diesen geographisch begrenzten Raum zutrifft).[122]

Nun entwickelt auch Kant den Gedanken einer auf Moral gegründeten Gesellschaft; er erläutert ihn im „Begriff eines ethischen gemeinen Wesens".[123] Doch setzt Kant den Akzent deutlich anders, insofern er nicht die reziprok entgegengebrachte *Erwartung*, dass die Einzelnen sich an intersubjektiv einsehbaren Gründen orientieren, in den Vordergrund rückt. Wenn er die Pflicht, „ein Glied eines ethischen gemeinen Wesens zu werden",[124] darlegt, geht es vielmehr – wie in Kapitel 3.1.2 erläutert – darum, dass wir einander proaktiv im Guten bestärken: es geht um die „Beförderung des Guten im Menschen".[125] Die globale Reichweite ist für Kant evident: „[W]eil die Tugendpflichten das ganze menschliche Geschlecht angehen, so ist der Begriff eines ethischen gemeinen Wesens immer auf das Ideal eines Ganzen aller Menschen bezogen."[126] Bekanntlich bildet dieser Gedanke die Basis des Kantschen Begriffs der ‚Kirche'.[127] Von hier aus erhebt sich die Frage, ob eine Untersuchung, die den Anspruch erhebt, die verschiedenen, für das heutige gesellschaftliche Leben bestimmenden Formen von ‚Wir' zu thematisieren, gänzlich auf das Thema ‚Glaubensgemeinschaft' verzichten kann – selbst noch darauf, die institutionellen Verhärtungen tradierter kirchlicher Praktiken mit den dadurch verschütteten normativen Ansprüchen zu konfrontieren. Möglicherweise ist Honneths Schweigen zu dieser Thematik von seiner These her zu verstehen, dass sich im Nachvollzug der heute „herrschenden Werte" gewisse historisch vorausliegende Ideale als unterlegen erweisen.[128] Hier wäre eine Bezugnahme auf Jürgen Habermas wünschbar gewesen, der die These vom Aussterben der Religion nicht (mehr) in dieser pauschalen Weise teilt[129], zumal Habermas ohnehin laufend als Diskussionspartner adressiert wird. Zu bedenken ist hier jedenfalls auch, dass sich für Hegel die Religionskritik der Aufklärung nicht als eine Erledigung der Religion – deren völlige Realisierung nur noch eine Frage der Zeit wäre – darstellt.[130]

---

122 Ein derart regionalisiertes Verständnis von Moral findet sich nicht allein bei Honneth. So halten Celikates und Gosepath in der Einleitung zu ihrem co-edierten Buch fest: „Der Inhalt der Moral besteht primär in jenen Normen, die die Mitglieder der jeweiligen Moralgemeinschaft binden und so deren Zusammenleben regeln." (Einleitung der Herausgeber, in: Celikates/Gosepath (2009), 10).
123 RG, 757–762.
124 RG, 755.
125 RG, 752.
126 RG, 754 f.
127 RG, 759–762.
128 RF, 21 f.
129 Dazu siehe: Habermas (2004a).
130 Siehe: Kapitel 3.4.

Die kontraktualistische Zugangsweise hat auch zur Folge, dass die Frage Priorität erlangt, welche Form der Achtung ich – aufgrund meiner Autonomie – von anderen erwarten bzw. hinsichtlich gesellschaftlicher Arrangements *einfordern* kann. In diesem Sinne hebt Honneth den „emanzipatorischen" Impuls, der sich aus dem kategorischen Imperativ ableitet, hervor – mehr noch: er spitzt die Leistung Kants geradezu darauf zu: „[Ü]ber die uns jederzeit gegebene Möglichkeit, existierende Verhältnisse auf ihre Rechtmäßigkeit hin zu hinterfragen, klärt uns die Kantische Idee der moralischen Autonomie *in erster Linie* auf."[131] Zu den Konsequenzen dieser Sichtweise gehört, dass ‚Wechselseitigkeit' als eine zentrale Kategorie der Moraltheorie aufgefasst wird. Honneth zufolge läuft die von Kant begründete Denktradition auf „die wechselseitige Einräumung der Möglichkeit individueller Selbstbestimmung"[132] hinaus. Doch gerät damit aus dem Blick, welche Bedeutung es hat, dass bei Kant die Frage nach der je eigenen Pflicht im Zentrum steht. Es gilt hier zu unterscheiden: Wohl zeigt Kant, dass ich das moralisch begründete Recht habe einzufordern, dass andere mich als Person behandeln, doch ist dieser Gedanke ein abgeleiteter und insofern nachrangiger.[133] Priorität hat hingegen, dass ich zu moralischem Handeln verpflichtet bin, unabhängig davon, wie andere mich behandeln. Dementsprechend hält Kant – im Kontext seiner Erläuterung der ‚Liebespflichten' – fest: „Anderen Menschen nach unserem Vermögen wohlzutun ist Pflicht, man mag sie lieben oder nicht [...]. Denn das Wohlwollen bleibt immer Pflicht, selbst gegen den Menschenhasser."[134] Es bedeutet keinen Widerspruch, wenn auch Kant von Reziprozität spricht, denn es geht dabei um die Idee einer durchgängig ‚moralisierten' Gesellschaft, nicht um einen Leitfaden moralischen Handelns. Die Gefahr, die darin liegt, eine solche Idee zur Bedingung des Handelns zu machen, erläutert Kant z. B. in folgender Notiz aus dem Nachlass: „Der erste Anreiz zum Bösen ist der, daß man sich, wenn man auch gut sein wollte, nicht eben ein solches versprechen kann. Niemand will allein gut sein. [...] Hier liegt nun die Schwierigkeit, dass das Gute [...] aber nicht allgemein sein kann ohne das einzelne."[135] (Das Thema der nicht auf Symmetrie bedachten bedingungslosen Zuwendung des Subjekts zu einem anderen, das hier als eine Pointe der Moralkonzeption Kants zu thematisieren war, wird hinsichtlich des von Hegel entwickelten philosophischen Begriffs von ‚Liebe' erneut aufzunehmen sein.[136])

Auch Honneths Auffassung von ‚Gewissen' blendet Differenzierungen aus, die bei Kant entfaltet sind. Kant zeigt (wie in Kapitel 2.2 erläutert), dass eine konsistente philosophische Deutung erfordert, diesen Begriff auf die Meta-Ebene der rückblickenden

---

131 RF, 179 (Hervorhebung durch H. N.-D.)
132 RF, 226.
133 Wie Kant betont, besteht die „rechtliche Ehrbarkeit [...] darin: im Verhältnis zu anderen seinen Wert als den eines Menschen zu behaupten, welche Pflicht durch den Satz ausgedrückt wird: ‚mache dich anderen nicht zum bloßen Mittel, sondern sei für sie zugleich Zweck'"; doch handelt es sich dabei um eine „Rechtspflicht", die im kategorischen Imperativ begründet ist. Siehe: MS, 344.
134 MS, 533.
135 Kant, Reflexion 1407 (1773–78?), in: Bittner/Cramer (1975), 129.
136 Siehe Kapitel 2.3.1.

Selbstprüfung zu beziehen, auf der ein Individuum reflektiert, ob es sich in seinem Handeln konsequent am moralischen Vernunftgesetz orientiert hat. Demgemäß stellt sich Reue anders dar als bei Honneth: Sie hat nicht den Charakter eines ‚brüchigen Fundaments einer informellen Sanktion'; vielmehr ist sie der *einzige* Ort der Einsicht in die moralische Fragwürdigkeit einer vollzogenen Handlungsweise. Auch erweist sie sich im Vergleich zu Sanktionen auf der Basis staatlicher Gesetzgebung durchaus nicht als ‚schwach'. Kant unterstreicht zu Recht, dass das Bedauern über eine moralische Verfehlung im Subjekt auch dann erhalten bleibt, wenn diese Tat seitens der Betroffenen längst vergeben ist.[137] Die Bezeichnung ‚Schuldgefühl' wird dem Phänomen der ‚Reue' nicht gerecht, sondern erweist sich als irreführend, da sie eine Psychologisierung vornimmt, die suggeriert, dass sich das Bedauern über eine moralische Verfehlung im Wandel der Gefühle verflüchtigt oder aber zu einer Fixierung verfestigt. Darüber hinaus könnte es geschehen, dass die verbreitete Rede von ‚Schuldgefühlen' – und die damit oft verbundene Empfehlung einer therapeutischen Überwindung derselben – zu einer Kultur der Abkehr von der Einsicht in eigenes Versagen[138] beiträgt, womit ein Verlust an moralischer Sorgfalt einhergehen würde. (Kant nimmt auf die Möglichkeit, dass Menschen über lange Zeit nicht bereit sind, auf ihr Gewissen zu hören, explizit Bezug.[139]) Unter diesem Gesichtspunkt ist kaum nachvollziehbar, was gemeint ist, wenn Honneth für einen „modernen Begriff des Gewissens" plädiert, der seine Pointe nicht in der Selbstprüfung der Handelnden hat, sondern auf einer Umdeutung dieser „ursprünglich viel partikularistischer verstandenen Instanz" beruht.[140] Mit-ausschlaggebend für dieses Problem könnte die Zweideutigkeit des von Rawls her verbreiteten Begriffs ‚moralisches Subjekt' sein: Während dieser Begriff zum einen darauf bezogen wird, dass die ‚Person' durch die Fähigkeit zum moralischen Urteil gekennzeichnet ist, bringt er zum anderen oft die fragwürdige Ansicht zum Ausdruck, wonach die Einzelnen heute – da sie Mitglieder der ‚moralischen Handlungssphäre' sind – in der Regel auch *de facto* moralisch handeln. In dieser zweiten Variante ist der Begriff einem Hang zur Selbstzufriedenheit förderlich, der sich über die menschliche Fallibilität allzu schnell hinwegsetzt, wie sie etwa in der Sprache des Glaubens in der Art ausgedrückt wird, dass wir alle ‚Sünder' sind.

In Honneths Bemerkungen zum ‚Gewissen' klingt freilich noch ein anderes Thema an, das man als ‚post-westfälisch' bezeichnen könnte. Wenn die ‚moralische Freiheit' dadurch erläutert wird, „[d]as Recht zu haben, sich in moralisch relevanten Konflikten auf sein ‚Gewissen' zu berufen",[141] so lässt sich dies auch im Sinne der Konzeption der Religionsfreiheit deuten. Die Grundidee der modernen Trennung von Kirche und Staat – wonach die einzelnen Bürger das Recht haben, selbst zu entscheiden, ob sie einer

---

137 KP, 224.
138 Zu bedenken ist hier auch, dass der Begriff ‚Schuld' weiter ist als der des moralischen Versagens, insofern er einbezieht, dass die Folgen unseres Handelns ganz unbeabsichtigt für andere zum Verhängnis werden können. Doch dies ist hier nicht Thema.
139 PD, 756.
140 RF, 195.
141 RF, 195.

Religionsgemeinschaft angehören wollen, und, wenn ja, welcher (vorausgesetzt, dass die durch die staatliche Gesetzgebung festgelegten Grenzen eingehalten werden) – wird ja traditionell mit dem Begriff ‚Gewissensfreiheit' bezeichnet. Hier geht es in der Tat um Freiheit für eine individuelle Entscheidung, die die Bürger einander wechselseitig einräumen. Aber der Begriff ‚Gewissen' bezieht sich dabei nicht unmittelbar auf die moralische Haltung der Einzelnen; er bringt vielmehr zum Ausdruck, dass die individuelle Entscheidung hinsichtlich der Religionszugehörigkeit wesentlich dadurch bestimmt ist, wie die unterschiedlichen Glaubensgemeinschaften bezüglich der Vermittlung letzter Verbindlichkeit zu überzeugen vermögen. Doch ist auch diese Art von individueller Entscheidung nicht – wie dies häufig geschieht – in dem Sinne zu verstehen, als würden die unterschiedlichen Religionsbekenntnisse Wertesysteme repräsentieren, die schlechthin inkompatibel sind.[142]

1.1.4 Moral als Möglichkeit der Freiheit

Was nun Honneths zweite Abgrenzung des moralischen Handlungssystems – jene gegenüber der Sphäre der ‚sozialen Freiheit'– betrifft, so gilt es zu sondieren, wie die Verwendung der modallogischen Differenz von ‚Möglichkeit' und ‚Wirklichkeit' in diesem Zusammenhang zu verstehen ist. Honneth sieht ja das gemeinsame Defizit von Recht und Moral darin, nur die ‚Möglichkeit der Freiheit' eröffnen zu können: „Mit der im modernen Rechtssystem verbürgten Privatautonomie teilt das ebenfalls als Handlungssystem organisierte Prinzip der moralischen Autonomie [...] den Charakter, Freiheit nur zu ermöglichen, nicht aber institutionell zu verwirklichen."[143] Offenkundig knüpft Honneth hier an die in Hegels *Grundlinien* formulierte Kant-Kritik an. Das bedeutet freilich, dass er sich eine konzeptuelle Hypothek aufbürdet, wie nun erläutert werden soll. Zunächst sei jedoch festgehalten: Aus sozialphilosophischem Blickwinkel ist eine Theorie der historisch gewachsenen Institutionen zweifellos von vorrangigem Interesse. Auch leuchtet ein, dass sich diese Institutionen als unterschiedliche Handlungssphären darstellen lassen, welche sich an jeweils spezifischen ‚Idealen' orientieren, und dass die darauf zugeschnittenen Verhaltensnormen in eingespielten Praktiken ‚verkörpert' sind, für deren Bezeichnung der Ausdruck ‚Sitten' angemessen erscheint. Plausibel ist ferner die These, dass es solcher Praktiken bedarf, um individuelle Zielsetzungen verwirklichen – ja allererst ausbilden – zu können, und dass daher der normative Rahmen dieser Praktiken primär unter der Perspektive der Realisierung von Freiheit (als Selbstbestimmung) – nicht der Einschränkung derselben – zu sehen ist.

Die Nachvollziehbarkeit wird aber dort fraglich, wo diese Theorie sozialer Institutionen beansprucht, die Kantsche Konzeption dadurch zu überholen, dass sie allererst der ‚Verwirklichung' der *moralischen* Autonomie nachgeht. Honneth zufolge machen Moralauffassungen wie diejenige Kants „noch vor den Bedingungen halt, kraft deren sich

---

142 Vgl. Kapitel 3.3.
143 RF, 174.

der von ihnen charakterisierte Vollzug von Freiheit erst eigentlich vollenden könnte".[144] Demgemäß gilt es, „als ein weiteres Moment mindestens noch die soziale Voraussetzung, dass die moralischen Ziele institutionell verfügbar sind",[145] hinzuzunehmen; gemeint sind näherhin die „soziokulturellen Voraussetzungen, die jedem Akt einer [...] individuellen Selbstgesetzgebung bereits als moralische Gegebenheiten vorausliegen".[146] Doch wie ist der Begriff ‚moralische Gegebenheiten' zu verstehen? Sind die Individuen, die sich an tradierten institutionellen Praktiken orientieren, dadurch bereits als ‚moralisch' qualifiziert, oder sind es die diesen Praktiken zugrundeliegenden „ethischen Werte",[147] die ‚moralisch' genannt werden können? Keine dieser beiden Deutungsoptionen mündet in eine überzeugende These.

Zur ersten Option: Wer sein Handeln an den für die verschiedenen Institutionen jeweils relevanten Normen ausrichtet, stellt sich als verlässliches Glied einer Gemeinschaft dar; Hegel verwendet den Begriff „Rechtschaffenheit"[148] in diesem Kontext. Auch in der praktischen Philosophie Kants hat eine derartige Handlungsweise ihren Ort: Kant bezeichnet sie mit dem Ausdruck ‚pragmatisch'. Er geht davon aus, dass die gesellschaftlichen Beziehungen, inklusive der ökonomischen, sowie die Politik in der Regel von dieser Ausrichtung getragen sind, und bezeichnet es affirmativ als ‚klug', sich in dieser Weise zu verhalten. Doch zeigt er auch, dass der Anspruch der Moral damit noch nicht erfüllt ist. Das ist freilich nicht so zu verstehen, als wäre es moralisch geboten, den ‚Regeln der Klugheit' nicht zu entsprechen; es geht allein darum, dass diese nicht das letzte Wort haben können, wo sich unser Handeln als moralisch qualifizieren soll.[149] Von hier aus ist nicht einzusehen, warum eingespielte soziale Praktiken als ‚moralische Gegebenheiten' betrachtet werden sollten, oder ein an Bereichsethik orientiertes Handeln als ‚Verwirklichung' der moralischen Autonomie. An diesem Punkt wird offenkundig, inwiefern Honneth mit der Anknüpfung an Hegel eine theoretische Hypothek übernimmt. Letztere ist bei Rawls auf folgende Weise thematisiert: „Man könnte sagen, Hegel lehne Kants Unterscheidung zwischen Klugheit und Moralität ab. Er möchte es vielmehr gestatten, daß die Ziele des Alltagslebens – die im Sinne der üblichen Begriffe und aus normalen Motiven angestrebten Ziele von Liebe und Freundschaft, Familie und Verband usw. – mit dem von ihm ‚Sittlichkeit' genannten ethischen Leben in Einklang stehen."[150]

---

144 RF, 79.
145 RF, 79.
146 RF, 183.
147 RF, 18.
148 PR, § 207 und § 253.
149 Die Möglichkeit der Vereinbarkeit beider praktischen Prinzipien erläutert Kant – im Blick auf das Verhältnis von Politik und Moral – unter Bezugnahme auf die Bibel: „Die Politik sagt: ‚Seid klug wie die Schlangen'; die Moral setzt (als einschränkende Bedingung) hinzu: ‚und ohne Falsch wie die Tauben'" (EF, 229).
150 HL, 433. Den Kern dieser Problematik ortet Rawls darin, dass Hegel nur zwei Optionen vor Augen hat: „Im Zusatz zum § 156 sagt Hegel: ‚Beim Sittlichen sind daher immer nur zwei Gesichtspunkte möglich, daß man entweder von der Substantialität ausgeht oder atomistisch verfährt

Kants Diagnose des moralischen Zuschnitts der Gegenwart – die wohl auch auf heutige Bedingungen bezogen werden kann – macht die Differenz von Rechtschaffenheit (die Kant hier als ‚äußere Anständigkeit' bezeichnet) und Moral noch einmal deutlich; demnach sind wir „im hohen Grade durch Kunst und Wissenschaft kultiviert. Wir sind zivilisiert, bis zum Überlästigen, zu allerlei gesellschaftlicher Artigkeit und Anständigkeit. Aber, uns schon für moralisiert zu halten, daran fehlt noch sehr viel. Denn die Idee der Moralität gehört noch zur Kultur; der Gebrauch dieser Idee aber, welcher nur auf das Sittenähnliche in [...] der äußeren Anständigkeit hinausläuft, macht bloß die Zivilisierung aus. [...] Alles Gute aber, das nicht auf moralisch-gute Gesinnung gepfropft ist, ist nichts als lauter Schein und schimmerndes Elend."[151]

Zur zweiten Lesart: Gewiss verhält es sich so, dass bestimmte ‚ethische Werte'[152] auf Maximen hinauslaufen, die mit dem Sittengesetz kompatibel sind. Doch gilt es zu unterscheiden zwischen einer an sich gerechtfertigten Maxime einerseits, und der konventionellen Art ihrer Umsetzung – auf die sich der Begriff ‚ethische Werte' bezieht – andererseits. Es war stets Thema der Kasuistik, dass es Situationen geben kann, in denen es schlichtweg unmoralisch wäre, dem gängigen Werteverständnis zu folgen. Der argumentativen Klärung diente die kritische Debatte zur ‚materialen Wertethik'. Im rezenten Diskurs zeigte die feministische Theorie die soziale Brisanz dieser Problematik auf: Während etwa die Maxime der Höflichkeit mit der moralischen Verpflichtung, andere als Personen zu achten, vereinbar ist, führten die traditionellen Ausdeutungen dieser Maxime im Blick auf die Geschlechterrelationen zu Formen des Verhaltens gegenüber Frauen, in denen – genauer betrachtet – zum Ausdruck kommt, dass den Frauen die volle Anerkennung als Gesprächs- und Kooperationspartnerinnen verweigert wird. Auch Honneth weiß, dass es notwendig sein kann, herkömmliche Wertvorstellungen aus moralischen Gründen zurückzuweisen. In diesem Sinne betont er, wie erwähnt, dass sich aus dem kategorischen Imperativ eine emanzipatorische Haltung ableitet, die es den Einzelnen ermöglicht, „soziale Verpflichtungen [...] zurückzuweisen, sobald sie sich als unvereinbar mit den eigenen [...] moralischen Überzeugungen erweisen".[153] Doch wie können die tradierten ‚ethischen Werte' dann noch einfachhin als ‚moralische Gegebenheiten' bezeichnet werden?

Angesichts dieser argumentativen Unschärfe legt es sich nahe zu fragen, wie die Aufhebung von Moralität in Sittlichkeit bei Hegel gefasst ist. Doch erbringt eine diesbezügliche Erkundung keine eindeutige Antwort. Wie die Hegel-Forschung herausgearbeitet

---

und von der Einzelheit als Grundlage hinaufsteigt: dieser letztere Gesichtspunkt ist geistlos, weil er nur zu einer Zusammensetzung führt'" (HL, 466). Es wäre für die heutige Debatte wünschenswert, nicht an die in dieser bipolaren Sicht angelegte Kantkritik anzuknüpfen, sondern auf den Rawlsschen Vorschlag, Kants Konzeption als eine „dritte Alternative" zu betrachten, einzugehen. (Siehe: HL, 466-469.)

151 IG, 44 f.
152 Eine genauere Darstellung von Honneths Konzeption der ‚ethischen Werte' erfolgt im nächsten Kapitel (1.2.1).
153 RF, 221.

hat, beruht die in den *Grundlinien* erörterte Höherrangigkeit des Sittlichen nicht auf einer präzisen argumentativen Umsetzung jener drei Elemente, die den Prozess der ‚Aufhebung' bei Hegel sonst kennzeichnen: *negare, conservare, elevare*. So erläutert Siep, dass noch die höchste Stufe der Hegelschen Konzeption von Sittlichkeit, der Staat, durch ein Spannungsverhältnis zwischen der Einordnung der Einzelnen in das sittliche Ganze einerseits und dem Absolutheitsanspruch des Gewissens andererseits geprägt ist.[154] Wenn Hegels Theorie der Aufhebung von Moralität dennoch weithin als einleuchtend wahrgenommen wird, so dürfte dies daran liegen, dass Hegel unter diesen Begriff zugleich mit der Position Kants auch – derselben klar entgegengesetzte – individualistische Konzeptionen von ‚Gewissen' subsumiert, denen zufolge es primär darauf ankommt, dass eine Überzeugung bzw. Entscheidung jeweils ‚meine' ist. Im Blick auf eine derartige Verabsolutierung des Willens der Einzelnen ist Hegels Kritik plausibel – und ebenso seine These, dass es gilt, die Verwiesenheit der Einzelnen auf ein sittliches ‚Allgemeines' darzulegen.

Dieses Anliegen teilt auch Honneth; bei seiner Theorie ‚relationaler Institutionen' geht es ihm – wie Hegel – um eine Distanznahme von individualistischen Handlungstheorien und ihren sozial-atomistischen Implikationen.[155] Dieses Projekt ist gewiss legitim und ein sozialtheoretisches Desiderat. Seine Umsetzung ist freilich durch die Doppeldeutigkeit belastet, die der Begriff ‚Autonomie' bei Honneth aufweist, insofern er zum einen auf ‚Selbstgesetzgebung', zum anderen auf ‚Selbstbestimmung' bezogen ist. Genauer gesagt: Die These, wonach die Individuen nur frei sind, sofern sie ihre selbstgewählten Zielsetzungen im Kontext von Institutionen, die durch ‚sphärenspezifische Gerechtigkeitsprinzipien' geprägt sind, umsetzen können, erfordert keineswegs, die Auffassung zu vertreten, dass auch die Implementierung des *moralischen* Imperativs von diesem normativen Rahmen abhängt – dass also „moralische Freiheit" sich „in gewisser Weise parasitär gegenüber einer sozialen Lebenspraxis verhält […], der sie überhaupt erst ihr eigentliches Existenzrecht verdank[t]".[156] Wie sich im Folgenden zeigen wird, belastet diese Art der Unterordnung der Moral Honneths Konzeption der ‚sozialen Freiheit'.

---

154 Siep (1992), 217–239 (Kapitel: „Was heißt: ‚Aufhebung der Moralität in Sittlichkeit' in Hegels Rechtsphilosophie?"). Ähnlich hatte schon Erich Heintel aufgezeigt, dass bei Hegel eine „Aporie von Gewissen und Vernünftigkeit des Wirklichen" anzutreffen ist. Wie Heintel erläutert, ist die Unterordnung der Moralität unter die Sittlichkeit bei Hegel in drei Varianten ausgeführt, die bis zur völligen Negation der Gewissensfreiheit reichen, wobei die Konzeption des Gewissens in jedem Falle „zweideutig" bleibt (Heintel (1968), 187–197).
155 RF, 247.
156 RF, 221.

1.2 Moderne Intimbeziehungen

1.2.1 Die Methode der normativen Rekonstruktion

Wie ist nun die ‚Wirklichkeit der Freiheit', in der die im Blick auf Moral und Recht monierten Defizite überwunden sein sollen, bestimmt? Die Konzeption der ‚ethischen Werte' steht hier im Zentrum: Honneth zufolge kann ‚intersubjektive Freiheit' nur auf der Basis realisiert werden, dass die einzelnen Kooperierenden bestimmte Werte teilen, für die kennzeichnend ist, dass sie keine allgemeine Legitimierung erfordern, sondern bereichsspezifische Ideale darstellen.[1] Insofern die Zielsetzungen, die einer gemeinsamen Anstrengung bedürfen, in verschiedenen Dimensionen des Lebens angesiedelt sind, gibt es, so Honneth, unterschiedliche Handlungssysteme, in denen jeweils besondere Werte gelten. Dem entsprechend ist auch der Begriff ‚Gerechtigkeit' zu differenzieren: „In jedem dieser Handlungssysteme bedeutet es etwas anderes, sich untereinander als ‚gerecht' zu verhalten."[2] So macht Honneth geltend, dass es „sphärenspezifische Gerechtigkeitsprinzipien"[3] gibt; in Anlehnung an Talcott Parsons spricht er von einer „'ethischen' Durchdringung aller gesellschaftlichen Sphären".[4] Das Wort ‚Durchdringung' ist dabei mit Bedacht gewählt; es bringt die These zum Ausdruck, dass die jeweiligen Leitwerte in den sozialen Praktiken und Einrichtungen, die die verschiedenen Gesellschaftssphären kennzeichnen, institutionalisiert – „verkörpert"[5] – sind. Der soziologische Begriff der „Rollenerwartungen"[6] dient einer ersten Illustration. In seiner Erläuterung dieser eingespielten, „normierte[n] Verhaltenspraktiken"[7] zieht Honneth

---

1 RF, 18–21.
2 RF, 10.
3 RF, 9.
4 RF, 19.
5 RF, 9.
6 RF, 18.
7 RF, 86 f.

Hegels Konzeption des ‚objektiven Geistes' heran, wobei er hervorhebt, „dass wir uns so lange nicht als wirklich frei erfahren können, wie wir nicht in der äußeren Wirklichkeit die Voraussetzungen für eine Umsetzung unserer selbstbestimmten Ziele vorfinden".[8] Bezugnehmend auf seine – ebenfalls von Hegel her entwickelte – Konzeption der wechselseitigen Anerkennung[9] bestimmt er diesen Zusammenhang so: „Freiheit ist stets ein institutionell gebundenes Anerkennungsverhältnis".[10]

Freilich erfahren die sphärenspezifischen Werte, so führt Honneth weiter aus, gerade weil sie „faktisch institutionalisiert"[11] sind, in der Regel im Alltag keine präzise Artikulation, was u. a. zur Folge hat, dass auch nicht unmittelbar deutlich ist, ob sie in den eingespielten Praktiken jeweils angemessen umgesetzt sind. Honneth macht es sich daher zur Aufgabe, mittels einer Methode, die er als „normative Rekonstruktion"[12] bezeichnet, zu erkunden, welche Werte jeweils in den drei Handlungssystemen verkörpert sind, die er als die heute maßgeblichen Orte sozialer Kooperation erachtet: die persönlichen Beziehungen, die marktwirtschaftliche Kooperation und die demokratische Willensbildung. Zur Erläuterung seiner Konzentration auf diese drei Sphären beruft Honneth sich auf Hegels Konzeption der ‚Sittlichkeit'; wie er festhält, hat „Hegel nur dasjenige unter dem Begriff ‚Sittlichkeit' in seine ‚Rechtsphilosophie' aufgenommen, was nachweislich dazu dienen konnte, den allgemeinen Werten [...] moderner Gesellschaften zur Verwirklichung zu verhelfen", während alles, was „rückständige Ideale verkörperte", nicht „zum Gegenstand der normativen Rekonstruktion" gemacht wurde.

Der zentrale Anspruch, den Honneth mit der Methode der ‚normativen Rekonstruktion' verbindet, liegt darin, „eine Theorie der Gerechtigkeit direkt auf dem Wege einer Gesellschaftsanalyse zu entwickeln".[13] Damit nimmt Honneth zugleich eine Abgrenzung gegenüber den „als ‚kantianisch' bezeichneten Versionen einer Gerechtigkeitstheorie" vor, wie sie in Bezugnahme auf Rawls und Habermas erörtert werden. „Die Differenz zu derartigen Theorien besteht darin, daß im Anschluß an Hegel darauf verzichtet werden muß, der immanent ansetzenden Analyse den Schritt einer freistehenden, konstruktiven Begründung von Gerechtigkeitsnormen vorzuschalten; ein solcher zusätzlicher Rechtfertigungsschritt ist überflüssig, wenn sich im Nachvollzug der [...] herrschenden Werte bereits nachweisen läßt, daß sie den historisch vorausliegenden Gesellschaftsidealen [...] überlegen sind."[14] Dem entsprechend geht Honneth davon aus, dass sich der normative Anspruch seiner Konzeption empirisch begründen lässt;[15] er charakterisiert

---

8 RF, 90.
9 Siehe z. B.: KA.
10 RF, 88.
11 RF, 21.
12 RF, 10.
13 RF, 22.
14 RF, 21 f.
15 RF, 22. In einer früheren Schrift erläuterte Honneth seine Methode unter Berufung auf Hegel so: „Wir können eine solche Methode, die von einem gewissen, allerdings theoretisch gestützten Vertrauen in die Vernünftigkeit sozialer Institutionen lebt, als ein Verfahren der normativen Rekons-

seine Methode als ein Verfahren, „welches die normativen Absichten einer Gerechtigkeitstheorie dadurch gesellschaftstheoretisch umzusetzen versucht, daß es die immanent gerechtfertigten Werte direkt zum Leitfaden der Aufbereitung und Sortierung des empirischen Materials nimmt".[16]

Es stellt sich freilich die Frage nach dem Beurteilungskriterium: Woran ist zu erkennen, dass die gegenwärtig herrschenden Wertvorstellungen als ‚überlegen' – und früher relevante Ideale als ‚rückständig'– zu betrachten sind? Wie ist eine diesbezügliche Beurteilung ‚nachzuweisen'? Es könnte immerhin sein, dass die „gesellschaftlich legitimierten Werte",[17] die in den zeitgenössischen Handlungssystemen jeweils maßgeblich sind, den Beteiligten allein aufgrund dessen als überlegen erscheinen, dass sie ihnen durch die alltäglichen Praktiken vertraut sind. Honneth bemerkt an diesem Punkt, dass „ein Element geschichtsteleologischen Denkens [...] unvermeidbar" ist,[18] doch führt er diesen Gedanken nicht aus. Zu wünschen wäre hier ein näheres Eingehen auf Hegels geschichtsphilosophischen Fortschrittsbegriff, womit freilich eine Auseinandersetzung mit der Konzeption des ‚Geistes' unumgehbar würde. Hegel stützt sich bei der Untersuchung der Bedingungen seiner Gegenwart nicht nur auf ‚immanent gerechtfertigte Werte', sondern bringt mit der Konzeption des Geistes ein Beurteilungskriterium zum Tragen, das nicht aus den Gegebenheiten ‚rekonstruiert' ist.[19] In der Einleitung zu seinen *Vorlesungen über die Philosophie der Geschichte* ist dies explizit thematisiert; Hegel charakterisiert hier die philosophische Betrachtungsweise der Geschichte als eine „denkende", die den Begriff der Vernunft als eine „Voraussetzung [...] mitbringt".[20] Als besonders aufschlussreich hätten sich für Honneth Hegels Überlegungen zum dialektischen Verlauf der Geschichte erweisen können, in denen erörtert wird, dass die jeweils neuen Schritte des Weltgeistes – ungeachtet ihrer Notwendigkeit – auch vereinseitigende Formen der Umsetzung mit sich bringen (wie in Kapitel 3.4 erläutert werden soll). Doch lehnt Honneth eine eingehende Auseinandersetzung mit Hegels Begriff des Geistes unter Hinweis darauf ab, dass diese „idealistischen Prämissen [...] nur mit großem Aufwand

---

truktion bezeichnen." (IW, 40) Dass Honneth hier von einem ‚theoretisch gestützten Vertrauen' sprach, legt die Vermutung nahe, dass er damals noch keine nur empirische Herangehensweise vor Augen hatte.

16 RF, 23. Dieser Vorgehensweise folgt nicht nur Honneth. So hält z. B. auch Gosepath fest, das „Begründungsprogramm" politischer Philosophie sollte „anspruchslos" sein und nur von Überzeugungen ausgehen, die in der gemeinsamen politischen Kultur wenigstens implizit enthalten sind" (Gosepath (2004), 19).

17 RF, 23.

18 RF, 22.

19 Dem entsprechend erhebt sich auch die Frage, wie weit Hegels normative Sozialkonzeptionen überhaupt mit den Gegebenheiten seiner Gegenwart korrespondieren. Wie Ottmann festhält, „geht Hegels Rechtsphilosophie des Öfteren über den Status quo der politischen Verhältnisse hinaus. Rosenkranz hat eine Liste jener Institutionen zusammengestellt, die Hegel fordert, die es im Preußen seiner Zeit aber noch gar nicht gibt." (Ottmann (1997), 272. Ottmann zitiert an dieser Stelle Rosenkranz (1965), 152.)

20 PG, 20.

zu verstehen"[21] seien. Das bedeutet freilich, dass er der Frage nach dem Auswahlkriterium der ‚normativen Rekonstruktion' nicht weiter nachgeht.

1.2.2 Die Wirklichkeit der Freiheit in persönlichen Beziehungen

Wie sich für Honneth die moralische Qualität der – jeweils einer ‚normativen Rekonstruktion' unterzogenen – institutionellen Praktiken darstellt, soll hier in exemplarischer Weise anhand der Sphäre der „persönlichen Beziehungen"[22] erörtert werden, die Honneth – vom Aufbau der *Grundlinien* Hegels abweichend – in die Bereiche Freundschaft, Intimbeziehungen und Familien auffächert. Alle drei Bereiche sind unter das generelle Profil der ‚relationalen Institutionen' subsumiert, wonach die beteiligten „Subjekte sich in wechselseitiger Anerkennung derart begegnen, dass sie ihre Handlungsvollzüge jeweils als Erfüllungsbedingung der Handlungsziele des Gegenübers begreifen können".[23] Kennzeichnend sind somit Handlungen, die die Subjekte nur „kooperativ" ausführen können, geleitet durch eine „reziproke Rücksichtnahme", die darauf abzielt, dass ein Subjekt „auf ein Verhalten von seiten des anderen rechnen" kann, „das sein eigenes Handeln erst zur Erfüllung bringt".[24] Honneth erläutert: „Die Verhaltenserwartungen, mit denen sich die Subjekte [...] begegnen, sind in Gestalt von sozialen Rollen institutionalisiert, die im Normalfall für ein reibungsloses Ineinandergreifen der entsprechenden Tätigkeiten sorgen; bei Erfüllung der jeweiligen Rollen ergänzen sich daher die in sich unvollständigen Handlungsvollzüge wechselseitig in einer Weise, daß sie erst gemeinsam die von allen Beteiligten beabsichtigte Gesamthandlung oder Handlungseinheit ergeben."[25] Die relationalen Institutionen sind insofern Orte der „'Wirklichkeit' der Freiheit", als „die individuelle Freiheit nur in institutionellen Komplexen mit komplementären Rollenverpflichtungen zu sozial erfahrbarer und gelebter Wirklichkeit gelangt".[26] In einem Interview hob Honneth diesen Gedanken nochmals hervor: „Die Form der sozialen Freiheit besteht in dem Gefühl, sich wechselseitig zu ergänzen. Es ist die Realisierung der eigenen Freiheit durch das Zusammenwirken mit einer anderen Person."[27]

Zur Verdeutlichung seiner Konzeption der ‚relationalen Institution' greift Honneth immer wieder auf Hegels Charakterisierung der Liebe als ‚Im-anderen-bei-sich-Sein' zurück. Doch werden gerade dadurch Fragen provoziert. Im Grunde scheint die Akzentsetzung bei Hegel und Honneth eine geradezu entgegengesetzte zu sein: Während Hegel (wie in Kapitel 2.3 dargestellt) hervorhebt, dass die Liebenden, obwohl sie besondere Individuen bleiben, zugleich so miteinander verbunden sind, dass sie eine gemeinsame

---

21 RF, 22 f.
22 RF, 223–316.
23 RF, 222.
24 RF, 224.
25 RF, 225.
26 RF, 229.
27 HZ, 27.

Identität ausbilden, die ihnen erlaubt, als ein ‚Wir' aufzutreten, läuft die Intimbeziehung bei Honneth darauf hinaus, die individuelle Freiheit der einzelnen Partner zur vollen Verwirklichung zu bringen.[28] Hegel interpretiert die Liebesbeziehung von seiner dialektischen Konzeption des Geistes her, die den Versuch darstellt, Kernstücke der christlichen Theologie – von der trinitarischen Relation bis zur Gemeinde der Gläubigen – philosophisch auszudeuten; demgemäß hebt er den gemeinsamen Geist hervor, der die Liebenden über ihre Vereinzelung als Einzelne hinaushebt, und bezeichnet die Liebe als „weltliche Religion des Herzens".[29] Freilich führt Hegel dies *in extenso* nicht im Kontext seiner Rechtsphilosophie aus, wo er sich auf die Familie als Institution konzentriert; doch sprechen Bemerkungen zur Liebe, wie die im Zusatz zu § 33, auch in diesem Werk eine eindeutige Sprache: „[D]as Individuum hat hier seine spröde Persönlichkeit aufgehoben und befindet sich mit seinem Bewußtsein in einem Ganzen." (Dass sich bei Hegel dennoch ein unaufgelöster Widerspruch zwischen Liebe und Familie auftut, wird in Kap. 2.3.3 erläutert.) Gewiss, auch Honneth fokussiert die Gemeinsamkeit der Beteiligten, doch scheint diese nicht um ihrer selbst willen, sondern um der Freiheit der Einzelnen willen Relevanz für ihn zu haben. In seiner Bezugnahme auf Hegels Wendung vom ‚Im-anderen-bei-sich-Sein' wird deren dialektische Pointe insofern ausgeblendet, als das Augenmerk vorrangig darauf gerichtet ist, dass man (wie in der Freundschaft, so auch) in der Liebe „vollkommen bei sich selber sein könne".[30] So macht sich hier die allgemeine Charakterisierung der ‚sozialen Freiheit' geltend: „Je stärker [die Einzelnen] den Eindruck haben können, daß ihre Zwecke von denjenigen unterstützt, ja getragen werden, mit denen sie regelmäßig zu tun haben, desto eher werden sie ihre Umwelt als den Raum einer Expansion ihrer eigenen Persönlichkeit wahrnehmen können."[31]

Dass Honneth die Intimbeziehung als einen besonderen Typus institutioneller Praktiken behandelt, begründet er mit der vor allem seit Beginn des 20. Jahrhunderts zunehmend ausgeprägten gesellschaftlichen Usance, derartige Beziehungen als ein eigenständiges Lebensmuster – unabhängig von der Perspektive der Familiengründung – wahrzunehmen.[32] Das ist sicher nachvollziehbar. Zu fragen ist indessen, ob Honneths Konzeption kooperativer Praktiken der Binnenstruktur von Intimbeziehungen voll gerecht zu werden vermag. Wie soll z. B. die Theorie von „institutionellen Komplexen mit komplementären Rollenverpflichtungen" hier Anwendung finden? Dieser Theorie entspricht wohl die bürgerliche Ehekonzeption – wie sie auch in Hegels *Grundlinien* ausgeführt ist –, doch kaum die Verbundenheit von Liebenden. Wie es scheint, spielt Honneth mit dem Gedanken, die erotische Interaktion könne in der Metaphorik der Rollenkomple-

---

28 Die Verweise auf Hegel bleiben hier – im Zuge der Auseinandersetzung mit Honneths Überlegungen – notgedrungen punktuell; daher soll in Kapitel 2.3 Hegels Konzeption der ‚Liebe' eingehender dargestellt werden.
29 A II, 155.
30 RF, 233.
31 RF, 113.
32 RF, 237.

mentarität dargestellt werden, etwa wenn er schreibt, dass „der eine den anderen physisch ergänzt und erweitert".[33]

Im Allgemeinen ist für Honneth die „moderne Intimbeziehung" durch „normative Regeln" geprägt, die er so transkribiert: „Wer sich auf eine Liebesbeziehung einläßt, sei sie gleich- oder gegengeschlechtlich, erwartet [...] von der geliebten Person, wegen derjenigen Eigenschaften geliebt zu werden, die man an sich selbst für zentral hält."[34] Es fällt auf, dass hier – wie auch an anderen Textstellen – der Blick darauf konzentriert ist, was man vom jeweiligen Gegenüber ‚erwarten', bzw. mit welchem Verhalten des anderen man ‚rechnen', kann. „Wir bilden in dem Maße das ‚Wir' einer Intim- oder Liebesbeziehung, in dem wir wie selbstverständlich voneinander erwarten, [...] vom anderen wertgeschätzt zu werden."[35] Unter Berufung auf Luhmann erläutert Honneth, dass sich diese Erwartungen auf „emotionelle Erfahrungen" richten, „in denen der eine im anderen die Chance und Bedingung seiner Selbstverwirklichung erblicken kann",[36] und demgemäß hält er fest, dass die Liebenden „zur Erfahrung der intersubjektiven Erfüllung ihrer jeweiligen Besonderheit"[37] gelangen. Es legt sich nahe, hier eine Parallele zu sehen: Ähnlich wie in Honneths Begriff der Moralität nicht die bedingungslose Verpflichtung gegenüber anderen im Vordergrund steht, sondern der Anspruch der Einzelnen, in ihrer Würde respektiert zu werden, ist auch in seinem Begriff der Liebe nicht primär bedeutend, dass ich mich jemandem ganz zuwende. Die Fokussierung auf Freiheit im Sinne von ‚Autonomie als Selbstbestimmung' steht offenbar einer Akzentuierung der liebenden Hingabe entgegen.[38] So macht sich die Logik des Vertrags – obgleich dies kontraintentional geschieht – auch in der Theorie der Intimbeziehung geltend.

Damit fallen einige Dimensionen, die in Hegels Auffassung der Liebe zentral – und einleuchtend – sind, weg.[39] Es wird beispielsweise nicht erörtert, wie weit die Liebenden durch ihre Verbundenheit geprägt, d. h. verändert werden; von Hegel her ließe sich die Liebesbeziehung nicht so darstellen, dass sie letztlich in der ‚Selbstverwirklichung' der Einzelnen ihre Zielsetzung hat. Auch ist es nicht überzeugend, wenn das Paradigma des ‚kooperativen Handelns' herangezogen wird, um diese Beziehung zu charakterisieren. Wie auch in der neueren analytisch geprägten Debatte herausgearbeitet wurde, liegt der Grundzug der Liebe nicht darin, dass die beiden Partner ein gemeinsames Ziel zu verwirklichen suchen. So unterstreicht etwa Helm, dass es nicht um „an end we hope to accomplish together" geht, und macht dagegen geltend: „we mutually ‚infect' one

---

33 RF, 265.
34 RF, 260.
35 RF, 261.
36 RF, 234. Honneth zitiert hier Luhmann (1982).
37 RF, 237.
38 Bereits in einem früheren Buch hatte Honneth die zentrale Intention in Hegels Grundlinien dahingehend gedeutet, dass sie auf „die Rechtfertigung derjenigen sozialen Bedingungen" abziele, „unter denen die Subjekte wechselseitig in der Freiheit des anderen eine Voraussetzung ihrer individuellen Selbstverwirklichung erblicken können" (LU, 18). Siehe auch: LU, 35.
39 Siehe Kapitel 2.3 dieses Buches.

another".[40] Eine weitere Differenz zeigt sich hinsichtlich der menschlichen Fehlbarkeit. Wird die Liebesbeziehung vor allem durch wechselseitige Erwartungen charakterisiert, so erhebt sich die Frage, was geschieht, wenn diese Erwartungen nicht erfüllt werden. Kann eine liebende Verbundenheit überhaupt glücken, wenn die Beteiligten reziprok mit einem bestimmten Verhalten des jeweils anderen ‚rechnen'? Jedenfalls wäre zu thematisieren, dass es zum Alltag von Liebesbeziehungen gehört, dass die beiden einander auch enttäuschen und verletzen. So scheint es angemessen, dass Hegel dem Thema ‚Vergebung' Wichtigkeit beimisst. Auch die Bedeutung des Humors wäre in diesem Kontext zu erörtern. Insofern Humor ein Mittel darstellt, um uns über Endlichkeiten hinwegzusetzen, erhebt sich die Frage, warum dieses Thema in heutigen Konzeptionen der Liebe kaum behandelt wird. Könnte humorlose Liebe überhaupt auf Beständigkeit hoffen?

Ferner: Wird die Liebe dadurch definiert, dass man vom anderen Wertschätzung bzw. einen „Freiheitsgewinn"[41] erwarten kann, so ist zu fragen, welche Bedeutung dann der Tod der geliebten Person hat. Sollte der Verlust vor allem darin liegen, diese Förderung der eigenen Besonderheit nicht mehr genießen zu können? Beachtung verdient hier, dass Hegel, indem er die Liebe vom Gestus des Sich-ganz-Einlassens auf den anderen her beschreibt, zu einem Verständnis der Trauer gelangt, das dadurch bestimmt ist, dass der Verlust dieses einzigartigen, unersetzbaren Menschen ‚unendlichen Schmerz' auslöst. (In welche Schwierigkeiten das nachmetaphysische Denken generell hinsichtlich des Themas ‚Tod' gerät, wird in Kap. 1.2.3 näher erläutert.)

Die offenkundige Beschränkung des Verständnisses von Liebe könnte damit zu tun haben, dass Honneth die Bereiche ‚Freundschaft' und ‚Intimbeziehungen' – anders als Hegel – institutionell voneinander unterscheidet. Auf diese Weise ist manches von dem, was man von einem entfalteten Begriff der Liebesbeziehung erwarten würde, bereits unter dem Titel der Freundschaft abgehandelt, etwa wenn Honneth in „Verständnis und Einfühlungsbereitschaft" bzw. in der „wohlwollenden Anteilnahme an den lebensgeschichtlichen Geschicken und Einstellungswandlungen"[42] des jeweiligen Gegenübers zentrale normative Ansprüche von Freundschaft sieht. Nun mag es gute Gründe geben, die Freundschaft im Blick auf heutige Bedingungen als eine besondere Form des sozialen Lebens einzustufen; doch scheint es angezeigt, dann im nächsten Schritt zu erkunden, wie weit in der Liebesbeziehung Freundschaft ‚aufgehoben' ist. (In Bezug auf das Thema ‚Ehe' wird das Desiderat einer solchen ‚Aufhebung' erneut anzusprechen sein.) Ein Verzicht auf diese Thematik begünstigt die Tendenz, die Liebe im Sinne des engeren Begriffs ‚romantische Liebe' zu verstehen, für den die unmittelbare erotische Attraktion in dem Maße ausschlaggebend ist, dass sich eine zeitliche Befristetheit dieser Beziehung als wahrscheinlich darstellt. Honneth erläutert denn auch, dass die „unausweichliche Veralltäglichung der Gefühle" ein bedrohliches Gegengewicht zum „Prinzip dauerhafter Bindung"[43] darstellt.

---

40 Helm (2010), 33.
41 RF, 271.
42 RF, 243.
43 RF, 275.

Doch könnte der Vergleich mit Hegel hier insgesamt unangebracht sein, da Honneth das Augenmerk ja auf heutige soziale Praktiken richtet. Aus soziologischem Blickwinkel muss in der Tat die Aufkündbarkeit der modernen Intimbeziehung in den Vordergrund gerückt werden, weshalb Honneth notiert: Zwar ist der Liebe nach wie vor eine spezifische „Zukunftsbezogenheit" eigen, die sie abhebt „von allen intimen Verhältnissen, die im Selbstverständnis der Beteiligten zunächst nur von vorübergehender Dauer sind und daher noch heute [...] durch Begriffe wie ‚Liebschaft' oder ‚Affäre'"[44] bezeichnet werden, dennoch verhält es sich inzwischen so, dass „die Alternative des Abbrechens" von Beziehungen und des „‚Alleinseins' für den eigenen Lebensplan ‚ernst genommen und verstanden'" wird.[45] Von hier aus stellt sich für Honneth die heutige Lage der persönlichen Beziehungen insgesamt so dar, dass zum einen die Freundschaft,[46] zum anderen die Eltern-Kind-Bindung im Vergleich zur Liebesbeziehung eine wesentlich höhere Stabilität aufweist. Hinsichtlich der Gründe für diese Gefährdetheit der Liebe nimmt er auf unterschiedliche Akzentsetzungen in der Fachliteratur Bezug: Einer Sichtweise zufolge „überwiegen heute in Intimbeziehungen der Tendenz nach individuelle Karriereabsichten die notwendigen Verpflichtungsgefühle, Ziele der Selbstverwirklichung die weiterhin erforderlichen Bereitschaften zu Selbstaufopferung und Ansprüche der sexuellen Freiheit die einstmals selbstverständlichen Treuegebote".[47] Dem gegenüber verweist Honneth auf „wesentlich zuversichtlichere Interpretationen", die die unbestreitbaren Krisenphänomene dadurch erklären, „dass heute die Bindung aus reiner Zuneigung viel ernster genommen wird als früher",[48] und er gibt schließlich zu bedenken, „daß es die gewachsenen Anforderungen an berufliche Flexibilität, an Arbeitsplatzwechsel und entgrenzte Verfügbarkeit für Paare immer schwieriger sein lassen, die normativen Regeln der gesellschaftlich freigesetzten Intimbeziehungen auch tatsächlich zu praktizieren; die wechselseitigen Verpflichtungen des leiblichen Beistehens und fürsorglichen Umgangs sind häufig deswegen nicht zu erfüllen, weil die [...] beruflich ausgeübte Tätigkeit es verhindert".[49]

Dieser Durchgang durch aktuelle Deutungsvarianten ist insgesamt von einer Tonlage des Bedauerns geprägt, die sich z. B. dort klar ausdrückt, wo Honneth beschreibt, dass die Liebesbeziehung als „wirkmächtige Institution sozialer Freiheit in die Gefahr einer inneren Auszehrung"[50] geraten ist, und dieser Ton klingt ebenso in den zitierten Analysen, ungeachtet ihrer differenten Pointen, an. Doch wäre auch in den empirischen Befunden als solchen darauf einzugehen, dass das Zerbrechen von Liebesbeziehungen

---

44 RF, 261.
45 RF, 272. Honneth zitiert hier Luhmann (1982), 197.
46 Honneth notiert zur Freundschaft: „[U]nter all den persönlichen Beziehungen unserer Tage mag sie sogar diejenige sein, die in den beschleunigten Prozessen der Individualisierung und Flexibilisierung die größte Beharrungskraft besitzt." (RF, 252)
47 RF, 272.
48 RF, 274.
49 RF, 275.
50 RF, 276.

in der Regel zumindest bei einem der beiden Beteiligten tiefen Kummer auslöst, der mitunter im weiteren Leben nie ganz überwunden werden kann. Nun liegt auf der Hand, dass die in der Theoriebildung aufscheinende Haltung des Bedauerns – ebenso wie die schmerzliche Enttäuschung der existenziell Betroffenen – von einer normativen Idee gespeist ist. Doch wo hat diese Idee ihren Ort? Hier zeigt sich eine Leistungsgrenze der Methode der ‚normativen Rekonstruktion': Da diese sich auf ‚faktisch institutionalisierte' Werte, d. h., auf ‚normierte Verhaltenspraktiken' konzentriert, kommt hinsichtlich des Zerbrechens von Liebesbeziehungen primär in Sicht, dass inzwischen „das Prinzip der Kündbarkeit zu selbstverständlicher Geltung gelangt ist"[51] und die Option des Alleinseins heute zunehmend akzeptiert wird. Wenn Honneth diesem Trend gegenüber „die für längerfristige Intimbeziehungen konstitutive Verbindlichkeit"[52] betont und Verpflichtungen des Beistehens und der Fürsorge als ‚weiterhin erforderliche' Haltungen bezeichnet, so artikuliert er eine normative Idee, die so nicht aus den gängigen Praktiken empirisch ermittelt ist. Dem entspricht, dass diese Verpflichtungen als ‚*einstmals* selbstverständliche' Normen bezeichnet werden.

Damit wird sichtbar, dass eine Spannung besteht zwischen der Methode des ‚Nachvollzugs der herrschenden Werte' einerseits, und der Konzeption von Institutionen, die durch ‚reziproke Rücksichtnahme' gekennzeichnet sind, andererseits. Es scheint daher, dass eine Analyse gegenwärtiger sozialer Bedingungen – anders als Honneth dies intendiert – nicht ganz ohne Normen, die eine ‚freistehende Begründung' erfahren haben, auskommt. Im Weiteren stellt sich freilich die Frage, ob eine kontraktualistisch verfasste Idee der Intimbeziehungen einen klar konturierten Begriff von Verpflichtungen zu entwickeln vermag. Wie es scheint, sind in einer Idee dieses Zuschnitts die Verpflichtungen des Beistehens letztlich im Eigeninteresse verankert; die Längerfristigkeit der Beziehung soll ja den Einzelnen ermöglichen, „sich in ihrer natürlichen Bedürftigkeit institutionell aufgehoben zu wissen und aus dieser spezifischen Erfahrung [...] ein elementares Selbstvertrauen zu schöpfen".[53] Diese Problematik wird hinsichtlich der Familienbeziehungen weiter zu thematisieren sein.

Jedenfalls scheint das Potential philosophischen Denkens nicht voll ausgeschöpft, wenn darauf verzichtet wird, die Ideale derjenigen, deren Schmerz weitgehend im Verborgenen bleiben muss, weil er in den dominanten Lebensauffassungen kaum Akzeptanz findet, näher auszuloten. In einem anderen Kontext, nämlich im religionsphilosophischen, zeigt Hegel, dass gerade Erfahrungen von Verlust philosophische Relevanz gewinnen können. Wie (in Kapitel 3.4) erläutert werden soll, ist aus seiner Sicht die Moderne nicht allein durch die Abkehr vom Glauben im Zeichen der Religionskritik der Aufklärung geprägt, sondern auch durch den Schmerz über diesen Verlust, und diesen sieht Hegel als eine Herausforderung für das philosophische Denken. Sein Projekt einer vernünftigen Ausdeutung religiöser Inhalte setzt hier an. Dies lässt sich, allgemeiner gesprochen, im Sinne der These verstehen, dass Philosophie ein Ort der Antizipation

---

51 RF, 294.
52 RF, 272.
53 RF, 276.

künftiger unverzerrter Bedingungen sein sollte, die sich in den faktisch institutionalisierten Praktiken noch nicht abzeichnen.

Nun zu Honneths Überlegungen zum Thema ‚Familien'. Zunächst wird einleuchtend gezeigt, inwiefern eine Untersuchung familiärer Praktiken heute nicht mehr unmittelbar an Hegel anknüpfen kann: Gegenüber der bürgerlichen Konzeption von Geschlechtsrollen, die der Ehefrau die häusliche Sphäre und dem Mann die der außerhäuslichen Erwerbstätigkeit zuwies, bringt Honneth den „Strukturwandel" der Familie zur Geltung.[54] „Die moderne Familie [...] besitzt heute einen Grad an intersubjektiver Diskursivität und Gleichheit, der mit ihrem [...] Erscheinungsbild zu Beginn der Moderne kaum mehr in Übereinstimmung zu bringen ist."[55] Demnach sind zwei Komponenten der Veränderung zu verfolgen: zum einen gelangen „die neuen Leitbilder des ‚engagierten Vaters' und der erwerbstätigen Mutter"[56] zunehmend zur Umsetzung, zum anderen ist „breitenwirksam eine Bevorzugung von verhandlungsorientierten Erziehungsstilen"[57] eingetreten – „es verhandeln nicht mehr Vater und Mutter ‚über' das Kind, sondern beide nach Möglichkeit ‚mit' diesem".[58] So konstatiert Honneth, dass heute „dem normativen Prinzip nach" Eltern und Kinder „gleichberechtigte Interaktionspartner" sind, und er betont die „konstitutive Triangularität der modernen Familie".[59]

Diese Darstellung lässt freilich einen Begriff von Ehe vermissen; sie thematisiert nicht, dass – auch unter Bedingungen einer nicht-patriarchal verfassten Familie – die beiden Eheleute in einer spezifischen Art verbunden sind, an der die Kinder (aller Altersstufen) nicht teilhaben. Desiderat wäre eine nuancierte Erkundung der differenten innerfamiliären Bindungen: zwischen Eltern und Kindern, zwischen den Ehepartnern und auch unter Geschwistern. Hegel macht diese Frage zumindest hinsichtlich jenes Zeitpunkts zum Thema, an dem die herangewachsenen Kinder sich selbständig machen und die Eltern zurück bleiben; es geht ihm dabei nicht um die patriarchale Rollenkonstellation, sondern um eine Asymmetrie in den Gefühlen der Beteiligten.[60] Doch reicht auch das nicht für einen angemessenen Begriff von Ehe aus.[61] Um einen solchen entwickeln zu können, wäre erneut eine Theorie der Aufhebung – wie der Freundschaft in der Liebe, so der Freundschaft und Liebe in der Ehe – wünschbar. Wenn Honneth z. B. den Wunsch, „die jeweils eigenen Gefühle und Einstellungen einander vorbehaltlos zu offenbaren", bzw. „das eigene Wollen in all seiner Unschärfe und Vorbehaltlichkeit der anderen Person ungezwungen und ohne Angst anvertrauen zu können"[62] beschreibt, so ist nicht nachvollziehbar, warum er diesen Wunsch als einen für die Freundschaft spezi-

---

54 RF, 283.
55 RF, 284.
56 RF, 287.
57 RF, 284.
58 RF, 285.
59 RF, 285.
60 PR, 329 (Zusatz zu § 175).
61 Zu den Defiziten des Hegelschen Eheverständnisses siehe Kap. 2.3.3.
62 RF, 249.

fischen darstellt und ihn nicht auch der Ehe zuordnet[63] (einmal ganz abgesehen von der Frage, ob ein so hoher Anspruch auf Vertrauen nicht viel eher an die Ehe denn an die Freundschaft zu richten wäre).

Dass Honneth sich auf dieses Thema nicht einlässt, liegt wohl daran, dass er aufgrund seiner soziologischen Orientierung das „schnelle Anwachsen der Scheidungsrate in allen westlichen Ländern"[64] und die Zunahme von „Patchwork-Familien"[65] in den Vordergrund rückt. Soweit diese Entwicklung die geschiedenen Partner betrifft, beschreibt er sie im Modus einer schlichten Erhebung von verbreiteten Praktiken; ein Problem wirft er indessen hinsichtlich der betroffenen Kinder auf – „freilich wird den Kindern dabei nicht selten ein Maß an emotionaler Elastizität und Bindungsoffenheit zugemutet, das es fragwürdig sein läßt, ob sie nicht überfordert werden und daher psychische Verletzungen davontragen".[66] Damit ist erneut – wie zuvor hinsichtlich zerbrochener Liebesbeziehungen – ein für die Gegenwart kennzeichnender Leidensdruck sichtbar geworden, der zur Frage Anlass gibt, wie Philosophie darauf Bezug nehmen könnte bzw. sollte. Klar sein dürfte: Eine methodische Beschränkung darauf, gegebene Trends des sozialen Lebens auf ihre impliziten normativen Leitvorstellungen hin zu untersuchen, hat zur Folge, dass sich die gängige Ratlosigkeit angesichts von Problemen wie den eben genannten in der Theoriebildung fortsetzt.

Honneth umgeht diese Problematik in zwei Ausweichmanövern: Während er zunächst dem zitierten Satz über die mögliche Verletzung von Scheidungskindern den Hinweis anschließt, dass die „empirische Forschung [...] noch nicht so weit [ist], um hier klare Auskunft geben zu können",[67] richtet er sein Augenmerk vor allem darauf, dass heute die Eltern-Kind-Beziehung in der Regel eine über viele Jahrzehnte andauernde Bindung darstellt, wobei er betont, dass dies auch auf Familien-Konstellationen zutrifft, die nicht auf leiblicher Verwandtschaft basieren. Entscheidend für das Glücken von so lange währenden Beziehungen – die bis zur Phase der Pflege hilfsbedürftig gewordener Eltern seitens der erwachsenen Kinder reichen – ist für Honneth die Gefühlsdimension; in dieser ist seines Erachtens die Bereitschaft zur Erfüllung der moralischen Verpflichtungen – wonach jedes Familienmitglied „eine der eigenen Bedürftigkeit entsprechende Fürsorge und Anteilnahme erhalten soll"[68] – verankert. Das bedeutet freilich, dass die Moral ein prekäres Fundament hat; wie Honneth notiert, „wächst heute [...] die Tendenz, die Bereitschaft zur Normerfüllung von den je existierenden Gefühlen der Zuneigung und der Abneigung abhängig zu machen".[69] Indem er diese Tendenz, „die eigene

---

63 Privatim hat Honneth diese Verknüpfung längst vollzogen, wie die Widmung seines Buches zeigt, die seiner Frau unter der Perspektive aller drei Formen persönlicher Beziehungen Dank ausspricht.
64 RF, 288.
65 RF, 291.
66 RF, 291.
67 RF, 291.
68 RF, 295.
69 RF, 298.

Pflichterfüllung unter affektiven Vorbehalt zu stellen",[70] beschreibt, macht Honneth eine normative Basis aus: Wird Liebe nicht empfunden, „so fühlt sich das Familienmitglied *normativ* berechtigt, die von ihm erwarteten Verpflichtungen zu vernachlässigen".[71] Es fällt auf, dass Honneth diese Tendenz nicht mit Befremden, sondern mit Verständnis darstellt. Doch erhebt sich die Frage, ob diese Haltung plausibel ist, zumal sie dem Alltagsverständnis von inter-generationellen Verpflichtungen nicht entsprechen dürfte.

Bei näherer Betrachtung zeigt sich, dass die Logik des Vertrags bei Honneth auch diesen thematischen Komplex prägt. Die affektive Basis der Pflichterfüllung hängt hier letztlich nicht von je meiner Zuwendung zu anderen Familienmitgliedern ab, sondern davon, ob ich das Gefühl habe, von diesen in meiner „eigenen Besonderheit angenommen worden zu sein".[72] Honneth stellt dies nachdrücklich klar: „[M]eine eigenen Gefühle gegenüber meinen Eltern sind [...] nicht zuletzt davon abhängig, ob sie jeweils die normativen Ansprüche erfüllt haben, die ich als Kind meiner Zeit im Laufe meines Heranwachsens an sie gestellt habe."[73] Demgemäß ist das frühere Verhalten der Eltern ausschlaggebend für „die positiven oder negativen Gefühle, die in meinem späteren Leben über den Umfang meiner Verpflichtungen gegenüber meinen Eltern entscheiden."[74] Möglicherweise bildet diese Beschreibung gängige Verhaltensweisen zutreffend ab; doch indem sie zugleich als moralphilosophische These präsentiert wird, ermangelt es ihr an Plausibilität. Kann man sich in der Tat als moralisch ‚berechtigt' sehen, wenn man die Versorgung z. B. von dementen und gebrechlichen Eltern mit dem Verweis auf die eigenen verletzten Gefühle ablehnt? Nun macht Honneth mit Recht geltend, dass es heute, „wenn einmal Empfindungen erloschener Liebe oder mangelnder Bindung geäußert werden, keine argumentative Möglichkeit mehr [gibt], auf die bloße Tatsache rollenförmiger Verpflichtungen zu verweisen";[75] zu bedenken ist jedoch, dass diese Feststellung auf einer Disjunktion beruht, die nicht zwingend ist. Es gibt nicht nur die Alternative zwischen intakten Gefühlen einerseits und einer Gebundenheit an traditionelle Rollenbilder andererseits. Jedenfalls gehört es zu den Kernanliegen der Moralphilosophie der Moderne einsichtig zu machen, dass Verpflichtungen – gerade auch die des ‚Wohltuns'[76] – nicht an reziproke Vorleistungen gebunden sind. Demnach bietet die Konzeption moralischer Autonomie keine Fundierung dafür, erlittene Enttäuschungen nach einigen Jahrzehnten mit einer Verweigerung nötiger Hilfe zu beantworten.

Aus dem Blickwinkel der Moralphilosophie der Moderne wäre auch die Vorstellung von einer ein für allemal ‚erloschenen' Liebe zu hinterfragen. Wohl ist diese Vorstellung verbreitet, auch in der Form, dass sie praktische Entscheidungen und Handlungsverläufe prägt, doch heißt das nicht, dass Philosophie sie einfach aneignen könnte. Kant

---

70 RF, 298.
71 RF, 301 (Hervorhebung H. N.-D.).
72 RF, 299.
73 RF, 299.
74 RF, 299.
75 RF, 301.
76 Vgl. MS, 587.

und Hegel machen – jeweils im kategorialen Rahmen ihres Denkens – geltend, dass es unterschiedliche Ebenen der Liebe zu unterscheiden gilt: neben der leidenschaftlichen, deren Abflauen nicht zu vermeiden ist, orten sie die Möglichkeit einer beständigen Art von Liebe, die die Erfahrungen der Enttäuschung und des Unglücks, denen praktisch alle Bindungen ausgesetzt sind, durchzustehen vermag.[77] Verzichtet Philosophie heute darauf, dieser Unterscheidung nachzugehen, so könnte es sein, dass die Rede von der erloschenen Liebe den Charakter einer *self-fulfilling prophecy* erhält. Gewiss ist nicht zu bestreiten, dass es immer wieder zu personalen Konstellationen kommt, die so verfahren sind, dass ein Abbrechen der Beziehungen den einzigen humanen Ausweg bildet. Dennoch scheint es legitim Überlegungen anzuregen, worin der Maßstab des Unzumutbaren jeweils besteht, und Möglichkeiten für einen Lebensentwurf zu sondieren, der erlittene Kränkungen anders verarbeitet als in Form einer Verhärtung.

Es erhebt sich hier die Frage, ob Honneth seinen moralphilosophischen Anspruch einzulösen vermag, der sich z. B. darin ausdrückt, wie die Überlegenheit der Hegelschen Konzeption von ‚sittlichen Sphären' gegenüber dem Moralverständnis Kants dargestellt wird. Honneth betont, dass „mit der komplementären Bezogenheit eine Form von Verpflichtung einhergeht, der im allgemeinen die Widrigkeit des bloß Gesollten fehlt, ohne ihm im Grad der moralischen Rücksichtnahme auf den anderen jedoch nachzustehen".[78] Doch indem die Verpflichtung hier auf die Empfindung der Verbundenheit gegründet ist, stellt sich der ‚Grad der moralischen Rücksichtnahme' gerade als labil dar. Honneth hält ja, wie erwähnt, explizit fest, dass über den ‚Umfang meiner Verpflichtungen gegenüber meinen Eltern' meine positiven oder negativen Gefühle entscheiden. Die karikierende Beschreibung der Kantschen Position – durch die ‚Widrigkeit des bloß Gesollten' – rettet nicht aus der theoretischen Verlegenheit, dass der Begriff ‚Verpflichtung' hier konturlos wird. Dieses Problem könnte der Anknüpfung an Hegel geschuldet sein. So hält Rawls fest: „Wenn man von Kants Vorstellung ausgeht, kennt Hegel gar keine Pflichtenlehre. Seine Darstellung der Sittlichkeit beschreibt verschiedene Formen des politischen und sozialen Lebens."[79]

Jedenfalls wäre näher zu untersuchen gewesen, was genau es bedeutet, im Kontext sittlicher Sphären genuin moralisch zu handeln. In einer früheren Studie hat Honneth seine Sicht der Verknüpfung von Fürsorglichkeit und Gefühl sehr klar artikuliert: „Mit Freundschaft teilen [...] die Familienbeziehungen die Eigenschaft, daß sie nur so lange ihrem eigentlichen Sinn nach bestehen, wie die beteiligten Subjekte untereinander aus Zuneigung moralische Rücksicht und Fürsorge entgegenbringen; ja solche fürsorgenden Handlungen verlieren in diesen Beziehungen sogar ihren moralischen Wert, sobald sie nicht mehr aus dem Gefühl der Liebe, sondern aus rationaler Einsicht in eine Pflicht voll-

---

77 Mit Bezug auf die eheliche Liebe hebt Hegel hervor, dass sie „höher als Glück und Unglück stehen" soll. (RP, 312 (Zusatz zu § 162)). Relevanz hat hier auch Kants Differenzierung von ‚pathologischer' und „praktischer" Liebe: GM, 25 f.
78 RF, 225.
79 HL, 452.

zogen werden."⁸⁰ Dem gegenüber wäre zu bedenken, dass Kant einsichtig macht, dass uns Autonomie im Sinn von Selbstgesetzgebung auch dort zum Wohltun drängt, wo uns unsere Neigungen nicht (mehr) dazu veranlassen. Das heißt freilich nicht, dass der emotionelle Abscheu, der im Wort ‚Widrigkeit' zum Ausdruck kommt, mit dem Gedanken des moralischen Sollens notwendig verbunden wäre. Diese Reaktion liegt wohl eher an einer Auffassung, die Reziprozität zum Maßstab der Moralität macht.

Im Blick auf den Gesamtaufbau der Studie Honneths ist freilich festzuhalten, dass das Thema ‚Familien' nicht in sich abgeschlossen, sondern mit Ausblick auf den modernen Staat – genauer: „Das ‚Wir' der demokratischen Willensbildung" – behandelt wird. Unter dieser Perspektive kommt dem ‚verhandlungsorientierten' Stil der modernen Familie zentrale Relevanz zu. Die ‚konstitutive Triangularität' hat für Honneth ihre Bedeutung letztlich darin, dass die Familienmitglieder einen „kooperativen Individualismus"[81] einüben, der als Grundlage für demokratische Willensbildung unverzichtbar ist. Dem politischen Liberalismus wirft Honneth vor, „die ganze Sphäre der Familie und der Kindererziehung stets am Rande liegen" gelassen und damit nicht beachtet zu haben, dass demokratische Gesellschaften für ihre „politisch-moralische Reproduktion"[82] darauf angewiesen sind, dass die Familien Orte der Einübung in „kooperative Demokratie"[83] bilden. Dieser Gedanke leuchet ein. Freilich sollte er nicht dahingehend verstanden werden, als läge das Um und Auf der Familie darin, die Einzelnen zu demokratietauglichen Bürgerinnen und Bürgern zu formen. Manche der Überlegungen Honneths weisen jedoch in genau diese Richtung. Überdies zeigt sich in diesem Kontext erneut, dass Honneth die Bedeutung aller Formen des sittlichen ‚Wir' letztlich darin sieht, Mittel zum Zweck der Entfaltung der individuellen Besonderheit zu sein – etwa wenn er festhält, dass „die Mitglieder der modernen Familie [...] deswegen eine einzigartige, durch Geburt und Tod begrenzte Solidargemeinschaft bilden, weil sie sich gemeinsam in bewußter Verantwortung den Übergang ins öffentliche Leben ermöglichen wollen – man hilft sich reziprok darin, derjenige sein zu können, als der man sich aufgrund der eigenen Individualität in der Gesellschaft verwirklichen können möchte".[84]

An dieser Stelle ist geltend zu machen, dass die Bindungen und Erfahrungen in der Familie – ebenso wie die in anderen Formen persönlicher Naheverhältnisse – eine viel tiefer gehende Bedeutung haben; sie prägen die Biographien der Einzelnen als Menschen, nicht nur als Bürger des modernen Staates bzw. als Akteure in der gesellschaftlichen Öffentlichkeit. Diese Differenz lässt sich mit dem zweifachen Blick auf Religion vergleichen: Wenn, wie dies immer wieder geschieht, die These vertreten wird, dass gläubige Menschen im Kontext des modernen Staates verlässliche Bürger abgeben und Religionsgemeinschaften daher für den Staat von Nutzen sind, so ist damit noch nichts darüber gesagt, welche Bedeutung die Religion aus der Perspektive der Gläubigen selbst hat.

---

80 GB, 1002.
81 RF, 313.
82 RF, 313.
83 RF, 314.
84 RF, 315.

1.2.3 Ein säkularer Trost?

Nun thematisiert Honneth seinerseits die Bedeutung der Familie für individuelle Sinnperspektiven. Diese tritt für ihn dort hervor, wo die Kinder – in einer „Verkehrung der Generationsrollen"[85] – am Lebensende ihrer Eltern zu deren fürsorglichen Betreuern und damit „zu deren ‚Eltern' werden".[86] Die Kinder vermögen damit, so Honneth, „die heilsame, *tröstende Fiktion* zu erzeugen, daß unser Leben im Kreis der Familie an seinen Anfangspunkt zurückkehrt und daher einen stimmigen Abschluß finden kann", und die moderne Familie wird damit „zu einer der ganz wenigen Stätten in unseren Gesellschaften, an denen die Subjekte noch säkularen Trost zu empfangen vermögen, weil sie sich *zumindest fiktiv* in einem sie überdauernden Ganzen aufgehoben wissen können".[87] Diese These zieht freilich eine Reihe von Problemen nach sich, die letztlich auf die Frage zulaufen, auf welche Art der Trostsuche sie zugeschnitten ist.

Betrachten wir zunächst die dargestellte Konstellation näher. Abgesehen davon, dass viele Familien heute einer solchen „Verkehrung der Generationsrollen" nicht zu entsprechen vermögen, sondern die Betreuung greiser Angehöriger zunehmend an darauf spezialisierte Pflegeeinrichtungen delegieren müssen (ein Faktum, das auch Honneth notiert), erhebt sich die Frage, wie eine Fiktion überhaupt Trost vermitteln soll. Dies könnte wohl nur so geschehen, dass der fiktive Charakter des zugesagten Aufgehobenseins den Alten aufgrund ihrer Vergreisung verborgen bleibt. Für die anderen Beteiligten – und auch aus der Perspektive der Theoriebildung – wäre die Tröstlichkeit somit illusionär. Sieht man auch von dieser Problematik einmal ab, um die Zusage, von der hier die Rede ist, als solche zu betrachten, treten weitere Probleme hervor. Wie soll das Aufgehobensein in einem die Einzelnen überdauernden familiären „Ganzen" vorgestellt werden? Fragen wie diese bedeuten natürlich keinen Vorbehalt gegenüber der Auffassung, dass es zu den familiären Verpflichtungen gehört, für eine möglichst optimale Versorgung greiser Eltern zu sorgen (davon wird noch die Rede sein); vielmehr kommt noch hinzu, dass es unter der umfassenderen Perspektive der modernen Gesellschaft familien-analoge Verpflichtungen gibt, zu denen gehört, auch familiär unversorgten todkranken Personen eine möglichst aufmerksame Betreuung angedeihen zu lassen.[88] Hier geht es indessen um einen anderen Punkt: Es ist zu fragen, ob das von Honneth der Familie zugesprochene Trostpotenzial in der Tat gegeben ist.

Das Bedürfnis nach Trost, das Honneth an der zitierten Stelle voraussetzt, ist von der für den Menschen kennzeichnenden Vorwegnahme des eigenen Todes her gedacht. Genauer gesagt von da her, dass die Gewissheit eines Tages sterben zu müssen, die Einzelnen zur bangen Frage veranlasst: Ist mit dem Zeitpunkt des Todes für mich alles

---

[85] RF, 309.

[86] RF, 310.

[87] RF, 310 (Kursivierung H. N.-D.). Honneth verweist hier auf seine speziell diesem Thema gewidmete Studie: IW, 298–306.

[88] Im Blick auf Versorgungsaufgaben dieser Art schreibt Hegel der bürgerlichen Gesellschaft den „Charakter der allgemeinen Familie" zu (PR, 386 (§ 239)).

vorbei? Trost zu suchen, heißt dem entsprechend zu sondieren, ob sich gute Gründe ausmachen lassen, auf ein künftiges Leben zu hoffen. Es ist diese Frage nach dem Künftigen, auf die Honneth Bezug nimmt: Der ‚säkulare Trost' soll dadurch vermittelt werden, dass ein ‚überdauerndes Ganzes' in Sicht gebracht wird. Die Bezeichnung ‚säkular', die ausdrückt, dass keine Jenseitsvorstellungen ins Spiel kommen sollen, steckt zugleich den Rahmen ab, insofern die Perspektive eines Künftigen nun allein innerhalb der Zeit eröffnet werden kann. Eine weitere Beschränkung liegt bei Honneth insofern vor, als die tröstliche Aussicht nur durch die beschriebene umgekehrte Eltern-Kind-Relation generiert werden soll, während doch der vorweggenommene Tod alle Menschen mit Selbstbewusstsein, und nicht nur im Greisenalter, mit der Frage nach den letzten Dingen konfrontiert. Zu einer noch gravierenderen Beschränkung kommt es dadurch, dass die persönliche Identität zunehmend zum Verschwinden gebracht wird: Zunächst, indem die greisen Eltern, als Kinder behandelt, zum ‚Anfangspunkt' ihres Lebens zurückkehren, und schließlich, insofern sie in dem ‚sie überdauernden Ganzen' der Familie aufgehoben werden sollen. Für diese Vorstellung ist das Muster biologischer Zyklen von Werden und Vergehen ausschlaggebend; Honneth hält hinsichtlich der – als Eltern ihrer Eltern agierenden – Kinder fest, dass sie so handeln, „als versinnbildlichten sie den Kreislauf des Lebens auf der Stufe menschlicher Sozialität".[89] Zu vermuten ist demnach, dass das ‚überdauernde Ganze' von der genetischen Kontinuität der Familie her gedacht ist.

Diese Vermutung findet sich durch eine These bestätigt, die Honneth in einer früheren Schrift zu dieser Thematik formulierte: „Als Mitglieder des westlichen Kulturkreises sind wir angesichts der schwersten Schicksalsschläge unseres Lebens inzwischen alle zu puren Naturalisten geworden. Im Tod sehen selbst die gläubigen Christen heute wohl kaum mehr die Chance einer Erlösung, sondern nur den definitiven Endpunkt des natürlichen Verfalls alles Organischen. [...] Wir sind den kausalen Kräften der Natur ausgesetzt, ohne daß irgendeine Aussicht auf jenseitige Entschädigung oder Erlösung bestehen würde."[90] Der naheliegende Einwand, dass diese Sicht der ‚Mitglieder des westlichen Kulturkreises' sowie der ‚gläubigen Christen' als Beschreibung unzutreffend ist, muss an dieser Stelle nicht ausgeführt werden. Zu beachten gilt es hier vielmehr, dass sich von der genetischen Kontinuität her hinsichtlich der individuellen Frage nach dem Künftigen keine angemessene Hoffnung abzeichnet. Ein analoges Problem würde resultieren, falls das ‚Ganze' der Familie in dem Sinne gedacht sein sollte, dass spätere Generationen der früheren gedenken. Selbst detailreiche Erinnerungen an Verstorbene heben diese selbst ja nicht ans Licht. Überdies bliebe die Frage nach dem Trost für all diejenigen, deren sich niemand erinnert, offen.

Wenn Honneth andererseits selbst bezweifelt, dass die beschriebene „fürsorgliche Heimholung in den Lebensanfang die existenzielle Einsamkeit und Angst je aufzuhe-

---

89 RF, 310.
90 IW, 298 (Kapitel: Säkulare Formen des Trostes). Dieser Text erschien ursprünglich in einer Festgabe für Johann Baptist Metz: Peters/Urban (2008), 30–37. Von J. B. Metz liegt, wie dieser der Autorin mitteilte, keine Replik auf diese Studie vor.

ben in der Lage wäre",⁹¹ so führt dies vor Augen, dass das nachmetaphysische Denken an diesem Punkt ins Stocken gerät. Es gilt hier zunächst, zwei einander überlagernde Themen zu entflechten: die Frage nach den letzten Dingen einerseits, und die nach den sittlichen Verpflichtungen der Familie andererseits. Bei der fürsorglichen Zuwendung zu Todkranken – welchen Alters auch immer – ist die Verbundenheit unter den *Lebenden* ausschlaggebend: Im Medium der Sprache und der emotionalen Ausdrucksweise wird den betreuten Personen vermittelt, dass sie trotz ihrer verfallenden Kräfte noch immer einbezogen sind in den vertrauten Kreis der Lebenden.⁹² Wohl könnte man den Begriff ‚Trost' auch hier verwenden; er wäre dann auf die vielfach berichteten Erfahrungen und darauf basierenden Ängste bezogen, allein gelassen zu werden, wenn die gewohnten Interaktionsmöglichkeiten stark beeinträchtigt sind. Es kann als tröstlich erlebt werden, wenn sich diesbezügliche Ängste nicht bewahrheiten. Demnach ist es diese Art von Trost, deren Vermittlung der Familie obliegt,⁹³ bzw. den analogen gesellschaftlichen Formen der Zuwendung.⁹⁴ Doch zugleich ist klar, dass der vorweggenommene Tod die Einzelnen zu einem Rückblick auf das jeweils eigene Leben veranlasst, den sie nur für sich selbst vollziehen können. Dies gilt schon hinsichtlich der Familie: Insofern diese ein Geflecht unterschiedlicher Naheverhältnisse bildet und damit auch einen Ort von Leidenschaften, die keineswegs durchgängig positiv erfahren werden,⁹⁵ hat sie auch im Rückblick der Einzelnen eine individuell spezifische Qualität. Ähnlich verhält es sich mit der Art, in der die Individuen die vielfältigen Phasen und Kontexte ihres Lebens in den Blick nehmen.

Kant macht vor allem geltend, dass ein ernsthafter Rückblick auf das eigene Leben unvermeidlich eine moralische Dimension hat. Insofern das Unterscheiden von Gut und Böse die den Menschen als solchen auszeichnende Kompetenz bildet, wird der Blick zurück auch die moralische Biographie betreffen – je meine Geschichte von Tugend und Versagen. D.h., er veranlasst mich zur „Beurteilung des moralischen Werts des bis dahin geführten Lebens".⁹⁶ Diese Selbstbeurteilung kann bei keinem Menschen eine Bilanz ohne Schuld ergeben: Selbst wenn jemand zu einem bestimmten Zeitpunkt „den Weg des Guten eingeschlagen hat", und selbst wenn er „nach seiner Herzensänderung

---

91 RF, 310.
92 Das ist nicht als Plädoyer für eine Verdrängung des herannahenden Todes zu verstehen: Auch die Thematisierung des Lebensendes – die vielfach als wesentliches Element eines Sterbens in Würde betrachtet wird – erfolgt im Gespräch unter Lebenden. Zur Tendenz, Menschen um ihren Tod zu „betrügen", siehe: Ariès (2002).
93 Dass es eine unnachvollziehbare Verengung dieser Verpflichtung bedeuten würde, sie allein auf der Basis von unambivalenten Gefühlsrelationen für gegeben zu betrachten, wurde oben bereits erläutert.
94 Wie heute die Hospizbewegung diese Aufgabe wahrzunehmen sucht, und an welche Grenzen sie stößt, erörtern: Hahn/Hoffmann (2009).
95 Dazu siehe Walzer (1992).
96 RG, 724 f. Wie Rudolf Langthaler hervorhebt, kommt es für Kant erst durch das moralische Gesetz zur „Konstitution des praktischen Selbstbezugs". Langthaler zitiert, dass die Vernunft dem Menschen „im moralischen Gesetz den Spiegel vorhält" (Langthaler (1997), 250 f.). Siehe: SF, 324.

keine neue Schulden mehr macht", kann er nicht davon ausgehen, „daß er dadurch die alten bezahlt habe".[97] Wie Kant erläutert, hat unser Handeln keinen punktuellen Charakter. Auch dann, wenn wir aus Einsicht in die Pflichtwidrigkeit einer gesetzten Tat alles tun, „was zur Satisfaktion des moralischen Gesetzes erfordert wird",[98] ist diese Tat nicht schlicht getilgt. In seinen Ausführungen zum Begriff „Reue" weist Kant auf das Phänomen hin, dass wir im Rückblick selbst solche pflichtwidrigen Handlungen, die längst kompensiert sind, bedauern. Den Grund sieht er darin, dass unser Versagen Teil unseres Charakters bleibt.[99] Von hier aus stellt sich für Kant die von den Einzelnen gestellte Frage nach dem ‚Ende aller Dinge' in einer spezifischen Weise dar. Sie geht nun nicht allein von dem allen Menschen gemeinsamen biologischen Faktum der Endlichkeit aus, sondern hat im Bewusstsein der moralischen Unzulänglichkeiten je meines Lebenslaufs ihre eigentliche Pointe. Dabei erscheint für eine Selbstprüfung, die nicht beschönigend vorzugehen sucht, „Trostlosigkeit"[100] als naheliegende Reaktion. Das heißt: Das Bedürfnis nach Trost artikuliert sich in der bangen Frage: Bin ich überhaupt wert, „in der künftigen Welt" Glückseligkeit zu erfahren?[101] Wenn Kant die dritte für die menschliche Existenz kennzeichnende Frage – „Was darf ich hoffen?" – formuliert, sind zwei Ebenen zugleich angesprochen: Diese Frage richtet sich wohl zunächst darauf, ob es überhaupt gute Gründe für Hoffnung auf künftige Glückseligkeit gibt, doch bringt sie auch die individuelle Dimension zum Ausdruck; sie schließt die Bedeutung ein: Wie weit darf ich, als dieses Individuum, mir Hoffnungen machen?[102]

Hier wird deutlich: Die von Honneth unter nachmetaphysischen Prämissen versuchte Eröffnung von Trost angesichts des zu erwartenden Todes stellt im Vergleich zu Kant nicht eine andere Antwort auf ein-und-dieselbe Problemstellung dar; vielmehr ist bereits die Ausgangsfrage anders gestellt, insofern die Dimension der Moralität darin nicht angesprochen wird. Die Gründe für diese Ausblendung werden hier noch zu sondieren sein; zunächst sei indessen weiter verfolgt, inwiefern die Zugangsweise Kants, verglichen mit einer nachmetaphysisch geprägten, die allgemeine Erfahrung eingehender aufzunehmen vermag.

Wo der von der Perspektive der Moral geleitete Rückblick auf das eigene Leben bei Kant zur Sprache kommt, geht es nicht nur um Einsicht in das eigene Versagen, sondern auch um die Inkongruenz zwischen Tugend und Weltlauf. Indem er hervorhebt, dass zu den intrinsischen Elementen unserer Endlichkeit auch das Streben nach Glück gehört, zeigt Kant eine signifikante Spannung auf: Auch – und oft gerade – dort, wo wir unser Handeln an der moralischen Pflicht orientieren, bleibt uns das Glück versagt, das zu

---

97 RG, 726.
98 VE, 164.
99 KP, 224.
100 RG, 726.
101 Vgl. Ebd., 832.
102 Welche Bedeutung es hat, dass Kant in dieser dritten Frage das Verbum „dürfen" verwendet, erläutert: Langthaler (2007), 58. Warum Kants Frage nicht lautet „Was muß ich hoffen?", untersucht: O'Neill (2003).

wünschen wir aber nicht aufhören können. Dies gilt auch für den politisch-rechtlichen Bereich: Es verhält sich ja so, dass diejenigen, die sich in ihrem jeweiligen Kontext für eine Vermehrung von Gerechtigkeit einsetzen – wie es dem moralischen Gebot der gleichen Achtung jeder Person entspricht –, oft massive Formen von Zurückweisung erleiden müssen oder gar ihr Leben verlieren. An diesem Punkt sucht Kant seinerseits eine zeit-immanente Hoffnungsperspektive zu eröffnen; dies ist die Pointe seiner geschichtsphilosophischen Überlegungen. Ausgehend von der zweifachen Situierung des Menschen als „vernünftiges Naturwesen"[103] zeigt Kant, dass sich von beiden Elementen her ein „Fortschreiten zum Besseren"[104] abzeichnet. Indem er zum einen die Logik jenes Handelns untersucht, das sich vom natürlichen Partikularinteresse – und der dadurch bedingten „ungeselligen Geselligkeit"[105] – leiten lässt, und zum anderen die in der moralischen Pflicht fundierte Logik des politischen Engagements, erläutert Kant, dass beide Ausrichtungen Grund zur Hoffnung[106] geben, dass es zu allmählichen, freilich keineswegs kontinuierlichen, Verbesserungen in der Institutionalisierung der Prinzipien Freiheit und Gleichheit kommen wird. In diesem Zusammenhang verwendet Kant auch den Begriff ‚Trost': Die Leistung der Geschichtsphilosophie liegt seines Erachtens darin, eine „tröstende Aussicht in die Zukunft"[107] eröffnen zu können und damit gegenwärtiges Handeln in diese Richtung zu ermutigen.

Hinsichtlich der nachmetaphysischen Sichtweise ist aufschlussreich, wie Jürgen Habermas diesen Gedankengang rezipiert. Während er zunächst festhält: „Die Diskursethik kann nicht auf eine objektive Teleologie […] zurückgreifen", wirft er anschließend – offenbar inspiriert durch Walter Benjamins *Thesen*[108] – eine Frage auf, die sich als eine Anknüpfung an Kant aus dem Blickwinkel der Nachgeborenen lesen lässt: „Wie können wir aber dem diskursethischen Grundsatz, der jeweils die Zustimmung aller fordert, genügen, wenn wir nicht in der Lage sind, das Unrecht und den Schmerz, den frühere Generationen um unseretwillen erlitten haben, wieder gut zu machen – oder wenigstens ein Äquivalent für die erlösende Kraft des Jüngsten Gerichts in Aussicht zu stellen?"[109] Diese Überlegung lässt – kontraintentional – ihre eigenen Grenzen hervortreten. Gewiss gehört es zu den moralischen Pflichten der jeweils jetzt Lebenden, das von früheren Generationen begonnene, aber erfolglose oder zumindest unvollendete Werk der Vermehrung von Gerechtigkeit fortzusetzen; doch liegt auch auf der Hand, dass die – wie stark auch immer engagierte – Weiterführung eines legitimen Anliegens nicht über die

---

103 MS, 508. Vgl. auch IG, 35 (Kant spricht hier vom Menschen „als dem einzigen vernünftigen Geschöpf auf Erden").
104 Siehe u. a. den Abschnitt: „Erneuerte Frage: Ob das menschliche Geschlecht im beständigen Fortschreiten zum Besseren sei", in: SF, 351–368.
105 IG, 37.
106 Wie Kant hervorhebt, sucht seine Geschichtsphilosophie darzulegen, dass man „mit Grunde hoffen kann" (IG, 49).
107 IG, 49.
108 Siehe Benjamin (1977).
109 Habermas (1991a), 29.

Kompetenz verfügt, „das Unrecht und den Schmerz, den frühere Generationen […] erlitten haben, wieder gut zu machen". Zu bedenken ist ja, dass die Früheren als je und je einzelne Individuen unter Ungerechtigkeit zu leiden hatten. Habermas ist sich darüber im Klaren, wenn er an anderer Stelle von den *„nicht wieder gut zu machenden* Leiden der Erniedrigten und Beleidigten, der Verwundeten und Erschlagenen"[110] spricht. Damit ist freilich gesagt, dass sich die Frage, ob Aussicht auf ‚Erlösung' besteht, für alle als Einzelne erhebt. Doch welches Bedürfnis ist damit artikuliert? Kant erläutert, dass Erlösung nur in Form einer – auf den individuellen Lebensweg Bedacht nehmenden – letztendlichen Zusammenführung von Tugend und Glückseligkeit vorgestellt werden kann, d. h., auf eine Art, die Sterbliche nicht zu leisten vermögen. Aus diesem Grund ist das Thema der Erlösung mit der Frage nach einer ‚künftigen Welt' – jenseits der Geschichte – verknüpft. Dem entspricht, dass es zunächst im Rahmen religiöser Lehren seinen Ort hatte. Habermas geht auf diesen Zusammenhang ein, wenn er hervorhebt, dass es zu den Leistungen des Christentums gehört, das Augenmerk auf die Besonderheit der Individuen zu richten.[111] Von hier aus kann jedoch der Versuch, mittels der Diskursethik ein – im Diesseits erreichbares – ‚Äquivalent' für das ‚Jüngste Gericht' aufzuzeigen, keine Plausibilität beanspruchen. Es bleibt offen, worin diese ‚gleiche Kraft' liegen soll. So handelt es sich erneut um eine Vorstellung von ‚säkularem Trost', die das menschliche Endlichkeitsbewusstsein nicht in vollem Umfang ins Auge fasst.

Kant unterscheidet indessen klar zwischen der immanenten, die Entwicklung der Gattung betreffenden Suche nach einer ‚tröstenden Aussicht' und der individuellen Sinnfrage, die notwendig über die Zeit hinausreicht. Er macht geltend, dass beide Fragestellungen legitim, jedoch nicht mit ein-und-derselben Argumentation zu lösen sind – genauer gesagt, dass ihre Verknüpfung nur dann im philosophischen System in Sicht gebracht werden kann, wenn zunächst ihre jeweils spezifische Akzentsetzung betrachtet wird. Dass das individuelle Sinnproblem mit geschichtsphilosophischen Mitteln nicht angemessen beantwortet werden kann, erläutert Kant u. a. auf folgende Weise: „Befremdend bleibt es immer hierbei: daß die älteren Generationen nur scheinen um der späteren willen ihr mühseliges Geschäft zu treiben, um nämlich diesen eine Stufe zu bereiten, von der diese das Bauwerk […] höher bringen könnten; und daß doch nur die spätesten das Glück haben sollen, in dem Gebäude zu wohnen, woran eine lange Reihe ihrer Vorfahren […] gearbeitet hatten, ohne doch selbst an dem Glück, das sie vorbereiteten, Anteil nehmen zu können."[112] Es kommt hinzu, dass diese Diskrepanz für Kant nur ein Element der Gebrochenheit der menschlichen Existenz ausmacht. Selbst wenn wir das Glück hätten, unter Bedingungen einer vollständig gerechten Ordnung – das wäre „ein allgemeiner weltbürgerlicher Zustand"[113] – zu leben, hätten wir immer noch mit denjenigen Leiden zu kämpfen, die allein durch naturgesetzlich bestimmte Vorgänge ausge-

---

110 Habermas (1991a), 115 (kursiv im Original).
111 Habermas (1988), 192 ff. Für einen kritischen Kommentar dazu siehe: Nagl (2010), 13–38.
112 IG, 37.
113 IG, 47.

löst werden.[114] Freilich sind derartige Erfahrungen, so notiert Kant, nicht im gleichen Maße empörend wie die durch Ungerechtigkeit – d. h., durch Handlungen anderer und nicht allein durch Naturgesetze – verursachten.[115] Dennoch handelt es sich um veritable Leiden, die nicht nur leiblicher Art sind.[116] Hier wäre z. B. an jene Fälle zu denken, wo jemand durch eine medizinische Diagnose wie aus heiterem Himmel damit konfrontiert wird, ein begonnenes Werk nicht vollenden und längerfristige Handlungsabsichten nicht umsetzen zu können.

Im Bisherigen kam jene Dimension von Verzweiflung noch nicht zur Sprache, die aus engen menschlichen Bindungen entspringt und schon alltagssprachlich mit der Suche nach Trost verknüpft ist, etwa wenn von jemandem gesagt wird, angesichts eines Todesfalles ‚untröstlich' zu sein. In seinem Essay „Entmächtigungen der Realität" nimmt Honneth darauf Bezug, dass wir das ‚Bedürfnis' haben, „Trost für den Verlust nahestehender oder geliebter Personen zu finden. Wir können den Gedanken schwer ertragen, dass die Verstorbenen für immer von uns gegangen sind".[117] Indem er auch diesbezüglich die Möglichkeit für einen ‚säkularen Trost' sondiert, schlägt Honneth wieder eine fiktive Rückkehr in die frühkindliche Lebensphase vor. Zunächst beschreibt er im Blick darauf, dass der „rituelle Ablauf" von Begräbnissen „von der mehr oder weniger stillschweigenden Voraussetzung einer unsterblichen Seele lebt", die Trauernden so: „Naturalisten, die wir sind, üben wir uns in Praktiken, die spiritualistische Züge besitzen."[118] Unter Heranziehung von Überlegungen Freuds und Winnicotts spricht er sich sodann für eine psychotherapeutische Auflösung dieser Diskrepanz aus. Demnach gilt es, Trauernden „wie [...] Kindern ontologische Primitivierungen zu erlauben".[119] Honneth erläutert dies näher: „Es ist ein wenig wie mit den fürsorglichen Eltern, die ihre Kinder dabei unterstützen, den Bauklotz wie ein lebendiges, beseeltes Wesen zu behandeln, obwohl sie natürlich um dessen pure Materialität wissen."[120] Dem entspricht die abschließende Begriffsbestimmung: „Trost bedeutet unter den Bedingungen eines allseitig akzeptierten Naturalismus nichts anderes als die erlernte Bereitschaft, sich unter Duldung aller Betei-

---

114 In diesem Sinne hebt auch Erich Heintel – in Auseinandersetzung mit Adorno – hervor, „daß der ‚natürliche' Tod aller Menschen [...] jede Beantwortung der Sinnfrage des Daseins mit einem innerzeitlich-geschichtlichen [...] Eschaton mehr als fragwürdig erscheinen läßt". Heintel (1984), 22 f. Heintel zitiert an dieser Stelle den an Kant orientierten Austromarxisten Max Adler, für den auch in einer „Welt von Heiligen das Schicksal des einzelnen noch immer allem Widersinn und aller Vergänglichkeit des bloßen Naturlaufes ausgesetzt" bliebe. Siehe: Adler (1915), 25.
115 Kant zufolge ist „die größte [Not] unter allen" diejenige, „welche sich Menschen unter einander selbst zufügen" (IG, 40).
116 In diesem Sinne notiert Kant: „[D]ie Rechtschaffenen [...] werden, unangesehen aller ihrer Würdigkeit glücklich zu sein, dennoch durch die Natur, die darauf nicht achtet, allen Übeln des Mangels, der Krankheiten und des unzeitigen Todes, gleich den übrigen Tieren der Erde, unterworfen sein und es auch immer bleiben." (KU, 579)
117 IW, 300.
118 IW, 299.
119 IW, 301.
120 IW, 299.

ligten auf eine Stufe des eigenen Daseins zurückgleiten zu lassen, auf der das Wünschen noch geholfen hat."[121] Diese Art von Trost hat die Funktion einer Befristung von Trauer: Die „kognitive Regression" zuzulassen, steht „im Dienst einer aufgeklärten Bewältigung des Lebens".[122]

Diese Argumentation lässt erneut eine Reihe von Fragen offen. Bei näherer Betrachtung zeigt sich vor allem, dass die Gegenüberstellung von ‚spiritualistischen' Praktiken und ‚wissenschaftlicher Weltauffassung', mit der hier operiert wird, sowohl hinsichtlich der gläubigen Überzeugung als auch hinsichtlich des alltäglichen Selbstverständnisses von Menschen zu kurz greift. Diese Gegenüberstellung entspricht der Hegelschen Sicht der Religionskritik der Aufklärung. Das Beispiel der Eltern, die dem Kind überlegen sind in ihrem Wissen um die ‚pure Materialität' der Bauklötzchen erinnert an Hegels Ausführungen zum „Kampf der Aufklärung mit dem Aberglauben".[123] Wie Hegel erläutert, sagt die Aufklärung „über den Glauben, daß sein absolutes Wesen ein Steinstück, ein Holzblock sei, der Augen habe und nicht sehe".[124] Die bei Hegel mit dieser Darstellung verknüpfte Kritik wird freilich nicht thematisiert[125]. Diese Problematik kann hier nicht weiter verfolgt werden;[126] im Blick auf den vorliegenden Kontext gilt es vielmehr zu fragen: Wie kann es ‚unter den Bedingungen eines allseits akzeptierten Naturalismus' allererst dazu kommen, dass wir bestimmte Menschen in einem solchen Maße lieben, dass wir ‚den Gedanken schwer ertragen', dass sie mit ihrem Tode für immer von uns gegangen sind? Wenn der Tod nichts ist als ‚der definitive Endpunkt des natürlichen Verfallsprozesses alles Lebendigen', impliziert dies doch, dass auch die Lebenden für einander nichts anderes sein können als Einzelexemplare des Organismus Mensch. Das unbestreitbare Phänomen ihrer Verbundenheit kann von hier aus nur als Thema einer mit naturwissenschaftlichen Methoden operierenden empirischen Erforschung der Gefühle erörtert werden. Damit korrespondiert Honneths Bezugnahme auf die psychotherapeutische Theoriebildung. Es erhebt sich jedoch die Frage, ob diese Sichtweise unserem Alltagsverständnis von engen menschlichen Bindungen gerecht wird. Unabhängig davon, ob sie religiös sind oder nicht, erleben die Hinterbliebenen den Tod eines geliebten Menschen ja als Verlust eines einzigartigen, unersetzbaren Gegenübers. Dem entsprechend ist auch die Trauer nicht so verfasst, dass sie nach einem Trost sucht, der auf ihre möglichst durchgreifende Überwindung abzielt. So zeigt sich erneut das oben thematisierte Problem, dass der vorgeschlagene Trost – in diesem Fall: die Zulassung einer vorübergehenden Regression – auf die Trostbedürftigkeit, die *de facto* erlebt wird, nicht in ihrem ganzen Ausmaß eingeht.

---

121 IW, 306.
122 IW, 305.
123 PH, 400–424.
124 PH, 409.
125 Hegel notiert, dass die Aufklärung damit dem Glauben das „Unrecht" zufügt, „seinen Gegenstand so aufzufassen, daß er der ihrige ist" (PH, 409).
126 Das geschieht erst in Kapitel 3.4.

Kant zeigt dagegen eine plausiblere Zugangsweise auf. Dass er die Endlichkeitsbedingungen unter der Perspektive der Moral respektive des Auseinanderfallens von Tugend und Glück behandelt, ermöglicht ein tieferes Verständnis der Erfahrung von Trauer. Von Relevanz ist hier, wie Kant die „Freundschaft" – „die Vereinigung zweier Personen durch gleiche wechselseitige Liebe und Achtung"[127] – vom moralischen Gebot her aufrollt. (Kant verwendet, entsprechend der damals üblichen Auffassung, ausschließlich Beispiele von Männerfreundschaften – „Orestes und Pylades, Theseus und Pirithous"[128] –, doch lassen sich seine Überlegungen aus der Sicht der heutigen Debatte auch auf Freundschaften zwischen Frauen sowie auf die Liebe zwischen Mann und Frau beziehen.[129]) Ein solches Naheverhältnis ist wohl von Gefühlen – von der „Süßigkeit der Empfindung des bis zum Zusammenschmelzen in eine Person sich annähernden wechselseitigen Besitzes"[130] – getragen, doch bildet darin zugleich das „Ideal der Teilnehmung und Mitteilung an dem Wohl eines jeden [der beiden]" die maßgebliche Orientierung. So sind diese zwei Personen „durch den moralischguten Willen Vereinigte".[131] Kant nimmt hier eine Spezifikation hinsichtlich der im kategorischen Imperativ verankerten ‚Liebespflichten' vor: Betont er zunächst, dass diese auf alle Mitmenschen zu beziehen sind, wobei freilich die Begrenztheit unserer Umsetzungsmöglichkeiten auf der Hand liegt, so macht er nun geltend, dass wir überdies die Aufgabe haben, diese Pflichten zumindest im Verhältnis zu wenigen Einzelnen konsequent umzusetzen. Für Kant ist daher „Freundschaft unter Menschen Pflicht".[132] Liegt die Pointe dieser Zuwendung darin, sich ganz auf die ‚Mitteilung' und das ‚Wohl' der befreundeten Person einzulassen, so heißt dies, dass die Einzigartigkeit der so Verbundenen den Fokus der Aufmerksamkeit bildet. Auch wenn es sich so verhält, dass die Liebespflichten selbst in diesem Nahraum nicht vollständig einlösbar sind und Freundschaft „eine bloße [...] Idee" bleibt, ist diese doch eine „praktisch-notwendige" Idee. Demgemäß erläutert Kant, dass die im Freundschaftsverhältnis vollzogene Aufnahme dieser Idee „in ihre beiderseitige Gesinnung die *Würdigkeit* enthalte *glücklich* zu sein".[133]

Von hier aus wird deutlich, dass das Thema ‚Tod' auch aus der Bindungperspektive mit dem Auseinaderfallen von Tugend und Glück konfrontiert. Dies gilt für alle Beteiligten. Zunächst für die Person, die, um ihren baldigen Tod wissend, den Schmerz des Abschieds von dem geliebten Anderen – oder von dem kleinen Kreis der Familie und Freunde – fühlt. In der Malerei hob Tizian das Gewicht dieses Schmerzes dadurch hervor, dass er ihm in der Figur der ‚Assunta' Gestalt gab. Tizian malte nicht nur die der himmlischen Glückseligkeit zugewandte Madonna auf dem Hochaltar der Frarikirche

---

127 MS, 608.
128 MS, 609.
129 Näheres in: Nagl-Docekal (2008).
130 MS, 610.
131 MS, 608. Für eine eingehende Erkundung der Freundschaftskonzeption Kants siehe: Fasching (1990).
132 MS, 608.
133 MS, 608 (Kursivierung H. N.-D.).

in Venedig, sondern auch eine andere Variante, die auf einem Seitenaltar im Dom von Verona angebracht ist: Hier schaut die schon entrückte Madonna mit einem Ausdruck der Wehmut hinab auf den kleinen Kreis der engen Vertrauten, den zu verlassen sie im Begriffe ist. Für Goethe ist Tizians „Gedanke lobenswert, daß die angehende Göttin nicht himmelwärts, sondern herab nach ihren Freunden blickt".[134] Als Zerbrechen von Glück wird der Tod zum anderen von den hinterbliebenen Liebenden erfahren. Dem entspricht Hegel, der im Zuge seiner Weiterführung der These Kants vom absoluten Wert der Person den Zusammenhang von Liebe und Trostbedürftigkeit aufzeigt. Da die Liebe gekennzeichnet ist durch ein Sich-ganz-Einlassen auf den Anderen in seiner Besonderheit, verhält es sich, wie Hegel erläutert, so, dass in der Konfrontation mit dem Tod des geliebten Menschen dessen Unersetzbarkeit unmittelbar erfahren wird. Hegel spricht daher von „unendlichem Schmerze".[135] Das bedeutet: Die menschliche Trostbedürftigkeit bricht nirgends so auf wie im „absoluten Seelenleiden"[136] der Liebe.

Dass Honneths Ausführungen zum ‚säkularen Trost' nicht eingehend auf die eben thematisierten Erfahrungen von Abschied und Trauer Bezug nehmen, erstaunt nicht zuletzt deshalb, weil die Familie darin in das Zentrum gerückt ist, und weil die in Hegels Theorie der Sittlichkeit entfaltete Konzeption des ‚Wir' den Hintergrund bildet. So erhebt sich die Frage: Wie kommt es dazu? Wie es scheint, ist die Art, in der Moral im nachmetaphysischen Denken aufgefasst wird, die Ursache dafür, dass dem von Kant exponierten Zusammenhang von Moral und Trostbedürftigkeit nicht mehr nachgegangen werden kann. Aufgrund ihres kontraktualistischen Zuschnitts kann die Honnethsche Konzeption keine der beiden Dimensionen der menschlichen Endlichkeit, aus denen unsere bedrängenden Sinnfragen entspringen, angemessen erkunden.

Zu einem Theoriedefizit kommt es zum einen hinsichtlich des prüfenden Rückblicks der Einzelnen auf ihre bisherige moralische Biographie. Entscheidet letztlich das Urteil anderer über die moralische Qualität meines Handelns, so wird auch in der retrospektiven Selbsteinschätzung die Frage im Vordergrund stehen, ob es mir gelungen ist, mich öffentlich als moralisch zu präsentieren, und eine aufrichtige Erforschung meiner tatsächlichen Motive zurückdrängen. Eine Reihe von Folgeproblemen wurden hier bereits indirekt moniert (vgl. 1.1.3). Um einige in Erinnerung zu rufen: Indem als Ausgangspunkt der moralischen Beurteilung der Konflikt mit anderen betrachtet wird, bildet die autobiographische Kritik unter dem Gesichtspunkt der (von Kant einleuchtend erläuterten) ‚Pflichten gegen mich selbst' kein Thema. Dasselbe gilt hinsichtlich der ‚Liebespflichten' gegenüber anderen: auch für eine Selbstkritik im Zeichen der Frage, wie weit ich eine mir mögliche Hilfeleistung nicht oder nur partiell zu gewähren bereit war, kann von der Entrüstung anderer her nicht stringent plädiert werden. Zusätzlich zu solchen Formen der Horizontverengung der Selbstprüfung droht auch eine temporale Verkürzung: Die Logik des Vertrags und die damit verbundene Verknüpfung von Moral und Konflikt suggerieren, dass es möglich ist, auf dem Wege diskursiver Auseinandersetzung

---

134 Goethe (1981), 30.
135 PK, 211.
136 PK, 211.

zu einer Bereinigung zu gelangen, die *idealiter* – analog zur Lösung eines Rechtsstreits – den Charakter eines Abschlusses hat. Dem entsprechend kann auf Seiten des Subjekts höchstens ein psychologisches – und das heißt therapierbares – Problem von Schuldgefühlen zurückbleiben. Von hier aus ist nun nachvollziehbar, warum Honneth nicht darauf eingeht, dass Menschen sich die bange Frage ‚Was darf *ich* hoffen?' stellen.

Zum anderen kann auch jene Dimension der Trostbedürftigkeit, die im Zusammenhang mit engen Bindungen aufbricht, mit den Mitteln der kontraktualistischen Logik nicht angemessen erfasst werden. Indem die Konzeption des Vertrags primär auf die legitimen Ansprüche der Einzelnen ausgerichtet ist, verstellt sie, wie oben gezeigt, den Blick auf die von Kant als Grundzug der Moral hervorgehobene bedingungslose Zuwendung zu anderen und damit auch auf die Idee der in Moral fundierten Freundschaft. Aus dem gleichen Grund ist in Honneths Auffassung der Liebe – als intimer Zweierbeziehung – nicht ausschlaggebend, dass ich mich auf jemanden ganz einlasse. Vor diesem Hintergrund können sich Abschied und Trauer nicht als eminente existenzielle Herausforderungen darstellen. Dies dürfte erklären, warum Honneth es nicht zum Thema macht, dass Abschied und Trauer uns mit dem Auseinanderfallen von Tugend und Glück in einer so schmerzlichen Weise konfrontieren, dass sie Anlass geben zu einer über das Zeitliche hinausreichenden Suche nach Hoffnung.

Was bedeutet es nun, dass der vorgeschlagene ‚säkulare Trost' seine Adressaten dadurch verfehlt, dass er ihre Sinnsuche nicht im vollen Umfang aufgreift? Liegt die einzig plausible Konsequenz darin einzugestehen, dass sich kein säkulares Äquivalent für die Hoffnungsperspektiven, die im Kontext religiöser Orientierungen eröffnet werden, entwickeln lässt? Diese Option wurde vielfach als die der Gegenwartsphilosophie angemessene gesehen. Hinsichtlich der Moral mündet sie nicht notwendig in eine resignative Unterminierung; vielmehr kann – darauf insistierten beispielsweise Vertreter des Existenzialismus – das Auseinanderfallen von Tugend und Weltlauf mit der heroischen Haltung beantwortet werden, dass es moralisch zu handeln gilt, auch wenn sich hinsichtlich der letzten Dinge kein Trost ausmachen lässt.

Doch ist das nicht die einzige Option für eine Philosophie der Gegenwart, die es ablehnt, in vormoderne metaphysische Positionen auszuweichen. Dies wird deutlich, wenn man der Frage nachgeht, wie der Begriff ‚säkular' abgegrenzt wird. Es ist ein Unterschied, ob dieser Begriff im Sinne von ‚nicht in der Sprache der Religion' verwendet wird, oder im Sinne von ‚nicht in der Sprache der Metaphysik'. Im ersten Fall wird auf die für die Moderne grundlegende Ausdifferenzierung jeweils eigenständiger Sprach- und Handlungsbereiche Bezug genommen, in deren Kontext auch die Ablösung der philosophischen Forschung von theologischen Prämissen vollzogen wurde. Im zweiten Fall ist der Begriff ‚säkular' deutlich enger begrenzt, indem er ein Denken bezeichnet, das sich am Realitätsverständnis der Erfahrungswissenschaften orientiert. Ausschlaggebend ist hier die Auffassung, dass die Distanznahme von theologischen Prämissen allein von einer an den Naturwissenschaften orientierten Denkweise geleistet werden kann. Dass diese Art der Dichotomisierung auf einen verkürzenden Begriff des Menschen hinausläuft, wie bereits Hegel geltend machte, wurde oben erläutert. Indem das nachmetaphysische Denken sich von diesem engen Verständnis des Begriffs ‚säkular' leiten lässt, gelangt es zu einer Vorbehaltlichkeit gegenüber Kants Vernunftkonzeption, der auch die ‚praktische Vernunft' unterworfen wird. Nun mag die Auffassung vertretbar sein, dass Kants transzendentalphilosophische Systematik heute nicht einfach übernommen werden kann; doch sollte dabei nicht außer Sicht geraten, dass sich Elemente der Konzeption der praktischen Vernunft plausibel rekonstruieren lassen. Wie oben aufgezeigt, argumentiert Kant nicht nur systemimmanent; vielmehr erhebt er den Anspruch, das in allen Einzelnen angelegte Wissen um Moralität auszubuchstabieren. Auf diese Weise gelangt er gerade von seinem Vernunftbegriff her zu jener differenzierten Ausleuchtung der Untiefen des menschlichen Herzens sowie unseres vielfältigen Leidensdrucks, von der her sich das kontraktualistisch zugeschnittene Moralverständnis als defizitär erweist.

Signifikant ist nun, dass Kant, indem er den Implikationen der in uns angelegten praktischen Vernunft nachgeht, auch seine Überlegungen zu „dem moralischen Beweise des Daseins Gottes" entfaltet. So hält er fest: „Wir finden aber *in uns selbst*, und noch mehr in dem Begriffe eines vernünftigen mit Freiheit [...] begabten Wesens überhaupt, auch eine moralische Teleologie, die aber, weil die Zweckbeziehung *in uns selbst* a priori [...] als notwendig erkannt werden kann, zu diesem Behuf keiner verständigen Ursache außer uns [...] bedarf."[137] Diese Textstelle belegt, dass Kants Ausführungen zum ‚moralischen Beweise' – wie sein gesamtes philosophisches Werk – als ‚säkular' in der ersten Bedeutung dieses Ausdrucks zu bezeichnen sind. Anders gesagt, bewegt Kant sich in seinem Versuch der Beantwortung der Frage, worauf wir, die wir mit der Endlichkeit konfrontiert sind, hoffen dürfen, ausschließlich ‚innerhalb der Grenzen der bloßen Vernunft'. Auch dort, wo er auf tradierte religiöse Lehren eingeht, handelt es sich um eine philosophische Deutung derselben;[138] Kant zielt darauf ab offenzulegen, dass diese Lehren ungeachtet ihrer inhaltlichen Diversität letztlich auf ein-und-dasselbe, in unserer moralischen Kompetenz verankerte Bedürfnis gegründet sind. Gewiss: es gilt im Einzelnen zu prüfen, wie weit die von Kant im Zeichen dieser Zielsetzung entfaltete Theorie heute nachvollziehbar ist, zumal Einsprüche von Seiten unterschiedlicher Denkrichtungen vorliegen. Doch ist dies hier nicht Thema; das Augenmerk sollte vielmehr zunächst darauf gerichtet werden, dass Kant es sich zur Aufgabe gemacht hat, ausgehend von dem, was wir ‚in uns selbst' finden, einen wohlbegründeten ‚säkularen Trost' in Sicht zu bringen.

---

137 KU, 573 (Kursivierung H. N.-D.).
138 Dazu siehe: Kapitel 3.3.1.

Teil II:
Zuwendung zu Individuen

2.1 Autonomie und Alterität

2.1.1 Selbstgesetzgebung versus Selbstbestimmung

Dass die im Kontext der liberalen Rechtstheorie formulierten moralphilosophischen Konzeptionen wesentliche Elemente eines umfassenden Verständnisses von Moral (wie es auch für die Alltagsorientierung maßgeblich ist) vermissen lassen, manifestiert sich auch im Begriff ‚Autonomie'. Kennzeichnend für diese Konzeptionen ist, dass sie den Begriff ‚Autonomie' in der Regel primär im Sinne von ‚Selbstbestimmung' verwenden; „eine autonome Person zu sein," heißt hier, „autonom die Art und Form des Lebens, welches man führen will, zu bestimmen"[1], d. h., einen jeweils „eigenen Lebensplan"[2] zu entwerfen und umzusetzen (soweit dies mit der Selbstbestimmung der anderen Bürgerinnen und Bürger vereinbar ist). Der Begriff ‚Autonomie' ist so verknüpft mit Konzeptionen wie „individuelle Selbstfindung" und „Selbstverwirklichung".[3] Unter dieser Perspektive wird die in der Moralphilosophie der Moderne ursprünglich zentrale Bedeutung – Autonomie als ‚Selbstgesetzgebung' – nicht näher erkundet bzw. oft vorschnell verabschiedet.[4] Im Blick darauf scheint es angezeigt, wieder in Sicht zu bringen, wie die beiden Konzeptionen ‚Autonomie als Selbstgesetzgebung' und ‚Autonomie als Selbstbestimmung' bei Kant unterschieden und, basierend auf dieser Distinktion, aufeinander bezogen sind. Davon ausgehend soll sondiert werden, wie weit Kant damit Voraussetzungen an die Hand gibt, um Elemente des Moralischen, die im gegenwärtigen Diskurs oft unterbelichtet bleiben, zu entfalten; etwa die bedingungslose Zuwendung zu Individuen

---

1 Pauer-Studer (2000), 15.
2 Pauer-Studer (2000), 13.
3 Pauer-Studer (2000), 16.
4 Andrea Esser notiert: „Der nach traditionellem Verständnis im Begriff der Autonomie enthaltene Aspekt einer intersubjektiv gültigen Gesetzlichkeit oder einer Leitung durch allgemeinverbindliche Normen tritt dabei oft in den Hintergrund." (Esser (2011), 875.) Freilich versieht Esser diese – gewiss zutreffende – Beschreibung nicht mit einem kritischen Kommentar.

in ihrer Einzigartigkeit, oder die Selbstprüfung unter dem Gesichtspunkt moralischer Sorgfalt und Aufrichtigkeit. Das Anliegen der folgenden Ausführungen ist nicht von der Absicht getragen, eine innovative Kantlektüre auszuarbeiten, sondern Argumentationslinien Kants zu rekapitulieren, auf deren Basis Defizite des heutigen Diskurses sichtbar gemacht und möglicherweise überwunden werden können.

Den entscheidenden Ansatzpunkt bildet bei Kant die Überlegung, dass von einer menschlichen Handlung nur dann gesprochen werden kann, wenn ein Prinzip im Spiel ist. Vereinfachend dargestellt: Ich kann einen bestimmten Vorgang nur dann als ‚meine Handlung' bezeichnen, wenn ich damit eine Entscheidung, die ich getroffen habe, in die Tat umsetze; in diesem Fall muss ich angeben können, warum ich mich so entschieden habe. Im Unterschied dazu gibt es auch Vorgänge, die sich an mir vollziehen, ohne dass ein Entschluss dafür nötig wäre – wir erfahren beispielsweise reflexhafte Reaktionen unseres Körpers, für deren Ablauf es keiner Entscheidung bedarf. Kann ich aber angeben, warum ich eine bestimmte Entscheidung getroffen habe, so berufe ich mich – selbst wenn ich mir dies nicht explizit vor Augen führe – auf ein allgemeines Prinzip. Der Versuch, bei der Bestimmung des Begriffs ‚Handlung' auf die Ebene der Prinzipien zu verzichten, lässt die Bedeutung der letzteren hervortreten: Ohne Bezugnahme auf irgendein Prinzip kann ich weder mir selbst noch anderen klar machen, was ich eigentlich bezweckt habe bzw. bezwecke. Kant bezeichnet die Grundsätze, ohne die Handeln nicht möglich wäre, mit dem Ausdruck ‚Maximen', wobei er diese als ‚subjektive Prinzipien' darstellt. Das bedeutet, dass die Individuen sich zunächst so orientieren, wie sie es sich selbst zurechtgelegt haben. Eine Maxime ist demnach „das subjektive Prinzip zu handeln, was sich das Subjekt selbst zur Regel macht (wie es nämlich handeln will)".[5] Es liegt auf der Hand, dass an der Genese dieser subjektiven Leitlinien eine Reihe von Faktoren beteiligt sind, wie z. B. eigene frühere Erfahrungen und normative Vorstellungen aus dem sozialen Umfeld der Einzelnen. In dieser Hinsicht erweist sich Kant als anschlussfähig für die heutige Debatte zum Begriff ‚Ethik' (wie sie in Teil I thematisiert wurde). Freilich ist Kants Konzeption der ‚Maxime' umfassender, da subjektive Prinzipien auch mit den gängigen ethischen Werten brechen können.

An dieser Stelle gilt es Kants Sprachgebrauch zu beachten. Der eben beschriebene Vorgang – dass das Individuum entscheidet, wie es handeln will – gilt vielfach als das Charakteristikum von Freiheit schlechthin. Auch Kant verwendet den Ausdruck ‚Freiheit' in diesem Sinn; allerdings setzt er ‚Freiheit' dabei mit ‚Willkür' gleich, nicht aber mit ‚Autonomie'. Der Begriff ‚Maxime' ist der Willkür zugeordnet; wie Kant festhält, ist eine Maxime eine „Regel, die die Willkür sich selbst für den Gebrauch ihrer Freiheit macht."[6] Ausschlaggebend für diese Begrifflichkeit ist, dass wir uns durch die Wahl bestimmter Maximen in Abhängigkeit begeben können. Bildet für mich meine Gesundheit den leitenden Grundsatz, dann habe ich das Gesetz meines Handelns insofern aus der Hand gegeben, als ich im Weiteren darauf festgelegt bin, das zu tun, was meiner Gesundheit dient. Konsequent gefasst würde dies so weit gehen, dass ich, um diesem

---

5 MS, 332.
6 RG, 667.

Grundsatz zu folgen, auch moralische Verpflichtungen zurückstellen muss, wo sie mit meinem Gesundheitsinteresse kollidieren. Es zeigt sich also: Unsere Willkür ist zwar Freiheit, insofern wir Entscheidungen zu treffen vermögen, doch ist sie keine gesicherte Freiheit, da sie uns in Heteronomie führen kann. Dagegen spricht Kant von Freiheit im eigentlichen Sinn nur dort, wo wir uns das Gesetz des Handelns nicht vorgeben lassen. An diesem Punkt nehmen seine Überlegungen zu ‚Autonomie' ihren Ausgang, wobei Kant es sich zur Aufgabe macht zu zeigen, dass Moralität in der ‚Selbstgesetzgebung' ihr Fundament hat. Damit sind Autonomie, Moralität und Freiheit für Kant untrennbar verbunden. Er hält fest: „Freiheit und unbedingtes praktisches Gesetz weisen also wechselweise aufeinander zurück."[7]

Kant bestimmt ‚Autonomie' zunächst dadurch, dass sie auf „Freiheit im negativen [...] Verstande"[8] beruht, d. h. auf unserer Fähigkeit zur Distanznahme gegenüber unseren Partikularinteressen. Angesprochen wird damit eine Erfahrung, die allen Einzelnen vertraut sein dürfte: dass wir durch unsere Bestrebungen z. B. nach Gesundheit und gutem Leben nicht determiniert sind, sondern uns in unserem Handeln über dieselben hinwegsetzen können. Wir erfahren damit unsere „Unabhängigkeit [...] von aller Materie des Gesetzes (nämlich einem begehrten Objekte)".[9] Unter dem Titel „Freiheit im positiven Verstande"[10] legt Kant sodann dar, was es heißt, von dieser Unabhängigkeit Gebrauch zu machen. Wollen wir uns das Gesetz des Handelns nicht vorgeben lassen, müssen wir an unserer eigenen Gesetzgebung festhalten. Doch welches Prinzip ist so geartet, dass wir uns nicht wieder an eine bestimmte ‚Materie' binden und so in Heteronomie geraten? Insofern es darauf ankommt, keine inhaltliche Zielsetzung (kein ‚begehrtes Objekt') zum obersten Prinzip des eigenen Handelns zu machen, bleibt „nichts als die Allgemeinheit eines Gesetzes überhaupt übrig".[11] Kant drückt diesen Gedanken auch so aus, dass es auf die „Bestimmung der Willkür durch die bloße allgemeine gesetzgebende Form, deren eine Maxime fähig sein muß",[12] ankommt. Autonomie ist somit durch das Prinzip gekennzeichnet, nur nach einer Maxime zu handeln, die tauglich ist, „sich selbst zum allgemeinen Gesetze zu machen".[13] In der Konzeption des kategorischen Imperativs führt Kant die Implikationen dieses Kerngedankens näher aus.[14] Eine verbreitete Fehldeutung beruht darauf, dass Kants Verweis auf die ‚bloße allgemeine gesetzgebende Form' mit dem Begriff ‚inhaltsleer' transkribiert oder im Sinn von ‚abstrakt' gelesen

---

7 KP, 139.
8 KP, 144.
9 KP, 144.
10 KP, 144. Dazu siehe Baum (2008).
11 GM, 51.
12 KP, 144.
13 GM, 80.
14 Indem er den kategorischen Imperativ auf unterschiedliche Weise formuliert, lenkt Kant das Augenmerk auf eine jeweils andere Implikation desselben. Zur Erläuterung siehe: Paton (1947), 129–198.

wird.¹⁵ Indem dabei außer Acht gelassen wird, dass es unsere individuellen Maximen sind, die Kant als Ausgangspunkt der moralischen Prüfung bezeichnet, geht die zentrale Pointe seiner Moralkonzeption verloren. (Wie Kant die Relation zwischen ‚Maxime' und ‚Sittengesetz' bestimmt, wird hier noch zu erörtern sein.)

Doch wie ist das gesetzgebende Selbst – das Subjekt der moralischen Autonomie – gedacht? Festzuhalten ist zunächst, dass es nicht mit dem Individuum in seiner Besonderheit gleichgesetzt ist. Kant nimmt hier auf eine Spannung Bezug, die alle Einzelnen in sich vorfinden und der niemand sich entziehen kann. In jedem von uns sind demnach unterschiedliche Ausrichtungen präsent: unserer Kompetenz, uns jeweils subjektive Prinzipien zurechtzulegen, steht unser Wissen um den moralischen Anspruch auf Allgemeinverbindlichkeit gegenüber. Diese zweite Kompetenz benennt Kant als ‚praktische Vernunft' (dass er in seiner Konzeption des ‚Gewissens' eine weitere, dritte Ebene unterscheidet, wird noch zur Sprache kommen). Er thematisiert damit unser Wissen darum, dass wir eine Verpflichtung zu verantwortlichem Handeln haben, der wir nicht genügen können, wenn wir uns nur von unseren individuellen Prioritäten bzw. von vorgegebenen sozialen Normen leiten lassen. Bei der ‚praktischen Vernunft' verhält es sich so, dass sie je meine Vernunft ist, insofern die Kompetenz zwischen Gut und Böse zu unterscheiden in mir angelegt ist, und zugleich die von allen Menschen geteilte Vernunft, da jede/r über diese Fähigkeit verfügt – die uns allererst als ‚Person' auszeichnet. Dem entsprechend besteht die Autonomie des Willens darin, dass jeder „nur seiner eigenen und dennoch allgemeinen Gesetzgebung unterworfen"¹⁶ ist. Was nun die von allen Einzenen erfahrene Spannung zwischen der selbst-auferlegten Pflicht einerseits und der individuellen Motivation andererseits betrifft, so stellt Kant sie anhand des Paradigmas der Relation zwischen einem Sprechenden und einem Hörenden dar: Meine praktische Vernunft appelliert an mich als die Instanz, die die subjektiven Prinzipien meines Handelns festlegt, auf die Verallgemeinerbarkeit meiner Maximen zu achten. Dass es sich dabei um eine subjekt-immanente Relation handelt, wird durch die Form der vertraulichen Anrede eines ‚Du' signalisiert. Das „Grundgesetz der reinen praktischen Vernunft" lautet: „Handle so, dass die Maxime deines Willens jederzeit zugleich als Prinzip einer allgemeinen Gesetzgebung gelten könne."¹⁷

Im Blick auf die heutige Debatte gilt es zu beachten: Die Prüfung unserer Maximen auf ihre Verallgemeinerbarkeit hin ist nicht so dargestellt, als ziele sie darauf ab, dass wir schließlich über einen Bestand an getesteten Normen verfügen, der unser Han-

---

15 Dieses Missverständnis zeigt sich z. B., wenn Christoph Menke festhält: „Weil Kant […] das Gesetz, das das Subjekt konstituiert, als die abstrakte, weil formal definierbare Regel seiner prüfenden Vernunft versteht", resultiert „das Paradox der Autonomie, dass die Urteile des Subjekts nur frei sein können, wenn sie leer sind, aber äußerlich aufgenommen sein müssen, wenn sie bestimmte sein sollen." Menke (2010), 692.
16 GM, 65.
17 KP, 140.

deln weitgehend von einem jeweils spezifischen moralischen Prüfverfahren entlastet.[18] Kant macht einsichtig, dass es unangemessen wäre, sich die Basis für eine moralische Handlungsweise nach dem Muster einer abstrakten logischen Subsumtion vorzustellen. Wie er betont, sind fixierte „Regeln [...] pedantisch, wenn sie ihn [den Handelnden] selbst einschränken, und störrisch, ungesellig, wenn sie andere einschränken. Sie sind der Gängelwagen der Unmündigen."[19] Indem Kant hier den Begriff ‚Mündigkeit' in den Vordergrund rückt, macht er geltend, dass Moralität an jedem Punkt an unser ‚Selbstdenken' gebunden ist.[20] Dabei stellt er die moralische Reflexion der Einzelnen so dar, dass sie jeweils im Konkreten ihren Ausgangspunkt hat. Konfrontiert mit einer gegebenen Entscheidungssituation, kommen mir bestimmte Maximen – Paton nennt sie „material maxims"[21] – in den Sinn, und ich sehe mich mit der Frage konfrontiert, an welcher ich mein Handeln orientieren soll. Will ich dem moralischen Appell meiner Vernunft gerecht werden, so habe ich zunächst zu sondieren, was es in dieser Situation bedeutet, der einen oder anderen Maxime zu folgen. Während es hinsichtlich mancher Maxime offenkundig ist, dass sie nicht ‚zugleich als Prinzip einer allgemeinen Gesetzgebung gelten könne', bedarf es hinsichtlich anderer – z. B. altruistisch ausgerichteter – Maximen erst noch einer eingehenderen Prüfung.[22] Wie Paton erläutert, ist dies der Punkt, an dem der Kontext sowie die möglichen Folgen der intendierten Handlung zu betrachten sind: „It is by the way of material maxims that circumstances are considered in our moral judgments. [...] Similarly it is by the way of material maxims that ends and consequences are considered."[23] Dabei geht es nicht nur darum, welche Handlung zu setzen ist: Da ein und dieselbe Handlung unterschiedlich motiviert sein kann, kommt es darauf an, aus welchem Grund ich eine bestimmte Handlungsweise wähle, d. h., ob dieser „Bestimmungsgrund"[24] meines Willens einer verallgemeinerbaren Maxime entspricht. So ist es einleuchtend, wenn Paton unterstreicht: „One great merit of Kant's system is that it puts into a true perspective the spirit, as opposed to the letter, of the moral law."[25]

Zu bedenken ist auch: Suche ich in einer konkreten Situation nach der angemessenen Maxime, so genügt es nicht, auf den Bestand meiner bisher als ‚zum allgemeinen Gesetze tauglich' eingeschätzten Maximen zurückzugreifen. Ich kann unter dem Eindruck der gegebenen Lage auch zur Auffassung gelangen, dass diese Maximen einer Revision bedürfen: Ich kann mich genötigt sehen, mir (1) eine neue Maxime zurechtzulegen oder (2)

---

18 So formuliert z. B. Rainer Forst, dass „die Moral [...] aus einem System strikt verbindlicher Normen besteht, deren Geltung sich einem Universalisierungsverfahren verdankt". (Forst (2004), 179.) Geht Forst davon aus, dass diese – im zeitgenössischen Moraldiskurs verbreitete – Auffassung sich auf Kant berufen kann, so bedeutet dies, wie hier gezeigt werden soll, dass wesentliche Differenzierungen Kants unberücksichtigt bleiben.
19 Reflexion 1164 (1772–75); siehe Bittner/Cramer (1975), 119.
20 Siehe Kants Darlegung des Zusammenhangs von Mündigkeit und Selbstdenken in: WA, 53–61.
21 Paton (1947), 137. Zu Kants komplexer Theorie der Maxime siehe auch: Bittner (1974).
22 In Kap. 2.1.3 wird dieser Aspekt näher erörtert.
23 Paton (1947), 137.
24 Diesen Ausdruck verwendet Kant vielfach; siehe z. B. KP, 158 und 191 f.; MS, 318.
25 Paton (1947), 194.

eine bestimmte Maxime aufzugeben, da ich meine bisherige Überzeugung hinsichtlich ihrer Verallgemeinerbarkeit als unhaltbar einsehe. In seinen Ausführungen zur Frage, ob das Gewissen irren kann, nimmt Kant darauf explizit Bezug.[26] Wie Barbara Herman zeigt, kann es sich (3) auch als nötig erweisen, die Implikationen bestimmter Maximen neu zu durchdenken. Indem sie erörtert, ob uns eine gegebene Situation mit „utterly new moral facts" konfrontieren kann, unterscheidet Herman „two candidate classes: facts that were there but were conceptually inaccessible [...] and things whose moral significance is of a new kind, brought about by new social or material phenomena. New moral facts need not require new moral principles; they are facts that the principles we have do not easily or directly accomodate".[27] (Dass Kants Moralkonzeption die Verpflichtung zu einer zunehmenden moralischen Sensibilisierung impliziert, wird hier noch zu erörtern sein.) Das bedeutet, dass meine Moralität an jedem Punkt letztlich auf die Autonomie der reinen praktischen Vernunft rückverwiesen ist, und damit auf das Grundprinzip der Moral: das ‚Sittengesetz', welches nur ein einziges ist, wie Kant in seiner Darstellung des kategorischen Imperativs betont.

Wird die Bedeutung des ‚Selbstdenkens' nicht berücksichtigt, resultiert eine moralische Entmündigung der Einzelnen. Kant zeigt dies immer wieder auf, u. a. in seiner Schrift *Beantwortung der Frage: Was ist Aufklärung?* Rückt er dort die Anmaßung auf institutioneller Seite – etwa die moralische Bevormundung durch kirchliche Instanzen – in den Vordergrund, so ist heute hinzuzufügen, dass eine Gefahr dieser Art auch von manchen Richtungen des moraltheoretischen Fachdiskurses ausgeht. So erwecken Konzeptionen der Angewandten Ethik oft den Eindruck, als solle den jeweiligen Entscheidungsträgern ihre Verantwortung abgenommen werden.

Da unter der Prämisse des ‚nachmetaphysischen Denkens' Kants Konzeption hinsichtlich beider Ebenen zurückgewiesen wird – (1) derjenigen der praktischen Vernunft und (2) derjenigen des ‚Selbstdenkens' – gilt es festzuhalten: (1) Die Kritik am metaphysischen Zuschnitt von Kants Vernunftbegriff zieht nicht in Betracht, dass sich die Pointe, auf die es hier ankommt, auch ohne einen ‚starken' Vernunftbegriff (wie O'Neill es ausdrückt[28]) rekonstruieren lässt. Kant verweist ja auf etwas, worüber jeder Einzelne in seiner Alltagsorientierung Bescheid weiß: dass wir zwischen Gut und Böse zu unterscheiden vermögen, und dass der Anspruch des moralisch Guten mit der Idee der Allgemeinverbindlichkeit verbunden ist. Wird hingegen diese Ebene gestrichen und der Begriff ‚Autonomie' durch die Wahl von subjektiven Grundsätzen definiert, erhebt sich die Frage, wo Moral überhaupt verankert werden soll. Wie in Teil I thematisiert, kann die kritische Prüfung meiner Maximen entsprechend dem kategorischen Imperativ dann letztlich nicht von mir geleistet werden, sondern ist jeweils anderen, die mich zur Re-

---

26 MS, 532.
27 Herman (2008), 108.
28 O'Neill (2000).

chenschaft ziehen, anheimgestellt, was auf eine heteronome Relation und eine moralische Entleerung des Subjekts hinausläuft.[29]

(2) Wo die Bedeutung, die bei Kant dem ‚Selbstdenken' zukommt, dem Verdacht ausgesetzt wird, dass Moral auf diese Weise dem individuellen Gutdünken überlassen bleibe, ist zunächst ein Blick auf den theoretischen Hintergrund angezeigt. Hegels Kritik an Kants Moralkonzeption ist paradigmatisch für diese (Fehl-)Deutung, und ihre Wirkungsgeschichte reicht bis in die Gegenwart. Hegels Einwand lautet, dass es Kant zufolge allein auf das ‚ich will' ankommt, so dass die Unterscheidung zwischen Gut und Böse letztlich hinfällig ist.[30] Diese Lesart setzt sich jedoch darüber hinweg, dass die praktische Vernunft uns, wie Kant darlegt, einen Maßstab für die moralische Beurteilung an die Hand gibt, der keineswegs mit jeder beliebigen Handlungsweise vereinbar ist. Dass die Vernunft mir gebietet: „Handle nur nach derjenigen Maxime, durch die du zugleich wollen kannst, daß sie ein allgemeines Gesetz werde",[31] läuft nicht darauf hinaus, dass ich mir letztlich jedes meiner subjektiven Prinzipien als allgemeines Gesetz denken kann. Einer Sichtweise, die letzteres annimmt, hält Kant vielmehr entgegen: „Man muß *wollen können*, daß eine Maxime unserer Handlung ein allgemeines Gesetz werde: dies ist der Kanon der Beurteilung derselben überhaupt."[32] Um die grundlegende Bedeutung der Frage nach dem ‚Wollen-Können' deutlich zu machen, zieht Kant an dieser Stelle Beispiele aus allen Bereichen der Einteilung „in Pflichten gegen uns selbst und gegen andere Menschen, in vollkommene und unvollkommene Pflichten"[33] heran, wobei er jeweils aufzeigt, dass ein Wille, der ein am Partikularinteresse orientiertes Prinzip zum allgemeinen Gesetz erheben wollte, „sich selbst widersprechen würde".[34] Kant erläutert: „Wenn wir nun auf uns selbst bei jeder Übertretung einer Pflicht Acht haben, so finden wir, daß wir wirklich nicht wollen, es solle unsere Maxime ein allgemeines Gesetz werden, denn das ist uns unmöglich, sondern das Gegenteil derselben soll vielmehr allgemein ein Gesetz bleiben; nur nehmen wir uns die Freiheit, für uns (oder auch nur für diesesmal) zum Vorteil unserer Neigung, davon eine Ausnahme zu machen."[35]

Das bei Hegel anzutreffende Missverständnis setzt sich heute auch dort fort, wo die Annahme, Kants Moralkonzeption laufe auf ein Handeln aus dem je individuellen Standpunkt hinaus, in affirmativer Weise aufgegriffen wird. Dies geschieht beispielsweise in der von Christoph Menke vertretenen These: „Kant [...] versteht Autonomie nicht mehr

---

29 Dass sich Kants Vernunftbegriff auch in einer ‚starken' Variante gegen die Einwände des nachmetaphysischen Denkens rechtfertigen lässt, zeigt Langthaler (1997).
30 PR, 243–286.
31 GM, 51. (Die vielfach erörterte Frage, ob die unterschiedlichen Formulierungen des kategorischen Imperativs in einer völlig konsistenten Argumenationslinie verknüpft bzw. verknüpfbar sind, kann an dieser Stelle beiseite gelassen werden, da es hier nur darum geht, wo aktuelle moralphilosophische Theoreme in jedem Falle dem Differenzierungsniveau Kants nicht gerecht werden.)
32 GM, 54 (kursiv im Original).
33 GM, 52.
34 GM, 55.
35 GM, 55.

[wie Rousseau] als Selbstgesetzgebung, sondern als Selbstverwirklichung: das Gesetz befolgen, das man ist; verwirklichen, was einen ausmacht. Autonomes Urteilen oder Handeln besteht nicht darin, selbst ein Gesetz hervorzubringen, sondern das *eigene* Gesetz zum Ausdruck zu bringen: werden, der man ist."[36] (Menke beruft sich hier auf Terry Pinkard, der in Anknüpfung an Charles Taylor von einem „expressivistischen" Konzept der Handlung bei Kant gesprochen hat.[37])

Im Blick auf die gegenwärtige Debatte ist ferner zu unterstreichen: Autonomie als ‚Selbstgesetzgebung' betrifft alle Situationen, auf die wir handelnd Bezug nehmen – eine Einschränkung, sei es (1) auf einen bestimmten Adressatenkreis, sei es (2) auf einen bestimmten Typus von Situationen, lässt sich nicht plausibel machen. Hinsichtlich des ersten Aspekts (1) hat vor allem folgende Formulierung des kategorischen Imperativs Relevanz: „Handle so, daß du die Menschheit, sowohl in deiner Person, als in der Person eines jeden andern, jederzeit zugleich als Zweck, niemals bloß als Mittel brauchest."[38] Freilich gilt es zunächst ein verbreitetes Missverständnis aufzuklären: Der Begriff ‚Menschheit' bezieht sich hier nicht unmittelbar auf das, was alltagssprachlich ‚die ganze Menschheit' genannt wird; er bezeichnet vielmehr (analog zum Topos der ‚Pferdheit' in der griechischen Philosophie) jene Kompetenz, die uns als Menschen auszeichnet (und von ‚Sachen' unterscheidet), d. h., die praktische Vernunft, durch die wir ‚Person'[39] sind. Die Pointe lautet demnach, dass ich in all meinem Handeln darauf zu achten habe, jede/n Einzelnen (mich selbst eingeschlossen) als Person zu respektieren. In seiner Erläuterung zu dieser Formulierung zeigt Kant einen Prüfstein auf, der uns in jeder gegebenen Situation ausfindig zu machen erlaubt, ob die Maxime, der zu folgen wir im Begriff sind, diesem Anspruch gerecht wird. Demnach gilt es hinsichtlich jeder beabsichtigten Handlung abzuklären, wer erwartungsgemäß davon betroffen sein wird, und zu fragen, ob diese Betroffenen als Personen – d. h., in ihrer Kompetenz, selbst Zwecke zu setzen – respektiert werden; wir haben also „in Betracht zu ziehen", dass sie „als solche, die von ebenderselben Handlung auch in sich den Zweck müssen enthalten können, geschätzt werden sollen".[40]

Es ist genau dieser Gedankengang, der die Diskursethik zu ihrem Plädoyer für eine kommunikationstheoretische Reformulierung des kategorischen Imperativs veranlasste. Näher besehen, kommt es dadurch jedoch zu einer doppelten Einschränkung des Adressatenkreises: zum einen, insofern ausgeblendet wird, dass auch jene Handlungen, die mich selbst betreffen, der besagten Prüfung zu unterziehen sind (wie Kant dies unter dem Titel der „Pflichten gegen sich selbst" einsichtig macht[41]); zum anderen, insofern die Frage nach denjenigen Personen offen bleibt, die nicht in der Lage sind zu artikulieren, ob sie meinen Zweck teilen oder nicht – darunter alle noch nicht Geborenen, die von

---

36 Menke (2010), 679.
37 Pinkard (2007), 210.
38 GM, 61.
39 Siehe: GM, 59 f.
40 GM, 62.
41 MS, 549–583.

gegenwärtigen Handlungen betroffen werden können.[42] Gewiss setzt die Diskursethik einen Akzent, der für eine umfassende Theorie der Moral unverzichtbar ist, indem sie die Problematik eines ‚monologischen' Moralverständnisses aufzeigt, in welchem nicht vorgesehen ist, dass das Subjekt sich – soweit wie nur möglich – mit den von seinen Handlungen betroffenen Anderen ins Einvernehmen setzt. Zu betonen ist jedoch, dass sich Kants Moralbegriff gerade nicht als ‚monologisch' apostrophieren lässt. Es verhält sich ganz im Gegenteil so, dass Kant seinerseits ein genaues Eingehen auf die anderen als eine *conditio sine qua non* des Moralischen darstellt. (Dies soll in Kap. 2.1.3 näher untersucht werden.)

(2) Dass eine Beschränkung der Relevanz der ‚Selbstgesetzgebung' auf einen bestimmten Typus von Situationen nicht nachvollziehbar ist, kam bereits in Teil I zur Sprache (hinsichtlich der These, wonach die moralische Gesetzgebung nur im Bereich rechtlich ungeregelter Konflikte ihre Zuständigkeit hat), soll nun aber weiter erläutert werden.

2.1.2 Äußere und innere Freiheit

Die heute verbreitete Vorstellung, dass sich unsere Handlungen in zwei Typen ordnen lassen: in moralisch relevante und rechtlich relevante, geht möglicherweise auf eine unscharfe Kantlektüre zurück. Kant ordnet ja in der Tat dem Recht eine spezifische Materie zu. Es gilt jedoch zu beachten, dass er dabei nicht von einem besonderen Typus von Handlungen spricht; die Differenz von Recht und Moral liegt für ihn vielmehr in einer unterschiedlichen Betrachtungsweise, die ein und derselben Handlung gelten kann. Wie Kant erläutert, betrifft „[d]er Begriff des Rechts [...] nur das äußere und zwar praktische Verhältnis einer Person gegen eine andere, sofern ihre Handlungen als Fakta aufeinander (unmittelbar und mittelbar) Einfluß haben können".[43] Das bedeutet: Sowohl für die staatliche Gesetzgebung als auch für die Anwendung des geltenden Rechts kommen Handlungen primär so in Betracht, wie sie sich ‚von außen' gesehen darstellen. Es kommt darauf an, was die Einzelnen *de facto* tun, während die für sie jeweils ausschlaggebenden Motive höchstens in zweiter Linie von Belang sein können.[44] So genügt es für einen geordneten Ablauf des Straßenverkehrs, dass die Vorschriften eingehalten werden, gleichgültig, welche Gründe die Einzelnen dafür haben. Zur Perspektive der handelnden Individuen gehört hingegen der Blick ‚von innen', der sich darauf richtet, welche Maxime jeweils den ‚Bestimmungsgrund' meiner Willkür bildet. Hier

---

42 In einem Vortrag am Inter-University-Center Dubrovnik, den die Autorin 1976 hörte, suchte K. O. Apel die Schwierigkeit, in die seine ‚Diskursethik' hinsichtlich dieses Personenkreises gerät, mit der Konzeption des ‚advokatorischen', d. h. stellvertretenden Geltend-Machens der Perspektive der Betroffenen zu bereinigen. Das bedeutet jedoch, dass die moralische Beurteilung nun erneut dem (zunächst als ‚monologisch' diffamierten) handelnden Subjekt anheimgestellt wird.
43 MS, 337.
44 Im strafrechtlichen Bereich können sie z. B. hinsichtlich der Frage, ob ‚mildernde Umstände' zu berücksichtigen sind, Relevanz gewinnen.

gilt, dass die ‚Selbstgesetzgebung' der Vernunft alle meine praktischen Entscheidungen betrifft. Das heißt, aus der Innenperspektive kommt es auch dort, wo ich rechtliche Vorschriften – etwa Verkehrsregeln – einhalte, auf meine Motivation an: Ich habe meine Handlungsweise unter dem moralischen Gesichtspunkt zu beurteilen. Im Kontext seiner Tugendlehre charakterisiert Kant diesen Unterschied durch eine Differenz in der Gesetzgebung: „Die Ethik gibt nicht Gesetze für die Handlungen (denn das tut das Ius) sondern nur für die Maximen der Handlungen."[45] Das bedeutet, dass die Orientierung am moralischen Gesetz nicht *eo ipso* auf „eine besondere Art Handlungen, zu denen man verbunden ist",[46] hinausläuft, sondern dass ein und dieselbe Handlungsweise zum einen von der „äußeren", zum anderen von der „innern Gesetzgebung"[47] zur Pflicht gemacht werden kann. In diesem Sinne hält Kant fest, „es kann einerlei Pflicht (der Handlung nach) sein, ob wir zwar auf verschiedene Art dazu verbunden werden können."[48] In der heutigen Debatte gerät der Unterschied der rechtlichen Perspektive gegenüber der moralischen häufig aus dem Blickfeld, z. B. dort, wo die Staatsbürger – in Anlehnung an Rawls – als ‚moral subjects' bezeichnet werden.

Bei genauerer Erkundung der Innenperspektive ergibt sich eine Ausdifferenzierung. Zunächst zeigt sich: Konfrontiert mit dem geltenden Recht, kann ich mich zu einer pragmatischen Haltung entschließen und den Gesetzen entsprechen, um mich keinen Sanktionen auszusetzen. Das „allgemeine Rechtsgesetz" fordert von mir ja nur: „handle äußerlich so, daß der freie Gebrauch deiner Willkür mit der Freiheit von jedermann nach einem allgemeinen Gesetze zusammen bestehen könne".[49] Dass ‚von außen' betrachtet eine solche Haltung ausreichend ist, bedeutet jedoch nicht, dass das Recht mir eine ‚strategische' Handlungsweise auferlegt.[50] Insofern das juridische Gesetz ausschließlich Handlungen regelt, und nicht Maximen, kann es mich auch zu einer pragmatischen Motivation nicht bestimmen. Natürlich ebenso wenig zu einer moralischen: Aus dem Blickwinkel des Rechts steht es den Einzelnen frei unmoralisch zu handeln, solange sie dabei keine Gesetzesübertretung begehen. Aus der Innenperspektive stellt sich die Relation von Moral und Recht hingegen so dar, dass der moralische Imperativ mich zur Gerechtigkeit verpflichtet. Kant erläutert, „darum, weil die ethische Gesetzgebung die innere Triebfeder der Handlung (die Idee der Pflicht) in ihr Gesetz mit einschließt, welche Bestimmung durchaus nicht in die äußere Gesetzgebung einfließen muss, so kann die ethische Gesetzgebung keine äußere (selbst nicht die eines göttlichen Willens) sein, ob sie zwar die Pflichten, die auf einer anderen, nämlich äußeren Gesetzgebung beruhen, *als Pflichten*, in ihre Gesetzgebung [...] aufnimmt."[51]

---

45 Siehe: MS, 519–520.
46 MS, 326.
47 MS, 326.
48 MS, 328.
49 MS, 338.
50 Dazu siehe Kap. 1.1.1.
51 MS, 324 f. (Hervorhebung im Original).

Stellt sich hier die Frage, wie eine „äußerliche Pflicht" zu einer solchen der „innern Gesetzgebung"[52] werden kann, so ist von Relevanz, dass Kant die vertragstheoretische Konzeption des modernen Verfassungsstaates auf eine zweifache argumentative Basis stellt, indem er sie zum einen vom pragmatischen Verstand (der aus der „ungeselligen Geselligkeit"[53] seine Lehren zieht), zum anderen von der praktischen Vernunft her begründet. Der zuletzt genannte Gedankengang könnte so transkribiert werden: Wenn wir uns die Frage stellen, was genau es bedeutet, alle Menschen im Sinne des moralischen Imperativs als selbst Zwecke Setzende zu respektieren, dann gelangen wir zunächst zur Forderung, dass alle Einzelnen über einen Freiraum verfügen müssen, weil sie sonst ihre Kompetenz zu handeln gar nicht umsetzen können. Dieser Freiraum bedarf eines rechtlichen Schutzes, der sich nur vom Paradigma des Vertrags her stringent konzipieren lässt; nur unter dieser Prämisse kann allen Bürgern[54] die gleiche Freiheit zugesichert werden. Wir verfügen Kant zufolge über ein (einziges) angeborenes Recht: Die Freiheit, nach unserem Gutdünken zu handeln, „sofern sie mit jedes anderen Freiheit nach einem allgemeinen Gesetz zusammen bestehen kann, ist dieses einzige, ursprüngliche, jedem Menschen kraft seiner Menschheit zustehende Recht".[55]

Näher betrachtet, bin ich unter der Perspektive des kategorischen Imperativs in Bezug auf das Recht in dreifacher Weise verpflichtet. Die Moral gebietet, erstens, dass ich mich (aus dem eben genannten Grund) überhaupt in das „Gehege"[56] des Rechts begebe; zweitens, dass ich auf die Einhaltung der geltenden Gesetze achte[57] (was nicht nur bedeutet, dass ich selbst den Gesetzen Folge zu leisten habe[58]); und drittens, dass ich mich für Veränderungen engagiere, wo das geltende Recht mit den Implikationen des Vertragsgedankens nicht im Einklang steht – wo beispielsweise der Gleichheitsgrundsatz seitens der Gesetzgebung verletzt worden ist, oder auch, wo gesetzliche Regelungen fehlen, die

---

52 MS, 326.
53 IG, 37.
54 Dass Kants Konzeption insofern ein Plausibilitätsdefizit aufweist, als der Status gleichberechtigter Bürger nur lohnunabhängigen Männern zugesprochen wird, wurde inzwischen eingehend erörtert, vor allem unter dem Gesichtspunkt, wie die den modernen Staat grundlegende Vertragskonzeption konzipiert werden muss, um alle mündigen Personen in gleicher Weise einzuschließen.
55 MS, 345.
56 Diesen Ausdruck verwendet Kant in: IG, 40.
57 Gesetzesübertretungen erscheinen aus der moralphilosophischen Perspektive Kants deshalb als unzulässig, weil sie in Richtung einer Auflösung des Rechtsstaates gehen und damit in jedem Falle einen Rückschritt bedeuten. Kant gibt zu bedenken: Selbst ein Staat, dessen Realität erheblich vom Ideal der Vertragstheorie abweicht, ist einem Zustand gänzlicher Rechtlosigkeit vorzuziehen. Im Blick auf diese Argumentation entzündete sich eine Debatte zur Frage des Widerstandsrechts bei Kant. Vgl. den Abschnitt „Die Verbindlichkeit positiven Rechts und das Widerstandsverbot", in: Kersting (1984), 311–358.
58 Zu den bürgerlichen Verpflichtungen gehört auch ein kritischer Blick auf die diversen Institutionen, um zu prüfen, ob die *de jure* gesicherte Gleichheit nicht in der Praxis unterlaufen wird, bzw. ein Engagement für die Schaffung wirksamer Kontrolleinrichtungen.

einer gesellschaftlich eingespielten Ungleichbehandlung gegensteuern könnten[59]. Einen Fokus der rezenten Debatte bildet zudem die Frage, ob bzw. wie sich von Kants Konzeption her auch eine Begründung für soziale Rechte ableiten lässt.[60] Ein weiterer, von Kant selbst hervorgehobener Aspekt besteht darin, dass sich die moralische Fundierung des Rechts nicht nur aus der Pflicht der Einzelnen gegenüber allen anderen ableitet, sondern auch aus dem Anspruch, den die Einzelnen gegenüber allen anderen zu erheben berechtigt sind: aufgrund des ‚ursprünglichen, jedem Menschen kraft seiner Menschheit zustehenden Rechts', das Kant in seinen Ausführungen zum Begriff ‚Person' erläutert. Dem entsprechend bezeichnet Kant die Rechte als „(moralische) Vermögen, andere zu verpflichten".[61] (Diese Überlegung hat unmittelbare Relevanz für die Einschätzung aktueller politischer Auseinandersetzungen. Es ist jeweils zu fragen, ob es sich bei bestimmten Forderungen um das ‚Lobbying' von Gruppen handelt, die ihre Partikularinteressen gegen andere möglichst weitgehend durchzusetzen suchen, oder um einen moralisch gerechtfertigten Anspruch, etwa auf Maßnahmen gegen Ungleichbehandlung.[62]) Dies alles ist freilich nicht so zu verstehen, als würde sich für Kant die moralische Anforderung in der Verpflichtung zur Gerechtigkeit erschöpfen; der kategorische Imperativ hat vielmehr, wie schon erläutert, einen umfassenderen Charakter. Das muss vor allem im Blick auf die heute verbreitete Einschätzung betont werden, Kants Konzeption moralischer Autonomie entspreche einer ‚Gerechtigkeitsethik', die für eine Bedachtnahme auf die Verletzlichkeit und Hilfsbedürftigkeit von Menschen – und für eine entsprechende fürsorgliche Zuwendung – keinen angemessenen Ort vorsehe.

Noch eine weitere zeitgenössische Auffassung erweist sich nun als fragwürdig: Vor dem Hintergrund der liberalen Rechtstheorie wird der Zusammenhang zwischen Recht und Moral mitunter so aufgefasst, als würde eine liberale Gesetzgebung allererst die „Voraussetzung für moralische Autonomie" schaffen. Diese These lautet: „Damit Individuen sich als moralische Subjekte und als selbstgesetzgebend im moralischen Sinn verstehen können, ist es notwendig, daß Individuen selbstbestimmt ihre Konzeption des Guten zu leben vermögen."[63] Das Problem liegt hier darin, dass die moralische ‚Selbstgesetzgebung' im Sinn der individuellen ‚Selbstbestimmung' verstanden wird. Moral wird so zu einem Element der jeweils eigenen Vorstellung des guten Lebens, die auf dem Gutdünken der Einzelnen beruht. Damit wird nicht nur die moralische Begründung des Rechts hinfällig; gegen diese These spricht vor allem die Alltagseinsicht, dass die Selbstgesetzgebung der praktischen Vernunft auch in Diktaturen nicht außer Kraft gesetzt ist.

---

59 Dazu siehe: Guyer (2004), 27–48.
60 Siehe: Kersting (1984).
61 MS, 345.
62 An anderer Stelle habe ich ausgeführt, dass auch die unter feministischer Perspektive formulierte Kritik an bestehenden Geschlechterasymmetrien als moralisch legitimiert – mehr noch: als moralisch geboten – zu betrachten ist. (Nagl-Docekal (2001), 178–187.)
63 Pauer-Studer (2000), 16.

Die Kritik an konformen Handlungsweisen unter totalitären Bedingungen beruft sich mit Recht gerade darauf.[64]

Relevant im Hinblick auf den aktuellen Diskurs ist auch, wie Kant den Begriff ‚Freiheit' auf der Basis der eben rekapitulierten Unterscheidung ausdifferenziert. Kant verwendet den Begriff „äußere Freiheit"[65] mit Bezug auf die Staatsbürger, die das Recht auf freien Gebrauch ihrer Willkür haben, soweit ihr Handeln „nach allgemeinen Gesetzen" mit dem aller anderen zusammen stimmt – „der Zweck, den ein jeder hat, mag sein welcher er wolle".[66] Die Idee des modernen Staates geht Kant zufolge dahin, die „Bestimmung und Sicherung der Grenzen dieser Freiheit" auf das Notwendige zu beschränken, sodass alle Einzelnen über „die größte Freiheit" verfügen.[67] – Den Begriff „innere Freiheit" verwendet Kant hingegen mit Bezug auf die Autonomie der reinen praktischen Vernunft.[68] Dabei nimmt er weitere Differenzierungen vor. Zunächst erweist sich, wie bereits erläutert, die praktische Vernunft selbst als frei, da sie von der Naturgesetzlichkeit unabhängig gesetzgebend ist. Das bedeutet: der Mensch an sich selbst ist „Bewußtsein der Freiheit".[69] Was nun den Menschen als endliches Vernunftwesen betrifft, so macht uns diese „innere Gesetzgebung",[70] d. h., das in unserer Vernunft verankerte Sollen, deutlich, dass wir über die Kompetenz verfügen, unser Handeln frei von jedem sinnlichen Antrieb zu bestimmen. Doch gilt es erst noch, diese uns auszeichnende Kompetenz *de facto* umzusetzen. Demgemäß bezieht sich der Begriff ‚innere Freiheit' auf eine Handlungsweise, in der das Subjekt sich durch die „innere Gesetzgebung", d. h., durch die „Vorstellung seiner Pflicht" leiten lässt.[71] Anders gesagt: Wohl ist jeder Mensch an sich selbst frei, doch bedeutet dies nicht, dass die ‚innere Freiheit' eine Art Besitz aller Einzelnen wäre; vielmehr ist es Pflicht, sich laufend darum zu bemühen.

Es gilt zu beachten, wie Kant den Begriff ‚innere Freiheit' im Kontext seiner Tugendlehre erläutert. Hier bildet den Fokus nicht, wie ich meine jeweils einzelnen Handlungen unter der Perspektive des Sittengesetzes zu beurteilen habe, sondern die Frage der Kontinuität moralischen Handelns. „Tugend ist die Stärke der Maxime des Menschen in Befolgung seiner Pflicht",[72] hält Kant fest. Demnach folgt aus der ‚inneren Gesetzgebung' auch die Pflicht, eine entsprechende *Haltung* zu kultivieren. Im Folgenden soll dies nun anhand von zwei Dimensionen erläutert werden, für deren Auswahl wieder ausschlaggebend war, dass sie im Gegenwartsdiskurs unterbelichtet bleiben.

---

64 Wie auch Höffe geltend macht, „kann man [...] auch dann über eine moralisch gute Gesinnung verfügen, wenn es dem Gemeinwesen an Gerechtigkeit fehlt" (Höffe (2001), 207).
65 MS 527
66 MS, 527.
67 IG, 39.
68 MS, 527.
69 MS, 160.
70 MS, 525.
71 MS, 525.
72 MS, 525.

2.1.3 Für eine Kultur des Zuhörens

Das Thema, das heute unter dem Titel ‚Autonomie' in der Regel erörtert wird, ist wie gesagt ‚Selbstbestimmung' im Sinne der inhaltlichen Dimension des Handelns, die für die Einzigartigkeit der Einzelnen ausschlaggebend ist. Der Blick ist auf die Individuen mit ihren jeweiligen Begabungen, Vorlieben, Erfahrungen, Interessen und Zielsetzungen gerichtet bzw. darauf, wie sich das Leben der Einzelnen in ihrem sozialen Kontext ausgestaltet. Damit tritt die biographische Relevanz von Handlungen hervor: Erst im Medium des Handelns nehme ich sowohl für andere als auch für mich selbst eine bestimmte Gestalt an. Wie u. a. seitens der phänomenologischen Denktradition deutlich gemacht wurde, ist dieser Prozess durch zwei komplementäre Elemente konstituiert: Während sich zum einen in meinem Handeln meine unverwechselbare Besonderheit ausdrückt – es trägt meine ‚Handschrift', wie metaphorisch gesagt wird –, verhält es sich zum anderen so, dass sich meine Einzigartigkeit erst durch mein Handeln herausbildet und damit auch laufend verändert.[73] Für das zweite Element ist eine soziale Komponente kennzeichnend: Dass ich in meinem Handeln auf eine jeweils gegebene Lage Bezug nehme, die häufig durch das Handeln anderer (mit-)geprägt ist, bedeutet, dass ‚Selbstbestimmung' nicht auf atomistische Weise, sondern in einer Interaktion mit anderen erfolgt, die grundsätzlich unabschließbar ist. Wie Hannah Arendt darlegt, erwächst individuelle Besonderheit daraus, dass ich in meiner persönlichen Art auf die Taten anderer reagiere. Arendt beschreibt dies so, dass jede Handlung in das soziale Gewebe einen neuen Einschlag einbringt: „Einzigartigkeit ist es, was der Mensch durch Wort und Tat in die Gesellschaft mit seinesgleichen einbringt."[74]

In der heutigen Debatte zu ‚Autonomie als Selbstbestimmung' ist das Augenmerk oft auf die Frage gerichtet, wie sich für die Subjekte selbst ihre Lebensgestaltung darstellt. Der Ausdruck ‚Selbstbestimmung' wird demgemäß auf zweifache Weise transkribiert: Neben die Bedeutung, „sich selbst in Entscheidungen und Handlungen zu bestimmen", tritt die, „sein Selbst zu bestimmen".[75] Unter der zweiten Perspektive stellt z. B. Thomas Schramme die Konzeption einer „evaluativen Selbstformung" zur Debatte.[76] „Die richtige Weise der Selbstbestimmung", so fasst er seine Überlegungen zusammen, „scheint mir [...] darin zu bestehen, seine eigenen Potenziale so weit zu entwickeln, wie man selbst möchte, sowie diese in Entscheidungen und Handlungen zu verwirklichen."[77] Ein Leitmotiv dieses Diskurses ist auch die Frage nach dem Glück: Wie kann es den Einzelnen gelingen, in ihrem Handeln ihre jeweils besonderen Erwartungen und Hoffnungen einzulösen? So suchen z. B. Theorien des ‚guten Lebens' respektive des ‚gelingenden Lebens' aufzuzeigen, wie ich angesichts der Diversität und Widersprüchlichkeit meiner

---

73 Siehe z. B. das Kapitel ‚Das Handeln' in: Arendt (1981), 213–317. Arendt führt hier freilich Gedankengänge weiter, die bereits bei Hegel anzutreffen sind. Siehe: PH, 297.
74 Arendt (1998), 1007. Siehe auch: Arendt (1981), 15 f., 165, 217.
75 Esser (2011), 876.
76 Schramme (2011).
77 Schramme (2011), 895.

Bestrebungen zu einer klärenden Prioritätensetzung gelangen kann. Martin Seel hält in diesem Sinne fest: „Glück und gutes Leben [...] sind gegeben, wenn sich das erfüllt, was jemand vernünftigerweise wünscht [...]. Wir haben demnach ein gutes Leben, wenn es uns gelingt, eine rational verfasste Lebenskonzeption zu erfüllen."[78] Weitere Elemente der rezenten Debatte werden noch zur Sprache kommen; hier ist zunächst zu überlegen, ob dieser Diskurs zur Konzeption von ‚Autonomie als Selbstgesetzgebung' in eine konsistent gedachte Beziehung gebracht werden kann. Bei Kant finden sich diesbezüglich einleuchtende Differenzierungen.

Auch Kant thematisiert die an den individuellen Ansprüchen orientierte Dimension des Handelns unter dem Titel ‚Glück'. Dabei betont er zunächst, dass das Streben nach Glück – Kant verwendet gewöhnlich den Ausdruck ‚Glückseligkeit' – von allen Menschen geteilt wird. Dieses Streben hat einen naturwüchsigen Ausgangspunkt in den Neigungen (wie Kant sie im moralphilosophischen Kontext erörtert), doch ist Glückseligkeit selbst nicht ein Zweck der Natur. Sie ist vielmehr eine von uns generierte „bloße Idee eines Zustandes", in dem unsere Neigungen umfassende Befriedigung finden. Dass sie „bloße Idee" ist, bedeutet, dass es keinen bestimmten, d. h. klar umrissenen – und damit für alle gleich einsichtigen – Begriff von Glück geben kann. Dies ist der individuelle Aspekt: Jeder Einzelne entwirft diese Idee „sich selbst, und zwar auf so verschiedene Art durch seinen mit der Einbildungskraft und den Sinnen verwickelten Verstand," und „er ändert sogar diese so oft", dass man nur von einem „schwankenden Begriff" sprechen kann.[79] Aus heutiger Perspektive könnte hier ergänzt werden: Selbst dort, wo bestimmte Glücksvorstellungen von vielen Menschen geteilt bzw. gemeinsam entwickelt werden, kommt es für das Handeln der Einzelnen letztlich doch darauf an, wie weit sie in diesen Vorstellungen ihre eigenen Wünsche wiederfinden. Eine Differenz der Kantschen Konzeption im Vergleich zur laufenden Debatte zum Thema ‚Glück' zeichnet sich indessen an folgendem Punkt ab: Die Auffassung, wonach Glück dann gegeben ist, wenn eintritt, was sich jemand ‚vernünftigerweise wünscht', stellt sich von Kant her als eine Verkürzung dar. Zwar würde dieser nicht bestreiten, dass eine ‚rational verfasste Lebenskonzeption' zur Erfüllung bestimmter Wünsche und damit zu Zufriedenheit oder auch Freude führen kann; dergleichen fällt bei ihm in den Bereich eines von ‚Klugheit' getragenen Handelns. Den Ausdruck ‚Glückseligkeit' bezieht Kant jedoch auf den überschwänglichen, gerade nicht rational gebändigten Charakter unseres Wünschens. Dass dies wohlbegründet ist, zeigt folgendes Beispiel: Zweifellos gelingt es gehörlosen Menschen, ihr Leben so einzurichten, dass ihnen Erfolge und Freude zuteilwerden; aber hat nicht trotz alledem ihre ‚Idee' des Glücks einen unlimitierten Charakter? Wünschen sie nicht auch, einmal die Stimmen der geliebten Menschen, Musik oder den Wind hören zu können? Indem Kant die Überschwänglichkeit unserer ‚Idee' aufzeigt, macht er zugleich die durch keine vernünftige Planung umgehbare Endlichkeit der menschlichen Existenz deutlich. Dies gilt selbstverständlich nicht nur für Menschen, die mit bestimmten Beeinträchtigungen konfrontiert sind. Wie Kant mehrfach unterstreicht, erweist sich die Idee

---

78 Seel (1995), 95. Seel bezieht sich hier auf John Rawls und James Griffin.
79 KU, 552.

vollständigen Glücks für jeden Einzelnen als uneinlösbar, da wir alle sowohl aufgrund des Handelns anderer Menschen als auch aufgrund von Naturgegebenheiten viel zu leiden haben.[80] So zeigt sich: Die Begriffe ‚Selbstbestimmung' und ‚Glück' verweisen auf das Zentrum jenes Spannungsfeldes, in dem sich die Sinnfrage des menschlichen Lebens zuspitzt. (Kant zufolge kann diese Spannung nur im Modus der Religion zur Auflösung gelangen; dies ist die Pointe seiner Konzeption der Postulate der reinen praktischen Vernunft. Darauf wird noch zurückzukommen sein.)

Was nun die Relation zwischen ‚Selbstbestimmung' und ‚Selbstgesetzgebung' betrifft, so sind wir Kant zufolge – wie es den bisher rekapitulierten Grundlinien seiner Moralphilosophie entspricht – verpflichtet, der moralischen Gesetzgebung Priorität gegenüber den Maximen unserer Glückssuche einzuräumen. Dies ist oft so aufgefasst worden, als verträte Kant die These, ein Verfolgen eigener Glücksansprüche sei in jedem Falle mit Moralität inkompatibel. Doch diese Lesart beruht auf einem Missverständnis: Es geht allein um die Frage der Priorität. Um zu prüfen, ob ich mein Handeln als moralisch gerechtfertigt betrachten kann, habe ich dem ‚Bestimmungsgrund' meines Willens nachzugehen; d. h., ich habe mir – worin auch immer die ‚Materie' meines Handelns bestehen mag – Rechenschaft abzulegen: Geht es mir primär um mein Wohl, oder frage ich zuerst, ob die Maxime meiner Handlung auch verallgemeinerungsfähig ist? Kant notiert explizit, dass das Streben nach dem eigenen Glück als solches nicht moralisch fragwürdig ist. Wenn aber jemand sein Wohlergehen, „als für sich allein hinreichend zur Bestimmung der Willkür, in seine Maxime aufnähme, ohne sich an's moralische Gesetz (welches er doch in sich hat,) zu kehren; so würde er moralisch böse sein."[81] Demnach ist Moralität nicht durch eine schlichte Verleugnung der „Selbstliebe" gekennzeichnet; sie hängt vielmehr von der Ordnung unserer Prinzipien ab: „Also muß der Unterschied, ob der Mensch gut oder böse sei, nicht in dem Unterschiede der Triebfedern, die er in seine Maxime aufnimmt, (nicht in dieser ihrer Materie), sondern in der Unterordnung (der Form derselben) liegen: welche von beiden er zur Bedingung der anderen macht."[82]

Von hier aus lässt sich auch ein weiterer Einwand rasch entkräften: die weithin akzeptierte These von der Sinnenfeindlichkeit der Kantischen Moralphilosophie. Die Anhängerschaft dieser These sei zunächst daran erinnert, dass bei Kant das Bezugsfeld der moralphilosophischen Überlegungen durch anthropologische Beobachtungen gebildet wird, in denen der Mensch sich (auch) als ein Sinnenwesen darstellt. Demnach hängt der Mensch, „vermöge seiner [...] schuldlosen Naturanlage, an den Triebfedern der Sinnlichkeit, und nimmt sie (nach dem subjektiven Prinzip der Selbstliebe) auch in seine Maxime auf".[83] Ist unsere Sinnlichkeit, als eine Naturanlage, schuldlos, so steht sie nicht *eo ipso* im Widerspruch zur Moral. Das heißt, es gehört nicht zu den notwendigen Vorbedingungen moralischen Handelns, Sinnlichkeit zu unterdrücken. Alles Weitere ergibt sich

---

80 Vgl. Kap. 1.2.3.
81 RG, 684.
82 RG, 685 (Das Wort „Unterordnung" und die Sequenz „welche von beiden er zur Bedingung der anderen macht" sind bei Kant gesperrt gesetzt.)
83 RG, 684.

beinah von selbst: Es kommt wieder auf die richtige Ordnung unserer Prinzipien an, d. h. darauf, dass das moralische Gesetz „als die oberste Bedingung der Befriedigung der [...] Selbstliebe und ihrer Neigungen [...] in die allgemeine Maxime der Willkür als alleinige Triebfeder aufgenommen werden sollte".[84]

Indem Kant die Implikationen dieser Argumentation auslotet, setzt er unterschiedliche Akzente. Was es heißt, das Sittengesetz zur ‚obersten Bedingung' zu machen, erläutert er zum einen im Zuge seiner kritischen Auseinandersetzung mit der Auffassung, wonach Politik und Moral inkompatibel seien. Während es sich in der Tat so verhält, dass politisches Handeln sich an Regeln der Klugheit orientieren muß, ist das moralische Gesetz dennoch, wie Kant einsichtig macht, auch in dieser Sphäre nicht außer Kraft gesetzt; vielmehr hat es die Relevanz einer ‚einschränkenden Bedingung'. Kant formuliert mit einer Anspielung auf die Bibel: „Die Politik sagt: ‚Seid klug wie die Schlangen'; die Moral setzt (als einschränkende Bedingung) hinzu: ‚und ohne Falsch wie die Tauben'. [...] Der Grenzgott der Moral weicht nicht dem Jupiter (dem Grenzgott der Gewalt)".[85] Während auf diese Weise der limitierende Anspruch der Moral hervorgehoben ist, zeigt Kant im Kontext seiner Tugendlehre einen positiven Zusammenhang auf, indem er erläutert, dass das moralische „Pflichtgesetz des Wohlwollens mich als Objekt desselben" mit einschließt, genauer gesagt, dass es „erlaubt, dir selbst wohlzuwollen", freilich nur „unter der der Bedingung, dass du auch jedem anderen wohl willst".[86] Unter geschichtsphilosophischen Prämissen geht Kant noch darüber hinaus, indem er geltend macht, dass die Menschheit sich künftig eine sorgsam austarierte Harmonie von Moral und Sinnlichkeit zum Ziel machen sollte. (In Kapitel 3.2 wird dies näher erläutert.)

Wie stellt sich von hier aus der aktuelle Diskurs zu ‚Selbstbestimmung' bzw. ‚Selbstformung' dar? Unter der Perspektive des moralischen Gesetzes spricht nichts dagegen, sich zu überlegen, welches „Selbst [...] man sein will" und wie man ein solches „Selbstideal" verwirklichen könnte.[87] Nicht nachvollziehbar ist hingegen, warum diese Dimension der individuellen Lebensführung heute in der Regel nicht mit der Frage nach der moralischen Zulässigkeit des je eigenen Handelns verknüpft ist. Wird die „richtige Weise der Selbstbestimmung" darin gesehen, seine eigenen Potenziale so weit zu entwickeln, wie man selbst möchte, sowie diese in Entscheidungen und Handlungen zu verwirklichen",[88] so klingt dies nach einer Ausgestaltung des jeweils eigenen Selbst, die nicht danach fragt, wer in welcher Weise von diesen Handlungen betroffen ist und ob die jeweils Betroffenen ihre Zustimmung geben können. Eine Zusatztheorie von der Art, dass die subjektiven Vorstellungen, wie am besten zu leben sei, ja auch moralische Grundsätze enthalten könnten, brächte keine Bereinigung des Problems. Würde die Moral als eines der ‚eigenen Potenziale' – neben anderen – vorgestellt, so liefe dies

---

84 RG, 685. (Die Wendung „oberste Bedingung" ist bei Kant gesperrt gesetzt.)
85 EF, 229.
86 MS, 587. Dass Kant die moralische Erlaubnis, sich selbst wohlzuwollen, im Lauf der Zeit auf unterschiedliche Weise begründet hat, erörtert: Langthaler (1990), 213–216.
87 Siehe: Schramme (2011), 894.
88 Schramme, 895.

darauf hinaus, die Moral ‚so weit zu entwickeln, wie man selbst möchte', d. h., die Moral würde der eigenen Willkür unterworfen.⁸⁹ Es liegt auf der Hand, dass der Ausdruck ‚Moral' damit die Bedeutung der Verbindlichkeit verlieren und inhaltslos werden würde. Anders gesagt, zeigt sich hier, dass die heute verbreitete Einschränkung des Begriffs ‚Autonomie' auf ‚Selbstbestimmung' nicht nur terminologische Bedeutung hat: Die Distanznahme von Kants Konzeption ‚Autonomie als Selbstgesetzgebung' bringt die Gefahr mit sich, dass das Thema ‚Moral' zunehmend durch eine Theorie verdrängt wird, die dem Eigeninteresse Priorität einräumt. Verdrängt wird damit auch die oben zitierte Einsicht Kants: Wenn jemand sein Wohlergehen, „als für sich allein hinreichend zur Bestimmung der Willkür, in seine Maxime aufnähme, ohne sich an's moralische Gesetz (welches er doch in sich hat,) zu kehren; so würde er moralisch böse sein."⁹⁰ Wo diese These heute als inakzeptabel wahrgenommen wird, wäre die einzig angemessene philosophische Antwort, sie zu widerlegen zu suchen, und nicht, sie bloß mit der Bezeichnung ‚traditionell' in die Geschichte abzuschieben. Wie diese Problematik angegangen wird, hat auch hinsichtlich der Frage nach einer zeitgemäßen Theorie der Erziehung Relevanz: Wenn ‚Erziehung zur Autonomie' heute das zentrale Thema ist, so kommt es ganz darauf an, wie dieses Vorhaben bestimmt wird.⁹¹

Die Perspektive der ‚Selbstgesetzgebung' hat auch Konsequenzen für die ‚Selbstformung', da diese nun nicht einfach dem jeweils eigenen Gutdünken – ‚seine eigenen Potenziale so weit zu entwickeln, wie man selbst möchte' – überlassen bleiben kann. Kant erläutert dies im Lehrstück von den ‚Pflichten gegen sich selbst', die in einschränkende (negative) und erweiternde (positive) Pflichten gegliedert sind. Demnach ist es

---

89 In dieses Problem gerät z. B. Harry Frankfurt mit seiner These, wonach „the most fundamental source of moral normativity is [...] in our love for the condition and style of life that moral principles envisage". (Frankfurt (2000), 272.) Indem Frankfurt die Moralität der Einzelnen auf deren ‚love' für jeweils bestimmte, vorgegebene Prinzipien zurückführt, wird die Moral zu einer Angelegenheit der je eigenen „attitudes and commitments"; dementsprechend hebt Frankfurt hervor, „it cannot be presumed that all people will love the same things". So ist es nur konsequent, wenn Moral schließlich in den Antagonismus unterschiedlicher Vorlieben führt, in dem „we defend what we love against those by whom it is threatened , and promote it despite the resistance or indifference of those to whom it does not appeal" (Frankfurt (2000), 272).

90 RG, 684.

91 Diese Problematik wird z. B. bei Monika Betzler erkennbar, für die „das Rätsel der Erziehung zur Autonomie dadurch gelöst" ist, dass dem Kind „die Gelegenheit zum Verfolgen und etwaigen Wertschätzen von Projekten" gegeben werden sollte. Ist die Zielsetzung „Autonomie" hier durch „Authentizität" bestimmt, d. h. dadurch, dass das Kind „eine eigene evaluative Basis" ausformt, so zeigt dies, dass Erziehung zu einem Handeln aus moralischer Verbindlichkeit nicht zum Thema gemacht ist. Offen bleibt auch die Frage, worin die „Elternpflicht" der „Erziehung zur Autonomie" begründet ist: Signifikanterweise geht Betzler diesbezüglich schlicht davon aus, dass „einer weit geteilten, der herkömmlichen Moral verpflichteten Auffassung zufolge" Eltern diese Pflicht eben haben. Was folgt daraus im Blick auf die Kinder, die einmal selbst zu Eltern werden? Sollen sie auch in der „herkömmlichen Moral" erzogen werden, um dereinst ihrerseits ihrer Elternpflicht nachkommen zu können? (Betzler (2011)).

zum einen unzulässig, die eigene Natur zu schädigen, während es zum anderen darauf ankommt, die eigenen Anlagen so weit wie möglich zu entwickeln, d. h., an einer „Kultur (als tätiger Vollkommenheit) seiner selbst" zu arbeiten. „Der erstere Grundsatz der Pflicht gegen sich selbst liegt in dem Spruch: [...] erhalte dich in der Vollkommenheit deiner Natur, der zweite in dem Satz: mache dich vollkomener, als die bloße Natur dich schuf".[92] Hinsichtlich des zweiten Grundsatzes differenziert Kant, dass die Aufgabe einer Kultivierung die „Geistes-" und „Seelenkräfte" ebenso wie die „Leibeskräfte" umfasst.[93] Freilich betont Kant in diesem Kontext erneut, dass es sich bei den ethischen Pflichten um eine „weite Verbindlichkeit" handelt: „Wie weit man in Bearbeitung (Erweiterung oder Berichtigung seines Verstandesvermögens, d. i. in Kenntnissen oder Kunstfähigkeit) gehen solle, schreibt kein Vernunftprinzip bestimmt vor."[94] Das heißt jedoch nicht, dass wir gänzlich auf unser Gutdünken zurückverwiesen würden; vielmehr gilt für beide Dimensionen der ‚Pflichten gegen sich selbst', dass sie einen Leitfaden an die Hand geben. Wenn die Konzeption der ‚Pflichten gegen sich selbst' heute gerne als obsolet bezeichnet, ja geradezu ridikülisiert, wird: Könnte dies daran liegen, dass sich von diesem Leitfaden her so manche gängige Praktiken des Umgangs mit sich selbst als fragwürdig darstellen?

Von größter Bedeutung ist indessen, dass die Beziehung der ‚Selbstgesetzgebung' zum ‚Glück' bei Kant ihre zentrale Pointe nicht im Blick auf das je eigene Glück, sondern auf das der anderen hat. Der argumentative Zusammenhang erschließt sich vom kategorischen Imperativ, genauer gesagt, von dessen zweifacher Stoßrichtung her, die Kant in der Unterscheidung von ‚engen' und ‚weiten' Pflichten aufzeigt. Die Forderung, Menschen stets als Personen zu respektieren, impliziert zum einen das Verbot, sie gegen ihren Willen zu instrumentalisieren, zum anderen das Gebot, ihnen Hilfe zu leisten und ihr Wohlergehen zu fördern.[95] Zu beachten ist hier zunächst: Die engen und weiten Pflichten stimmen darin überein, dass sie die Ermöglichung selbständiger Zwecksetzung fordern. Zum einen beruht das (enge) Verbot auf dem Argument: Werden Menschen gegen ihren Willen instrumentalisiert, so werden sie ihrer ureigensten Kompetenz – ihr Leben selbst zu gestalten – beraubt. Zum anderen läuft das (weite) Gebot darauf hinaus, anderen, soweit wir dazu in der Lage sind und es moralisch zulässig ist, Mittel an die Hand zu geben, die ihre Selbstbestimmung ermöglichen bzw. befördern.[96] (Der in aktuellen sozial- und entwicklungspolitischen Konzeptionen vielfach verwendete Begriff ‚empowerment' liegt ganz auf der Linie dieser Kantschen Überlegungen.) Das bedeutet: Kants Begriff von ‚Autonomie' zeigt einen Zusammenhang auf zwischen der ‚Selbstge-

---

92 MS, 553
93 MS, 580 f.
94 MS, 522.
95 Kant erläutert diesen Zusammenhang zunächst in unmittelbarem Anschluss an die ‚Selbstzweck'-Formulierung des kategorischen Imperativs: GM, 62 f.
96 Kant hebt hervor, dass der Einzelne „die Zwecke anderer, *soviel an ihm ist*, zu befördern" trachten soll. (GM, 63; Kursivierung H. N.-D.) In welcher Weise sowohl die engen als auch die weiten Tugendpflichten im kategorischen Imperativ verankert sind, zeigt: Guyer (2006), 241–243.

setzgebung' durch meine Vernunft und der ‚Selbstbestimmung' auf Seiten der anderen. Will ich moralisch handeln, so ist es (abgesehen von der ‚erlaubten' Sorge für das eigene Wohl) die Selbstbestimmung der anderen, auf die ich bedacht zu sein habe.

Im Kontext seiner Tugendlehre macht Kant geltend, dass es unsere Pflicht ist, „fremde Glückseligkeit" anzustreben.[97] „Wenn es also auf Glückseligkeit ankommt, worauf, als meinen Zweck, hinzuwirken es Pflicht sein soll, so muß es die Glückseligkeit anderer Menschen sein, deren (erlaubten) Zweck ich hiemit auch zu dem meinigen mache. Was diese zu ihrer Glückseligkeit zählen mögen, bleibt ihnen selbst zu beurteilen überlassen."[98] Kurz: Moralische Autonomie bedeutet eine Selbstverpflichtung zu einem Handeln, das sich möglichst weitgehend auf andere einlässt. Signifikant ist, dass Kant für das Gebot der Zuwendung zu anderen die Bezeichnung „Liebespflichten"[99] verwendet. Dass dagegen vorgebracht werden könnte, der Gedanke einer Verpflichtung zur Liebe sei in sich widersprüchlich, nimmt Kant vorweg; er differenziert: Gewiss kann Liebe, sofern sie als Gefühl verstanden wird, nicht geboten werden, aber „[d]ie Maxime des Wohlwollens (die praktische Menschenliebe) ist aller Menschen Pflicht gegen einander; man mag diese nun liebenswürdig finden oder nicht".[100] Die Formulierung ‚praktische Menschenliebe' ist mit Bedacht gewählt, denn es geht Kant hier um eine Präzisierung: Wie er betont, genügt eine Haltung, die „bloß das Wohlwollen des Wunsches ist, welches eigentlich ein bloßes Wohlgefallen am Wohl jedes anderen ist, ohne selbst etwas dazu beitragen zu dürfen" dem moralischen Anspruch nicht; vielmehr kommt es auf „das Wohltun" an, d. h., auf „ein tätiges, praktisches Wohlwollen, sich das Wohl und Heil des anderen zum Zweck zu machen".[101] Dass Kant hier den Ausdruck ‚Liebe' verwendet, ist in einer Bezugnahme auf die christliche Lehre begründet: Kant geht davon aus, dass seine Konzeption moralischer Autonomie aus theologischer Perspektive als die für die Gegenwart plausibelste philosophische Ausdeutung des christlichen Liebesbegriffs verstanden werden müsste. „Die Pflicht der Nächstenliebe kann [...] auch so ausgedrückt werden: sie ist die Pflicht, anderer ihre Zwecke (sofern diese nur nicht unsittlich sind) zu den meinen zu machen."[102] Von hier aus ist hinsichtlich der heutigen Debatte festzuhalten: Jene Art der kritischen Argumentation, die ‚Autonomie' mit einer Abgrenzung der Einzelnen gegeneinander – z. B. in der Art eines psychischen ‚detachment'[103] – verbindet und sie daher als eine sozial-atomistische Konzeption zurückweist, sitzt einem eklatanten Missverständnis auf, wenn sie beansprucht, damit zugleich eine Kantkritik zu formulieren.[104]

---

97 MS, 515 ff.
98 MS, 518.
99 GM, 62 und MS, 584–599.
100 MS, 587. Vgl. Schönecker (2010).
101 MS, 588.
102 MS, 586. Dazu siehe: Nagl-Docekal (2008).
103 Siehe z. B. Chodorow (1978).
104 Von hier aus ergibt sich auch eine Klärung der Debatte zu ‚care versus justice': Während die Forderung einer ‚Ethik der Fürsorglichkeit' oft von der These ausging, dass Kants Moralphilosophie auf eine von den individuellen Bedürfnissen abstrahierende Orientierung am Prinzip ‚Gerechtig-

Sondiert man nun, was es heißt, sich das Glück der anderen zum Zweck zu machen, so tritt hervor, dass für Kant Kommunikation eine *conditio sine qua non* dafür ist. Wenn es den Einzelnen ‚selbst zu beurteilen überlassen' bleibt, was sie ‚zu ihrer Glückseligkeit zählen mögen', so ist klar, dass wir das Glück anderer nur befördern können, nachdem wir ihnen aufmerksam zugehört haben. Kant unterstreicht dies, indem er festhält: „Ich kann niemand nach *meinen* Begriffen von Glückseligkeit wohltun (außer unmündigen Kindern oder Gestörten), sondern nach *jenes* seinen Begriffen, dem ich eine Wohltat zu erweisen denke."[105] Mit Nachdruck prangert Kant in diesem Zusammenhang gängige paternalistische Handlungsweisen an.[106] Nimmt man nun auch auf den Kontinuitätsaspekt von Tugend Bedacht, so zeigt sich, dass wir verpflichtet sind, uns selbst zunehmend zu sensibilisieren für die Artikulationen der anderen. Um zu einer möglichst genauen Wahrnehmung, wie die Einzelnen ihre „Nöte" erleben und welche Art der „Beihülfe"[107] sie sich wünschen, imstande zu sein, ist ein unabschließbarer Bildungsprozess erforderlich. Das heißt, für Kant ist eine Kultur des Zuhörens wesentliche Voraussetzung für ein tugendhaftes Handeln gegenüber anderen. Dementsprechend weist er eine Haltung der Kommunikationsverweigerung in pointierter Form zurück: er bezeichnet sie als „logische Egoisterei".[108] In besonderem Maße ist Sensibilität für die individuelle Stimme Kant zufolge in Freundschaftsverhältnissen erforderlich: Wie bereits erwähnt, sind diese für ihn am „Ideal der Teilnehmung und Mitteilung an dem Wohl eines jeden dieser durch den moralisch guten Willen Vereinigten"[109] orientiert.[110] An diesem Punkt erweist sich Kants Konzeption als anschlussfähig für eine moderne Theorie der Liebe (im Sinne einer intimen Paarbindung). Wie in Kapitel 2.3 erläutert werden soll, rückt Hegel – obgleich nicht von moralphilosophischen Parametern her – das Sich-Einlassen auf die in-

---

keit' hinauslaufe, lässt sich aus Kants Schriften eindeutig belegen, dass der kategorische Imperativ, ganz im Gegenteil, ein Eingehen auf die besonderen „Nöte" der Einzelnen zur Pflicht macht. Zugleich ist von Kant her geltend zu machen, dass eine ‚Ethik der Fürsorglichkeit' ihrerseits in einen Reduktionismus verfällt, wenn sie das Prinzip der gleichen Achtung jeder Person als abstrakt zurückweist. Näheres dazu: Nagl-Docekal (1998 a) und (1998 b).

105 MS, 590 f.
106 MS, 590 f.
107 MS, 589 f.
108 LB, 151. Von hier aus erscheint es als überzogen, wenn Forst für die diskursethischen Konzeptionen in Anspruch nimmt, „Kant sozusagen vom transzendentalen Kopf auf die sozialen Füße zu stellen" (Forst (2004), 184).
109 MS, 608.
110 Wenn Marilyn Friedman in ihren Ausführungen über „Verpflichtungen Freunden gegenüber" die These vertritt, dass „unsere Verpflichtungen gegenüber partikularen Personen [...] notwendige Gegengewichte zu unseren Verpflichtungen gegenüber abstrakten Moralvorschriften sind und bei bestimmten Gelegenheiten Vorrang vor diesen bekommen" sollten, so operiert sie mit einer Gegenüberstellung, die den formalen Charakter des Sittengesetzes als ‚abstrakt' missversteht. Dass sie auf dieser Basis dafür plädiert, Freunden zuliebe gegebenenfalls unmoralisch zu handeln, gibt zur Frage Anlass, wie der Begriff moralischer ‚Verpflichtung' gedacht werden soll, wenn es allein auf das individuelle „Zugehörigkeitsgefühl" ankommt. (Friedman (1997), 240.)

dividuelle Besonderheit des jeweiligen Gegenübers in das Zentrum seiner Konzeption von Liebe.

Die von Kant angemahnte Kultur des Zuhörens ist indessen aus heutiger Sicht auch für die politische Ethik, insbesondere in globaler Perspektive, unverzichtbar. Kants nachdrückliche Kritik an den paternalistischen Usancen seiner Zeit lässt sich unschwer auf gegenwärtige Verhältnisse übertragen. Moniert Kant den anstößigen Charakter des Handelns eines Landesfürsten, der seinen Untertan, dem er „die Freiheit raubt, nach seiner eigenen Wahl glücklich zu sein", sodann in der Weise bevormundet, dass „er nach seinen eigenen Begriffen von Glückseligkeit für ihn gleichsam väterlich sorgt",[111] so trifft seine Kritik zugleich diverse gegenwärtige Herrschaftsrelationen. Dies belegen z. B. aktuelle Analysen des entwicklungspolitischen Handelns unter postkolonialen Bedingungen, die beklagen, dass Zuwendungen seitens der sogenannten ‚Geberländer' häufig nicht darauf abgestimmt werden, welche Bedürfnisse aus der Sicht der Betroffenen Priorität haben.

Von hier aus wird, gewissermaßen im Rückblick, sichtbar, dass eine Kultur des Zuhörens nicht nur für eine Umsetzung der weiten Pflichten gegenüber anderen unverzichtbar ist. Auch dort, wo es darum geht, ob wir andere als Personen respektieren oder aber für unsere Partikularzwecke instrumentalisieren, gilt es, sich die Lage der von unserem Handeln Betroffenen aus deren Blickwinkel zu vergegenwärtigen. Wenn rezente Kant-Lektüren unterstellen, dass der Andere aus der Perspektive des kategorischen Imperativs nur als der ‚verallgemeinerte Andere' in Sicht kommt, so beruht dies auf einem Missverständnis. Wohl trifft zu, dass es fundamentale Arten der Verletzung des Person-Status gibt, für deren Feststellung ein Eingehen auf die individuellen Besonderheiten der Betroffenen nicht erforderlich ist; in diesem Sinne sind Kants Beispiele der Verletzung von Leib und Leben oder des absichtlich falschen Versprechens zu verstehen. Doch gibt es auch Formen von Instrumentalisierung, die nicht erkannt werden, solange die Perspektive der einzelnen Betroffenen nicht zur Geltung gebracht werden kann. Traditionelle Verhaltensmuster gegenüber bestimmten Personen(-Gruppen) und darauf fußende gesetzliche Regelungen werden oft vorschnell als mit der Achtung der Person kompatibel aufgefasst. „Routine practices can flatten out into habit. We may suddenly be brought up short: having become inattentive, we are involved in a moral accident", moniert Barbara Herman.[112] Dieses Problem wurde u. a. anhand des Umgangs mit Frauen sichtbar gemacht. Wie Onora O'Neill aufzeigte, verleiten eingespielte Praktiken dazu, fälschlicherweise eine Zustimmung der involvierten Frauen zu unterstellen. O'Neill erläutert dies u. a. anhand von Arbeitsverträgen, aufgrund deren Frauen eine geringere Entlohnung erhalten als Männer, die die gleiche Arbeit verrichten. Ihr kritisches Argument lautet: Da der Begriff ‚Zustimmung' Freiwilligkeit impliziert, kann er sinnvollerweise nur auf Entscheidungssituationen angewendet werden, in denen auch die Möglichkeit nicht zuzustimmen besteht. Sondiert man von hier aus, wie die Frauen, die sich auf diskrimi-

---

111 MS, 590 f. Zugleich erläutert Kant, dass ein Untertan, der „unter dieser Bedingung auf die Wohltätigkeit der Herrschaft" rechnet, sich auf „die größte Wegwerfung der Menschheit", d. h., seines eigenen Person-Seins einlässt. (MS, 591.)
112 Herman (2008), 109.

nierende Arbeitsverträge einlassen, ihre Lage selbst wahrnehmen, so tritt häufig zutage, dass sie gerade keine andere Option haben bzw. sehen, d. h., dass der Anschein der Freiwilligkeit eine *de facto* vorliegende Instrumentalisierung gegen ihren Willen verdeckt. Analog verhält es sich, so O'Neill, bei der Zustimmung von Frauen zu so manchen sexuellen Praktiken.[113]

Eine Entmündigung kann selbst noch dort auftreten, wo die Rechte unterdrückter Gruppen explizit zum Thema gemacht werden. Ein Beispiel dafür bildet die seitens des katholischen Lehramts formulierte Forderung, die ‚Würde der Frau' zu respektieren. In diesem Fall wird ‚Würde' nicht als kennzeichnend für die Person als solche betrachtet, sondern geschlechtlich konnotiert; d. h., sie wird in eine naturalistische Sicht der Frau eingebunden und auf dieser Basis mit den tradierten Geschlechtsrollen verknüpft. Hier zeigt sich, welche Bedeutung es hat, dass bei Kant bereits im Begriff der ‚Person' die Individualität der Einzelnen inkludiert ist. Paradoxerweise verhält es sich so, dass gerade die gesonderte Bezugnahme auf ‚die Frau' zur Folge hat, dass ein hörendes Eingehen auf die Vielfalt der Stimmen von Frauen nicht zustande kommen kann und deshalb die Diversität der Talente, Interessen und Zielsetzungen der individuellen Frauen keine angemessene Berücksichtigung findet. Mit anderen Worten: Die Rede von der ‚Würde der Frau' unterläuft genau das, was sie zu fördern beansprucht.[114] – Ein anderes Beispiel dafür, dass eine kontinuierliche Schärfung des ‚Gehörs' nötig ist, liegt in der vielfach monierten Tendenz feministischer Theorie und Politik, bestimmte Begriffe und Strategien zu fixieren, so dass sich erneut eine hegemoniale Struktur ausbildet, die den Blick auf veränderte soziale Lagen verstellt.[115]

Der Gefahr einer unbemerkten (mitunter moralisch getarnten) Missachtung individueller Besonderheit kann nur durch geschärfte Aufmerksamkeit begegnet werden. Dieser Zielsetzung gilt auch Barbara Hermans Konzeption von „moral literacy": „[M]orally literate [agents] have a developed moral intelligence that can read and respond to moral facts".[116] Unter Berufung auf Kant fährt Herman fort: „When we take seriously the social bases of moral action, judgment, and character, what we discover is the unsustainability

---

113 O'Neill (1985). Hannah Arendt bezieht den Gedanken eines Sich-Einlassens auf die Perspektive der jeweils anderen nicht speziell auf Verhältnisse, die durch Diskriminierung gekennzeichnet sind, sondern nutzt ihn als Grundlage für ihre allgemeine Konzeption des Politischen. Dabei beruft sie sich auf Kants Deutung des Begriffs ‚sensus communis'. (Arendt (1985), 94–103.) Kant zufolge gehört zu den drei „Maximen des gemeinen Menschenverstandes" auch die der „erweiterten Denkungsart", d. h. die Maxime: „An der Stelle jeden andern zu denken" (KU, 390 f.). Es erhebt sich freilich die Frage, ob diese Überlegung Kants in der Tat zu leisten vermag, was Arendt ihr zuschreibt, da es Kant hier gerade nicht um ein Eingehen auf die Besonderheit der Einzelnen geht, sondern darum, „in seiner Reflexion auf die Vorstellungsart jedes andern in Gedanken (a priori) Rücksicht" zu nehmen (KU, 389), um schließlich „aus einem allgemeinen Standpunkte zu reflektieren" (KU, 391). Kritisch zu Arendts Rezeption des § 40 in Kants Kritik der Urteilskraft: Recki (2001), 125.
114 Für eine nähere Erörterung dieses Punktes siehe: Nagl-Docekal (2012).
115 Siehe z. B. Lombardo/Meier/Verloo (2010).
116 Herman (2008), 128.

of the division of labour between moral and social thought. The normative project is not undermined; it is just much larger than we may have imagined."[117]

2.1.4 Liberale Rechtsverhältnisse als Bedingung für moralisches Handeln

Wie sich von selbst versteht, ist die geforderte Kultivierung des Zuhörens darauf angewiesen, dass moralische Defizite auch zu Gehör gebracht werden. Hier ist ein weiteres Problem zu thematisieren: Die in ihrem Person-Sein Verletzten sind oft nicht in der Lage, dies zu artikulieren. Es verhält sich z. B. häufig so, dass den Betroffenen die Art, in der sie herkömmlicherweise behandelt werden, derart vertraut ist, dass sie die ihnen dadurch zugefügte Verdinglichung nicht – oder nicht in vollem Ausmaß – durchschauen. Kant setzt sich auch mit dieser Problematik auseinander und erläutert dabei die Unverzichtbarkeit von Kommunikation. Er hält zunächst fest, „es ist [...] für jeden einzelnen Menschen schwer, sich aus der ihm beinahe zur Natur gewordenen Unmündigkeit heraus zu arbeiten. Er hat sie sogar liebgewonnen und ist vorderhand wirklich unfähig, sich seines eigenen Verstandes zu bedienen."[118] Eine gemeinsame Anstrengung im Medium der Kommunikation erlaubt jedoch, dieses Hemmnis zu überwinden: „Daß aber ein Publikum sich selbst aufkläre, ist eher möglich; ja es ist, wenn man ihm nur Freiheit läßt, beinahe unausbleiblich. Denn da werden sich immer einige Selbstdenkende [...] finden, welche, nachdem sie das Joch der Unmündigkeit selbst abgeworfen haben, den Geist einer vernünftigen Schätzung des eigenen Werts und des Berufs, jedes Menschen, selbst zu denken, um sich verbreiten werden." Demgemäß plädiert Kant im Blick auf den Staat für die Freiheit der Meinungsäußerung, d. h., die „Freiheit [...], von seiner Vernunft in allen Stücken *öffentlichen Gebrauch* zu machen".[119] Die Wichtigkeit von Kommunikation erläutert Kant u. a. in kritischer Auseinandersetzung mit der verbreiteten Platitude, wonach einem die Freiheit der Gedanken nicht genommen werden kann: „Der Freiheit zu denken ist [...] der bürgerliche Zwang entgegengesetzt. Zwar sagt man: die Freiheit zu sprechen, oder zu schreiben, könne uns zwar durch obere Gewalt, aber die Freiheit zu denken durch sie gar nicht genommen werden. Allein, wieviel und mit welcher Richtigkeit würden wir wohl denken, wenn wir nicht gleichsam in Gemeinschaft mit andern, denen wir unsere und die uns ihre Gedanken mitteilen, dächten! Also kann man wohl sagen, daß diejenige äußere Gewalt, welche die Freiheit, seine Gedanken öffentlich mitzuteilen, den Menschen entreißt, ihnen auch die Freiheit zu denken nehme".[120]

Wenn Kant hier von einem öffentlichen Vernunftgebrauch spricht, so verbindet er mit dieser Ausdrucksweise nicht denselben Gedanken, den Rawls unter dem Titel ‚public

---

117 Herman (2008), 129.
118 WA, 54.
119 WA, 55 (Hervorhebung durch I. K.).
120 DO, 280.

reason' entfaltete. Während es bei Rawls um die den Entscheidungsgremien des Verfassungsstaats obliegende, diskursiv verfahrende Bereinigung von Interessenskonflikten unter Bürgern geht, zielt Kant auf eine Kommunikation unter Menschen über moralisch unzulässige Lebensbedingungen ab. Die Forderung der freien Meinungsäußerung ist bei Kant aber auch nicht auf die Verständigung unter den Mitgliedern jeweils bestimmter Gesinnungsgemeinschaften – im Sinne der Rawlsschen Konzeption des ‚nonpublic reason' – beschränkt. Wohl schließt sie den Gedanken ein, dass die von einem bestimmten Typus der Bevormundung gemeinsam Betroffenen – Kant nennt als Beispiel „das ganze schöne Geschlecht"[121] – sich untereinander über ihre Lage verständigen können müssen, doch ist die eigentliche Pointe eine umfassendere: Da die Moral den Menschen als Menschen angeht, zielt Kant auf einen nicht eingrenzbaren Diskurs ab, der potentiell alle Menschen einschließt. Dafür spricht schon, dass die kritische Analyse paternalistischer Strukturen auch die selbsternannten „Vormünder"[122] zu adressieren hat. Aus dem Blickwinkel der politischen Theorie der Gegenwart erweisen sich Kants Überlegungen damit als anschlussfähig für die laufende Ausdifferenzierung des Themas ‚Öffentlichkeit'. Unter diesem Titel wird heute nicht allein die Entscheidungsfindung in gewählten Gremien fokussiert; vielmehr wird die Bedeutung der vorgelagerten Sphäre der Meinungsbildung geltend gemacht. Diese Sphäre stellt sich als Ort der Vermittlung zwischen dem moralischen und dem rechtlichen Diskurs dar. Während sie, teils in expliziter Anknüpfung an Kant, *idealiter* durch die unverzerrte Artikulation von Leiderfahrungen und uneingelösten Bedürfnissen charakterisiert wird, dient sie auch der Abklärung, welche der angesprochenen Probleme einer rechtlichen Lösung zugeführt werden könnten.

Kant erläutert den inklusiven Zuschnitt der geforderten Freiheit in der Form, dass der Einzelne sich in seinem öffentlichen Vernunftgebrauch „zugleich als Glied eines ganzen gemeinen Wesens"[123] ansehen soll. Dabei knüpft Kant auch an die Forderung der Freiheit der Wissenschaften an, indem er die Artikulation moralischer Missstände anhand des Gebrauchs der eigenen Vernunft, „den jemand als Gelehrter [...] vor dem ganzen Publikum der Leserwelt macht",[124] erklärt und das Recht für alle Einzelnen einmahnt, sich selbst als ein Glied der „Weltbürgergesellschaft" anzusehen, das „zum eigentlichen Publikum, nämlich der Welt, spricht".[125] Wie der Begriff ‚Weltbürger' signalisiert, nimmt Kant hier Gedanken in Anspruch, die in seinen rechtsphilosophischen Überlegungen entfaltet sind. Damit wird deutlich, dass das Verhältnis von Moral und Recht durch eine signifikante Wechselseitigkeit gekennzeichnet ist: Während zunächst aus dem kategorischen Imperativ die Grundlagen der republikanischen Verfassung abgeleitet werden, zeigt sich nun, dass – umgekehrt – republikanische Bedingungen, und zwar nicht nur in Einzelstaaten, sondern weltweit, für eine kontextsensible Umsetzung des Sittengesetzes

---

121 WA, 53.
122 WA, 53.
123 WA, 56.
124 WA, 55.
125 WA, 57.

erforderlich sind, da sie allererst eine freie Artikulation der vielfältigen Erfahrungen und Zielsetzungen bzw. Glücksvorstellungen ermöglichen.

Der Begriff ‚Weltbürger' hat in Kants Schriften in unterschiedlichen Elementen der Konzeption staatenübergreifenden Rechts seinen Ort. Während er zum einen im Kontext der Forderung benutzt wird, einen weltweiten friedenssichernden Staatenbund zu gründen,[126] liegt seine Pointe zum anderen im Gedanken, dass die Einzelnen das Recht haben müssen, auch unmittelbar – d. h., unabhängig von den zwischenstaatlichen Relationen – weltweit in Kontakt zu treten. Hier ist zunächst der zweite Aspekt von Bedeutung. In der rezenten Debatte wurde Kants Konzeption der „Hospitalität"[127] vielfach hervorgehoben: Kant zufolge gibt es ein natürliches (vom „Gastrecht" unterschiedenes) „Besuchsrecht", demzufolge es „allen Menschen zusteht, sich zur Gesellschaft anzubieten".[128] Es ist „das Recht des Erdenbürgers", „die Gemeinschaft mit allen zu versuchen, und zu diesem Zweck alle Gegenden der Erde zu besuchen".[129] Darin liegt der Gedanke, dass jeder Einzelne das Recht hat, eine weltumspannende Kommunikation aufzunehmen. Die Grundlegung dieses Gedankens lässt sich in Kants Konzeption der „Geselligkeit" finden. Insofern der Mensch den Charakter eines „für die Gesellschaft bestimmten Geschöpfs" hat, ist der Hang zur Geselligkeit eine „zur Humanität gehörige Eigenschaft".[130] Aufgrund dessen „erwartet und fordert ein jeder die Rücksicht auf allgemeine Mitteilung von jedermann, gleichsam als aus einem ursprünglichen Vertrage, der durch die Menschheit selbst diktiert ist."[131] Kant entwirft also das Bild eines alle Einzelnen einbindenden Kommunikationsvertrags. (Dass er durch den Ausdruck ‚gleichsam' den metaphorischen Charakter hervorhebt, ist wohl nicht im Sinne einer Abschwächung im Vergleich zum „ursprüngliche[n] Kontrakt, auf dem allein eine bürgerliche, mithin durchgängig rechtliche Verfassung unter Menschen gegründet werden kann" zu werten, da Kant auch hinsichtlich dessen betont, dass er „keineswegs als ein Faktum vorauszusetzen nötig (ja als ein solches gar nicht möglich)" ist.[132]) Diese auf volle Inklusion abzielende Kommunikation lässt auch keine thematische Eingrenzung zu; wie Sharon Anderson-Gold betont, spricht Kant davon, die Weltbürgergesellschaft zu adressieren, im Zusammenhang mit der Forderung nach dem Recht, „in allen Stücken"[133] öffentlichen Gebrauch von unserer Vernunft zu machen.[134] Von hier aus erscheint es einleuch-

---

126 Zur näheren Erläuterung siehe: Höffe (2001).
127 EF, 213.
128 EF, 213 f. Kant beruft sich dabei auf die durch die Kugelgestalt der Erde bedingte Begrenztheit des Lebensraumes der Menschen und macht geltend, dass „ursprünglich [...] niemand an einem Orte der Erde zu sein mehr Recht hat, als der andere" (EF, 214). Siehe auch: MS, 475 f.
129 MS, 476.
130 KU, 393.
131 KU, 393 f.
132 TP, 153.
133 WA, 55.
134 Anderson-Gold (2004), 120.

tend, dass für Hannah Arendt im Gedanken eines „right to go visiting"[135] die Grundlage für eine Theorie der weltweiten Wahrnehmung von Pluralität liegt.

Zu fragen ist nun, welche gesetzgeberischen Maßnahmen speziell erforderlich sind, um den freien öffentlichen Vernunftgebrauch zu ermöglichen. Hier bieten sich vielfältige Ausdifferenzierungen im rezenten rechtsphilosophischen Diskurs an (deren eingehende Darstellung im vorliegenden Rahmen freilich nicht möglich ist). Ein entscheidendes Element bildet die Rawls'sche Zugangsweise, die das Thema „freedom of speech and assembly" im Rahmen der Konzeption der „primary social goods" behandelt und dabei den Gedanken der größtmöglichen Freiheit für alle Einzelnen unterstreicht: Das erste der beiden Grundprinzipien der Gerechtigkeit lautet Rawls zufolge: „[E]ach person is to have an equal right to the most extensive basic liberty compatible with a similar liberty for others."[136] Im rezenten Diskurs wurde darüber hinaus hervorgehoben, dass die rechtliche Implementierung dieses Prinzips allein nicht ausreicht, um eine unverzerrte öffentliche Kommunikation abzusichern. Oftmals erweist es sich für unterprivilegierte gesellschaftliche Gruppierungen oder Einzelne als unmöglich, die ihnen *de jure* zugesicherte ‚freedom of speech and assembly' auch *de facto* in Anspruch zu nehmen. Faktoren wie Armut, Hunger und Analphabetismus – die oft in Diskriminierung aufgrund der ethnischen oder religiösen Zugehörigkeit, der Hautfarbe oder des Geschlechts begründet sind – hindern sie daran, ihre Stimmen deutlich hörbar zu machen. Das bedeutet, dass für eine angemessene Umsetzung der Pflicht des Zuhörens auch soziale Rechte eine wesentliche Voraussetzung bilden. Konzeptionen der laufenden Debatte, wie ‚Chancengleichheit', ‚affirmative action' oder ‚Grundversorgung', sind daher auch daraufhin zu untersuchen, wie weit sie beitragen können, die jeweils Unterprivilegierten zur gleichen Partizipation zu befähigen. Ferner legt es sich nahe, die rezenten Konzeptionen von ‚globaler Demokratie'[137] unter diesem Gesichtspunkt zu analysieren.

Sollte nun der Diskurs unter Weltbürgern optimal ermöglicht sein (im Sinne eines freien öffentlichen Vernunftgebrauchs wie auch eines aufmerksamen Zuhörens): welche Folgen wären zu erwarten? Hier ist zunächst erneut die Differenz zwischen der rechtlichen und der moralischen Dimension im Auge zu behalten. Anders als bei den rechtlichen Regelungen, die unter Bezugnahme auf die öffentliche Meinungsbildung getroffen werden, liegt die moralische Konsequenz nicht in vergleichbaren Festlegungen. Auch die Kommunikation unter Weltbürgern hat nicht zum Ziel, den Einzelnen jeweils bestimmte moralische Urteile vorzugeben. Wenn die freie Meinungsäußerung dazu dienen soll, dass alle sich ‚aus ihrer Unmündigkeit heraus arbeiten', so heißt dies, dass die Urteilskraft jedes Einzelnen geschärft werden soll, d. h. die Fähigkeit, die Gesetzgebung der praktischen Vernunft auf die jeweils konkreten Situationen anzuwenden. Der öffentliche Diskurs hat also die Aufgabe, mich zu beraten bzw. moralisch zu sensibilisieren. Wenn Otfried Höffe moniert, dass Kant seine These, wonach eine gerechte Weltordnung

---

135 Arendt (1982), 70.
136 TH, 60.
137 Siehe z. B. Held (1995); Benhabib (2004); Pogge (2011).

der ‚Moralisierung' der Menschen dienlich sein wird, nicht einsichtig macht,[138] so könnte der Ansatzpunkt für eine Lösung darin liegen, dass es nicht um die Begründung einer moralischen Gesinnung geht, sondern um die Schärfung des Blicks für moralisch unzulässige Bedingungen. Das heißt: auch wenn von einer weltbürgerlichen Ordnung nicht zu erwarten ist, dass sie „eine Revolution in der Gesinnung im Menschen" nach sich zieht, kann sie doch – da man „nur in kontinuierlichem Wirken und Werden ein guter Mensch" wird – in der eben erläuterten Weise dem „beständigen Fortschreiten [...] zum Besseren" dienen.[139] Demgemäß rückt Kant den Begriff ‚Bildung' in das Zentrum, wenn er schreibt, dass ein gesetzmäßiges äußeres Staatenverhältnis „die langsame Bemühung der inneren Bildung der Denkungsart ihrer Bürger" zu befördern vermag.[140]

Dass Kant die Debatten unter Gelehrten als Modell heranzieht, macht überdies deutlich, dass er einen unabschließbaren Prozess der moralischen Bildung vor Augen hat; demnach können wir nie davon ausgehen, unsere Wahrnehmung moralischer Probleme bedürfe keiner weiteren Ausdifferenzierung mehr. Kant hat mit wünschbarer Klarheit einsichtig gemacht, dass jeglicher Versuch, bestimmte Auffassungen außer Streit zu stellen, „schlechterdings null und nichtig" ist. „Ein Zeitalter kann sich nicht verbünden und darauf verschwören, das folgende in einen Zustand zu setzen, darin es ihm unmöglich werden muss, seine (vornehmlich so angelegentliche) Erkenntnisse zu erweitern, von Irrtümern zu reinigen und überhaupt in der Aufklärung weiterzuschreiten. Das wäre ein Verbrechen wider die menschliche Natur, deren ursprüngliche Bestimmung gerade in diesem Fortschreiten besteht."[141]

---

138 Höffe (2001), 206. Höffe bezieht sich hier auf IG, 44f.
139 RG, 698f.
140 IG, 45.
141 WA, 57f.

2.2 Moralische Aufrichtigkeit

2.2.1 Die Beziehung des Menschen zum ‚moralischen Gesetzgeber'

Dass uns unsere Selbstgesetzgebung die Aufgabe einer zunehmenden moralischen Sensibilisierung auferlegt, hat nicht nur für unsere Relationen zu anderen Menschen Bedeutung – wie Kant zeigt, müssen wir auch an uns selbst laufend arbeiten, da unsere Herzensbildung nie als abgeschlossen betrachtet werden kann. In der Ausführung dieses Punktes weicht Kant weit von den Usancen des gegenwärtigen moralphilosophischen Diskurses ab, indem er seine Konzeption einer sorgfältigen Prüfung der eigenen Haltung unter Bezugnahme auf seine philosophische Theologie formuliert. Kant macht geltend, dass Glaube – verstanden im Sinne seiner Konzeption der „reinen moralischen Religion",[1] die nicht eine der Moral vorgelagerte normative Basis darstellt, sondern eine von der moralisch-praktischen Vernunft ausgehende Überzeugung – ausschlaggebend ist für eine sorgfältige Prüfung der eigenen Motivation. Im Folgenden soll der Kern dieser Überlegungen rekonstruiert werden. Das Augenmerk wird sich insbesondere auf die Kultivierung der moralischen Selbstkritik richten – und damit auf ein Thema, das der heutige nachmetaphysisch geprägte Diskurs weitgehend vermissen lässt. Wenn sich zeigt, dass Kant eine anspruchsvolle Konzeption der moralischen Aufrichtigkeit in Sicht bringt, so erheben sich freilich Fragen wie diese: Können wir eine an diesem Anspruch orientierte Haltung nur dann ausbilden, wenn wir uns auf den in unserer reinen praktischen Vernunft gegründeten Glauben explizit einlassen? Oder: Vielleicht ist die Ausbildung einer solchen Haltung erst gar nicht erstrebenswert, da sie sich von einem obsoleten metaphysisch tingierten Anspruch leiten ließe?

In methodischer Hinsicht soll nun so vorgegangen werden, dass ein bestimmter Gedankenzusammenhang, der in Kants Schriften sowie in den Mitschriften seiner Vorlesungen immer wieder anklingt, herausgeschält wird, ohne auf unterschiedliche Nuancierungen im Einzelnen einzugehen. Gewiss: Kant hat seine Konzeption von ‚Gott' immer

---

[1] RG, 763.

wieder reformuliert,² doch scheint es legitim, zunächst die argumentative Grundlinie seiner Deutung von Gott als ‚Herzenskündiger' zu etablieren, und den Blick auf die von Kant vorgenommenen Modifikationen einem zweiten Durchgang vorzubehalten.³

Zunächst gilt es zu betrachten, wie Kant zufolge in den Einzelnen eine Motivation zu moralischem Handeln entstehen kann und soll. Den Fokus bildet nun nicht die ‚Selbstgesetzgebung' bzw. die Beurteilung unserer Maximen unter der Perspektive der Universalisierbarkeit, sondern die Frage, wie es uns als ‚sinnlichen Vernunftwesen', d. h., unter den Bedingungen der Endlichkeit überhaupt möglich ist, moralisch zu handeln. Wie können wir zu einer Haltung gelangen, die uns dazu führt, unseren moralischen Urteilen Folge zu leisten? Kant verwendet die Begriffe ‚moralische Gesinnung'⁴ und ‚guter Wille',⁵ um diese Haltung zu bezeichnen, und bringt damit den Zeithorizont von Moralität zur Geltung: Wenn die in jedem Menschen angelegte reine praktische Vernunft ihr ‚du sollst' vorbringt, hat die darin begründete Verpflichtung keinen punktuellen Charakter – sie betrifft nicht nur eine jeweils aktuell vorliegende Entscheidungssituation, sondern auch den weiteren Verlauf unseres Lebens. Demnach sind wir verpflichtet, uns zu entschließen, in allen künftigen Lebenslagen unser Handeln am Sittengesetz zu orientieren. Unsere Vernunft fordert uns somit auf zur „Gründung eines guten Willens",⁶ der aber „nicht etwa ein bloßer Wunsch" sein darf; Kant warnt davor, „bloße Wünsche [...], da sie an sich tatleer sind und bleiben, für Beweise eines guten Herzens zu halten".⁷ Kennzeichnend für den ‚guten Willen' ist vielmehr die Ausrichtung auf eine konsequente Umsetzung des Sittengesetzes, unter „Aufbietung aller Mittel, soweit sie in unserer Gewalt sind".⁸

Die Etablierung einer solchen Haltung stellt sich für Kant als eine im Subjekt vor sich gehende „Revolution"⁹ dar, insofern eine neue Herrschaftsordnung begründet wird: Anstelle der Sinne nimmt nun die (praktische) Vernunft den obersten Rang unter den Bestimmungsgründen des Handelns ein.¹⁰ Die Radikalität der geforderten „Änderung des Herzens"¹¹ erläutert Kant auf folgende Weise: Es geht nicht um den Vorsatz, ein ‚bes-

---

2 Eckart Förster gelangt zu dem Ergebnis: „Wenige Bestandteile seiner Philosophie hat Kant einem so kontinuierlichen Wandel unterworfen wie die Gotteslehre. Was dieses Theoriestück angeht, so scheint er alle – oder fast alle – Deutungsmöglichkeiten erwogen und zeitweise vertreten zu haben". (Förster (1998), 341.)

3 Diese Zugangsweise findet eine Bestärkung bei Joachim Kopper, der unterstreicht, „daß Kants Gottesverständnis in allen seinen Stadien aus ebendemselben ursprünglichen Wissen um Gott entsprungen ist", und dass „der lange Weg seiner Gotteslehre" darin besteht, dieses Wissen immer klarer zu artikulieren. (Kopper (1955/56).)

4 RG, 864; siehe auch RG, 729.

5 Zur Bestimmung dieses Begriffs siehe GM, 18 ff.

6 GM, 22.

7 MS, 577.

8 GM, 19.

9 RG, 698.

10 Zur Erläuterung siehe Kaulbach (1978), 214.

11 RG, 698.

serer' Mensch zu werden – in diesem Fall würden wir indirekt beschließen, weiterhin auch verwerfliche Taten zu begehen, da der Begriff ‚besser' ja immer noch Abstriche vom Guten impliziert.¹² Gefordert ist vielmehr der Entschluss, ein ‚guter' Mensch sein zu wollen. „Daß jemand ein moralisch guter [...] Mensch [...] werde, welcher, wenn er etwas als Pflicht erkennt, keiner anderen Triebfeder weiter bedarf, als dieser Vorstellung der Pflicht selbst: das kann nicht durch allmähliche Reform, solange die Grundlage der Maximen unlauter bleibt, sondern muß durch eine Revolution der Gesinnung im Menschen [...] bewirkt werden; und er kann ein neuer Mensch nur durch eine Art von Wiedergeburt gleich als durch eine neue Schöpfung [...] und Änderung des Herzens werden."¹³ Das ist freilich nicht so zu verstehen, als wären wir in der Lage, vom Zeitpunkt einer derartigen Änderung an ausschließlich in moralisch gerechtfertigter Weise zu handeln. Gesagt ist nur, dass ohne eine entsprechende Gesinnung eine konsequente Orientierung am Sittengesetz nicht zustande kommen kann. Kant nimmt hier eine Differenzierung in temporaler Hinsicht vor (deren weitreichende Folgen noch zur Sprache kommen werden): Mit der ‚Änderung des Herzens' begründen wir – obgleich dieser Akt zu einem bestimmten Zeitpunkt unseres Lebens erfolgt – einen nicht dem zeitlichen Wandel unterworfenen „intelligibelen Charakter (virtus noumenon)".¹⁴ Doch bleibt unser Leben in der Zeit auch nach vollzogener innerer ‚Revolution' durch den spezifischen Zuschnitt eines ‚vernünftigen Sinnenwesens' gekennzeichnet; daher können wir nur bemüht sein, uns dem Idealbild eines guten Menschen schrittweise anzunähern, ohne Aussicht, ihm je voll zu entsprechen: „Der Zustand des Menschen hier im Leben [...] bleibt immer doch ein Übel".¹⁵ In dieser innerzeitlichen Perspektive hat nun die Rede vom ‚Besser-Werden' des Menschen – im Sinne „eines beständigen Fortschreitens und Annäherns zum höchsten (ihm zum Ziel ausgesteckten) Gut"¹⁶ – durchaus Berechtigung. Dementsprechend stellt Kant dem „intelligiblen Charakter" den Charakter als „Phänomen" – den wir uns durch unsere Handlungen erworben („selbst verschafft") haben, und der sich in diesen ausdrückt¹⁷ – zur Seite. Im Hinblick auf diese Arbeit an uns selbst lässt sich auch von einer „fortgesetzte[n] Läuterung und Erhebung der moralischen Gesinnung"¹⁸ sprechen.

---

12 Vgl. MS, 535 f. Kant weist hier die aristotelische Konzeption von *mesotes* zurück. Tugend kann demnach „nicht durch die allmähliche Verminderung" eines Lasters, d. h. „in Graden" bestimmt werden; sie muss vielmehr allein in ihrer „spezifischen Qualität (dem Verhältnis zum Gesetz) gesucht werden". Ähnlich argumentiert Kant im Blick auf die religiöse Unterweisung: „[D]er Religionsvortrag muß zum Zweck haben, aus uns *andere* nicht bloß bessere Menschen [...] zu machen". (SF, 322 (Hervorh. I. K.).)
13 RG, 689. Dazu siehe Kaulbach (1978), 243. Kant grenzt jedoch seine moralische Konzeption von ‚Wiedergeburt' gegenüber derjenigen ab, die in „Sekten des Gefühls" gepredigt wird. (SF, 61 ff.)
14 RG, 698.
15 ED, 184.
16 ED, 184. Vgl. Kants Überlegungen zum jeweils „bisherigen Fortschritte vom Schlechteren zum Moralischbesseren". (GM, 253.)
17 KP, 223.
18 RG, 872.

Der Begriff ‚gut' ist in diesem Kontext also nicht quantitativ, sondern im Sinne von Vollkommenheit gemeint. An diesem Punkt sieht sich die menschliche Vernunft „genötigt",[19] auf Gott zu rekurrieren.[20] Kant begann seine Vorlesungen zur Rationaltheologie in jeweils fast gleichlautender Weise: „Die menschliche Vernunft bedarf in jeder Art von Erkenntnis der Idee einer Vollständigkeit (Totalität), zum Maßstab aller anderen Erkenntnis derselben Art".[21] Dem entsprechend entwirft die praktische Vernunft „die Idee von Gott" als „ein Wesen der höchsten Moralität",[22] und sie kann aus ihrer moralischen Perspektive dieses „ens perfectissimum"[23] näher bestimmen; genauer gesagt, kann sie sich aus diesem Blickwinkel „einen ganz präcis bestimmten Begriff von Gott machen".[24] Kant hält fest: „Der Moralbegriff von Gott besteht in den Begriffen der Heiligkeit, Gütigkeit und Gerechtigkeit."[25] In anderen Formulierungen ersetzt er den Ausdruck ‚Gütigkeit' durch ‚Gnade'.[26] (Diese Begriffstrias bildet auch die Grundlage für Kants Deutung der christlichen Trinitätskonzeption. Darauf kann hier freilich nicht eingegangen werden.[27]) Die Reihenfolge dieser Bestimmungen ist von Relevanz: Es kommt in dieser Idee zuallererst darauf an, dass Gott der moralische „Weltbeherrscher"[28] ist, wobei zunächst die Kompetenz „eines moralischen Gesetzgebers"[29] im Vordergrund steht – Gott als Gesetzgeber: „Das ist die erste Überzeugung".[30] Den Zusammenhang zwischen Gott als ‚moralischem Gesetzgeber' und dem in unserer Vernunft verankerten Sittengesetz stellt Kant so dar: Die praktische Vernunft stößt zunächst an eine Grenze, insofern sie uns „ein unbedingtes praktisches Gesetz (dergleichen der kategorische Imperativ sein muß)" auferlegt, das sie jedoch „seiner absoluten Notwendigkeit nach nicht begreiflich machen kann".[31] Damit bleibt eine wesentliche Frage offen: Wodurch sollen wir motiviert werden, uns an einer kategorischen Norm zu orientieren, wenn uns der Grund für ihre Verbindlichkeit nicht einsichtig ist? Indem die Vernunft nun die ‚Idee von

---

19 Diese „Nötigung" hat freilich für Kant nicht den Charakter eines logischen Beweisverfahrens. Vielmehr sucht die Vernunft „rastlos das Unbedingtnotwendige, und sieht sich *genötigt,* es anzunehmen, ohne irgend ein Mittel, es sich begreiflich zu machen; glücklich gnug, wenn sie nur den Begriff ausfindig machen kann, der sich mit dieser Voraussetzung verträgt" (GM, 101 (Hervorhebung H. N.-D.).)
20 An anderen Stellen drückt Kant dies so aus, dass die Vernunft ein „Bedürfnis" dazu habe. Siehe KP, 108 f., 256 und 276 f.
21 BB, 1231.
22 BB, 1233.
23 BB, 1235.
24 VP, 1012. Siehe auch KP, 273.
25 BB, 1284. Siehe auch KP, 263 FN, und VP, 1074 ff.
26 Vgl. RG, 877.
27 Vgl. RG, 877 f.
28 BB, 1241.
29 RG, 855.
30 BB, 1318. Vgl. den als Anhang zum „Streit der philosophischen Fakultät mit der theologischen" abgedruckten Brief von C. A. Willmans (SF, 340–347, bes. 345).
31 GM, 101.

Gott' als ‚Gesetzgeber' entwirft, leitet sie uns an zur „Erkenntnis aller unserer Pflichten als (instar) göttlicher Gebote".³² Der Ausdruck ‚Erkenntnis' ist hier freilich – Kants Konzeption von ‚Idee' entsprechend – nicht im Sinn theoretischer Erkenntnis zu verstehen, sondern im Sinn eines Anerkennens. Unter dieser Perspektive „ist Gott der oberste Grund des Systems aller moralischen Zwecke, d. i. das höchste Gut."³³ Von dieser Idee aus stellt sich – zwar nicht in theoretisch, sondern allein in praktisch relevanter Weise – die absolute Verbindlichkeit des moralischen Gesetzes als fundiert dar, da dieses nun als „heilig" zu betrachten ist – „dieses moralische Gesetz [...] liegt als ein heiliges und unanzutastendes Gesetz dem Menschen zum Grunde".³⁴ Kant erläutert den Begriff ‚heilig' auch durch die Ausdrücke „unverletzlich"³⁵ und „unnachsichtlich".³⁶ Für das Selbstverständnis des Einzelnen bedeutet das: Wenn ich meine moralischen Pflichten erfülle, kann ich dies als „Übereinstimmung meines Willens mit dem eines heiligen und gütigen Welturhebers"³⁷ verstehen.

Kant sucht diesen Zusammenhang auch auf folgende Weise zu verdeutlichen: Insofern das Sittengesetz in uns angelegt ist, sind wir „zwar gesetzgebende Glieder eines durch Freiheit möglichen, durch praktische Vernunft uns zur Achtung vorgestellten Reichs der Sitten", doch zugleich wissen wir, dass wir „Untertanen", nicht aber das „Oberhaupt" dieses Reiches sind.³⁸ Diese Darstellung der Menschen als ‚Untertanen' könnte nun – wie die Auffassung von Gott als ‚Gesetzgeber' generell – als zur Konzeption der moralischen Autonomie im Widerspruch stehend aufgefasst werden. Eine derartige Einschätzung weist Kant jedoch unter Hinweis darauf zurück, dass „die Idee von Gott [...] ganz aus unserer eigenen Vernunft hervorgeht, und von uns selbst [...] gemacht wird"³⁹. Eine heteronome Konstellation von Gesetzgeber und Untertanen wäre, so Kant, nur dann gegeben, wenn sich die Existenz Gottes theoretisch beweisen ließe; die Konzeption der ‚Idee von Gott' beruht aber gerade darauf, dass dies nicht möglich ist.⁴⁰ Indes könnte weiter moniert werden, dass der Begriff ‚Gebot' dennoch – auch wo

---

32 MS, 579. Kant erläutert: „[D]er Inbegriff [...] aller unserer Pflichten überhaupt als göttlicher Gebote (und subjektiv der Maxime, sie als solche zu befolgen) ist Religion." (SF, 300 f.) Da Kant in diesem Kontext auf *alle* Pflichten Bezug nimmt, erhebt sich die Frage, wie es sich mit den rechtlichen Pflichten verhält. Kant beantwortet diese Frage durch folgende Präzisierung: „Die statutarischen bürgerlichen Gesetze kann man zwar nicht göttliche Gebote nennen, wenn sie aber rechtmäßig sind, so ist die *Beobachtung* derselben zugleich göttliches Gebot". (RG, 758 FN (Hervorh. I. K.).)
33 BB, 1241. Kant stellt diesen Zusammenhang auch so dar: „Woher haben wir [...] den Begriff von Gott, als dem höchsten Gut? Lediglich aus der *Idee*, die die Vernunft a priori von sittlicher Vollkommenheit entwirft." (GM, 36 (Hervorh. I. K.).)
34 VE, 164.
35 KP, 210.
36 KP, 259.
37 KP, 261.
38 KP, 204 f.
39 MS, 579.
40 Vgl. MS, 281–283. Wie Kopper ausführt, zeigt Kant im Opus postumum erneut, dass es für den Menschen beim „verborgenen Gott bleiben muss", sodass der „reine Vernunftglaube[...] (nur) auf

es sich allein um die Ausdeutung der ‚Idee von Gott' handelt – eine heteronome Relation vor Augen führt. Dem gegenüber ist aber zu bedenken, dass die Auffassung von Gott als ‚Gesetzgeber' in spezifischer Weise bestimmt ist: Wenn Kant unterstreicht, dass das Sittengesetz „nicht bloß für Menschen, sondern alle *vernünftige Wesen überhaupt* [...] *schlechterdings notwendig* gelten müsse",[41] so heißt das, dass auch Gott unter diesem Gesetz steht. Demnach ist der Begriff ‚Gesetzgeber' nicht so zu verstehen, als sei Gott der Autor des Sittengesetzes, welches er auch anders hätte festlegen können, sondern dahingehend, dass Gott uns gegenüber die Verbindlichkeit desselben geltend macht.[42]

Als Grundlage für die folgende Erörterung ist festzuhalten, dass die ‚Idee von Gott' nicht den Charakter eines nach Belieben anzunehmenden (oder zu verwerfenden) Gedankens hat, sondern auf eine „subjektive, aber doch wahre und unbedingte Vernunftnotwendigkeit"[43] zurückgeht. Kant erläutert dies auch in seiner Konzeption der ‚Postulate der reinen praktischen Vernunft',[44] doch ist diese auf die mögliche Vereinbarkeit von Moralität und Glückseligkeit abzielende Argumentation für das hier erörterte Thema nicht von vorrangiger Relevanz, da es primär auf Gott als ‚moralischen Gesetzgeber' ankommt. Von besonderer Bedeutung ist demnach, dass unsere Vernunft Kant zufolge auch zu einem allein vom Sittengesetz ausgehenden – nicht auf die Frage der Glückseligkeit Bezug nehmenden – Gottespostulat gelangt: „Da es praktische Gesetze gibt, die schlechthin notwendig sind (die moralische), so muß, wenn diese irgend ein Dasein, als die Bedingung der Möglichkeit ihrer verbindenden Kraft, notwendig voraussetzen, dieses Dasein *postuliert* werden."[45] Ungeachtet der unterschiedlichen Akzentsetzung in der Konzeption des Gottespostulats kann Kant in jedem Falle resümieren: „[E]s ist moralisch notwendig, das Dasein Gottes anzunehmen".[46] Er erläutert dies näher so: Das in jedem Einzelnen angelegte „praktische Erkenntnis", dass das moralische Gesetz „unbedingte Verbindlichkeit" hat, „führt, entweder schon für sich allein, auf den Glauben an Gott, oder bestimmt wenigstens allein seinen Begriff als den eines moralischen Gesetzgebers, mithin leitet es zu einem reinen Religionsglauben, der jedem Menschen [...] ganz und gar abgefragt werden kann."[47] Das bedeutet, dass die reine praktische Vernunft in uns einen – allen historisch kontingenten Bekenntnissen, i. e., allem „Geschichtsglauben"[48] voraus liegenden – „reinen Vernunftglauben"[49] begründet. Dieser

---

ein Sich-bezeugen gehen" kann: „Diese Gegenwart Gottes aber ist der Mensch selbst". (Kopper (1955/56), 58.)

41 Vgl. GM, 36 (Hervorhebung I. K.).
42 So hält Peter Byrne fest: „God [...] is the author of the obligation in accordance with the moral law." (Byrne (2007), 132.) Er erläutert dies näher so: „Kant's God does not author the moral law but declares [...] that this law is his law." (Byrne (2007), 135.) In diesem Sinn auch Kain (2004), 257–306.
43 KP, 117 und 256.
44 KP, 252 ff.
45 KR, 558 (Hervorh. I. K.). Dazu siehe Lehmann (1980), 39 ff.
46 KP, 256.
47 RG, 855. Wie Kant sich dieses ‚Abfragen' vorstellt, zeigt die Gesprächsskizze in MS, 622 f.
48 SF, 337.
49 KP, 257.

hat den Charakter einer unerschütterlichen Überzeugung, aufgrund deren die Einzelnen sagen können: „[I]ch beharre darauf und lasse mir diesen Glauben nicht nehmen".[50]

Zu beachten ist nun, dass und wie Kant an der Idee von Gott als ‚moralischem Gesetzgeber' bzw. als ‚Oberhaupt' des Reichs der Sitten den *relationalen* Aspekt hervorhebt. Die reine moralische Religion bringt für die Einzelnen mit sich, dass sie ein Gegenüber haben; ihr Zentrum ist „das moralische *Verhältnis* der Menschen zum höchsten Wesen".[51] Die Moralität erhält dadurch eine dialogische Komponente. Den Hintergrund bildet die von Kant aufgezeigte, für die menschliche Moralität kennzeichnende immanente Spannung: Da bin zum einen ich als eine noumenale (übersinnliche) Instanz, insofern meine Vernunft moralisch gesetzgebend ist; zum anderen ich als ein vernünftiges Sinnenwesen, das Adressat der moralischen Gesetzgebung ist. Kant beschreibt diese Spannung in Analogie zur Interaktion zweier Akteure; er spricht explizit davon, dass der Mensch eine „zwiefache Persönlichkeit" hat: „Als Subjekt der moralischen [...] Gesetzgebung", d. h. als „(homo noumenon), ist er als ein anderer als der mit Vernunft begabte Sinnenmensch (specie diversus) [...] zu betrachten",[52] wobei es an dem zweiten liegt, sich durch die Stimme der Moral so ansprechen zu lassen, dass die erläuterte „Revolution" zustande kommt. Indem Kant diese Umkehr als „Änderung des *Herzens*"[53] bezeichnet, hebt er hervor, dass die Erneuerung auch von unserer Emotionalität getragen werden muss. Kants Überlegungen zum moralischen Gefühl[54] haben hier Relevanz. Durch die ‚Idee von Gott' bringt die Vernunft die Dualität vollends zum Tragen: Ich als vernünftiges Sinnenwesen sehe mich nun einer „idealischen Person"[55] gegenüber gestellt und von dieser aufgerufen, die Gesinnung der Heiligkeit in mir auszubilden und zu kultivieren. Genauer betrachtet, vollbringt die Vernunft eine Übersetzungsleistung: Sie lässt sich auf die sinnliche Ausrichtung ihres Adressaten so weit ein, dass sie ihre Idee moralischer Vollkommenheit in anschaulicher Form – in einer Person – präsentiert und dabei selbst gewissermaßen in die zweite Reihe zurück tritt: „Dass alle Menschenpflichten diesem Formalen (der Beziehung derselben auf einen göttlichen [...] Willen) gemäß gedacht werden sollen, davon ist der Grund [...] subjektiv-logisch. Wir können uns nämlich Verpflichtung (moralische Nötigung) nicht wohl *anschaulich* machen, ohne einen anderen und dessen Willen (von dem die allgemein gesetzgebende Vernunft nur der Sprecher ist), nämlich Gott, dabei zu denken."[56] Der Begriff ‚Religion' hat für Kant genau hier seinen Kern: Durch die Vernunft erhält der Mensch „nach der Analogie mit einem Gesetzgeber aller vernünftigen Weltwesen, eine bloße Leitung, die Gewissenhaftigkeit (welche auch religio genannt wird) als Verantwortlichkeit vor einem von uns selbst unterschiedenen,

---

50 KP, 278.
51 RG, 808 (Hervorhebung H. N.-D.).
52 MS, 574 FN.
53 RG, 698 (Hervorhebung H. N.-D.).
54 MS, 530 f.
55 MS, 574.
56 MS, 628 (Hervorhebung H. N.-D.).

aber uns doch innigst gegenwärtigen heiligen Wesen [...] sich *vorzustellen*".[57] Freilich warnt Kant vor der Gefahr eines verkürzenden „Anthropomorphismus", der dadurch entsteht, dass der „Schematismus der Analogie (zur Erläuterung), den wir nicht entbehren können [...] in einen Schematismus der Objektbestimmung (zur Erweiterung unseres Erkenntnisses)" verwandelt wird.[58] (Im Blick darauf, dass Kant hier den Glauben der Sphäre der ‚Vorstellung' zuweist, wäre es naheliegend zu sondieren, wie weit damit die Hegelschen Zuordnungen von Religion/Vorstellung und Philosophie/Begriff vorweg genommen sind.)

In der so eröffneten personalen Relation des Menschen zu Gott kann sich die moralische Gesinnung auf unsere emotionell bedingten Einstellungen stützen. Bezugnehmend auf die ‚Gottseligkeitslehre' seiner Zeit unterscheidet Kant „zwei Bestimmungen der moralischen Gesinnung im Verhältnis auf Gott": Furcht und Liebe. „Furcht Gottes ist diese Gesinnung in Befolgung seiner Gebote aus schuldiger (Untertans-) Pflicht, d. i. aus Achtung fürs Gesetz; Liebe Gottes aber, aus eigener freier Wahl, und aus Wohlgefallen am Gesetze (aus Kindespflicht)."[59] Der Terminus ‚Kindespflicht' nimmt offenbar Bezug darauf, wie Kant (im Blick auf die christliche Trinitätslehre) seine Konzeption des „ethischen gemeinen Wesens"[60] erläutert. Kant schlägt dort vor, sich die „unsichtbare Kirche", die „unter der göttlichen unmittelbaren, aber moralischen Weltregierung"[61] steht, nach dem Muster einer „Hausgenossenschaft (Familie), unter einem gemeinschaftlichen, obzwar unsichtbaren, moralischen Vater"[62] vorzustellen,[63] d. h. in der Art, dass die Einzelnen durch eine „freiwillige, allgemeine und fortdauernde Herzensvereinigung"[64] verbunden sind. Aufhorchen lässt auch, dass Kant die ‚Furcht Gottes' durch den Begriff ‚Achtung' erläutert: Damit tritt das Begriffspaar ‚Achtung und Liebe' hervor, bzw. die Komplementarität dieser beiden Begriffe, die für Kant die Grundstruktur von Freundschaft ausmacht, wie bereits die Kapitelüberschrift „Von der innigsten Vereinigung der

---

57 MS, 575 (Hervorh. H. N.-D.). Bettina Stangneth weist darauf hin, dass Kant im Opus postumum (OP, 81) den Begriff ‚religio' noch klarer auf Gott zuspitzt (Stangneth (2003), 302). Gerhard Lehmann thematisiert indes, dass sich bei Kant an diesem Punkt eine deutliche Spannung abzeichnet: „Das uns innigst gegenwärtige heilige Wesen und der Gesetzgeber aller Vernunftwesen als bloße Analogie, das sind die Extreme, die Kant zu verbinden, besser: die er vorsichtig aufeinander zu beziehen sucht." (Lehmann (1980), 43.)

58 RG, 718. Dem entsprechend zeigt Kant auf, „in welche Verirrungen, und zwar mit Vernunft zu rasen, man geraten kann, wenn man die Versinnlichung einer reinen Vernunftidee in die Vorstellung eines Gegenstandes der Sinne verwandelt" (SF, 304).

59 RG, 856. Zum Begriff der „Achtung" als „durch einen Vernunftbegriff selbstgewirktes Gefühl" siehe Kant (1963a), 28. Systematische Spannungen – die sich möglicherweise als „Zirkel" darstellen – in Kants Begriff der ‚Achtung' erörtert Esser (2004), 334–339.

60 RG, 757–759.

61 RG, 760.

62 RG, 762.

63 Vgl. Kants Ausführungen zum christlichen Gebet *Vater unser* (RG, 871 f.).

64 RG, 762

Liebe mit der Achtung in der Freundschaft"⁶⁵ signalisiert. (Darauf wird zurückzukommen sein.)

Die Intensität der so erläuterten Beziehung des Menschen zu Gott hat zur Folge, dass die (reine moralische) Religion der Befestigung unserer moralischen Gesinnung dient. Demnach verleiht unsere Überzeugung vom Dasein Gottes „unserer Moral [...] Nachdruck".⁶⁶ Im Kontext seiner Überlegungen zur ‚Triebfeder' des moralischen Handelns formuliert Kant: „Um den Moralgesetzen [...] Triebfeder und genugsame Kraft zur Lenkung unseres Willens zu geben, ist der Begriff von Gott notwendig".⁶⁷ (Hier klingt bereits die Überlegung an, dass der Impetus zu einer moralischen Lebensführung ohne Glauben kaum anhaltend sein könnte. Davon später.) Indem Kant die historisch gewachsenen Bekenntnisse so deutet, dass sie (in zentraler Hinsicht) auf Moralität abzielen, interpretiert er auch den Begriff ‚Gottesdienst' im Sinne dieses inneren Erfasstseins. Der „wahre" Dienst Gottes⁶⁸ ist demnach „unsichtbar, d. i. ein Dienst der Herzen (im Geist und in der Wahrheit), und kann nur in der Gesinnung, der Beobachtung aller wahren Pflichten, als göttlicher Gebote" bestehen.⁶⁹ Das Gebet kann diesen Dienst befördern, freilich nur dann, wenn es nicht so aufgefasst wird, als käme es äußerlich auf den bloßen „Buchstaben"⁷⁰ an – in diesem Fall wäre es „ein abergläubischer Wahn (ein Fetischmachen)", womit der Mensch, statt „auf sich selbst [...] auf Gott zu wirken"⁷¹ trachtet. Adäquat verstanden, ist die „Rede" des Gebets „ein Mittel für die Einbildungskraft", durch das im Menschen „ein herzlicher Wunsch, Gott in allem unseren Tun und Lassen wohlgefällig zu sein",⁷² wachgerufen wird. Kant fährt fort: Diese „alle unsere Handlungen begleitende Gesinnung [...] ist der Geist des Gebets, der ‚ohne Unterlaß' in uns statt finden kann und soll".⁷³

---

65 MS, 608–613.
66 BB, 1242. Siehe auch PD, 755.
67 BB, 1283.
68 Kant unterscheidet diesen „wahren" Dienst von der im „Geschichtsglauben" (RG, 848) gängigen Auffassung, die unter Gottesdienst äußerliche „kirchliche Observanzen" (RG, 851) versteht.
69 RG, 867. Dass Kant die Wendung ‚Dienst der Herzen' in Anknüpfung an Rousseau (EM, 257–334 = Buch IV, Glaubensbekenntnis des Savoyischen Vikars) gewählt haben könnte, zeigt Bettina Stangneth in einer Anmerkung zu der von ihr edierten Religionsschrift Kants (Stangneth, 304).
70 RG, 873.
71 RG, 870.
72 RG, 870 und 874. Vgl. die Formulierung, wonach die „wahre Bedeutung" des Gebets darin liegt, dass wir „eine dem Reich Gottes in uns und außer uns sich weihende Gesinnung" (RG, 868) ausbilden.
73 RG, 871. Für eine eingehende Untersuchung dieser Überlegungen Kants siehe Winter (2000), 115–161, und Wimmer (1990), 208–214 (= § 24: Gebet. Liebe. Mystik).

2.2.2 Die Gesinnung, die Gott allein kennt

Sofern wir uns auf Gott als ein uns „innigst gegenwärtiges heiliges Wesen"[74] beziehen, resultieren entscheidende Konsequenzen für die Beurteilung unseres Handelns. An diesem Punkt werden die (neben der Heiligkeit) anderen „moralischen Eigenschaften"[75] Gottes relevant: Gnade und Gerechtigkeit. Im vorliegenden Zusammenhang gilt es, zunächst auf die letztere einzugehen, womit sich das Augenmerk auf Kants Konzeption des Gewissens richtet. Analog dazu, wie – aus dem Blickwinkel des moralischen Glaubens – die gesetzgebende Vernunft als ‚Sprecher' des ‚moralischen Weltbeherrschers' erscheint, ist das Gewissen Stellvertreter von Gott als (dem vollkommen gerechten) Richter. Kant bezeichnet es als „den Repräsentanten Gottes [...], der seinen erhabenen Stuhl über uns, aber auch in uns einen Richterstuhl aufgeschlagen hat".[76] An den Differenzierungen, die diesen Zusammenhang näher beleuchten, ist freilich auffällig, dass der ‚Repräsentant' als der ihm gestellten Aufgabe nicht ganz gewachsen dargestellt wird.

Vorerst zum Begriff ‚Gewissen' als solchem. Festzuhalten ist zunächst, dass für Kant niemand ohne Gewissen ist. In jedem Einzelnen ist es als „eine ursprüngliche [...] intellektuelle Anlage"[77] vorhanden; der Mensch ist „der angeborne Richter über sich selbst".[78] Kant erläutert: „Jeder Mensch hat Gewissen, und findet sich durch einen inneren Richter beobachtet, bedroht und überhaupt im Respekt (mit Furcht verbundener Achtung) gehalten, und diese [...] in ihm wachende Gewalt ist nicht etwas, was er sich selbst (willkürlich) macht, sondern es ist seinem Wesen einverleibt. Es folgt ihm wie ein Schatten, wenn er zu entfliehen gedenkt. Er kann sich zwar [...] betäuben, [...] aber nicht vermeiden, dann und wann zu sich selbst zu kommen [...], wo er alsbald die furchtbare Stimme desselben vernimmt."[79] Um systematisch einzuordnen, was es heißt, dass das Gewissen immer schon in uns „wacht", behandelt Kant es unter den „natürlichen Gemütsanlagen", die die „subjektiven Bedingungen" der „Empfänglichkeit des Gemüts für Pflichtbegriffe überhaupt" ausmachen und insofern als „ästhetisch" zu betrachten sind.[80] Doch welche Funktion, genau, hat nun dieser „innere Richter"? Entscheidend ist, dass er über die Kompetenz „zum Lossprechen oder Verurteilen"[81] verfügt, d. h., dass er einen Urteilsspruch, eine „Sentenz"[82] zu verkünden hat. Gegenstand seiner Beurteilung sind

---

74 MS, 575.
75 RG, 877.
76 PD, 756.
77 MS, 573.
78 MS, 572.
79 MS, 573.
80 MS, 530 ff. Wie Thomas Sören Hoffmann erläutert, hat das Gewissen bereits bei Luther einen „affektiven Sinn": „[D]as Gewissen ist der Sitz des ‚Gefühls' der Privation des Guten [...], es ist ein ‚zerschlagenes' oder ‚getröstetes', ist [...] das Innere des Menschen [...] als eine Art ‚moralischen Selbstgefühls'". (Hoffmann (2002), 428.)
81 MS, 531.
82 MS, 572. Siehe auch VE, 161.

nicht – wie bei einem staatlich eingesetzten Richter – unsere Taten als solche, sondern die Gesinnungen, die uns in unserem Handeln bestimmt haben. „Das Gewissen richtet nicht die Handlungen als Kasus, die unter dem Gesetz stehen; denn das tut die Vernunft, sofern sie subjektiv praktisch ist".[83] Es fragt vielmehr genauer nach, was in uns vorgegangen ist, ehe bzw. als wir die betreffende Tat setzten: „[H]ier richtet die Vernunft sich selbst, ob sie auch wirklich jene Beurteilung der Handlungen mit aller Behutsamkeit (ob sie recht oder unrecht sind) übernommen habe, und stellt den Menschen, wider oder für sich selbst, zum Zeugen auf, dass dieses geschehen oder nicht geschehen sei."[84] Dass Kant hier den Begriff ‚Behutsamkeit' verwendet, zeigt, dass er einen Prozess der sorgfältigen Selbst-Beurteilung vor Augen hat. Kant zieht diesen Begriff auch heran, um eine „materiale" und eine „formale" Art der Gewissenhaftigkeit zu unterscheiden, wobei er die erste Art durch die „Behutsamkeit, nichts auf die Gefahr, dass es unrecht sei, zu wagen", kennzeichnet, während er die „formale Gewissenhaftigkeit" durch „das Bewußtsein, diese Behutsamkeit im gegebnen Falle angewandt zu haben" bestimmt.[85] Der ‚formalen' Art entsprechend bezeichnet Kant das Gewissen als „die sich selbst richtende moralische Urteilskraft".[86]

Um die Gewissenhaftigkeit ihrer Form nach – als eingehendes Abwägen – anschaulich zu machen, arbeitet Kant erneut eine dem Einzelnen immanente Spannung zwischen unterschiedlichen Quasi-Akteuren heraus. Demnach haben wir „das Bewußtsein eines inneren Gerichtshofes im Menschen (vor welchem sich seine Gedanken einander verklagen oder entschuldigen)".[87] Ich als Täter meiner Tat sehe mich mit einem Ankläger konfrontiert und von einem Advokaten verteidigt,[88] nach deren Plädoyers (contra und pro) der Richter sein Urteil fällt. Im Blick auf diese Konstellation „nötigt"[89] uns nun die Vernunft erneut, uns die ‚Idee von Gott' auf der Ebene der Vorstellung zu eigen zu

---

83 RG, 860.
84 RG, 860. Die hier angesprochene Differenz kommt auch darin zum Ausdruck, dass Kant das Gewissen als „Instinkt, nicht über sich zu urteilen, sondern zu richten" bezeichnet (VM, 351).
85 MT, 120.
86 RG, 860. Die „Regel der Urteilskraft" – in moralischer Hinsicht – bestimmt Kant so: „Frage dich selbst, ob die Handlung, die du vorhast, wenn sie nach einem Gesetze der Natur, von der du selbst ein Teil wärest, geschehen sollte, sie du wohl, als durch deinen Willen möglich, ansehen könntest." Und er setzt hinzu: „Nach dieser Regel beurteilt in der Tat jedermann Handlungen." (KP, 188). Vgl. die Anmerkungen zur möglichen Missverständlichkeit des Begriffs der ‚sich selbst richtenden moralischen Urteilskraft' in Stangneth (2000), 200 f.
87 MS, 573. Bettina Stangneth hebt im Blick auf diese Textpassage hervor, dass Kant zufolge das Gewissen das *Bewusstsein* eines inneren Gerichtshofs – „nicht der Gerichtshof selbst!" – ist. Stangneth (2000), 201.
88 KP, 224, und VE, 164 f. Dass Kant den ‚Advokaten' mit unterschiedlichen Akzentsetzungen darstellt – „einmal als Teufel der Eigenliebe, das andere Mal als Sachwalter berechtigter Interessen" –, zeigt Lehmann (1980), 53 f.
89 MS, 573.

machen – in diesem Fall die Idee von Gott als vollkommen gerechtem Richter. Kant erläutert dies so: „Daß aber der durch sein Gewissen Angeklagte mit dem Richter als eine und dieselbe Person vorgestellt werde, ist eine ungereimte Vorstellungsart von einem Gerichtshofe; denn da würde ja der Ankläger jederzeit verlieren. [...] Also wird sich das Gewissen des Menschen bei allen Pflichten einen anderen (als den Menschen überhaupt) [...] zum Richter seiner Handlungen denken müssen".[90] Das Gewissen muss demnach „als subjektives Prinzip einer *vor* Gott seiner Taten wegen zu leistenden Verantwortung gedacht werden".[91] So erscheint das Gewissen als „der Stellvertreter des göttlichen Gerichtes in uns";[92] es „stellt den göttlichen Gerichtshof in uns vor [...], weil es unsere Gesinnungen und Handlungen nach der Heiligkeit und Reinigkeit des Gesetzes beurteilt", und „weil es uns gleich der göttlichen Allgegenwart gegenwärtig ist".[93]

In diesem Kontext rückt Kant nun die Bestimmung von Gott als „Herzenskündiger"[94] in den Vordergrund; er übernimmt damit den Ausdruck, der in Luthers Bibelübersetzung die lateinische Wendung „qui novit corda"[95] wiedergibt. Ist Gott als derjenige vorgestellt, der die Sentenz ver-‚kündet', und kann der Urteilsspruch Gottes nur vollkommen gerecht sein, muss Gott so gedacht werden, dass er jeden Einzelnen genau kennt, dass er „auch die kleinsten Regungen im Innersten seines Herzens kennen kann, alle Beweggründe und Absichten seiner Handlungen".[96] Es gilt zu beachten, dass mit dieser Vorstellung die zwei üblichen Formen der moralischen Beurteilung von Menschen in die Schranken verwiesen werden: die Beurteilung durch andere Menschen ebenso wie die durch mich selbst. Hinsichtlich der ersten Form wurde bereits erläutert: Die anderen können – da sie auf den Blick ‚von außen' angewiesen sind – nur meine Handlungen, nicht aber meine Gesinnungen wahrnehmen. Auch Aussagen, die ich über die Motive meines Handelns mache, sind für sie ein ‚Äußeres', das unterschiedlich motiviert sein kann und dessen

---

90 MS, 573.
91 MS, 574 (Hervorh. H. N.-D.).
92 Vgl.: „Der marternde Vorwurf des Gewissens ist die Stimme Gottes in der praktischen Vernunft." (OP, 149)
93 VE, 166.
94 RG, 720, 727, 758; MS, 564 u. 574; SF, 272. Eine etwas andere Schreibweise wählt Kant im Opus postumum, indem er Gott, „vor dem das Innere aufgedeckt ist", als „Herzens Kündiger" bezeichnet. (OP, 148.)
95 *Apostelgeschichte* 15,8 und öfter. Bettina Stangneth weist in ihrem Kommentar zu Kants Religionsschrift darauf hin, dass die deutschsprachige Bezeichnung ‚Herzenskündiger' im 18. Jhd. populär war. Stangneth (2003), 288. Vgl. Mendelssohn (2001), 134: „Lasset niemanden in euren Staaten Herzenskündiger und Gedankenrichter sein; niemanden ein Recht sich anmaßen, das der Allwissende sich allein vorbehalten hat!"
96 VP, 1012. Vgl. RG, 758.

Innenperspektive sie nicht (mit letzter Genauigkeit) zu durchschauen vermögen.[97] Im Blick auf das biblische Buch *Hiob* deutet Kant die Art, in der Hiob die von seinen Freunden vorgeschlagene Erklärung seiner Lage zurückweist,[98] in diesem Sinne: „Wollt ihr Gott vertreten? Er wird euch strafen, wenn ihr Person(en) anseht heimlich".[99]

Zum anderen: Auch in meiner Selbsteinschätzung bin ich Kant zufolge zunächst auf meine gesetzten Taten angewiesen. Demnach kommt mir, wenn ich mir über meine bisherige Lebensführung Rechenschaft zu geben suche, zuerst mein Tun und Lassen in den Sinn, und nur davon ausgehend kann ich mir meine Beweggründe bewusst zu machen suchen. Wir kennen unsere Gesinnung „nicht unmittelbar", sondern können sie „nur nach unseren Taten ermessen".[100] Dieser Vorgang ist aber nicht in Form einer Aneinanderreihung von isolierten Lebensmomenten zu denken; hier hat vielmehr Kants Begriff des Charakters als „Phänomen" seinen Ort. Ich verstehe meine Handlungen als Ausdruck *einer* inneren Gestalt, die einen komplexen Zeitbezug hat: Wohl habe ich mir meinen Charakter selbst „verschafft",[101] doch unterliegt er insofern nicht dem zeitlichen Wandel, der alles empirisch Gegebene kennzeichnet, als er meinen „von aller Sinnlichkeit unabhängigen"[102] Wesenskern bildet, der sich in meinen Handlungen ausdrückt. Kant erläutert die Einheit, die ich auf diese Weise für mich selbst habe, anhand der Reue: Auch wenn der konkrete Fall eines moralischen Versagens schon lange zurück liegt, und ich alles mir Mögliche getan habe, „was zur Satisfaktion des moralischen Gesetzes erfordert wird",[103] empfinde ich, sooft ich mich daran erinnere, „eine schmerzhafte, durch moralische Gesinnung gewirkte Empfindung",[104] da dieses Versagen Teil meines Charakters bleibt und die (moralisch urteilende) Vernunft „keinen Zeitunterschied anerkennt".[105] In der Selbstprüfung – in der der innere Ankläger und der innere Advokat gegeneinander antreten – beurteile ich diese innere Gestalt.

---

97 Dass unsere Mitmenschen immer (in Beobachtung und Gespräch) auf die Perspektive ‚von außen' angewiesen bleiben, wenn sie uns beurteilen, heißt freilich nicht, dass ihnen eine zutreffende Beurteilung unserer Handlungen gänzlich versagt wäre. Andere können manche unserer Fehler besser sehen als wir selbst. Im Blick darauf hält Kant in seinen Überlegungen zum Thema ‚Freundschaft' fest: „Moralisch erwogen ist es [...] Pflicht, daß ein Freund dem anderen seine Fehler bemerklich mache; denn das geschieht ja zu seinem Besten und es ist also Liebespflicht". (MS, 609 f.) Freilich thematisiert Kant zugleich die „Schwürigkeiten", die damit verbunden sind, insofern eine solche Ermahnung als „beleidigend" erlebt werden und zu einer Krise in der Beziehung führen kann. (MS, 610)
98 Siehe *Hiob* XIII, 7–11.
99 MT, 118. Zu Kants Interpretation des Buches *Hiob* siehe Müller (2001), 95 ff.
100 RG, 730 f.
101 KP, 223.
102 KP, 223.
103 VE, 164.
104 KP, 224.
105 KP, 224. Wie Hoffmann aufzeigt, entspricht – systematisch betrachtet – „die formale Überzeitlichkeit des Gewissens [...] derjenigen der transzendentalen Apperzeption". (Hoffmann (2002), 433.)

Doch sind wir in der Lage, uns unseren Charakter voll bewusst zu machen? Kant hebt hervor, dass „Aufrichtigkeit des Herzens"[106] eine entscheidende Voraussetzung dafür ist. Zugleich beobachtet er, dass wir nur zu gern eine „eigenliebige Selbstschätzung"[107] vornehmen, die „oberflächlich"[108] bleibt, obwohl es unsere Pflicht ist, „in schwerer zu ergründende Tiefen (Abgrund) des Herzens zu dringen", bzw. uns auf die „Höllenfahrt des Selbsterkenntnisses"[109] einzulassen. In Kants Metaphorik ausgedrückt, tendiert der Richter in meinem inneren Gerichtshof dazu, bei seiner Urteilsfindung die seitens des Advokaten vorgetragene entlastende Darstellung überzubewerten. Für Kant beruht dies auf einer „tief im Verborgenen liegenden Unlauterkeit, da der Mensch sogar die inneren Aussagen vor seinem Gewissen zu verfälschen weiß."[110] So gehört für Kant ein Aufrichtigkeitsdefizit zu den Charakteristika der menschlichen Natur – er moniert: „O Aufrichtigkeit! du Asträa, die du von der Erde zum Himmel entflohen bist, wie zieht man dich (die Grundlage des Gewissens, mithin aller inneren Religion) von da zu uns wieder herab?"[111] Freilich könnte auch ohne dieses Defizit „der Mensch von keiner einzigen Gesinnung gewiß werden, daß sie von Gott sei", da hierfür eine ihm unerreichbare Selbst-Transparenz nötig wäre: „Er müsste seine ganze Seele erforscht haben".[112] Kant zufolge ist es „dem Menschen nicht möglich, so in die Tiefe seines eigenen Herzens einzuschauen, dass er jemals von der Reinigkeit seiner moralischen Absicht und der Lauterkeit seiner Gesinnung auch nur in einer Handlung völlig gewiß sein könnte; wenn er gleich über die Legalität derselben gar nicht zweifelhaft ist".[113]

An diesem Punkt greift die Vorstellung von Gott als ‚Herzenskündiger'. Indem wir uns Gott gegenüber gestellt sehen, muss uns klar sein, dass wir vollständig durchschaut werden.[114] In diesem Kontext wird deutlich, dass die praktische Vernunft Gott auch als „allwissend"[115] und „allgegenwärtig"[116] bestimmen muss. Offenbar auf ein aus der

---

106 MT, 119.
107 MS, 577.
108 ED, 178.
109 MS, 576.
110 MT, 123.
111 RG, 865. Kant bezieht sich hier auf Ovid, *Metamorphosen* I, 150. Vgl. Stangneth (2003), 257. Zum systematischen Stellenwert der Konzeption der ‚Aufrichtigkeit' bei Kant siehe Stangneth (2000), insbesondere 211–236.
112 BB, 1310.
113 MS, 523. Dazu hält Rentsch fest: „Mit diesen negativ-anthropologischen Analysen nimmt Kant tiefenhermeneutische und psychoanalytische Befunde des 20. Jahrhunderts vorweg." (Rentsch (2005), 129.)
114 Josiah Royce zieht diesen Gedanken in seiner Erläuterung des Begriffs ‚unsichtbare Kirche' heran: „Only a searcher of hearts can quite certainly know who are the really loyal." (Royce (1912), 282.) Für den Hinweis darauf danke ich Ludwig Nagl. Bei Royce findet sich an dieser Stelle keine Literaturangabe; daher bleibt offen, ob er die Deutung von Gott als ‚Herzenskündiger' aus Kants Schriften oder aus anderen Quellen bezogen hat.
115 VP, 1012.
116 KP, 273.

religiösen Kunst bekanntes Bild anspielend, spricht Kant vom „allsehenden Auge des Weltrichters".[117] Von hier aus kommen mehrfache Konsequenzen in Sicht. Zunächst die, dass sich jede „Heuchelei"[118] erübrigt, da sie ohne Aussicht auf Erfolg wäre. In diesem Zusammenhang erörtert Kant insbesondere Phänomene religiöser Heuchelei. Mit kirchenkritischer Pointe fordert er von Theologen, die den Gläubigen bestimmte Lehren als unbezweifelbare Wahrheit aufzwingen wollen – unter der Drohung: „[W]er an diese [...] Wahrheit nicht glaubt, der ist verdammt" –, sich doch zu fragen: „[G]etrauest du dich wohl in Gegenwart des Herzenskündigers [...] dieser Sätze Wahrheit zu beteuern?"[119] Doch ist für Kant die Gefahr der religiösen Heuchelei auch im Inneren eines jeden Einzelnen gegeben. Als Beispiel nennt er einen, der „den Glauben an einen künftigen Weltrichter lügt, indem er wirklich keinen solchen in sich findet, aber, indem er sich überredet, es könnte doch nicht schaden, wohl aber nutzen, einen solchen in Gedanken einem Herzenskündiger zu bekennen, um auf allen Fall seine Gunst zu erheucheln".[120] In einem Brief an Johann Caspar Lavater bezieht Kant dieses Thema auf sich selbst, indem er von sich sagt, er sei einer, „der kein Mittel kennt, was in dem letzten Augenblicke des Lebens Stich hält, als die reinste Aufrichtigkeit in Ansehung der verborgensten Gesinnungen des Herzens und der es mit Hiob vor ein Verbrechen hält Gott zu schmeicheln und innere Bekenntnisse zu thun, welche vielleicht die Furcht erzwungen hat und womit das Gemüth nicht in freiem Glauben zusammenstimmt".[121] In seinen Ausführungen zu *Hiob* erläutert Kant dies näher: „[N]ur die Aufrichtigkeit des Herzens [...], die Redlichkeit, seine Zweifel unverhohlen zu gestehen, und der Abscheu, Überzeugung zu heucheln, wo man sie doch nicht fühlt, vornehmlich nicht vor Gott (wo diese List ohnedas ungereimt ist): diese Eigenschaften sind es, welche den Vorzug des redlichen Mannes, in der Person Hiobs, vor dem religiösen Schmeichler im göttlichen Richterausspruch entschieden haben."[122] Zu beachten ist, dass das ‚allsehende Auge' bei Kant so klar unserer Vernunftidee von Gott zugeordnet ist, dass es jenseits aller Glaubensüberzeugungen und religiösen Praktiken, wie sie von bestehenden Religionsgemeinschaften vorgegeben werden, liegt. Deshalb ist Aufrichtigkeit gegenüber dem ‚Herzenskündiger' für Kant auch dann ein Thema, wenn Gläubigkeit in diesem traditionellen Sinn nicht (mehr) besteht.[123] Möglicherweise gibt Kant hier auch Erfahrungen seiner persönlichen Religiosität preis?

---

117 ED, 178.
118 MS, 564.
119 RG, 864.
120 MS, 564. Kant nimmt hier Bezug auf die Debatte zur ‚Pascalschen Wette', in der es, wie er an anderer Stelle erläutert, um „eine Sicherheitsmaxime in Glaubenssachen" geht: „Ist das wahr, was ich von Gott bekenne, so habe ich's getroffen; ist es nicht wahr [...], so habe ich es bloß überflüssig geglaubt." (RG, 863). Vgl. Stangneth (2003), 303.
121 Brief an Johann Caspar Lavater, 28.4.1775. (BW, 176.) Dazu siehe Müller (2005), 157 ff.
122 ED, 119.
123 Die Fragwürdigkeit religiöser Heuchelei liegt für Kant nicht allein darin, dass sie durch das ‚allsehende Auge' immer schon durchschaut ist, sondern auch und vor allem in ihrer moralischen Unzulässigkeit: Sie verstößt – als „innere Lüge" – gegen die „Pflicht des Menschen gegen sich selbst, bloß als einem moralischen Wesen" (MS, 562 ff.).

Eine weitere Konsequenz der Konzeption des ‚Herzenskündigers' liegt darin, dass sich durch die Vorstellung von der Allgegenwart Gottes unser Impetus zur sorgfältigen Selbst-Prüfung verstärkt: „Bei denen, die ihr Gewissen nicht einschläfern, hält Gott täglich Gericht".[124] Vor allem aber können wir im Blick auf den ‚Herzenskündiger' darauf vertrauen, letztlich vollständig gerecht beurteilt zu werden.[125] Dass zu den Kompetenzen des Richters nicht nur das Verurteilen, sondern auch das Lossprechen gehört, bedeutet, dass keine unserer moralischen Anstrengungen verloren geht. Freilich: Als sinnliche Vernunftwesen – als „Wesen in der Zeit"[126] – bleiben wir stets mangelhaft. Kant hält fest, dass „alle moralische Vollkommenheit, zu welcher der Mensch gelangen kann, immer nur Tugend ist, d. i. gesetzmäßige Gesinnung aus Achtung fürs Gesetz, folglich Bewußtsein eines kontinuierlichen Hanges zur Übertretung, wenigstens Unlauterkeit, d. i. Beimischung vieler unechter (nicht moralischer) Beweggründe zur Befolgung des Gesetzes, folglich [...] nichts als Fortschritt ins Unendliche".[127] Doch liegt in der Idee des ‚Herzenskündigers' eine andere Zugangsweise: „Der Unendliche, dem die Zeitbedingung nichts ist, sieht, in dieser für uns endlosen Reihe, das Ganze der Angemessenheit mit dem moralischen Gesetze, und die Heiligkeit, die sein Gebot unnachlaßlich fordert, [...] ist in einer einzigen intellektuellen Anschauung des Daseins vernünftiger Wesen ganz anzutreffen."[128] D. h., der ‚Herzenskündiger' beurteilt, ob wir die von uns geforderte ‚Änderung des Herzens' vollzogen haben, so dass unsere – unumgehbar zweideutigen – Taten dennoch mit einem „unwandelbaren Vorsatze"[129] verknüpft sind. Kant denkt dies so, „daß die Gesinnung, welche die Stelle der Totalität dieser Reihe der ins unendliche fortgesetzten Annäherung vertritt, den [...] Mangel, nie ganz vollständig das zu sein, was man zu werden im Begriffe ist, ersetze".[130] Wir haben demnach die „Idee der gebesserten Gesinnung, die [...] Gott allein kennt".[131]

Diese Glaubensüberzeugung darf Kant zufolge sogar so weit gehen, dass Gott, der unser moralisches Gesamtbild in den Blick nimmt, dieses an einzelnen Stellen gütig „ergänzt". In seinen Ausführungen über „Philosophische Grundsätze der Schriftauslegung" erläutert Kant: „Wo das eigene Tun zur Rechtfertigung des Menschen vor seinem eigenen (strenge richtenden) Gewissen nicht zulangt, da ist die Vernunft befugt, allenfalls eine übernatürliche Ergänzung seiner mangelhaften Gerechtigkeit [...] gläubig

---

124 BB, 1295.
125 In diesem Kontext ruft Gerhard Lehmann in Erinnerung, dass „Kardinal Newman [...] den personalen Weg zu Gott im Gewissenserlebnis findet". Lehmann (1980), 54. Vgl. Schmucker (1967), 181–231.
126 RG, 721.
127 KP, 259. Kant geht davon aus, dass in unseren Taten „die Angemessenheit des Lebenswandels zur Heiligkeit des Gesetzes [...] in keiner Zeit erreichbar" ist (RG, 720).
128 KP, 254.
129 KP, 253.
130 RG, 721.
131 RG, 731.

anzunehmen."¹³² Zugleich insistiert Kant freilich darauf, dass die verbreitete Vorstellung, die Gott als „gütigen Richter" auffasst, unhaltbar ist: Ein Richter muss ausschließlich gerecht sein – „könnte Gott alle Laster vergeben, so könnte er sie auch erlaubt machen [...], alsdann aber wären die moralischen Gesetze etwas Willkürliches".¹³³ Gottes Güte kann also nicht dahingehend verstanden werden, dass Gott die Unterscheidung von Gut und Böse im Grunde als hinfällig betrachtet; ein konsistenter Begriff erfordert vielmehr, dass Gott (in zeitlichem Modus ausgedrückt:) *nach* erfolgtem Richterspruch – im Blick auf unseren guten Willen – „ergänzt", was an unserem moralischen Gesamtbild, auf die einzelnen Taten hin betrachtet, unvollendet blieb: „Gütigkeit besteht in den Hilfsmitteln, wodurch Gott die Mängel unserer natürlichen Gebrechtlichkeit ergänzen kann, darin kann Gott seine Gütigkeit beweisen".¹³⁴ Der vielkritisierte Gedanke in der Konzeption der Postulate, wonach Gott uns die unserer Moralität angemessene Glückseligkeit zuweist – „Glückseligkeit, ganz genau in Proportion der Sittlichkeit (als Wert der Person und deren Würdigkeit glücklich zu sein)"¹³⁵ – geht von eben dieser Überlegung aus, dass Gott zunächst – als Richter – unser Handeln im Einzelnen beurteilt. Beachtenswert ist, dass Kant gerade indem er eine klare Unterscheidung der drei Bestimmungen Gottes – Heiligkeit, Gütigkeit und Gerechtigkeit – einmahnt, deren *relationale* Bedeutung hervorhebt, diesmal nicht vom Menschen, sondern von Gott ausgehend betrachtet: „Dieser Glaube enthält eigentlich kein Geheimnis, weil er lediglich das moralische *Verhalten Gottes* zum menschlichen Geschlechte ausdrückt."¹³⁶

Für die hier erörterte Thematik ist ausschlaggebend, dass die Vorstellung von Gott als ‚Herzenskündiger' dem Menschen, der Fortschritte zum ‚Moralischbesseren' zu machen sucht, die „Hoffnung" vermittelt, dass er „das Bewusstsein seiner *erprüften*

---

132 SF, 309. Vgl. RG, 806 und 808. In einem Brief an Johann Caspar Lavater schreibt Kant, „daß bei der Heiligkeit seines Gesetzes und dem unüberwindlichen Bösen unseres Herzens, Gott nothwendig irgend eine Ergänzung unserer Mangelhaftigkeit in den Tiefen seiner Rathschlüsse verborgen haben müsse, worauf wir demüthig vertrauen können, wenn wir nur so viel thun als in unseren Kräften ist um derselben nicht unwürdig zu seyn" (BW, 176). Kant betont die praktische Relevanz dieses Glaubens: „Man kann noch hinzusetzen, daß der Glaube an diese Ergänzung seligmachend sei, weil er [der Mensch] dadurch allein zum gottwohlgefälligen Lebenswandel (als der einzigen Bedingung der Hoffnung der Seligkeit) Mut und feste Gesinnung fassen kann, daß er am Gelingen seiner Endabsicht (Gott wohlgefällig zu werden) nicht verzweifelt." (SF, 310).
133 VE, 133.
134 VE, 134 f.
135 KP, 239. Vgl. KR, 681–683.
136 RG, 807 (Hervorh. H. N.-D.). Striet hebt die Bedeutung dieser Perspektive hervor: „Nur wenn Gott selbst sich durch den Willen zur Moralität auszeichnet, [...] kann er vom Menschen auch als derjenige erhofft werden, der das höchste Gut realisiert." (Striet (2005), 183). Beachtenswert ist hier ferner: Die drei Bestimmungen Gottes bringen zugleich die Konzeption der Gewaltentrennung – Legislative, Jurisdiktion und Exekutive – zum Ausdruck, „die in einem juridischbürgerlichen Staate notwendig unter drei verschiedenen Subjekten verteilt sein müßte". (RG, 807.) Dazu Förster (1998), 355.

Gesinnung"¹³⁷ haben kann. Das bedeutet, dass die Einzelnen in ihrer moralischen Anstrengung – die, wie erläutert, von anderen nicht adäquat erfasst werden kann – nicht völlig einsam sind. Im Hinblick darauf, dass Kant die Beziehung des Menschen zu Gott in der Kategorialität der Freundschaft (in der Verknüpfung von ‚Achtung' und ‚Liebe', wie oben erwähnt) darstellt, scheint es legitim, hier einzubeziehen, wie Kant in seinen Ausführungen zum Thema ‚Freundschaft' die Isolierung derjenigen Menschen beschreibt, denen es versagt bleibt, einen Freund zu haben. Nur wer einen Freund hat, „ist mit seinen Gedanken nicht völlig allein, wie im Gefängnis, und genießt eine Freiheit, die er in dem großen Haufen entbehrt, wo er sich in sich selbst verschließen muß".¹³⁸ Freilich bleibt die Freundschaft unter Menschen immer gefährdet. Können die Einzelnen voll darauf vertrauen, dass sie nach der „Eröffnung ihrer geheimen Urteile und Empfindungen" keine „Furcht vor dem Mißbrauch", der von dieser „Aufdeckung"¹³⁹ ihrer Gedanken gemacht werden könnte, zu haben brauchen? Die Vorstellung, die der Mensch von seiner Relation zu Gott als ‚Herzenskündiger' hat, schließt vollständiges Vertrauen ein. Dies ist insbesondere in einer Hinsicht von Bedeutung, die Kant zufolge in jedem Fall eine Grenze der Freundschaft unter Menschen darstellt: „Was die Eröffnung seiner eigenen Fehler betrifft",¹⁴⁰ ist der Einzelne gut beraten, auch dem besten Freunde gegenüber sich nicht „ganz offenherzig" darzustellen, da er sonst gerade die für Freundschaft essentielle Achtung „einbüßen" könnte.¹⁴¹ Indem dagegen unsere Schuld im Angesicht des ‚Herzenskündigers' offengelegt werden kann und soll – und indem wir davon auszugehen haben, dass sie sich ohnehin nicht verbergen lässt, nehmen wir selbst sie voll in den Blick, wodurch sich die Triebfeder verstärkt, diesen moralischen Mangel zu bearbeiten. Mit diesen Überlegungen ist auch ein Bezug zur Konzeption von ‚Individualität' hergestellt, insofern wir uns Kant zufolge den ‚Herzenskündiger' so vorstellen, dass er unseren jeweils besonderen, unverwechselbaren Lebensweg genau kennt und uns dazu anleitet, ihn uns selbst zu vergegenwärtigen.

2.2.3 Nach der Vorstellung vom ‚Herzenskündiger'

Es liegt auf der Hand: Der hier verfolgte Gedankengang ist der Gegenwart zutiefst fremd – sowohl dem *Mainstream* der zeitgenössischen Philosophie als auch dem gängigen Selbstverständnis von Menschen. Und wer würde dies als Verlust betrachten? Doch sollte damit auch das Thema des ernsthaften und aufrichtigen Abwägens unserer Motive erledigt sein? Es scheint also naheliegend zu untersuchen, wo ein Schnitt gemacht werden könnte, der die als überholt eingeschätzten Elemente des Kantschen Gedankengangs von den noch immer relevanten trennt. Versucht man dies, so stößt man auf nicht geringe

---

137 KP, 253 (Hervorh. H. N.-D.).
138 MS, 612.
139 MS, 611.
140 MS, 611.
141 MS, 611.

Schwierigkeiten. Überdies zeigt sich, dass Kant die verschiedenen Optionen für einen derartigen Schnitt bereits gesehen und ihnen jeweils Einwände entgegen gesetzt hat. Es fällt auf, dass uns manche der theoretischen Defizite und praktischen Probleme, die Kant dabei aufzeigt, durchaus nicht fremd sind, da wir sie aus diversen heutigen Zeitdiagnosen kennen.

Versucht man zunächst, allein die Konzeption des ‚Herzenskündigers' abzutrennen und zu verwerfen, nimmt man in Kauf, dass unsere moralische Selbsteinschätzung zu einem Gutteil in der Luft hängt. Wir sind ja, wie Kant plausibel macht, nie vor „eigenliebigen" Selbsteinschätzungen gefeit. Wenn wir uns nicht vorstellen können, jemandem gegenüber gestellt zu sein, der uns genau durchschaut, hat unser Hang zur Unlauterkeit uns selbst gegenüber das letzte Wort. Wir haben dann keine Hoffnung, irgendwo eine ganz gerechte Beurteilung zu erfahren; auch müssen wir uns als im Grunde einsam betrachten. Die zuletzt genannte Konsequenz erläutert u. a. Ruth Anna Putnam in ihrer philosophischen Deutung des biblischen Buches *Ecclesiastes*, indem sie die Einsamkeit Kohelets in das Zentrum der Aufmerksamkeit rückt. Sie charakterisiert diese als „die Einsamkeit eines Menschen, der weiß, daß Gott existiert, der aber vergessen hat, wie man mit Gott kommuniziert".[142] Ein derartiges In-sich-selbst-verschlossen-Sein kann auch nicht ohne Auswirkungen darauf bleiben, wie wir unseren individuellen Lebensweg wahrnehmen und gestalten. Es ist signifikant, dass in der Debatte über Defizite der gegenwärtigen Bedingungen auch zur Sprache kam, dass die im religiösen Kontext artikulierte Gewichtung von Individualität in der säkularen Sprache keine adäquate Einlösung gefunden hat. So notiert Jürgen Habermas, dass „aus der Sicht des traditionsaneignenden Philosophen, der in performativer Einstellung die Erfahrung macht, dass sich Intuitionen, die längst in religiöser Sprache artikuliert worden sind, weder abweisen noch rational einholen lassen", auch der „Individualitätsbegriff" neu durchdacht werden müsse.[143]

Eine andere und oft gewählte Option für einen ‚Schnitt' liegt darin, die gesamte (auf Praxis bezogene) ‚Idee von Gott' zu eliminieren und den Begriff ‚Moral' ausschließlich von der menschlichen Vernunft her zu bestimmen. Demgegenüber ist zunächst in Erinnerung zu rufen, dass sich die Relation des Menschen zu Gott für Kant explizit nicht so darstellt, dass die Eigenständigkeit unserer moralisch gesetzgebenden Vernunft untergraben wird. Die Bedeutung dieser Relation liegt vielmehr darin, in uns den Impetus hervorzurufen, der Stimme unserer Vernunft auch tatsächlich zu folgen. Kant betont daher: „Wenn ich keinen Gott annehme, so ist die Moral wohl eine schöne Idee, aber es ist alsdann keine Triebfeder, dieselbe auszuüben".[144] Näherhin geht Kant davon aus, dass diejenigen, die die Idee des ‚weisen Weltregierers' zurückweisen, in einen performativen

---

142 Putnam (2002), 754. Generell hält Putnam fest, dass mit dieser Problemstellung „die griechische Frage: ‚Wie soll man leben?' in die jüdische Frage: ‚Wie soll man leben, um eine Beziehung zu Gott aufzubauen oder zu erhalten?' umgewandelt ist. (Putnam (2002), 756 u. 759).
143 Habermas (1991), 141 f. Vgl. Habermas (1988), 192 ff. Dazu siehe Nagl (2010), 22 f.
144 BB, 1138. Christine Korsgaard beobachtet überdies, dass mit der Verabschiedung einer philosophischen Konzeption von Gott oft der Sinn für Verpflichtung insgesamt verlorengeht. Siehe Fußnote 147.

Selbstwiderspruch geraten: Was sie theoretisch leugnen, sind sie zugleich (durch das ‚Bedürfnis' ihrer praktischen Vernunft) genötigt, praktisch zu glauben, da sie sonst nicht die Kraft hätten, ihre moralische Intention handelnd durchzuhalten. Kant formuliert diese Aporie des agnostischen Menschen auch auf folgende Weise: „Wenn wir diesen Grundsatz aufheben", werden wir entweder „wider [...] unser Gewissen handeln", oder unsere Theorie praktisch widerlegen – sie „ad absurdum practicum" führen.[145] Demnach ist festzuhalten: Wer diese Option für einen ‚Schnitt' wählt, lädt sich eine argumentative Bürde auf: Es wäre nun ein anderer Weg zu finden, um plausibel zu machen, wie es zur Ausbildung einer nachhaltigen moralischen Motivation (im Sinne des Kantschen Begriffs der ‚Triebfeder') kommen kann.

Aber vielleicht sollte – das ist eine weitere Option – der ‚innere Gerichtshof' insgesamt geschlossen werden? Die Einsprüche gegen die Rigidität der Kantschen Moralphilosophie, wie sie in der Metapher vom inneren „strengen" Richter[146] zum Ausdruck kommt, sind bekanntlich zahlreich. Doch ist mit dieser Option abermals eine argumentative Bürde verbunden: Wie anders soll philosophisch gefasst werden, was wir auch alltagssprachlich als ‚Gewissen' bezeichnen? Oder soll in Abrede gestellt werden, dass es in unserer Lebensführung ein Element gibt, das diesem Ausdruck entspricht?[147] In jedem Falle ist zu bedenken, dass eine Infragestellung des Gedankens einer genauen Selbstprüfung – im Sinne eines Sich-Verurteilens und -Lossprechens – in der Praxis weitreichende soziale Konsequenzen hat. Wenn wir nicht gesonnen sind, den moralischen Zuschnitt unseres Handelns so aufrichtig und ‚behutsam' wie möglich zu erkunden, ist zu erwarten, dass wir es auch anderen gegenüber an Achtsamkeit und Behutsamkeit fehlen lassen, etwa indem wir die (oben erläuterte) Kultur des Zuhörens nicht entwickeln. Wie also sollte ein konsistenter Begriff moralischen Handelns aussehen, der auf die Konzeption der Selbstkritik verzichtet? Generell gibt Kant zu bedenken: „[W]enn die Würde der Tugend in Handlungen nicht über alles erhoben wird, so verschwindet der Pflichtbegriff selbst und zerrinnt in bloße pragmatische Vorschriften; da dann der Adel des Menschen in seinem eigenen Bewußtsein verschwindet und er für einen Preis feil ist, und zu Kauf steht."[148] Überdies zeigt Kant auch in diesem Fall das Problem eines Selbstwiderspruchs auf, indem er plausibel macht, dass niemand sich der Stimme seines Gewissens ganz zu entziehen vermag. Demnach kann der Mensch es „allenfalls dahin bringen, sich daran gar nicht mehr zu kehren, aber sie zu hören kann er doch nicht vermeiden".[149]

---

145 VP, 1083. Eine eingehende Darstellung der Aporie des agnostischen Menschen bei Kant findet sich im Abschnitt ‚Unbedingte Moral ohne Vernunftglaube' in Lütterfelds (2007), 127–131.

146 RG, 733.

147 Wie Christine Korsgaard erläutert, hätte der Verlust unseres Sinnes für Verpflichtung weitreichende Folgen: „The enemies of obligation think that now that God is dead, or anyway not the source of ethics, we can dispense of obligation, or put it back into its proper place, the sphere of justice and contract." Dieser Tendenz gegenüber hält sie – von Kant ausgehend – lapidar fest: „Obligation is what makes us human." (Korsgaard (1996), 4 f.)

148 MS, 623.

149 MS, 573.

Einen noch weiter gehenden ‚Schnitt' nimmt die (heute ebenfalls verbreitete) Herangehensweise vor, welche die Innenperspektive zur Gänze unthematisiert lässt. In diesem Fall erfolgt die Beurteilung des Handelns der Einzelnen nur aus der behavioristischen Perspektive ‚von außen'. Doch weicht eine derartige Auffassung noch weiter von unserem alltäglichen Selbstverständnis ab als die bislang erörterten Positionen. Indem sie die Dimension unserer Gesinnungen nicht anzuerkennen bereit ist, ersetzt sie dieselben – der Logik von Ursache und Wirkung folgend – durch unsere empirisch erhebbaren Interessen. Kant hat wohl eine derartige Vorgangsweise vor Augen, wenn er moniert, dass „der Empirism die Sittlichkeit in Gesinnungen (worin doch, und nicht bloß in Handlungen, der hohe Wert besteht, den sich die Menschheit durch sie verschaffen kann und soll) mit der Wurzel ausrottet, und ihr ganz etwas anderes, nämlich ein empirisches Interesse, [...] statt der Pflicht unterschiebt".[150] Das bedeutet, dass der Sinn für ‚Moral' hier insgesamt verloren geht, woraus „der Schaden" entsteht, „daß der Mensch hernach beides, sowohl den Wohltäter als den niederträchtigen Menschen für einerlei hält."[151]

Bedenkt man nun alle diese Optionen und die jeweiligen Einwände Kants, so resultiert im Blick auf die gegenwärtige Diskurslage eine zugespitzte Fragestellung: Zum einen ist wohl unbestreitbar, dass eine philosophische Theorie moralischer Motivation nur dann dem Anspruch gerecht werden kann, den wir im Alltag unmittelbar (wenngleich nicht klar artikuliert) vor Augen haben, wenn zu ihren Elementen eine ebenso aufrichtige wie feinsinnige Selbstbeurteilung gehört. Zum anderen legen die bei Kant so subtil entfalteten diesbezüglichen Überlegungen nahe, dass eine philosophische Ausbuchstabierung dieses Anspruchs nur im Rekurs auf die ‚Idee von Gott' gelingen kann. Doch diese Option erscheint heute in der Regel als eine, die sich strikt verbietet. „Die Provokation, die in dieser Argumentation für eine säkular gewordenen Welt liegt, kann gar nicht hoch genug veranschlagt werden."[152] Diese von Magnus Striet formulierte Diagnose ist gewiss zutreffend. Das bedeutet, dass am Schnittpunkt von Moral- und Religionsphilosophie heute eine Schranke des Denkens errichtet ist, die eine Leerstelle generiert. Kants Interpretation der Formulierung, die Gott als ‚Herzenskündiger' bezeichnet, macht den Verlust deutlich, der dadurch – in philosophisch-systematischer Hinsicht, aber *à la longue* vermutlich auch im motivationalen Selbstverständnis – bedingt ist.[153]

---

150 KP, 191.
151 VE, 160 f.
152 Striet (2005), 175.
153 Das Kapitel 2.2 ist eine überarbeitete Fassung von: Herta Nagl-Docekal, „Ist die Konzeption des Herzenskündigers obsolet geworden?" In: *Philosophisches Jahrbuch*, 117 (2010) 2, 319–338.

2.3 Liebe in ‚unserer Zeit'

2.3.1 ‚Diese weltliche Religion des Herzens'

Im Kontext des nachmetaphysischen Denkens ist heute (wie in Kapitel 1.2.2 erläutert) auch die Konzeption der Liebe – verstanden im Sinn von intimer Paarbeziehung – durch die kontraktualistische Logik geprägt, was zu einer Reihe von Fragen hinsichtlich ihrer Plausibilität Anlass gibt. Im Blick auf Honneth resultieren Probleme ferner daraus, dass seine Überlegungen – aufgrund der Methode der ‚normativen Rekonstruktion' – an den laufenden interdisziplinären, über die Medien auch öffentlichkeitswirksamen Diskurs anknüpfen, der sich als zweideutig erweist: Ergebnisse sozialwissenschaftlicher empirischer Forschung werden oft unvermittelt im Sinne einer theoretischen Begriffsklärung gedeutet, und dann noch normativ gewendet – etwa in der Art der doppeldeutigen Formulierung: „So denkt man heute nicht mehr". Diese Unschärfen lassen es als ein Desiderat erscheinen zu sondieren, wie ein unverkürzter philosophischer Begriff von ‚Liebe' aussehen könnte bzw. müsste. Damit gilt es der Frage nachzugehen, über welche Idee der ‚wahren Liebe' wir verfügen, auch wenn sie in der Realität kaum Entsprechung findet. In indirekter Weise ist diese Idee freilich auch empirisch fassbar, etwa in dem Ton des Bedauerns, mit dem über das Zerbrechen von intimen Bindungen gesprochen wird, oder in Hoffnungen auf eine glückende Beziehung. Das ist aber nicht so zu verstehen, als gehe es um einen von der Geschichte unabhängigen Begriff. So ist u. a. die These, wonach – im Vergleich zur Antike – das Christentum eine neue und anspruchsvollere Konzeption von Liebe mit sich gebracht hat,[1] zu berücksichtigen. Die Frage lautet also, wie eine für die Gegenwart angemessene Konzeption von ‚Liebe' zu denken ist, die auch eine Lebensorientierung, welche sich nicht von faktischen Trends leiten lässt, in den Blick nimmt. So gewinnen jene philosophischen Überlegungen Relevanz, die das Thema ‚Liebe' im Kontext einer entfalteten Theorie der Moderne erörtern.

---

1 Im Kontext der Gegenwartsphilosophie wird diese These u. a. expliziert in Nussbaum (2000), 45–64.

Dies gilt in eminenter Weise für Hegel. Im Folgenden soll daher erkundet werden, inwiefern aus seinen Schriften und Vorlesungsnachschriften Differenzierungen zu gewinnen sind, die sich auch heute schwer abweisen lassen,[2] wobei sich die verbreitete Auffassung, Hegel habe die in seinen Frühschriften vertretene Konzeption später aufgegeben,[3] als revisionsbedürftig erweisen wird. Freilich werden auch die Spannungen zu untersuchen sein, die sich auftun, wo Hegel – in seiner Auffassung von Ehe und Familie – die ‚Liebe' im Verhältnis zur ‚Prosa des Lebens' thematisiert. Abschließend wird zu fragen sein: Vertritt Hegel – *avant la lettre* – die These, dass die Liebe in „unserer Zeit"[4] keinen dauerhaften Ort hat? Oder bietet gerade seine Theorie der Liebe Ansatzpunkte für alternative Lebensentwürfe?

Zunächst also zur anspruchsvollsten Bestimmung von Liebe als intimer Paarbeziehung, wie sie in verschiedenen Zusammenhängen des Hegelschen Denkens formuliert ist. Inwiefern Hegel diese Bestimmung immer wieder auch unterläuft, soll erst anschließend zur Sprache kommen. Diese separierte Betrachtung ermöglicht zum einen, der Leistungsfähigkeit der Hegelschen Konzeption unbelastet nachzugehen, zum anderen, die immanente Spannung in Hegels Denken klarer hervortreten zu lassen.

Nur der Begriff des Geistes kann, wie Hegel zeigt, der intimen Paarbeziehung, die alltagssprachlich als ‚wahre Liebe' bezeichnet wird, gerecht werden. Das liegt daran, dass der Begriff des Geistes insgesamt in der Liebe seine zentrale Bestimmung hat – genauer gesagt, in einer prozessualen Struktur, die unsere Idee der wahren Liebe prägt. Dass Menschen mit Geist begabt sind, bedeutet zunächst, dass sie ihr Wesen verfehlen, wenn sie sich „atomistisch"[5] gegeneinander abkapseln. Was wir an sich sind, kommt erst dadurch zur Entfaltung, dass der Einzelne bereit ist zum „Aufgeben seines selbständigen Bewußtseins und seines vereinzelten Fürsichseins".[6] In vollständiger Form kann dies nur so geschehen, dass er sich auf ein Anderes, das ebenfalls Geist ist, einlässt, um „erst im Bewußtsein des anderen sein eigenes Wissen von sich zu haben".[7] Entscheidend ist also, dass „das Andere, in welchem der Geist bei sich selber bleibt, nur selbst wieder Geistiges, eine geistige Persönlichkeit sein"[8] kann, d. h., dass der jeweils Andere als wesensgleich anerkannt wird. Genau hierin liegt für Hegel das „wahrhafte Wesen der Liebe"; es „besteht darin, das Bewußtsein seiner selbst aufzugeben, sich in einem anderen Selbst zu vergessen, doch in diesem Vergehen und Vergessen sich erst selber zu haben".[9] Hegel hat

---

2 Um der flüssigen Lesbarkeit willen bezeichnet im Folgenden das Wort ‚Liebe', wenn nicht anders spezifiziert, Hegels Auffassung der ‚wahren' Liebe in der intimen Paarbeziehung.
3 Siehe z. B.: Pöggeler (1956), 198.
4 Hegel bezieht sich auf seine Gegenwart immer wieder mit dem Ausdruck ‚unsere Zeit'. Siehe z. B. HO, 86.
5 Hegel bezeichnet die bürgerliche Gesellschaft als „System der Atomistik", in dem die Einzelnen „als Besondere für sich sind" und „ihre eigene Besonderheit und ihr Fürsichsein […] zu ihrem Zwecke haben" (E III, 321).
6 A II, 182
7 A II, 182.
8 A II, 155.
9 A II, 155.

dabei ein reziprokes Verhältnis vor Augen, in das die beiden Liebenden in gleicher Weise involviert sind: „Dann lebt dies Andere nur in mir, wie ich mir nur in ihm da bin."[10] Bereits in seinen Frühschriften hatte er betont, dass gleiche Augenhöhe eine unverzichtbare Bedingung für eine glückende Liebesbeziehung ist: „[I]n der Liebe [...] ist man eins mit dem Objekt, es beherrscht nicht und wird nicht beherrscht."[11]

Entscheidend ist der umfassende Charakter: Zur ‚wahren' Liebe gehört, dass die Einzelnen sich ganz auf einander einlassen. Das bedeutet zum einen, dass sie auf den Anderen ohne Einschränkung eingehen – „auf das Ganze des Menschen"[12] –, zum anderen, dass sie keine partielle Reserviertheit zurückbehalten, so „dass das Subjekt seinem Inneren, seiner Unendlichkeit-in-sich nach in dies Verhältnis aufgeht".[13] Die Liebesbeziehung erweist sich damit als der Ort, an dem die Einzelnen sich in ihrer individuellen Besonderheit angenommen finden. In seinen *Vorlesungen über die Philosophie der Religion* hält Hegel daher fest, dass Liebe zu einem Menschen „das Verhältnis zu seiner Besonderheit"[14] ist. Kennzeichnend ist somit, dass „ich meiner ganzen Subjektivität nach, mit allem, was dieselbe ist und in sich enthält, als dieses Individuum, wie es war und ist und sein wird, das Bewußtsein eines anderen durchdringe", d. h.: „beide [...] legen in diese Identität ihre ganze Seele und Welt hinein".[15] Zur Illustration dieses Gedankens zieht Hegel Shakespeare heran: „Julia und Romeo: je mehr ich gebe, desto mehr habe ich usw. Diesen Reichtum des Lebens erwirbt die Liebe in der Auswechslung aller Gedanken, aller Mannigfaltigkeiten der Seele, indem sie unendliche Unterschiede sucht und unendliche Vereinigungen sich ausfindet, an die ganze Mannigfaltigkeit der Natur sich wendet, um aus jedem ihrer Leben die Liebe zu trinken."[16]

In diesem Prozess verändern sich die beiden Liebenden. Sie bringen nicht nur ihre Besonderheit – gewissermaßen von außen – in die Beziehung ein, sondern werden durch dieselbe geformt; sie erhalten erst „durch ihre Liebe ihre Subjektivität [...], die ihre Persönlichkeit ist".[17] Auf diese Weise bilden sie eine geteilte Identität aus, und die Liebenden können sich wie eine einzige Person wahrnehmen. Hegel fasst diesen relationalen Modus von Identität in der *Phänomenologie des Geistes* in prägnanter Weise: „Ich, das Wir, und Wir, das Ich ist."[18] In seinen ästhetischen Überlegungen erläutert er dies dahingehend, „dass der Liebende nicht für sich existiert, nicht für sich lebt und besorgt ist, sondern die Wurzeln seines Daseins in einem anderen findet und doch in diesem anderen

---

10 A II, 182.
11 RL, 242.
12 RL, 246.
13 A II, 183.
14 R II, 283.
15 A II, 182.
16 RL, 248. Inwiefern Hegels Deutung der Shakespearschen Figuren Romeo und Julia auch einen kritischen Akzent setzt, indem die „Asymmetrie zwischen dem Substantiellen und dem Subjektiven" aufgezeigt wird, erläutert Rózsa (2005), 413 f.
17 RL, 233.
18 PH, 145.

gerade ganz sich selbst genießt".[19] Im letzten Teil dieses Satzes klingt eine Spannung an, die Hegel immer wieder unterstreicht: dass Liebende in der Selbstaufgabe zugleich ihr Selbstbewusstsein bewahren. Am deutlichsten ist dies wohl in seiner *Rechtsphilosophie* ausgedrückt: „Die Liebe ist [...] der ungeheuerste Widerspruch, den der Verstand nicht lösen kann, indem es nichts Härteres gibt als diese Punktualität des Selbstbewußtseins, die negiert wird, und die ich doch als affirmativ haben soll. Die Liebe ist die Hervorbringung und die Auflösung des Widerspruchs zugleich."[20]

Das Liebesverhältnis stellt sich so als ein permanenter Prozess dar. Die Identität der Liebenden ist nie abgeschlossen, sondern erneuert sich beständig. Deshalb hält Hegel (an der zitierten Stelle) fest, dass das Individuum sich nicht nur so angenommen weiß, „wie es war und ist", sondern auch so, „wie es [...] *sein wird*".[21] Die Perspektive der dauerhaften Verbundenheit gehört damit zu den Kernelementen der Liebe. Dass er die Bedeutung der persönlichen Vertrautheit auf diese Weise unterstreicht, ermöglicht Hegel auch, jegliche naturalistische Deutung gewissermaßen mit einem Federstrich als Unterbestimmung zurückweisen. Die Geschlechtlichkeit ist in der Liebe immer schon aufgehoben; sie ist eingebunden in die „Empfindung" und hat so die Form „von vergeistigten Naturverhältnissen".[22] Entscheidend ist, „daß dies Gefühl nicht nur Trieb und Gefühl bleibt, sondern daß die Phantasie sich ihre Welt zu diesem Verhältnis ausbildet, alles andere, was sonst an Interessen, Umständen, Zwecken zum wirklichen Sein und Leben gehört [...] in diesen Kreis reißt."[23] Die Liebe vollzieht somit eine „Bemächtigung der ganzen Existenz".[24] Dies geschieht freilich im *Medium* des Gefühls – in der „Form der in sich konzentrierten Empfindung",[25] d. h., in der „Innigkeit des Gemüts".[26]

Wenn Hegel im Blick darauf „das Schöne"[27] der Liebe hervorhebt, so ist dieser Begriff – der ansonsten der klassischen Kunst vorbehalten bleibt – systematisch mit Bedacht gewählt. Zeichnet sich insbesondere die griechische Skulptur dadurch aus, dass die Sinnlichkeit vergeistigt ist, so verhält es sich hier ähnlich. Zwar gilt für den „Geist an und für sich", dass er höher steht als der „Schein des Schönen, der sich von dem Boden des Sinnlichen und Erscheinenden nicht loszulösen vermag",[28] doch ist die Liebe ein Ort der Vermittlung von Geistigem und Sinnlichem, „[d]enn Gemüt, Herz, Empfindung, wie geistig und innerlich sie auch bleiben, haben dennoch immer einen Zusammenhang mit dem Sinnlichen und Leiblichen, so daß sie nun auch nach außen hin durch die Leiblichkeit selbst, durch Blick, Gesichtszüge, oder, vergeistigter, durch Ton und Wort das

---

19 A II, 183.
20 PR, 308.
21 A II, 182. (Hervorhebung H. N.-D.)
22 A II, 183.
23 A II, 183.
24 A II, 184.
25 A II, 155.
26 A II, 156.
27 A II, 183.
28 A II, 154.

innerste Leben und Dasein des Geistes kundzutun vermögen".[29] So ist die Liebe „die geistige Schönheit als solche".[30] (Bereits in seinen Jugendschriften hatte Hegel den Begriff ‚Schönheit' in diesem Sinne verwendet. Im Blick auf den biblischen Bericht über die Begegnung Jesu mit Maria Magdalena hebt Hegel hervor, dass Jesus sagte, „sie hat ein schönes Werk an mir getan", und er erläutert, dass dieses Werk der Liebe „den feinen Duft des Geistes" verströmt habe.[31])

Wenn der Begriff ‚Geist' im Hinblick auf die Liebe verwendet wird, so sind damit zwei Aspekte ausgedrückt: Zum einen, dass sich in der liebenden Beziehung Geist verwirklicht: „In der Liebe nämlich sind nach seiten des Inhalts die Momente vorhanden, welche wir als Grundbegriffe des absoluten Geistes angaben: die versöhnte Rückkehr aus seinem Anderen zu sich selbst."[32] Das Medium, in dem sich diese Verwirklichung vollzieht, ist die Empfindung: Liebe ist „der Geist in der Form der Empfindung".[33] Der andere Aspekt ist, dass sich dies nicht nur für die philosophische Betrachtung zeigt, sondern für die Liebenden selbst. Indem wir lieben, erfahren wir zugleich im Allgemeinen, was Geist ist. Hegel hält fest: „Wenn nun der Geist als Geist empfunden, angeschaut wird, nicht gewußt [...] als solcher, das heißen wir Liebe."[34] Genau hier liegt für Hegel der Kern der romantischen Malerei: Insofern sich bereits in der Leiblichkeit der Liebenden Geist ausdrückt, kann die bildliche Darstellung den Geist als solchen, den die Liebenden empfindend wahrnehmen, zum Gegenstand der Anschauung machen. (Die Grenzen der Malerei, die Hegel hinsichtlich der Temporalität der Liebe aufzeigt,[35] sprechen nicht gegen diesen Gedanken, sondern rücken die spezifische Leistung der Literatur in das Blickfeld.) Doch weist die Liebe auch über die Form der Kunst hinaus. Indem die Beteiligten selbst das Wesen des Geistes erfassen, kann Hegel die Liebe – im Kontext seiner Unterscheidung der drei Formen des absoluten Geistes – an die Religion heranrücken, auch im Blick auf Liebende, die nicht gläubig sind. Er bezeichnet die Liebe als „diese weltliche Religion des Herzens"[36].

Hegel untersucht auch, was es aus der Perspektive des Einzelnen bedeutet, sich auf einen Anderen ganz einzulassen. Hier wird – neben der Hingabe – die Trauer zu einem zentralen Thema. Indem wir diesen Menschen in seiner Einzigartigkeit lieben, erfahren wir, dass er unersetzbar ist. Ihn verloren zu haben, erfüllt daher mit „unendlichem Schmerze".[37] Von dieser Perspektive lässt Hegel sich auch in seiner Kritik an der Vereinzelung der Einzelnen unter Bedingungen der Moderne leiten: Die Individuen überlassen

---

29 A II, 156.
30 A II, 156.
31 TJ, 293. Zu Hegels Deutung von Corregios ‚Maria Magdalena' siehe Gethmann-Siefert (2005), 286 f.
32 A II, 155.
33 PK, 160.
34 PK, 160.
35 Dazu siehe Gethmann-Siefert (2005), 303.
36 A II, 186.
37 PK, 211.

sich nun der Zufälligkeit und dem raschen Wandel ihrer Leidenschaften, womit „*die Liebe zu einer Liebe* und zu einem Genuß ohne Schmerzen verkehrt ist".³⁸ In seiner Selbstbezogenheit ist dem Menschen „alles Außenwelt [...]; so wechseln zwar seine Gegenstände, aber sie fehlen ihm nie [...]; daher seine Beruhigung bei Verlust und sein gewisser Trost, daß der Verlust ihm ersetzt werde, weil er ihm ersetzt werden kann."³⁹

In der Kunst ist für Hegel der Zusammenhang von wahrer Liebe und Trauer am klarsten in der religiösen Malerei erfasst, speziell in der Darstellung von Mariens „Schmerz am Kreuze". Was sich ausdrückt „in diesem unendlichen Schmerze, [diesem] absoluten Seelenleiden, das ist die Liebe selbst".⁴⁰ Freilich geht es hier nicht um die Relation des liebenden Paares, sondern um die Liebe der Mutter zum Kind. Doch ist Hegels Pointe zunächst eine allgemeine. Er zeigt auf, dass für die romantische Malerei die Figur Mariens die Möglichkeit bot, einen Grundzug der Anforderung, die an jeden Einzelnen gestellt ist, gewissermaßen in extremer, reinster Form herauszuarbeiten: Dass es auf „Vergeistigung" ankommt, d. h. darauf, das Partikuläre der „Begierde" zu überwinden, um „diese interesselose Liebe"⁴¹ zu verwirklichen. In diesem Sinne kann Hegel notieren, dass „die Mutter" in der romantischen Malerei „gleichsam an die Stelle des Geistes getreten ist".⁴² (Freilich: dass in Hegels Augen die Gestalt einer Mutter am besten geeignet ist, bedingungslose Liebe zu verkörpern, hängt auch mit seiner Konzeption von Geschlechtscharakteren zusammen, deren Problematik noch zur Sprache kommen wird.)

Die romantische Darstellung von Maria am Kreuz bringt noch ein weiteres Element der Liebe zum Ausdruck – dass der Tod nicht das letzte Wort hat. Indem die Verbundenheit der Liebenden klar von einem rein natürlichen Verhältnis unterschieden – und als eine Relation von Geist zu Geist bestimmt – ist, liegt in der Trauer mehr als der Schmerz: „Dieses Leiden ist notwendig damit [verbunden], daß das Geistige zum Himmel erhoben wird, [...], denn das Natürliche ist ja nicht das, was das Geistige ist."⁴³ Die Bildnisse der trauernden Maria führen dies vor Augen: „Das Herz dieser Mutter ist gebrochen, aber sie versteinert nicht in dem Schmerze wie Niobe"⁴⁴ – „nie gelingt es dem romantischen Leiden, die Liebe zu überragen", hält Francesca Iannelli fest.⁴⁵ Mariens Ausdruck besagt vielmehr, „daß der Geist anderwärts selig ist".⁴⁶ Nun ist klar, dass es sich hier um religiöse Malerei handelt, d. h., dass Maria als Gläubige dargestellt ist. Doch was macht diesen Glauben aus? Das Zentrum der christlichen Religion bildet, wie Hegel immer wieder

---

38 R II, 343 (Hervorhebung H. N.-D.).
39 RL, 247.
40 PK, 211.
41 PK, 161.
42 PK, 161.
43 PK, 160.
44 PK, 211.
45 Iannelli (2007), 90. Erzsébet Rózsa erläutert, dass Hegel zufolge durch die Geschichte dieses Schmerzes „das Leben eines jeden einen (neuen) Sinn gewinnen kann" (Rózsa (2005), 417).
46 PK, 211.

betont, die Überzeugung, „Gott ist die Liebe".[47] Um aber diesen Glaubenssatz verstehen zu können, muss man bereits im nicht-religiösen Kontext einen Begriff von ‚wahrer Liebe' gewonnen haben. Das heißt: Auch wenn die Glaubenslehre besagt, dass die Liebe unter Menschen von derjenigen Gottes getragen ist, knüpft doch die Vorstellung vom liebenden Gott an eine den Menschen vertraute Idee an – sonst wäre sie unverständlich. Es scheint daher sinnvoll, hier die theologische Konzeption der *via eminentiae* ins Spiel zu bringen, die der Vermittlung zwischen menschlichen Begriffen und göttlichen Attributen nachgeht. Umgekehrt bedeutet dies, dass die Elemente der wahren Liebe, die Hegel in seiner Deutung der religiösen Malerei herausarbeitet, nicht allein auf Gläubige bezogen sind, da „die gewöhnliche Liebe" ebenfalls „durch die unendliche Abstraktion von aller Weltlichkeit" geprägt ist.[48]

2.3.2 Fragen der Aktualisierung

Wer im Kontext des heutigen, von gegenwartsphilosophischen und einzelwissenschaftlichen Positionen bestimmten Diskurses die soeben resümierte Konzeption von Liebe vertreten will, muss mit ablehnenden Reaktionen rechnen. Doch hat diese Konzeption in der Tat ihre Relevanz verloren? Nun könnte sich eine ablehnende Haltung daraus ableiten, dass der Systemanspruch Hegels als überholt gesehen wird. Aber um diese Problematik geht es hier nicht, sondern allein um die Plausibilität der Hegelschen Auffassung von Liebe als intimer Paarbeziehung. Freilich wird diese Auffassung auch als solche heute vielfach als inakzeptabel eingeschätzt. Der Grund dürfte sein, dass die überwiegende Mehrzahl der realen Lebensverläufe so gedeutet wird, als ließe sich Hegels Begriff in keiner Weise darauf beziehen. Dem gegenüber ist zunächst geltend zu machen, dass Hegel klar unterscheidet zwischen der philosophisch rekonstruierten Idee von Liebe einerseits, und der Schwierigkeit ihrer Umsetzung – speziell unter Bedingungen der Moderne – andererseits. Damit spitzt sich die Frage darauf zu, ob diese Idee heute auch *als Idee* ohne Relevanz sein sollte.

In seinen *Vorlesungen über die Philosophie der Religion* (die er in Berlin parallel zu den Ästhetik-Vorlesungen hielt) erläutert Hegel, dass es gerade für die Menschen seiner Zeit schwierig ist, sich auf die Liebe einzulassen. Da es auf dem Boden des Christentums dazu gekommen ist, „daß das Individuum in sich unendlichen Wert hat, sich als absolute Freiheit weiß, in sich die härteste Festigkeit besitzt", bildet es den „absoluten Gegensatz", dass der Einzelne in der Liebe „zugleich diese Festigkeit aufgibt und sich in dem [...] Anderen selbst erhält". Aber „die Liebe gleicht alles aus, auch den absoluten Gegensatz" – Hegel bezeichnet sie daher als „das höchste Wunder, welches dann eben der Geist selbst ist". Freilich sieht er hier die Geschlechter unterschiedlich disponiert. Die „Zumutung der Liebe" ist „für das weiche, liebende Gemüt, das Weib, [...] leicht", aber

---

47 A II, 156. Siehe auch HO, 186.
48 R II, 301.

„für den selbständigen Begriff, den Mann, ist [...] jene Zumutung unendlich hart".[49] Es fällt auf, dass Hegel hier die Termini „Subjekt" und „selbständiger Begriff" den Männern vorbehält, während die Frauen durch „das weiche, liebende Gemüt" charakterisiert werden, was dem „sentimentalen Weiblichkeitsentwurf"[50] des Bürgertums entspricht. Die Kennzeichnung des Mannes durch „härteste Festigkeit" knüpft an die Art, in der Hegel dessen Stellung im Konkurrenzsystem der „bürgerlichen Gesellschaft" darstellt, an. Diese Auffassung von Geschlechtsrollen ist heute zwar noch präsent, doch bestimmt sie die Lebensverhältnisse nicht mehr durchgängig. Jedenfalls ist (zumindest in den ‚westlich' geprägten Ländern) davon auszugehen, dass auch die Frau in der Berufswelt verankert ist, deren Konkurrenzsystem auch ihr „Festigkeit" abverlangt. Das spricht freilich nicht gegen die Hegelsche These von der Spannung zwischen Subjekt und Liebe – im Gegenteil: Die Liebe scheint nun für beide Geschlechter in gleicher Weise eine „Zumutung" darzustellen.

Doch ist dadurch der Anspruch, den Hegels Konzeption von Liebe formuliert, nicht widerlegt. Wie Hegel plausibel macht, kann das System der bürgerlichen Gesellschaft nicht das letzte Wort sein, wenn man sich über eine sinnvolle Form des Zusammenlebens in der Gegenwart Gedanken macht. Unter ‚atomistischen' Bedingungen kann das menschliche Potential nicht zur Entfaltung gebracht werden. Die gängige Ansicht, heute sei anstelle der ‚romantischen Liebe' nur noch eine Abfolge kurzfristiger erotischer Beziehungen möglich, und an der Zeit, entspricht der individualistischen Rhetorik, die von der neoliberalen Denkweise – und ihrer Orientierung an Konkurrenz – bestimmt ist. Sie kann daher so gedeutet werden, dass sie der ideologischen Untermauerung einer marktorientierten Gesellschaftspolitik dient. Von hier aus gesehen, gewinnt Hegels Konzeption von Liebe als intimer Paarbeziehung eine zeitkritische Bedeutung. Indem sie eine Beziehung von Geist zu Geist vor Augen führt, macht sie einen Begriff unverkürzter Menschlichkeit geltend, der auch einen alternativen, nicht von der Logik der Marktökonomie definierten Lebensentwurf in Sicht bringt.

Der in Hegels Begriff der ‚Liebe' angelegte kritische Impuls richtet sich aber nicht nur gegen die moderne Vereinzelung, sondern auch gegen die bis heute wirksame vormoderne naturalistische Unterbestimmung von Liebe. Insbesondere im theologischen Kontext ist die Bestimmung der intimen Paarbeziehung – samt ihren normativen Implikationen – nach wie vor naturrechtlich dimensioniert, anstatt konsequent von einem Verständnis des Menschen als Geist auszugehen.[51] Dass dabei vor allem die Identität von Frauen als rückgebunden an die Geschlechtsnatur behandelt wird, hat soziale Konsequenzen, die weit über die Sphäre intimer Bindungen hinaus reichen, insofern geschlechterhierarchische Strukturen – auch im kirchlichen Bereich – dadurch legitimiert werden sollen. Dem gegenüber bietet Hegels These, dass Liebe sich nur zwischen Gleichen – in der Relation von Geist zu Geist – entfalten kann, ein präzises Instrument der

---

49 R II, 300. (Hegel spricht hier zwar von der religiösen Liebe, doch vegleicht er sie gerade an dieser Stelle mit der „gewöhnlichen Liebe". Ebd., 301.)
50 Zur Fachdebatte über dieses Thema siehe Steinbrügge (1987).
51 Vgl. Hegels Kritik am Reduktionismus naturrechtlicher Konzeptionen: PR, 310 (§ 161, Zusatz).

Kritik. Deshalb kann auch feministische Philosophie – in ihrer Auseinandersetzung mit traditionellen Geschlechterordnungen und in ihrer Sondierung von plausiblen Alternativen – entscheidende argumentative Grundlagen von Hegel beziehen. Letzteres gilt darüber hinaus für die Suche nach einem angemessenen Verständnis gleichgeschlechtlicher Liebe: Dass Hegel sich gerne einer geschlechtsneutralen Sprache bedient, um die Gleichheit der Liebenden im Geist zu unterstreichen – er spricht von „dem einen" und „dem anderen" –, konnte für diese Theoriebildung fruchtbar gemacht werden.[52] Es versteht sich von selbst, dass beide Weisen der Anknüpfung an Hegel von dessen expliziten Auffassungen abweichen, doch geht es hier nicht um eine systemimmanente Interpretation, sondern um Möglichkeiten der Aneignung zentraler Differenzierungen im Kontext des Gegenwartsdiskurses.

Eine solche Aktualisierung schärft jedoch zugleich den Blick dafür, dass Hegels Ausführungen ebenfalls einer kritischen Sichtung bedürfen. Immer wieder unterläuft Hegel seinen im Begriff des Geistes fundierten Anspruch, indem er seinerseits die Frau naturalistisch unterbestimmt. Wie eine soeben zitierte Stelle zeigt, operiert er dann unvermerkt – sogar in ein-und-demselben Satz – mit zwei Begriffen von ‚Liebe': Diese ist einerseits eine ‚Zumutung', die sich an den Menschen in seiner geistigen Kompetenz richtet, andererseits im ‚liebenden Gemüt des Weibes' immer schon als Naturanlage vorhanden. Diese Art der Verortung von Liebe in der weiblichen Natur – die dann im Denken des 19. Jahrhunderts zunehmend in den Vordergrund rückte –, belastet auch Hegels Auffassung der Familie. Das Problem liegt dabei nicht allein in einer Naturalisierung, sondern allgemeiner darin, dass die Liebe nun als eine spezifische Kompetenz der Ehefrauen betrachtet wird und damit ihren reziproken Anspruch verliert.

2.3.3 Ein *happy end* oder Katzenjammer?

Dass Hegel die Wichtigkeit von Institutionalisierung unterstreicht, gehört zu den nach wie vor relevanten Elementen seiner Rechts- bzw. Sozialphilosophie. Auch wenn er dafür plädiert, die Liebesbeziehung, von der zunächst nur die beiden Beteiligten wissen, in Form der Institutionalisierung bekannt zu geben und ihr damit gesellschaftliche Anerkennung zu sichern, kann dies – insbesondere im Blick auf die der Liebe eigene Perspektive der Dauerhaftigkeit – durchaus einleuchtend sein. Doch wenn Hegel diesen Übergang in der Regel so erörtert, dass die Ehe zugleich mit der Familie, d. h., mit der Perspektive der Generativität angesprochen wird, zeigen sich Unschärfen. Auf der Basis seines Begriffs der sittlichen Substanz sieht Hegel die Familiengründung in der Weise, dass Mann und Frau in eine vorgefertigte Struktur eintreten, womit sie, genauer gesagt, die bürgerliche Konzeption von Geschlechtsrollen implementieren. Die Einzigartigkeit ihrer Bindung wird so durch die Schablone der gesellschaftlichen Erwartungen in den Hintergrund gedrängt. Die Spannung, die in Hegels Rechtsphilosophie zwischen dem Absolutheitsanspruch der Moral einerseits, und der substantiellen Sittlichkeit anderer-

---

52 Siehe Buchhammer (2008).

seits besteht, hat hier ein Pendent in der Spannung zwischen Liebe und Familie. Einer verbreiteten Meinung gegenüber ist festzuhalten, dass Hegel dabei nicht jahrhundertealte Klischees fortschreibt, sondern – ganz im Gegenteil – einen Grundzug der Moderne kenntlich zu machen sucht.

Mit besonderer Deutlichkeit ist diese Sichtweise in Hegels Erwägungen zur Literatur seiner Zeit ausgedrückt, insbesondere zum Roman, den er als die emblematische Kunstform der Moderne versteht. Im Roman reflektiert die Literatur Hegel zufolge die neuen Bedingungen insofern, als sie von einer für sich gefestigten „Weltlichkeit" in „Familienleben, Staatsverband, Bürgertum, Gesetz, Recht, Sitte, usw." ausgeht, d. h. von einer Realität, die sich selbst als „prosaisch"[53] darstellt. Dass dadurch der Handlungsraum der Individuen signifikant eingeschränkt ist, bildet für Hegel die Rahmenkondition für die literarischen Figuren. „Der Roman hat einen Boden, wo die Hauptmomente der Sittlichkeit fest sind, das sittliche Leben nicht mehr auf der Willkür beruht, deren Umfang jetzt klein ist. Dieser kleinliche Umfang ist das partikulare Interesse des Individuums [...]; das Interesse seines Herzens kommt hier zur Sprache."[54] Das zentrale, den Lauf des Geschehens im Roman bestimmende Thema ist demnach die „Kollision"[55] zwischen dem „Individuum als freies Subjekt" und der „objektiven Welt".[56] Sofern diese Kollision in der Sphäre der Liebe dargestellt wird, geht Hegel auf zwei typische literarische Muster der Auflösung ein: Die Eheschließung einerseits und die endgültige Zerstörung der Liebesbeziehung andererseits. Signifikant ist, dass die Liebe, wie Hegel sie zunächst aufgefasst hat, in beiden Fällen ein Ende findet.

Die erste Option schildert Hegel so: „Das Individuum zieht ritterlich aus und will das Gute für die Welt vollbringen, sein Ideal der Liebe befriedigen. Es gerät in Kampf mit der festen Wirklichkeit, und das Ende kann nur sein, daß das Individuum die Welt nicht anders macht, sondern [...] sich seine Hörner abläuft und sich in das Objektive ergibt." Hier sieht Hegel nun hinsichtlich der Liebe eine entscheidende Veränderung: „Das Ende wird sein, daß es [das Individuum] in die Verkettung der Welt eintritt, sich eine Familie [...] erwirbt, eine Frau, die aber – so hoch idealisiert sie war – *eine* Frau ist, nicht besser als die meisten anderen."[57] Das literarische Sujet, das man im Blick auf den Film des 20. Jahrhunderts *happy end* genannt hat, wird damit von Hegel nicht im Sinne einer Fortsetzung der Liebesbeziehung gedeutet. Mehr noch: Die Liebe wird von diesem Ende her rückblickend als „chimärisch" betrachtet. Hegel erläutert, dass „[u]nser Roman" dem Don Quijote vergleichbar sei, insofern „ganz gewöhnliche Zwecke des gemeinen Lebens [..., z. B.] ein Mädchen zur Gattin zu gewinnen [...] durch das Aufschrauben der Phantasie [...] zu etwas Unermeßlichem erhoben" werden. Als paradigmatisch erscheint Hegel „[das, was Goethe] die Lehrjahre [nannte]": Wenn diese „ausgelernt sind, so hört der Zweck auf; er hat das Mädchen erworben, es wird seine Gattin, wird da ein

---

53 Dazu siehe Rózsa (2007), Kap. 8, 214–250.
54 HO, 197.
55 A II, 186.
56 HO, 197.
57 HO, 197 f. (Hervorhebung H. N.-D.)

Mensch wie ein anderer [...]. Da kommen nun Kinder und der ganze Katzenjammer des Lebens."[58] Für den Mann ist schließlich die „Ehe Hauskreuz".[59]

Worauf, genau, zielt diese geradezu zynische Tonlage ab? Ein Blick auf die Hegelsche Bewertung des modernen Institutionengefüges macht klar, dass Hegel hier nicht das bürgerliche Familienarrangement in Frage stellt, sondern eine Wertschätzung der Liebe, die er als „phantastisch"[60] bezeichnet. Dem entspricht auch die Art, in der er den anderen literarischen Topos – das Zerbrechen des Liebesverhältnisses an der als feindlich erlebten ‚festen Wirklichkeit' – kommentiert. Dabei kommt ein Widerspruch zutage: Während Hegel zunächst als Auszeichnung der Liebe hervorhebt, dass sie der Einzigartigkeit und Unersetzlichkeit des menschlichen Individuums gerecht wird, wendet er sich nun dagegen, dass aus dem Verlust der geliebten Person zu viel Aufhebens gemacht wird. „In der romantischen Liebe [...] dreht sich alles nur darum, daß dieser gerade diese, diese diesen liebt. Warum es just dieser oder diese Einzelne ist, das findet seinen einzigen Grund in der subjektiven Partikularität."[61] Dieser einen Person „absolut den Vorzug zu geben, ist daher eine bloße Privatsache des subjektiven Herzens und der [...] Absonderlichkeit des Subjekts", die Hegel auch als „unendliche Hartnäckigkeit" und „Halsstarrigkeit" anprangert.[62] Vor allem in Form der Abrechnung mit Schlegel bildet diese Einschätzung ein wiederkehrendes Thema des rechtsphilosophischen Denkens Hegels.[63] Für die Gründung einer Familie kommt es demnach nicht darauf an, dass ein Mann gerade „diese", sondern dass er „eine" Frau heiratet. In der Rolle der Ehefrau ist eine wie die andere – Hegel betont die Gleichgültigkeit der Wahl: Indem „jedem die Seine die Aphrodite und leicht noch mehr ist, so zeigt sich, daß es viele sind, welche als dasselbe gelten".[64] Diese Gleichgültigkeitsthese lässt sich wohl nur so deuten, dass Hegel nicht an eine Aufhebung der Liebe in der Ehe – in dem von ihm sonst betonten Sinn von ‚Aufhebung'– denkt.

Hegels systematisches Anliegen geht hier dahin zu zeigen, dass der Liebe etwas „abgeht", nämlich die „an und für sich seiende Allgemeinheit", die in den „ewigen Interessen und dem objektiven Gehalt des menschlichen Daseins" liegt: in „Familie, politischen Zwecken, Vaterland, Pflichten des Berufs, des Standes, der Freiheit, der Religiosität".[65] Das Wort ‚Liebe' erfährt in diesem Kontext eine neue Verwendung: Es bezeichnet nun nicht mehr die Hinneigung zu einem bestimmten anderen, sondern zur Familie insge-

---

58 PK, 170.
59 A II, 220.
60 PK, 170. Dass sich damit eine markante Veränderung in Hegels Deutung der Liebe vollzieht, zeigt u. a. Melica (2008), 274.
61 A II, 188.
62 A II, 189.
63 Die Frage, ob Hegel dabei Schlegel gerecht wird, braucht im vorliegenden Kontext nicht verfolgt zu werden. Dazu siehe Pöggeler (1956), 198.
64 A II, 88.
65 A II, 188.

samt sowie zu den ihr übergeordneten Institutionen.⁶⁶ Nicht zuletzt daran wird deutlich, dass Hegels Überlegungen eine angemessene Theorie der Ehe vermissen lassen. Indem die Eheschließung unter dem Aspekt der Familiengründung behandelt wird, richtet sich das Augenmerk nicht auf die Frage, wie sich die Beziehung von Mann und Frau in diesem institutionellen Kontext weiter ausgestaltet. Aus der *Enzyklopädie* von 1830 geht hervor, dass die beiden nun für Hegel in „das vorausgesetzte Ganze" eingetreten sind, das näher als sittliche Substanz zu bestimmen ist. „Die Person aber weiß jene [...] Substanz als ihr eigenes Wesen [...]; so vollbringt sie ohne die wählende Reflexion ihre Pflicht als das Ihrige und als Seiendes und hat in dieser Notwendigkeit sich selbst und ihre wirkliche Freiheit." Das bedeutet: „Die Gesinnung der Individuen ist das Wissen der Substanz und der Identität aller ihrer Interessen mit dem Ganzen."⁶⁷ Hinsichtlich der Persönlichkeit der Einzelnen zeichnet sich hier eine Veränderung ab: Während Hegel die Liebe als intime Beziehung durch das ‚Wunder' charakterisiert, das darin liegt, dass die beiden eins werden und doch zugleich besondere bleiben, schreibt er nun im Blick auf die Ehe: „Die Persönlichkeiten verbinden sich hier zu einer Person [...]. Die fernere Folge ist die Gemeinsamkeit der persönlichen und partikularen Interessen."⁶⁸ Die Lebendigkeit des Austauschs von immer neuen Inhalten, durch die sich die Liebe des Paares für Hegel zunächst auszeichnet, scheint hier zum Stillstand gekommen. Die beiden sind erst dann wieder im „Verhältnis von Personen gegeneinander", wenn sie sich so weit voneinander entfremdet haben, dass sie sich scheiden lassen.⁶⁹

Dem entsprechend ist auch hinsichtlich des ‚objektiven Gehalts des menschlichen Daseins' eine deutliche Veränderung zu verfolgen. Hatte Hegel zunächst erläutert, dass die beiden Liebenden ihre ganze Welt in ihre Beziehung einbringen und reziprok austauschen, erscheinen nun Kernbereiche der Welt – die Sphären von Politik, Recht, Beruf, usw. – als dem Horizont der Ehe entzogen. Den bürgerlichen Geschlechtsrollen entsprechend bilden diese Sphären die Domäne der Männer, wie Hegel dies insbesondere in seiner Rechtsphilosophie klarstellt: „Der Mann hat [...] sein wirkliches substantielles Leben im Staate, der Wissenschaft und dergleichen, und sonst im Kampfe und der Arbeit mit der Außenwelt".⁷⁰ Von hier aus ist es nur konsequent, wenn jetzt die Begriffe ‚Individuum' und ‚Liebe' einseitig geschlechtlich konnotiert werden. In deutlicher Abweichung von der (formalen) Gleichheitsanforderung, die Hegels Konzeption der Liebe kennzeichnet, wird nun die Entfaltung einer ausgeprägten Individualität nur mehr von den Männern, die ihren Platz in der Öffentlichkeit zu behaupten haben, erwartet. „Frauen können wohl gebildet sein, aber für die höheren Wissenschaften, die Philosophie und für gewisse Produktionen der Kunst, die ein Allgemeines fordern, sind sie nicht gemacht."⁷¹

---

66 Hegel unterscheidet „die Liebe zu Familie, Staat, etc." und die Liebe „als romantische Leidenschaft" (PK, 163).
67 E III, 318.
68 E III, 320.
69 E III, 321.
70 PR, 319 (§ 166).
71 PR, 319 (§ 166).

Dem entsprechend „entbehrt" die Frau in der Ehe „das Moment, sich als dieses Selbst im Anderen zu erkennen".[72] Ihr wird hier die – naturalistisch unterbestimmte – kurative Liebe zugeordnet.[73] (Signifikanterweise verwendet Hegel den Allgemeinbegriff ‚Frau' oft dort, wo er sich speziell auf die Position der ‚Ehefrau' bezieht.) Rückblickend wird dieses geschlechtsspezifische Verständnis von Liebe bereits auf das Mädchen projiziert: „Liebe" ist demnach „vornehmlich die Empfindung des Mädchens".[74] In diesem Kontext erweist sich die Ambivalenz in Hegels Deutung der Darstellung von Maria, der Mutter Jesu, und Maria Magdalena in der christlichen Malerei als signifikant: Dass nämlich die beiden Frauengestalten zum einen als Modell der durch das Christentum in die Welt gebrachten Idee von bedingungsloser Liebe – d. h., als das für jeden Einzelnen gültige Modell – gesehen werden, zum anderen aber als paradigmatisch für die „Naturinnigkeit",[75] von der „nur ein Weib voll Liebe"[76] getragen sein kann.

2.3.4 Mit Hegel über ‚unsere Zeit' hinaus

Es kommt nun darauf an, wie man diese Überlegungen Hegels heute liest. Betrachtet man sie als normative Anforderung, so liegt auf der Hand, dass die darin vertretene hierarchische Geschlechterordnung den moralischen Standards der Gegenwart nicht gerecht wird. Dem entsprechend hält etwa Elisabeth Weisser-Lohmann fest, dass die Ehekonzeption Hegels „aus heutiger Sicht fragwürdig ist", wobei sie hervorhebt: „Gegen die natürliche Differenz steht der bürgerliche Status der Familienmitglieder, demgemäß zwischen den Personen Gleichheit herrscht. Als rechtliche Verbindung setzt die Ehe bürgerliche Individuen voraus, die als Personen gleich sind und die als Subjekte das Recht haben, bei der Lebensgestaltung individuelle Zwecke zu verfolgen."[77] – Doch ist auch eine andere Lesart möglich. Hegel bietet eine präzise Darstellung der Spannungen, die die Dimension von Ehe und Familie belasten – vielleicht heute mehr als in jener Phase der Moderne, die er ‚unsere Zeit' nennt.[78] Insofern der Begriff ‚Familie' vielfach noch immer im Sinn der bürgerlichen Konzeption einer Arbeitsteilung zwischen den Geschlechtern verstanden wird, ist das Problem der Vereinbarkeit von Liebe als intimer Paarbeziehung und Ehe akut. Wenn Hegel das Familienleben als ‚prosaisch' und von ‚Katzenjammer' erfüllt bezeichnet, so klingt darin an, dass die Implementierung der polarisierten Geschlechtsrollen die immer gleichen alltäglichen Situationen und Verwerfungen mit sich bringt

---

72 PG, 337.
73 Für eine kritische Untersuchung der Konzeption der ‚Geschlechtsrollen' siehe: Kap. 1, Zur Anthropologie der Geschlechter, in: Nagl-Docekal (²2001), 17–68.
74 PR, 312 (§ 162).
75 A II, 158.
76 TJ, 293.
77 Weisser-Lohmann (2011), 210.
78 Dass Hegels Sozialphilosophie auch im Sinne der Kritischen Theorie gelesen werden könne, betonte u. a. Seyla Benhabib (1990).

(wie sie in populären Medien bis heute tausendfach karikiert – jedoch nicht ernsthaft analysiert – werden). Freilich ist die Realität stets reicher, als es eine derartige Skizze zum Ausdruck bringt – gerade auch für Hegel; dennoch ist damit thematisiert, dass der „empfindende Geist",[79] die „Innigkeit", in diesem institutionellen Kontext gefährdet ist. Wenn sich heute der Trend verstärkt, dass die ‚romantische Liebe' aus der herkömmlich verfassten Familie auswandert, oder dass sie sich durch Verweigerung der Institutionalisierung zu schützen bzw. zu erhalten sucht (was nur eine andere Ausdrucksart desselben Phänomens ist), so bietet Hegel einen wichtigen Schlüssel der Erklärung. Andererseits zeigt Hegel anhand der „modernen Dramen und anderen Kunstdarstellungen" die Tendenz auf, dass die – außerhalb institutioneller Formen bleibende – Liebe von der „Zufälligkeit" der „Leidenschaft"[80] her gesehen wird. Das heißt: Das von Hegel gezeichnete Bild ‚unserer Zeit' konfrontiert mit dem Problem, dass vielfach sowohl die Ehe als auch die Liebe unter-bestimmt bleibt.

Doch hat seine Darstellung nicht allein diese diagnostische Relevanz. Wurde im Bisherigen mehrfach aufgezeigt, in welcher Weise Hegel seine komplexe Bestimmung der Liebe selbst unterläuft, so gibt dies Anlass zur Frage, wie eine konsequente Implementierung dieser anspruchsvollen Konzeption unter heutigen Voraussetzungen aussehen könnte. Hegels Plädoyer für eine Institutionalisierung der liebenden Bindung hat, wie bereits notiert, nach wie vor Plausibilität – nicht nur, aber auch im Blick auf mögliche Kinder, für deren Betreuung ein stabiler familiärer Rahmen offenkundig optimal ist. Doch die Form dieser Institution ist damit nicht *eo ipso* ausgemacht. Demnach wäre zu überlegen, welche Konzeption von ‚Ehe' bzw. ‚Familie' Bedingungen schaffen könnte, die ein Fortbestehen von Liebe als Herzensbindung begünstigen. Diese Frage nur zu stellen, bedeutet bereits, über die alltägliche Weise der Thematisierung hinauszugehen, in der die Option ‚Familie' primär unter dem Gesichtspunkt von ‚pro' und ‚contra' betrachtet wird, während eine Erörterung, um *welche Form* von Familie es sich denn handeln soll, unterbleibt. Jedenfalls scheint die zunehmende Verweigerung einer Institutionalisierung damit zusammenzuhängen, dass die Begriffe ‚Ehe' und ‚Familie' üblicherweise mit der herkömmlichen bürgerlichen Geschlechterordnung assoziiert werden. Von hier aus wird ein spezifischer Aspekt der Kontroverse zwischen Hegel und den Romantikern deutlich: Wenn für diese, wie Hegel in seiner Kritik an Schlegel und Schleiermacher moniert, „die Zeremonie der Eheschließung überflüssig und eine Formalität sei, die weggelassen werden könne", da sie nur der „Beglaubigung des bürgerlichen Verhältnisses" diene,[81] so steht dahinter auch, dass den Frauen im Kontext der romantischen Bewegung eine Anerkennung als selbständige Individuen – z. B. als Künstlerinnen – zuteilwurde, die mit Hegels Sicht der Ehefrau nicht kompatibel war. (Hegels Äußerung anlässlich

---

79 E III, 320.
80 PR, 311 (§ 162). Vgl. Hegels abschätzige Bemerkung über „Liebe als besondere Leidenschaft" (PK, 163).
81 PR, 316 f.

des Todes von Caroline Schlegel-Schelling lässt diesbezüglich nichts an Deutlichkeit zu wünschen übrig.[82])

Andererseits bietet gerade Hegels Auffassung von ‚Liebe' Ansatzpunkte für alternative Entwürfe. Wenn sich die Bindung der Liebenden durch Lebendigkeit auszeichnet, und wenn dies bedeutet, dass die beiden ihre Welt gemeinsam gestalten, so folgt, konsequent weiter gedacht, dass es auch an ihnen liegt, untereinander zu vereinbaren, wie sie die Rechtsbegriffe ‚Ehe' und ‚Familie' in ihrem Leben umsetzen wollen. Aus der Perspektive der Liebe ist z. B. nicht einzusehen, warum die beiden ‚ohne die wählende Reflexion ihre Pflicht tun' sollen, da im Kontext einer Relation von Geist zu Geist auch die Verteilung von Aufgaben ein Thema der Verständigung bilden kann. Andernfalls würden diese als ein Fremdes, Totes zwischen ihnen stehen. (Es legt sich nahe, an diesem Punkt die in Hegels Jugendschriften formulierte These mit zu berücksichtigen: „An Liebenden ist keine Materie, sie sind ein lebendiges Ganze".[83]) Hegels Überlegungen lassen sich damit auf jene rezenten Forschungen beziehen, die aufzeigen, dass es eine Reihe unterschiedlicher Ebenen sind, die innerhalb der Familie eine solche Verständigung erfordern. Wie eine Reihe von Autorinnen und Autoren einsichtig gemacht haben, ist die Familie ein Ort der Verteilung von Geld, Arbeit (im Sinne von Hausarbeit und kurativen Pflichten) und Freizeit, womit ein jeweils spezifisches Konfliktpotential gegeben ist.[84] Doch zugleich kommt von Hegel her eine Grenze dieser Debatte in Sicht: Im Blick darauf, dass die innerfamiliären Verteilungsprobleme hier unter dem Gesichtspunkt von Gerechtigkeit erörtert werden – *Spheres of Justice*[85] lautet dem entsprechend der Titel von Michael Walzers Buch –, gilt es Hegels Vorbehalt zu beachten, wonach die Idee der Gerechtigkeit, insofern sie auf allgemeine Regeln abzielt, an diejenige einer liebenden Zuwendung nicht heranreicht. Wie Hegel hervorhebt, ziehen Regelungen von der Art des Rechts – man könnte unter Verwendung der heute gängigen Wortwahl hinzusetzen: selbst dann, wenn sie gemeinsam ‚ausverhandelt' worden sind – mit hoher Wahrscheinlichkeit weitere Konflikte nach sich. In seinen *Theologischen Jugendschriften* hatte er pointiert aufgezeigt, dass das rechtliche Denken in „einen Zorn der Rechtschaffenheit, eine hassende Strenge der Pflichtgemäßheit" münden kann.[86] Dagegen hat die Idee eines Sich-Einlassens auf die Einzigartigkeit des geliebten Menschen – die auch die laufenden Veränderungen der Einzelnen in den Blick nimmt (wie er/sie „sein wird") – einen flexiblen Charakter. Sie läuft auf die „Erhebung über die ganze Sphäre der Gerechtigkeit oder Ungerechtigkeit durch Liebe" hinaus.[87]

---

[82] Hegel schreibt über Caroline Schlegel-Schelling, „deren Tod wir neulich hier vernommen, und von der einige hier die These aufgestellt haben, daß der Teufel sie geholt habe". Hegel an Niethammer, am 4.10.1809 (BR, 297). Dazu siehe Benhabib (1990).
[83] RL, 246.
[84] Siehe z. B. Walzer (1992); Fraser (1996); Krebs (2002).
[85] New York: Basic Books, 1983.
[86] TJ, 287.
[87] TJ, 271. (Hegel interpretiert hier die Gegenüberstellung von Gesetz und Liebe in der Bergpredigt.)

Insgesamt scheint es im Blick auf die heutige Debattenlage wichtig herauszuarbeiten, dass das Thema ‚Liebe' mit rechtsphilosophischen Mitteln nicht angemessen erfasst werden kann. Das zeigt sich z. B., wenn man betrachtet, wie im heutigen Diskurs über das ‚negotiating' zwischen den Ehepartnern der Gedanke der Reziprozität im Vordergrund steht. Auch darüber weist die Hegelsche Unterscheidung von ‚Liebe' und ‚Gesetz' hinaus. Während es aus der Perspektive der Gerechtigkeit auf das wechselseitige Einräumen gleicher Rechte und Aufbürden gleicher Pflichten ankommt, verhält es sich bei der Liebe anders. Wohl ist Reziprozität ein wesentliches Element der Idee einer glückenden Beziehung, aber lediglich in der Form, dass sie seitens der Einzelnen zwar erhofft, nicht aber zur Bedingung ihrer liebenden Zuwendung gemacht werden kann. Hegel betont immer wieder, dass wahre Liebe bedingungslos ist. Hier wird klar: Wenn er diesen Aspekt an zentralen biblischen Figuren, wie sie in der christlichen Malerei dargestellt sind, hervorhebt, so ist dies nicht einer empirischen kunsthistorischen Perspektive geschuldet, sondern seiner systematischen, geist-philosophischen Zugangsweise. Die Logik der Liebe ist nicht die des Vertrags, sondern der bedingungslosen „Hingebung".[88]

Feministische Kritik hat – nicht nur mit Bezug auf Hegel – moniert, dass der Gedanke der bedingungslosen Hingebung in der Regel weiblich konnotiert ist und daher, sozialtheoretisch betrachtet, eine legitimierende Funktion für die einseitige Belastung von Frauen bzw. für deren Selbst-Ausbeutung hat. Diese Kritik ist wohlfundiert. Freilich gilt es zu bedenken: Es ist ein wesentlicher Unterschied, ob bedingungslose Liebe auf der Basis gesellschaftlicher Usancen von einer bestimmten Gruppe von Menschen eingefordert wird – im Sinne eines heteronomen Anspruchs –, oder ob sie dem eigenen Impuls der liebenden Person entspringt. Nur in diesem zweiten, auf alle Liebenden (nicht allein auf Frauen) zugeschnittenen Verständnis ist Hingabe mit Hegels Konzeption von Liebe kompatibel. Demgemäß hat in wahrer Liebe nicht die Frage ‚Werde ich geliebt?' Priorität, sondern die Erfahrung ‚ich liebe', die sich in der rückhaltlosen Hinwendung zu einer bestimmten Person manifestiert.

In der zeitgenössischen sozialphilosophischen Debatte, die sich an der Theorie des liberalen Rechtsstaats orientiert, droht der Aspekt der Hingabe marginalisiert zu werden.[89] Da diese Theorie in den Einzelnen – als Vertragspartnern – ihren Fokus hat, wird der Liebe im Sinn einer „starken Gefühlsbindung" primär insofern Bedeutung beigemessen, als sie der Ausbildung der Selbständigkeit und eines „positiven Selbstbezugs" der Einzelnen dient. Wenn etwa Axel Honneth drei Formen der Anerkennung unterscheidet, die im Spiel sein müssen, sollen die Individuen über jenes Maß an „Selbstvertrauen", „Selbstachtung" und „Selbstschätzung" verfügen, das die Vorbedingung eines selbstbestimmten bzw. guten Lebens ist, so wird die Liebe unter dem Gesichtspunkt der Funktion gesehen, die sie dafür erfüllen kann. In den Vordergrund der Reflexion zur Liebe rückt damit die emotionale, sorgende Zuwendung, die den Kindern in der „Familie oder einer

---

88 Hegel bedient sich dieses Ausdrucks immer wieder. Siehe z. B. HO, 192, und A II, 182.
89 Näheres dazu in Kap. 1.2.2.

anderen Primärgruppe" entgegengebracht wird.⁹⁰ So wird das Thema ‚Liebe' hier auf den kurativen Aspekt beschränkt und nicht in einem umfassenden Sinn erörtert.

Doch während Hegels Vorbehalt gegenüber einer rechtsphilosophischen Unterbestimmung von Liebe einleuchtend ist, gilt es andererseits zu bedenken, dass seine Sicht des modernen Staates an einem entscheidenden Punkt ihrerseits unterbestimmt bleibt. Hegel thematisiert nicht, dass im liberalen Verfassungsstaat die Gesetze verhandelbar sind, so dass Ehe und Familie nicht schlicht ‚das vorausgesetzte Ganze' darstellen, in das die Einzelnen einzutreten haben. Der ‚Boden der Weltlichkeit' ist in der Moderne nicht ganz so fest, wie Hegel es in seiner Deutung der literarischen Form des Romans annimmt. Doch auch unter dieser Perspektive hat seine Bestimmung der Liebe Relevanz: Sie kann den Staatsbürgerinnen und Staatsbürgern als Leitfaden dienen, um gesetzliche Regelungen von Ehe und Familie zu etablieren, die die Voraussetzung schaffen, dass die Herzensbindung auch in diesem institutionellen Kontext weiter entfaltet werden kann. Ein wesentliches Element dieses Leitfadens macht die Abkehr von der Konzeption von Geschlechtsrollen aus: Jegliche Auffassung dieser Art bringt ja die Forderung mit sich, die für die Liebe kennzeichnende Hinwendung zur Besonderheit des Anderen zu unterlaufen, so dass die individuellen Interessen, Talente und Bedürfnisse nicht in vollem Umfange Berücksichtigung und Unterstützung finden. Wenn man in Hegels Kritik an den Romantikern liest: „Es ist die Frechheit und der sie unterstützende Verstand",⁹¹ worauf die Ablehnung der bürgerlichen Ehe beruht, so wäre nun festzuhalten, dass für die Implementierung von Hegels eigener Konzeption der Liebe durchaus etwas von dieser ‚Frechheit' erforderlich ist.

Wenn oben angemerkt wurde, dass Hegel die Eheschließung nicht gerade als ‚happy end' darstellt, so bedarf dies einer Ergänzung. Hegels Deutung hat mit dem populären Film dennoch etwas gemeinsam, insofern auch darin das ‚happy end' als ein Ende erscheint, wobei suggeriert wird, dass der komplexe Beziehungsprozess der Liebe mit der Heirat abgeschlossen ist – im Sinne der märchenhaften Vorstellung ‚and they lived happily ever after'. Hingegen ist in Hegels Konzeption der wahren Liebe ein Abschluss nicht angelegt – jedenfalls nicht als ein glückliches (happy) Ende. Im Kontext der heutigen ästhetischen Theorie würde Hegels Konzeption vielmehr den Beziehungen in jenem Typus von Filmen entsprechen, die Stanley Cavell als ‚remarriage comedies' bezeichnet.⁹² Cavell bezieht sich damit auf Hollywood-Filme der 1930er und 1940er Jahre, in denen die Eheschließung – die sonst das ‚happy end' bildet – bereits vollzogen ist, und das Paar nun in eine Ehekrise gerät, die auf Scheidung zuzulaufen scheint. Durchaus auf der Linie der Hegelschen Auffassung erläutert Cavell, auf welche Weise die Institutionalisierung mit Liebe als Herzensbindung kompatibel ist. Das Paar kommt dadurch „back

---

90 KA, 148–211. Dazu siehe Siep (2010), 205–264.
91 PR, 316 (§ 164).
92 Cavell (1981).

together",[93] dass die Beziehung nach dem Muster eines permanenten Gesprächs[94] gestaltet wird, das imstande ist, klischeehafte Vorstellungen und Erwartungen zu verflüssigen. Cavell bezieht sich dabei explizit auf Hegel: „Our films may be understood as parables of a phase of the development of consciousness where the struggle is for the reciprocity or equality of consciousness between a woman and a man, a study of the conditions under which this fight for recognition (as Hegel put it) or demand for acknowledgement (as I have put it) is a struggle for mutual freedom."[95]

Bezieht man Hegels Überlegungen auf diese zeitgenössische Sicht des Ehepaares, so zeigt sich erneut, dass sich von seinem Denken her Themen in den Vordergrund rücken lassen, die in der gegenwärtigen Debatte häufig unterbelichtet bleiben. Dies gilt etwa für die Bedeutung, die Hegel der Vergebung zuspricht. Bereits in seinen theologischen Frühschriften hatte er den Zusammenhang von Liebe und Vergebung erörtert. Indem einer den anderen verletzt hat, sind beide in die Vereinzelung zurück gefallen. Nun kann man keinen verletzenden Akt als solchen ungeschehen machen, aber die Liebe vermag eine vollständige Versöhnung zu leisten: „Anderen verzeihen kann nur [...] die Liebe, und diese ist ganz."[96] Die Wichtigkeit dieses Themas hat – vor dem Hintergrund der Erfahrungen des 20. Jahrhunderts – Hannah Arendt betont, freilich ohne Bezugnahme auf Hegel. „[I]n der menschlichen Fähigkeit, zu verzeihen" liegt für sie das „Heilmittel gegen Unwiderruflichkeit – dagegen, daß man Getanes nicht rückgängig machen kann [...]. Könnten wir einander nicht vergeben, d. h. uns gegenseitig von den Folgen unserer Taten wieder entbinden, so beschränkte sich unsere Fähigkeit zu handeln gewissermaßen auf eine einzige Tat, deren Folgen uns bis an unser Lebensende im wahrsten Sinn des Wortes verfolgen würden".[97] So ist das Verzeihen eine Bedingung dafür, dass wir über die Zeit hinweg mit anderen verbunden sein können. Dabei ist das spezifische Auf-einander-verwiesen-Sein zu beachten: „Niemand kann sich selbst verzeihen";[98] dagegen kann die Vergebung „von den Folgen dieser Vergangenheit sowohl denjenigen befreien, der verzeiht, wie den, dem verziehen wird".[99] In der umfassendsten Form ist dies für Arendt in der Liebesbeziehung möglich, da das Verzeihen ein Sich-einlassen auf eine Person erfordert, insofern es ein Akt „eminent persönlicher Art" ist: „Ausschlaggebend ist [...], daß in der Verzeihung zwar eine Schuld vergeben wird, diese Schuld aber sozusagen nicht im Mittelpunkt der Handlung steht; in ihrem Mittelpunkt steht der Schuldige selbst, um dessentwillen der Verzeihende vergibt. Das Vergeben bezieht sich nur auf die Person und niemals auf eine Sache."[100] Unter dieser Perspektive greift Arendt die Meinung auf,

---

93 Cavell (1981), 2.
94 Cavell erklärt, „that these films are themselves investigations of [...] ideas of conversation" (Cavell (1981), 7).
95 Cavell (1981), 17. Dazu siehe Nagl (2002).
96 TJ, 393.
97 Arendt (1981), 301 f.
98 Arendt (1981), 302.
99 Arendt (1981), 307.
100 Arendt (1981), 308.

„daß nur die Liebe die Macht hat zu vergeben". Für diese These spricht ihres Erachtens, dass der Liebe ein „unvergleichlicher Blick für das Wer der Person" eignet.[101]

Das Thema ‚Vergebung' weist freilich zugleich über den Nah-Raum der intimen Bindung hinaus – für Hegel ebenso wie für Arendt: Vergebung ist für ein sinnvolles menschliches Zusammenleben insgesamt unverzichtbar. Damit kommt – allgemeiner gesagt – in Sicht, dass die Hegelsche Konzeption von Liebe, wie sie zunächst im Blick auf die Herzensverbindung des Paares entwickelt wurde, Elemente enthält, die auch für die Bezugnahme der Einzelnen zu allen übrigen Menschen Relevanz haben. Zwar verhält es sich, wir Hegel betont, so, dass wir uns nur auf sehr wenige Menschen ganz einzulassen vermögen; doch zugleich leitet diese Idee der Liebe dazu an, alle Einzelnen so zu betrachten, dass sie in ihrer Einzigartigkeit wert sind, geliebt zu werden. Damit zeigt sich nun in Hegels Überlegungen eine argumentative Brücke, die von der Intimität der Zweierbeziehung zur christlichen Konzeption der Nächstenliebe reicht. Hegel erläutert ja die durch das Christentum hervorgebrachte Sicht des Menschen dahingehend: „[D]as wirkliche, einzelne Subjekt in seiner inneren Lebendigkeit ist es, das unendlichen Wert erhält."[102] Damit gewinnt auch das (oben dargestellte) kritische Potential des Hegelschen Liebesbegriffs einen umfassenden Radius. Was zunächst im Blick auf gängige Unterbestimmungen im Bereich intimer Beziehungen festzustellen war, kann nun auch hinsichtlich der gegenwärtigen sozialen Vorstellungen und Praktiken im Allgemeinen gesagt werden: dass sie von Hegels Konzeption der Liebe her mit dem Anspruch auf unverkürzte Humanität zu konfrontieren sind.[103]

---

101 Arendt (1981), 309. Arendt bezieht sich zwar hier nicht explizit auf Hegel, doch entspricht ihre Ansicht, dass Liebe wesentlich durch ein Auf-einander-Eingehen bestimmt ist, ganz den Hegelschen Überlegungen.
102 A II, 131.
103 Das Kapitel 2.3 ist eine überarbeitete Fassung des Aufsatzes: Herta Nagl-Docekal, Liebe in „unserer Zeit". Unabgegoltene Motive der Hegelschen Ästhetik, in: Annemarie Gethmann-Siefert/ Herta Nagl-Docekal/Erzsébet Rózsa/Elisabeth Weisser-Lohmann (Hg.), *Hegels Ästhetik als Theorie der Moderne*, Berlin: Akademie, 2013, 197–220.

Teil III:
Religion jenseits
nachmetaphysischer
Disjunktionen

3.1 Der Ort von Religion

3.1.1 Das intransparente Andere der Vernunft?

Die durch nachmetaphysische Prämissen bedingte Ausblendung der inneren Dimension von Moral hat zur Folge, dass auch die Frage nach einer möglichen Verknüpfung von Moral und religiösem Glauben unterbelichtet bleibt. Dies zeigt u. a. die zitierte These Axel Honneths, wonach wir „[a]ls Mitglieder des westlichen Kulturkreises […] alle zu puren Naturalisten geworden" sind: „Wir sind den kausalen Kräften der Natur ausgesetzt, ohne dass irgendeine Aussicht auf jenseitige Entschädigung oder Erlösung bestehen würde."[1] Den Hintergrund dieser These bildet ein Phänomen der westlichen Zivilisation, das Jürgen Habermas mit dem Ausdruck „Massenatheismus"[2] charakterisiert, wobei seine beschreibende Analyse freilich nicht mit einem zustimmenden Gestus vorgetragen ist. Vielmehr verhält es sich so, dass Habermas einen Schritt aus dem ‚puren Naturalismus' heraus aufzeigt. Ausschlaggebend dafür ist seine komplexe Theorie der Moderne, die nun – unter Bedachtnahme auf das hier Relevante – skizziert werden soll. Habermas notiert zunächst, dass die für das Denken der Neuzeit kennzeichnende Abkehr von der traditionellen Metaphysik einen Prozess mit Breitenwirkung auslöste: den Zerfall der umfassenden Verbindlichkeit der religiösen Weltbilder, durch den der Raum für eine entscheidende Differenzierungsleistung eröffnet wurde – Bereiche wie Moral, Recht, Politik und Kunst bildeten sich in der Folge als eigenständige Dimensionen mit einer jeweils spezifischen Sprache und mit jeweils spezifischen Beurteilungskriterien heraus. Diese Ausdifferenzierung stellt, so Habermas, das eigentliche Signum unserer Epoche im Vergleich zu vor-modernen Verhältnissen dar; sie bildet auch die Grundlage für den modernen Staat, etwa für das Prinzip der Trennung von Staat und Kirche. Zu den selbständigen Bereichen, die in diesem Prozess entstanden, gehörte auch die moderne Wissenschaft mit ihrem Anspruch auf methodisch gesicherte Aussagen. Diesen Anspruch

---

1 IW, 298.
2 Habermas (1981), 375.

charakterisiert Habermas als „methodischen Atheismus",³ der nach wie vor unhintergehbar ist, da andernfalls der Begriff ‚Wissenschaft' aufgegeben werden müsste. Zugleich hält Habermas fest, dass aus diesem Kontext eine gravierende Verengung des Blicks erwuchs, insofern zunehmend die empirische Wissenschaft als die einzig verfügbare Form verbindlicher Aussagen – auch über den Menschen – aufgefasst wurde, so dass sich ein „objektivistisches Selbstverständnis der Menschen"⁴ etablierte. Auf diese Weise wurde der bloß „methodische Atheismus" der Wissenschaft zum Auslöser einer atheistischen Lebenseinstellung, die inzwischen die breite „Masse" erfasst hat.

Offenkundig knüpft Habermas hier an Elemente der Hegelschen Deutung der Aufklärung an. Auch Hegel hatte die Formierung des wissenschaftlichen Weltbildes verfolgt: War es kennzeichnend für die beginnende Moderne, dass „die Erfahrung die Wissenschaft der Welt geworden"⁵ ist, so konnte sich im Weiteren eine Sichtweise entwickeln, für die sich „die Gesetze der Natur als ein Letztes"⁶ darstellen. Diese Verselbständigung der empirischen Perspektive führte, wie Hegel erläutert, dazu, dass Aussagen, die sich nicht auf empirisch Gegebenes beziehen, als unbegründet abgewiesen wurden. Auf diese Weise ist „der Aberglaube an die sogenannte Naturmacht und deren Selbständigkeit gegen den Geist"⁷ entstanden, der hinsichtlich der Religion die bekannten gravierenden Folgen nach sich zog: die auf dem „Standpunkt der verständigen Aufklärung" basierende pauschale Zurückweisung von Religion.⁸ (Wie diese Diagnose im Rahmen von Hegels geschichtsphilosophischer Deutung der europäischen Geschichte verortet ist, wird in Kapitel 3.4.2 näher erläutert.)

Für Habermas geht es an diesem Punkt nicht nur um das Thema ‚Atheismus'; er macht vielmehr zunächst geltend, dass die erfahrungswissenschaftliche Methodik nicht ausreicht für einen angemessenen Begriff des Menschen, sondern dass, wo diese Methodik als die einzig relevante Zugangsweise zum Menschen aufgefasst wird, ein ‚objektivistisches' Selbst(miss)verständnis resultiert. Damit wird eine Bruchlinie deutlich: Aus der Habermasschen Optik ist der ‚pure Naturalismus', den Honneth in der am Beginn dieses Kapitels zitierten Textpassage vertritt, keineswegs eine zwingende Implikation des Programms eines nachmetaphysischen Denkens; Habermas sucht, im Gegenteil, den szientistisch verengten Begriff des Menschen als unhaltbar zu erweisen. Allerdings gerät er dort, wo er sich eingehender auf das Thema ‚Religion' einlässt, seinerseits in eine verkürzte Konzeption von Humanität (wie gleich gezeigt werden soll.)

Bei Honneth verhält es sich indessen so, dass er seine Naturalismus-These ohnehin selbst unterläuft. Wie erläutert, setzt der gesamte argumentative Bogen seines Werks *Das Recht der Freiheit* mit der Konzeption eines ‚Subjekts' ein, das nicht bloß ‚den kausalen Kräften der Natur ausgesetzt' ist, sondern das über Selbstbewusstsein verfügt und sich,

---

3   Habermas (1994), 51.
4   Habermas (2005), 135.
5   VW, 912.
6   VW, 913.
7   R II, 316.
8   R II, 338. Vgl. auch R I, 121.

auf dieser Basis, als ‚Rechtsperson' zur Geltung bringt. Das bedeutet, dass es Honneth im Grunde – ebenso wie Habermas – nicht möglich ist, seine Reserviertheit gegenüber der Sphäre der Religion naturalistisch zu begründen (bzw., dass er sich mit dieser Art der Argumentation in einem Selbstwiderspruch verfängt). Vielleicht würde er an diesem Punkt einen anderen Modus der Begründung wählen und geltend machen, sich an jenes Realitätsverständnis halten zu wollen, das in der Alltagssprache zum Ausdruck kommt; er könnte sich dabei auf Habermas berufen, der diese Unterscheidung explizit in Anspruch nimmt. Wenn Habermas den spezifischen Charakter der religiösen Rede erörtert, so kommt es ihm nicht auf die (ohnehin offenkundige) Differenz zur Sprache der empirischen Wissenschaften an, sondern auf die Differenz zu derjenigen Sprache, deren sich die Bürger im öffentlichen Diskurs bedienen. Demnach werden die zentralen, existenziell bedeutsamen „Glaubensgewissheiten" (aller Konfessionen) auf eine Weise vermittelt, die durch „diskursive Exterritorialität"[9] gekennzeichnet ist. Für Habermas stellt sich Religion in ihrem Zentrum als das „intransparente Andere der Vernunft"[10] dar, wohingegen der öffentliche Diskurs von einer „säkularen, ihrem Anspruch nach allgemein zugänglichen Rede"[11] getragen ist. Diese allgemeine Sprache erläutert Habermas durch die Begriffe „natürliche Vernunft" und „gemeinsame Menschenvernunft".[12] Das nachmetaphysische Denken insistiert hier also darauf, dass die Sprache der Religion der Vernunft „abgründig fremd"[13] ist; Habermas schreibt der Religion einen letztlich „opaken"[14] Charakter zu. Diese Art der Abgrenzung erweist sich jedoch von beiden Seiten her als wenig einleuchtend: Sowohl von der Alltagssprache als auch von der narrativen bzw. theologischen Sprache der unterschiedlichen Bekenntnisse her.

(1) Zunächst zur Alltagssprache: Gerade wenn davon ausgegangen wird, dass diese sich nicht auf eine szientistische Realitätsauffassung einschränken lässt, gilt es jene sprachlichen Nuancierungsmöglichkeiten ins Auge zu fassen, die über die empirische Ebene hinausführen. Dafür bietet sich etwa die Metaphorik an: Bei ausreichender Sprachkenntnis verstehen wir die Wendung ‚ins Auge fassen' unmittelbar so, dass wir nicht einen beobachtbaren Vorgang an einem menschlichen Auge erwarten. Die Kunst bringt diese Differenz zur Geltung – mitunter in der Form, dass metaphorische Wendungen in empirische Darstellungen rück-übertragen werden, wie dies z. B. im Surrealismus geschah. Dabei ist zu beachten, dass diese Pointe nicht vermittelt werden könnte, wenn die Alltagssprache nicht über die reflexive Kompetenz verfügte, der Unterschiedenheit dieser Ebenen gewärtig zu sein. Diese Kompetenz zeigt sich z. B. auch an einer Form der Ironie, die in der alltäglichen Kommunikation durchaus gebräuchlich ist: ein-und-denselben Satz auszusprechen, kann entweder in beschreibender oder in einer die gegebene Situation infrage stellenden Weise geschehen.

---

9 Habermas (2005b), 135.
10 Habermas (2005b), 149.
11 Habermas (2005b), 125.
12 Habermas (2005b), 125.
13 Habermas (2005b), 137.
14 Habermas (2005b), 150.

Im Blick darauf, dass Honneth vielfach literarische Werke zur Erläuterung seiner theoretischen Ausführungen heranzieht, verdient Beachtung, dass sich die literarische Kunst generell auf die die Immanenz überschreitende Dimension der Sprache gründet, indem sie mit den tradierten sprachlichen Mitteln einen anderen Sinn, der nicht dem gängigen entspricht, zum Ausdruck bringt. Michael Theunissen sieht den Grundzug der Literatur darin, dass sie imstande ist, „im Leben ein zweites [...] hervorzubringen, und zwar in dem gemeinen wirklichen Leben".[15] Er erinnert dabei an die – von Goethe affirmierte – Intention des Barockdichters Johann Christian Günther, „durch Poesie im alltäglichen Leben ein zweites Leben hervorzubringen".[16] Theunissen interpretiert dies dahingehend, dass die Kunst ein Modell dafür bildet, wie auch Religion in unserem Alltagsleben verankert ist. Seine Konzeption einer „religiösen Philosophie" macht es sich zur Aufgabe, dieses In-der-Welt-über-die-Welt-hinausgehoben-Werden näher zu erkunden. Er hält fest: „Auf die Hervorbringung eines das wirkliche Leben wiederholenden Lebens zielt auch religiöse Philosophie".[17] Wie das gemeint ist, erläutert Theunissen dadurch, dass wir „in unserem Verhalten zu dem, worin wir nicht Gott vor uns haben" – in unserem alltäglichen Verhalten zu uns selbst, zu den anderen und zur Natur – „gleichwohl auf Gott aus seien".[18] Um diese Pointe zu verdeutlichen, gibt er zu bedenken, dass es unmöglich ist, „sich auf einen Mitmenschen einzulassen, ohne ihm ein Vertrauen entgegenzubringen, das er nicht verdient".[19] Damit lasse sich die Quelle von Religiosität genauer bestimmen: Der in jedem Vertrauensvorschuß steckende Glaube gilt im Grunde einem Gott, der den Mitmenschen „in der Welt über die Welt hinaushebt".[20] Derselbe Zusammenhang könne sich auch in unserem Selbstbezug herstellen: „Schon in der Erfahrung mit uns selbst schauen wir, wenn wir wollen, in das Antlitz Gottes".[21]

Sollten diese Überlegungen Theunissens die Auffassung rechtfertigen, dass ein Autor, der sich auf Literatur einlässt, bereits den Weg zu einer religiösen Haltung eingeschlagen hat? Das wäre wohl ein vorschneller Schluss, der die für die Moderne kennzeichnende Differenz zwischen Kunst und Religion unberücksichtigt ließe. Es ist eine andere Pointe, die sich aus den Ausführungen Theunissens beziehen lässt: dass allererst zu fragen ist, wie Menschen überhaupt dazu gelangen können, religiös zu sein, d. h., wo Religion ihren Ort im Leben hat. Unabhängig von – bzw. vor – jeder Auseinandersetzung mit den Inhalten der vielfältigen im Lauf der Geschichte entstandenen religiösen Lehren machen wir, so Theunissen, Erfahrungen, die zu unserem ‚wirklichen Leben' gehören und zugleich über dasselbe hinausweisen. Theunissen setzt so einen Kontrapunkt gegen die nachmetaphysische These hinsichtlich der von der ‚natürlichen Vernunft' abgegrenzten ‚exterritorialen' Religion. Dem entsprechend macht er geltend, dass es zu ei-

---

15 Theunissen (2004), 106.
16 Theunissen (2004), 106.
17 Theunissen (2004), 106.
18 Theunissen (2004), 119.
19 Theunissen (2004), 119.
20 Theunissen (2004), 120.
21 Theunissen (2004), 120.

ner philosophischen Erkundung des Menschen gehört, dem „Vorbegriff von Religiosität überhaupt"[22] nachzugehen. Freilich ist seine Umsetzung dieser Aufgabenstellung nicht ganz nachvollziehbar.

Zwar ist einsichtig gemacht, dass Menschen in ihrem Bezug auf andere sowie auf sich selbst und die Natur immer schon über die empirischen Gegebenheiten hinausgehen; doch ist damit bereits der spezifische Ursprungsort von Religion in Sicht gebracht? Wie es scheint, ist eine unthematisierte Prämisse im Spiel. Näher betrachtet, basiert z. B. die These, dass wir in unserem Verhalten gegenüber Mitmenschen eigentlich auf Gott aus sind, auf einer zweifachen Perspektive: Da ist zum einen die unmittelbare Erfahrung von Vertrauensverhältnissen und zum anderen die philosophische Deutung dieser Erfahrung mittels des Begriffs ‚Gott'. Doch woher kommt dieser Begriff? Handelt es sich hier nicht um einen ‚deus ex machina'? Das Problem ist also, dass der Anspruch, den Ursprungsort von Religion aufzuzeigen, gerade uneingelöst bleibt. Damit stellt sich die Lage so dar: Wenn es einleuchtend ist, dass es den Sitz des Glaubens im menschlichen Leben zu erkunden gilt, dann muss nach einer präziseren philosophischen Bestimmung dieses Ursprungs Ausschau gehalten werden. Als weiterführend erweist sich Kants Zugang von der reinen praktischen Vernunft her.

Wie man sich an diesem Punkt vergegenwärtigen sollte, entwickelt Kant einen Gedankengang, in dem einzelne Phasen klar unterschieden sind. Unsere Fähigkeit zu transzendieren liegt für ihn primär in der Moral, d. h. darin, wie uns unsere praktische Vernunft über die Ebene des pragmatischen Verstandeskalküls hinausführt. Dem entsprechend charakterisiert Kant den in uns angelegten Begriff von Moral als „eine dunkel gedachte Metaphysik, die jedem Menschen in seiner Vernunftanlage beiwohnt".[23] Die Vernunft ist also zunächst Ort der Moral, und noch nicht Ort der Religion. Indem nun unsere Vernunft uns den unbedingten Anspruch des Sittengesetzes auferlegt, sehen wir uns mit unserer Endlichkeit konfrontiert, genauer gesagt, mit den Konsequenzen unserer Kondition als vernünftige Sinnenwesen: Zum einen erfahren wir unser wiederholtes moralisches Versagen, zum anderen die Inkongruenz zwischen Tugend und Glück. So bricht die Frage auf, ob wir uns in der absurden Lage befinden, dass uns gerade infolge der uns auferlegten kategorischen Pflicht ein Gelingen unseres Lebens verwehrt ist. Unter dieser Perspektive, so erläutert Kant, kommt es zum nächsten Schritt: Unsere praktische Vernunft postuliert, dass die Voraussetzungen für ein Erreichen unserer moralischen Zielsetzung existieren; Kant hält fest, dass der „vom Grundsatze der Moralität" bestimmte Wille die Vermeidung der besagten Absurdität dadurch in Sicht bringen kann, dass er „die notwendigen Bedingungen der Befolgung seiner Vorschrift fordert".[24] Diesen Gedankengang hat Kant bekanntlich mehrfach ausgeführt, besonders eingehend in seiner

---

22 Theunissen (2004), 107.
23 MS, 504. Höffe greift diesen Gedanken auf, indem er das Programm einer ‚nach-metaphysischen' Philosophie zurückweist: „Metaphysisch ist nicht die Philosophie der Moral, sondern die Moral selbst." (Höffe (1995a), 98.) In kritischer Auseinandersetzung mit Rawls gelangt Jean Hampton zu einem ähnlichen Ergebnis: Hampton (2003).
24 KP, 264.

Differenzierung der drei „Postulate der reinen praktischen Vernunft".²⁵ Die verzweigte seitherige Debatte über Detailfragen der Postulatenlehre Kants kann hier eingeklammert werden, da es an dieser Stelle auf die grundlegende Bestimmung des Ortes der Religion im Menschen ankommt, d. h., auf Kants These, dass in unserer Vernunft eine Gläubigkeit angelegt ist – Kant nennt sie „Vernunftglaube"²⁶ –, die den vielfältigen, im Laufe der Geschichte entstandenen Bekenntnissen allererst den Boden bereitet.

Beachtung verdienen hier insbesondere folgende Punkte: *Erstens,* Kant zeigt auf, dass der ‚Vernunftglaube' nur ausgehend von jener Ebene des Transzendierens, welche unsere moralische Vernunft immer schon erreicht hat, angemessen zu erfassen ist, nicht hingegen von der theoretischen Vernunft her: „Diese Postulate sind nicht theoretische Dogmata, sondern Voraussetzungen in notwendig praktischer Rücksicht", betont Kant und erläutert, dass die „durch die Achtung fürs moralische Gesetz notwendige Absicht aufs höchste Gut [...] durch Postulate der praktischen Vernunft zu Begriffen [führt], welche die spekulative Vernunft zwar als Aufgaben vortragen, sie aber nicht einsichtig machen könnte".²⁷ *Zweitens,* indem Kant den Anlass, aus dem unsere Vernunft zu ihren Postulaten gelangt, in der durch das moralische Gesetz bewirkten Konfrontation mit der eigenen Endlichkeit loziert, macht er einsichtig, wie Menschen überhaupt zu einer gläubigen Haltung gelangen. Die Postulate sind damit rückgebunden an Erfahrungen des Scheiterns und der Sorge, die Menschen sich alltagssprachlich vergegenwärtigen. *Drittens,* der ‚Vernunftglaube' ist in allen Einzelnen angelegt. Es gilt zu beachten, dass Kant einen notwendigen Zusammenhang aufzeigt – er definiert das Postulat als „einen theoretischen, als solchen aber nicht erweislichen Satz [...], sofern er einem a priori unbedingt geltenden praktischen Gesetze *unzertrennlich* anhängt".²⁸

Religionslosigkeit, auch der Atheismus, ist von hier aus gesehen ein sekundäres Phänomen: Demnach hat der „Unglaube" seine Wurzel darin, dass Menschen sich „die Maxime der Unabhängigkeit der Vernunft von ihrem eigenen Bedürfnis" zu eigen machen.²⁹ Kant erläutert dies, wie erwähnt, näher so, dass es uns zwar möglich ist, in der Theorie eine atheistische Position zu vertreten, nicht jedoch, uns in „praxi" daran zu halten.³⁰ *Viertens,* dass der ‚Vernunftglaube' in der praktischen Vernunft verankert ist und nicht in einem theoretischen Beweis vom Dasein Gottes, bedeutet, dass er auch nicht durch einen mit den Mitteln der theoretischen Vernunft geführten Gegenbeweis widerlegt werden kann. Kant formuliert, dass die „Sprache eines festen Glaubens", obwohl sie nicht beanspruchen kann, auf theoretischem „Wissen" zu beruhen, dennoch eine „vor

---

25 Dazu siehe KP, 252 – 281.
26 KP, 257.
27 KP, 264 f.
28 KP, 252 f. (Hervorhebung H. N.-D.)
29 DO, 282. Bereits in seiner Vorlesung zur Moralphilosophie hatte Kant festgehalten: „Der Atheismus kann in der puren Speculation sein, aber in der praxi kann ein solcher ein Theist oder ein Verehrer Gottes seyn; dessen Irrtum erstreckt sich auf die Theologie und nicht auf die Religion." (VS, 125)
30 VS, 125.

der schärfsten Vernunft gerechtfertigte Sprache" ist.[31] *Fünftens,* die Unabhängigkeit der Moral von Religion bleibt bei all diesen Überlegungen aufrecht. Den Ausgangspunkt des Argumentationsganges bildet ja, dass das moralische Gesetz in unserer Vernunft angelegt ist, genauer, dass (wie in Kap. 2.1.1 erläutert) unsere Vernunft selbst gesetzgebend ist. Der Mensch, so betont Kant, „bedarf weder der Idee eines anderen Wesens über ihm, um seine Pflicht zu erkennen, noch einer anderen Triebfeder als des Gesetzes selbst, um sie zu beobachten".[32] *Sechstens,* erst sekundär, d. h., auf der Grundlage der von der praktischen Vernunft ausgehenden Postulate, kann das moralische Gesetz auf einen göttlichen Gesetzgeber rückbezogen werden: Da wir dieses Gesetz nicht selbst hervorgebracht, sondern es in unserer Vernunft vorgefunden haben, lässt es sich im ‚Vernunftglauben' als ein gottgegebenes Gesetz deuten. (Elemente dieses Gedankengangs kommen hier in anderen Kontexten zur Sprache: anhand von Kants Überlegungen zur Deutung Gottes als ‚Herzenskündiger' (Kapitel 2.2) und zum ‚ethischen Gemeinwesen' (3.1.2).)

Wie aus diesem Aufriss hervorgeht, gibt es für Zweifel hinsichtlich der Habermasschen Darstellung der ‚gemeinsamen Menschenvernunft' gute Gründe: Wird unsere Vernunft nicht deutlich unterbestimmt durch die These, dass ihr die Sprache der Religion ‚abgründig fremd' sei?

(2) Die Auffassung von der ‚diskursiven Exterritorialität' der Religion erweist sich zum anderen von der narrativen bzw. theologischen Sprache der verschiedenen Bekenntnisse her als wenig einleuchtend. Gegen diese Auffassung spricht der hermeneutische Zuschnitt der Vermittlung religiöser Lehren. Wenn Habermas Glaubensgemeinschaften dadurch charakterisiert, dass sie sich auf die „dogmatische Autorität eines unantastbaren Kerns von infalliblen Offenbarungswahrheiten"[33] gründen, droht der Deutungscharakter von Sprache außer Sicht zu geraten. Wo in kirchlichen Lehrentscheidungen bestimmte Vorstellungen als ‚Dogmen' festgelegt wurden, geschah dies in der Regel nach langen inner-theologischen Kontroversen, und der Text eines Dogmas ist selbst wieder Gegenstand unterschiedlicher Auslegungen.[34] Geht man nun auf die Ebene der ursprünglichen ‚Offenbarungswahrheiten' zurück, stellt sich die Lage kaum anders dar; vielmehr tritt der retrospektive Charakter von ‚Offenbarung' hervor: Jemand berichtet (mündlich oder schriftlich) von einer ihm kund getanen Wahrheit. Damit ist im Zentrum der Konzeption ‚Offenbarung' bereits unterschieden zwischen einer ursprünglichen Lehre und dem sie

---

31 KV, 635. Diese Einsicht ist heute von besonderer Relevanz; sie macht z. B. deutlich, dass sich der nicht enden wollende Disput um ‚Evolution vs. Schöpfung' erübrigt, sobald bedacht wird, dass die beiden Schlüsselbegriffe nicht auf ein-und-derselben Ebene anzusiedeln sind. Generell stellt sich die in der öffentlichen Meinungsbildung – z. B. in der Zusammensetzung von Podiumsdiskussionen – übliche Konstellation von ‚Wissenschaft und Religion' als irreführend dar, da die Eigenständigkeit der Moral (und damit auch die der Moralphilosophie) unberücksichtigt bleibt.

32 RG, 649.

33 Habermas (2005b), 135.

34 Ein Vergleich mit der Verfassung von Staaten könnte hier erhellend sein: Auch Verfassungsgrundsätze sind zum einen – wie Rawls betont – der tagespolitischen Debatte enthoben und insofern außer Streit gestellt, zum anderen aber doch Gegenstand laufender Re-Interpretationen.

vermittelnden Wort.³⁵ Das bedeutet: Nur im Medium einer jeweils von historischen Bedingungen geprägten Sprache kann die als kundgetan betrachtete Wahrheit ausgedrückt werden, und eine solche Wahrheit kann nur dann über Jahrhunderte Bestand haben, wenn es gelingt, sie jeweils neu zu formulieren.³⁶ Kant drückt dies unter Verweis auf den Begriff ‚hermeneutica sacra'³⁷ aus. Zu bedenken ist ferner: Der semantische Gehalt des Ausdrucks ‚Wahrheit' hat ein unverzichtbares Element darin, dass eine bestimmte Aussage als gültig *eingesehen* wird. Als Ort von Wahrheit kommt demnach nur das Denken in Frage. (Umgekehrt formuliert: Soll eine bestimmte Aussage in der Form außer Streit gestellt werden, dass ein Nachdenken darüber untersagt wird, so bleibt dieser Aussage die Wahrheitsfähigkeit verwehrt. Kant kommentiert diesbezüglich: „Der Glaube an einen bestimmten Geschichtssatz ist tot an ihm selber."³⁸)

Somit ist es gerade der Anspruch auf ‚Wahrheit', der den Begriff ‚Offenbarung' mit der Sphäre der ‚Vernunft' – und nicht mit einem ‚Jenseits' derselben – verknüpft. In diesem Sinn bindet Kant ‚Offenbarung' an unsere reine praktischen Vernunft. Demnach kann eine religiöse Lehre nur dann als geoffenbart gelten, wenn sie mit dem von uns als gültig eingesehenen Prinzip der Moral zusammenstimmt. Kant formuliert dies – bezugnehmend darauf, dass der Vernunftglaube, wie eben erläutert, dieses Prinzip als ein gottgegebenes Gesetz betrachtet – in der Form, dass Offenbarung durch den „Gott in uns" bezeugt wird. Dies ist Kant zufolge für uns die einzige Art, zu einer derartigen Bestätigung zu gelangen, „weil wir niemanden verstehen, als den, der durch unseren eigenen Verstand und unsere eigene Vernunft mit uns redet, die Göttlichkeit einer an uns ergangenen Lehre also durch nichts als durch Begriffe unserer Vernunft, sofern sie rein-moralisch und hiermit untrüglich sind, erkannt werden kann."³⁹ Zu einem analogen Ergebnis gelangt – von seinen spezifischen systematischen Prämissen her – Hegel, der festhält, „daß die Vernunft der Ort des Geistes sei, wo Gott sich dem Menschen offenbart".⁴⁰ Hegel erläutert dies anhand von Luthers Verständnis des Abendmahls bzw. der darin vollzogenen Abkehr von der katholischen Tradition der Transsubstantiationslehre: Mit der Zurückweisung der Vorstellung, dass die Wahrheit etwas dem Subjekt Äußerliches sei, ist – so Hegel – die Theologie selbst zur Einsicht gelangt, dass die Glaubenslehre ihren eigentlichen Ort im Denken hat. Demnach „muß sich der Glaube im Denken bewähren".⁴¹

---

35 In diesem Sinne erläutert Kant, dass die Apostel eine „Lehrmethode" gewählt haben, die auf die Denkweise ihrer Zeit abgestimmt – und damit „kat' anthropon" – war. (SF, 302.) Eine luzide Darstellung dieser Lage findet sich in: Lütterfelds (2004).
36 Dass Habermas die dogmatische Stabilität religiöser Traditionen überschätzt, ist die Kernthese des Buches: Adams (2006).
37 SF, 336.
38 SF, 337.
39 SF, 315.
40 R I, 50.
41 R II, 327–333. Für eine nähere Darstellung dieses Gedankengangs siehe Kap. 3.4.2.

Diesem Gedankengang könnte entgegengehalten werden, dass religiöse Lehren typischerweise einige ihrer Elemente als ‚Geheimnis' betrachten. Vielleicht trifft die Habermassche Formulierung vom ‚opaken Kern' der Religion hinsichtlich solcher Elemente zu? Doch gilt es zu bedenken: Auch ein ‚Geheimnis' muss gedanklich fassbare Umrisse haben – es muss ein „bestimmtes Geheimnis"[42] sein, da es sonst etwas Nichtssagendes wäre, das für den betreffenden Glauben keine Bedeutung haben könnte. Kant macht einsichtig, dass die Verwendung des Begriffs ‚Geheimnis' die spezifische Lozierung des Glaubens – jenseits der öffentlichen Rede der ‚Bürger'– zum Ausdruck bringt. Demnach bezieht sich dieser Begriff „auf etwas Heiliges, das zwar von jedem einzelnen gekannt, aber doch nicht öffentlich bekannt, d. i. allgemein mitgeteilt werden kann. Als etwas Heiliges muss es ein moralischer, mithin ein Gegenstand der Vernunft sein, und innerlich für den praktischen Gebrauch hinreichend erkannt werden können, aber, als etwas Geheimes, doch nicht für den theoretischen".[43] Das bedeutet, dass die Glaubensinhalte in der Sprache der Vernunft sehr wohl ausgedrückt werden können, und zwar in einer Weise, die keinerlei Vorverständnis erfordert: Wie anders sollte religiöse Überzeugung z. B. an die jeweils nächste Generation weiter gegeben werden? Generell gehen Religionsgemeinschaften davon aus, dass ihre Sprache der Vermittlung auch einen Weg von der Nicht-Gläubigkeit zur Gläubigkeit zu eröffnen vermag. Von hier aus erhebt sich die Frage, ob Habermas unterstellt, dass den ‚säkularen Bürgern' der Moderne ein solcher Weg unwiederbringlich versperrt ist. Es wäre ja – von seinen Prämissen her – ein *sacrificium intellectus* erfordert. Doch tritt hier eine signifikante Unschärfe hervor: Während Habermas zum einen die These von der ‚diskursiven Exterritorialität' vertritt, plädiert er zum anderen dafür, zumindest einige Kerninhalte der Buchreligionen in die säkulare Sprache zu „übersetzen",[44] um auf diese Weise das in der Gegenwart bedrohte Normbewusstsein zu festigen. In diesem Projekt einer ‚Übersetzung' wird nun stillschweigend vorausgesetzt, dass jedenfalls für die Gläubigen selbst ihre Religion keinen unverständlichen Charakter hat: Sie müssen wissen, woran sie glauben, und dieses Wissen zu artikulieren verstehen; andernfalls fänden die Übersetzungswilligen keine Textgrundlage vor.

Aus der ersten (1) wie der zweiten (2) Blickrichtung ergibt sich somit, dass die „natürliche Vernunft" bzw. die „gemeinsame Menschenvernunft"[45] nicht angemessen bestimmt ist, wo sie so gefasst wird, dass sie keinen Zugang zur Dimension des Glaubens hat. Vielmehr gilt es zu unterscheiden: Wohl kommt es darauf an, im Sinne der Grundkonzeption des modernen Staates auf der Differenz zwischen der säkularen Sprache der ‚Bürger', einerseits, und den Sprachen der diversen Glaubenslehren, andererseits, zu be-

---

42 Zur Abgrenzung dieses Begriffs von zwei anderen Bedeutungen der Ausdrucks ‚Geheimnis' siehe Gehrke (1981), 230–236. Vgl. Heintel (1972), 3.
43 RG, 803. (In dieser Textstelle sind die Worte ‚Heiliges', ‚gekannt', ‚bekannt' und ‚Geheimes' gesperrt gedruckt.)
44 Habermas (2005a), 26. Siehe auch Habermas (2004a), 142 und 158 f. Eine eingehende Diskussion der Habermasschen Konzeption einer ‚Übersetzung' bieten die Beiträge in Langthaler/Nagl-Docekal (2007). Siehe auch die Replik von Jürgen Habermas (Habermas 2012), 183–237.
45 Habermas (2005b), 125.

stehen; doch folgt daraus nicht, dass es notwendig ist, die Kompetenz der menschlichen Vernunft *toto genere* auf den nicht-religiösen Diskurs zu beschränken. Die Kantsche Unterscheidung zwischen ‚Bürger' und ‚Mensch' erweist sich hier erneut als relevant: Als Menschen haben wir ‚natürlich' auch dies gemeinsam, dass unsere Vernunft nicht auf das abstrakte Denken des Verstandes, welches auch die kontraktualistische Logik bestimmt, beschränkt ist. Zielt die nachmetaphysische Theoriebildung, wie Habermas betont, darauf ab, der „naturalistischen" Weltauffassung entgegenzutreten,[46] so macht sie dabei auf halbem Wege halt, indem sie die ‚gemeinsame Menschenvernunft' mit der Rationalität des Vertragsdenkens identifiziert. Das nachmetaphysische Denken begünstigt damit ein Selbstverständnis, das davon ausgeht, der Mensch der Moderne sei durch das staatsbürgerliche Bewusstsein im Kontext des liberalen Verfassungsstaates angemessen bestimmt. So zeigt sich folgende Unschärfe: Während Habermas – wie seine Konzeption der ‚Übersetzung' religiöser Inhalte belegt – den Glaubenslehren bedenkenswerte Leitlinien für das Handeln abgewinnen kann, legt seine Auffassung dieser Lehren als ‚intransparentes Anderes' eine Haltung nahe, in der an die Stelle des ‚objektivistischen' Selbstmissverständnisses ein anderes, das man ‚säkularistisch' nennen kann, getreten ist. Von hier aus stellen sich dem Schritt zurück in eine naturalistische Religionskritik keine nennenswerten Hindernisse entgegen.

Die Pointe ist hier, eine Art der Selbstberaubung zu thematisieren, für die es keine guten Gründe gibt: Unter der Voraussetzung einer säkularistisch beschränkten Vernunft ist es nicht mehr möglich, religiösen Glauben als eine sinnvolle Option wahrzunehmen. Es ist aufschlussreich, dass Hegel die areligiöse Haltung, deren Genese im Kontext der modernen Wissenschaft er rekonstruiert, als „*Aberglaube* an die sogenannte Naturmacht"[47] bezeichnet. Damit drückt er den Einwand aus, dass die Religionskritik der Aufklärung genau jenen Mangel aufweist, den sie ihrem Adressaten vorwirft: nicht wohlbegründet zu sein. Wie Hegel erläutert, beruht diese Kritik auf der – unausgewiesenen – Annahme, dass allein die Erfahrung zu Wissen führt. Auf der Basis dieses Vorurteils werden die religiösen Inhalte zunächst auf den Boden der Empirie transferiert – dann erst hat die Religionskritik ihr (scheinbar) leichtes Spiel. Hegel stellt diesen Vorgang (am Modell des Christentums) als eine Verlustgeschichte dar. Im Rahmen eines durch die empirischen Wissenschaften definierten Wirklichkeitsverständnisses kann etwa „die Erscheinung Gottes im Fleisch, die Erhebung Christi zum Sohne Gottes, die Verklärung der Endlichkeit der Welt [...] nicht vorhanden"[48] sein. Bei dem so beschriebenen Verlust geht es für Hegel nicht allein um die Religion, sondern zugleich um die Frage eines angemessenen Begriffs des Menschen. Die Bezugnahme auf ‚die Erscheinung Gottes im Fleisch' ist keine beiläufig gewählte Illustration, sondern basiert auf Hegels These, dass die Religion der Ort ist, an dem Menschen traditionellerweise verhandeln, was es heißt, Mensch

---

46 Diese kritische Haltung dokumentiert u. a. Habermas (2005b).
47 R II, 316 (Kursivierung H. N.-D.).
48 R II, 337.

zu sein.⁴⁹ Von dieser These her betrachtet, artikuliert die christliche Trinitätslehre in der Sprache der religiösen Vorstellung die Konzeption des Menschen als Geist, deren begriffliche Ausformulierung für Hegel die zentrale Aufgabe der Philosophie ausmacht – gerade auch im kritischen Blick darauf, dass die ‚verständige Aufklärung' ein verkürztes Selbstverständnis mit sich bringt, insofern die Endlichkeit für sie das letzte Wort hat. (Wie Hegel die Haltung der Aufklärung im Kontext seiner Geschichtsphilosophie darstellt, wird im Kapitel 3.4.2 näher zu erkunden sein.)

Vor dem Hintergrund der eben erörterten Probleme gilt es die Sprache der ‚Bürger' erneut zu betrachten. Auch wenn der öffentliche Diskurs säkularen Charakter haben muss, wird es wohl einen Unterschied machen, ob die Einzelnen mit einem säkularistischen Selbstverständnis in diesen Diskurs eintreten, oder mit einer praktischen Haltung, die sich nicht immanent verankert sieht. Im Blick auf konkrete Fälle, in denen Bedarf an einer gesetzlichen Regelung besteht, gesagt: Zwar kommt es darauf an, das ‚Für und Wider' bestimmter Lösungen mittels allgemein verständlicher Begründungen öffentlich abzuwägen, aber welche dieser Begründungen als einleuchtend aufgefasst werden, kann – entsprechend der eben erläuterten Differenz – unterschiedlich ausfallen. Mittels Kants Differenzierung formuliert: Der Mensch bleibt auch als Bürger Mensch.

3.1.2 „Ein System wohlgesinnter Menschen"⁵⁰

Die durch nachmetaphysische Prämissen bedingte Ausblendung der inneren Dimension von Moral und damit der Frage der Verknüpfung von Moral und Religion hat auch sozialtheoretische Konsequenzen. Wurde in Kapitel 2.2 thematisiert, dass Kant zufolge erst unter Bedachtnahme auf die moralisch begründete ‚Idee von Gott' eine entfaltete Konzeption der moralischen Aufrichtigkeit gewonnen werden kann, so soll nun in Erinnerung gerufen werden, dass Kant auch in der Ausarbeitung einer Theorie der idealen Form menschlicher Gemeinschaft einen Rückbezug auf diese ‚Idee' als erforderlich betrachtet.

Die durch unsere Vernunft bewirkte Achtung vor dem moralischen Gesetz betrifft uns nicht nur als jeweils Einzelne; sie impliziert auch Pflichten der Formierung von Gemeinschaft. Eine davon wurde hier bereits erörtert: die Pflicht zur „Errichtung einer vollkommenen bürgerlichen Verfassung", die auch die Schaffung „eines gesetzmäßigen äußeren Staatenverhältnisses" einschließt.⁵¹ Ein diesbezügliches Engagement bildet aber, wie Kant zeigt, nur den notwendigen ersten Schritt, der der Abwehr von Hindernissen der äußeren Freiheit dient. Darüber hinaus kennen wir auch Formen von Gemeinschaft, die unmittelbar – d. h., nicht im Modus des Rechts – moralisch geprägt sind. Die kleinräumigste ist die Freundschaft; davon war ebenfalls die Rede. Doch haben wir noch eine

---

49 Hegel schreibt: „Die Religion ist der Ort, wo ein Volk sich die Definition dessen gibt, was es für das Wahre hält." (PG, 70)
50 RG, 756.
51 IG, 41.

wesentlich umfassendere Pflicht: mitzuwirken an der „Errichtung und Ausbreitung einer Gesellschaft nach Tugendgesetzen". Kant erläutert: „Es ist von der moralischgesetzgebenden Vernunft außer den Gesetzen, die sie jedem Einzelnen vorschreibt, noch überdem die Fahne der Tugend als Vereinigungspunkt für alle, die das Gute lieben, ausgesteckt."[52] Da die heutige Sozialphilosophie dieser Dimension gewöhnlich nicht die gebührende Aufmerksamkeit widmet, sei zunächst die Argumentation Kants näher beleuchtet.

Den Ausgangspunkt bildet, dass der Staat hinsichtlich der Moralität seiner Bürger nichts zu sagen hat. Kant bringt dies so auf den Punkt: „In einem schon bestehenden politischen gemeinen Wesen befinden sich alle politische Bürger, als solche doch im ethischen Naturzustande, und sind berechtigt, auch darin zu bleiben [...]. Der Bürger des politischen gemeinen Wesens bleibt also [...] völlig frei: ob er [...] im Naturzustande dieser Art bleiben wolle."[53] Klar ist freilich, dass hier allein vom Staatsbürgerstatus die Rede ist. Dass wir als „politische Bürger" berechtigt sind, „im ethischen Naturzustande [...] zu bleiben", besagt keineswegs, dass wir auch als Menschen, die durch ihre reine praktische Vernunft mit dem Sittengesetz konfrontiert sind, berechtigt sind, in diesem Zustand zu verbleiben. Kant erläutert vielmehr, dass am Ort der Unterscheidung von Bürger und Mensch auch die im kategorischen Imperativ verankerten Pflichten der Ordnung des Zusammenlebens einer Ausdifferenzierung bedürfen: Zwei verschiedene, jedoch kompatible, Formen der Gemeinschaftsbildung sind zu bewerkstelligen: neben dem politischen Gemeinwesen republikanischen Zuschnitts gilt es auch das ethische Gemeinwesen einzurichten.

Ausschlaggebend für die nähere Bestimmung dieser beiden Pflichten ist, dass Kant zwei Formen von „Naturzustand" unterscheidet, die es zu überwinden gilt: einen „juridischen" und einen „ethischen" Naturzustand.[54] Geht man dem Begriff ‚Naturzustand' bei Kant nach, so zeigt sich, dass seine Bedeutung weiter reicht als gemeinhin angenommen wird. Festzuhalten ist zunächst, dass dieser Begriff in sozialtheoretischem Sinn verwendet wird: Er bezeichnet bei Kant ungeregelte gesellschaftliche Verhältnisse, die – wenn nicht realiter, so potentiell – einen „Zustand des Krieges"[55] darstellen. Das Wort ‚Natur' bringt dabei zum Ausdruck, dass die Veranlagung, die den Menschen vom Tier unterscheidet, den Hang zu einem Verhalten mit sich bringt, das auf eine eskalierende wechselseitige Bedrohung hinausläuft. In seiner *Idee zu einer allgemeinen Geschichte in weltbürgerlicher Absicht* erläutert Kant diesen anthropologischen Befund, indem er einen für die menschliche Konstitution kennzeichnenden Antagonismus zur Geltung bringt: „Ich verstehe hier unter dem Antagonismus die ungesellige Geselligkeit der Menschen; d. i. den Hang derselben, in Gesellschaft zu treten, der doch mit einem durchgängigen Widerstande, welcher diese Gesellschaft beständig zu trennen droht, verbunden ist. Hiezu liegt die Anlage offenbar in der menschlichen Natur. Der Mensch hat eine Neigung, sich zu vergesellschaften; weil er in einem solchen Zustande sich mehr als Mensch [...] fühlt. Er

---

52 RG, 752.
53 RG, 754.
54 RG, 753 f.
55 RG, 755.

hat aber auch einen großen Hang sich zu vereinzeln (isolieren); weil er in sich zugleich die ungesellige Eigenschaft antrifft, alles bloß nach seinem Sinne richten zu wollen, und daher allerwärts Widerstand erwartet, so wie er von sich selbst weiß, daß er seiner Seits zum Widerstande gegen andere geneigt ist. Dieser Widerstand ist es nun, welcher ihn dahin bringt, [...] getrieben durch Ehrsucht, Herrschsucht oder Habsucht, sich einen Rang unter seinen Mitgenossen zu verschaffen, die er nicht wohl leiden, von denen er aber auch nicht lassen kann."[56] Insofern die vielfältigen durch das Aufeinanderprallen der Partikularinteressen generierten Übel dazu tendieren, sich wechselseitig aufzuschaukeln, bringen sie zugleich, so Kant, den ersten Schritt zu ihrer Überwindung in Sicht: Sie „nötigen" die Menschen dazu, sich auf das „Gehege"[57] des Rechts einzulassen, d. h., einander „Freiheit unter äußeren Gesetzen"[58] zuzusichern – was eine globale Perspektive einschließt, da auch das „Problem eines gesetzmäßigen äußeren Staatenverhältnisses"[59] zu lösen ist.

Zu beachten gilt es: Kant zeigt hier auf, dass die Etablierung von Rechtsverhältnissen, die an sich zu unseren moralischen Pflichten gehört,[60] auch auf eine alternative Weise erfolgen kann: nicht von der praktischen Vernunft, sondern von dem am Eigeninteresse orientierten pragmatischen Verstand her. D. h., der Rechtsstaat – bzw. dessen Verbesserung im Lauf der Geschichte – kann auch dann zustande gebracht werden, wenn Menschen sich nicht aus moralischen Gründen dazu bereitfinden. Dieser Punkt ist, wie Kant erläutert, unter der Perspektive der für unser Handeln entscheidenden Frage, ob die Welt ein Sinnganzes darstellt, von zentraler Bedeutung. Müssten wir davon ausgehen, dass eine gerechte Ordnung des menschlichen Zusammenlebens ausschließlich auf der Basis moralischer Motivation zustande kommen könne, so wäre es in Anbetracht der Geschichte, die uns vielfach „mit einem widersinnigen Gange menschlicher Dinge"[61] konfrontiert, naheliegend, die Hoffnung auf eine solche Ordnung aufzugeben. D. h., wir müssten annehmen, die Menschheit befinde sich in der misslichen Lage, ihre eigentliche Aufgabe nicht zustande bringen zu können. Das würde unser Verständnis der gesamten Welt beeinträchtigen, wie Kant erläutert: „Denn was hilft's, die Herrlichkeit und Weisheit der Schöpfung im vernunftlosen Naturreiche zu preisen und der Betrachtung zu empfehlen, wenn [...] die Geschichte des menschlichen Geschlechts [...] ein unaufhörlicher Einwand dagegen bleiben soll?"[62] Kants Argument lautet also, dass die ‚Weisheit der Schöpfung' sich an den Menschen darin kundtut, dass sie diese mit Naturanlagen ausgestattet hat, deren Antagonismus sie dazu „treibt", das zu vollbringen, was „ihnen die Vernunft auch ohne so viel traurige Erfahrung hätte sagen können",[63] d. h., was ei-

---

56 IG, 37 f.
57 IG, 40.
58 IG, 39.
59 IG, 41.
60 Vgl. IG, 42.
61 IG, 34.
62 IG, 49.
63 IG, 42.

gentlich moralische Pflicht ist. Diese Denkfigur, wonach unsere Naturanlagen uns zu moralischen Verhältnissen hinzuführen vermögen, bestimmt auch die weiteren hier zu verfolgenden Überlegungen Kants.

Die Etablierung von Rechtsverhältnissen bildet für Kant nur den notwendigen ersten Schritt in Richtung dessen, was die Menschheit zu vollbringen hat. Wohl betont Kant, dass „eine vollkommen gerechte bürgerliche Verfassung" einzurichten „die höchste Aufgabe der Natur für die Menschengattung"[64] ist, doch liegt die Pointe darin, dass die rechtliche „Sicherung der Grenzen" der Freiheit der Einzelnen allererst die Bedingung der Möglichkeit für die entfaltete Nutzung dieser Freiheit schafft. Nur in „einer allgemein das Recht verwaltenden bürgerlichen Gesellschaft" kann, so Kant, „die höchste Absicht der Natur, nämlich die Entwickelung aller ihrer Anlagen in der Menschheit" erreicht werden.[65] Für diese ‚Entwickelung' sind nun die konfligierenden Partikularinteressen erneut von entscheidender Bedeutung. „In einem solchen Gehege [...] tun ebendieselben Neigungen hernach die beste Wirkung. [...] Alle Kultur und Kunst, welche die Menschheit ziert, [...] sind Früchte der Ungeselligkeit, die durch sich selbst genötigt wird sich zu disziplinieren und so [...] die Keime der Natur vollständig zu entwickeln".[66] Der ursprünglichen Bedeutung des Wortes (*cultura*) entsprechend, sieht Kant die Grundlage der Kultur darin, dass Menschen ihre „Rohigkeit" bearbeiten. Da es auch dazu erst noch eines Antriebes bedarf, bedient die Natur (im Sinn der *natura naturans*) sich erneut der Veranlagung zur ungeselligen Geselligkeit: der „mißgünstig wetteifernde[n] Eitelkeit, [...] der nicht zu befriedigende[n] Begierde zum Haben oder auch zum Herrschen".[67] Die dadurch veranlassten „Schritte aus der Rohigkeit zur Kultur" beschreibt Kant näher so: „da werden Talente nach und nach entwickelt, der Geschmack gebildet und selbst durch fortgesetzte Aufklärung der Anfang zur Gründung einer Denkungsart gemacht, welche die grobe Naturanlage zur sittlichen Unterscheidung mit der Zeit in bestimmte praktische Prinzipien und so eine pathologisch-abgedrungene Zusammenstimmung zu einer Gesellschaft endlich in ein moralisches Ganze verwandeln kann".[68]

Für Kant besteht demnach die Leistung der Kultur darin, uns durch die Bearbeitung unserer naturwüchsigen Konstitution an die Moralität heranzuführen, uns eine Vorstellung von Moralität zu verleihen – ohne uns freilich zum moralischen Handeln bestimmen zu können. Kant differenziert daher: „Die Idee der Moralität gehört noch zur Kultur",[69] während die moralische Praxis als solche allein von unserer Vernunft ausgehen kann.

---

64 IG, 39.
65 IG, 39.
66 IG, 40.
67 IG, 38. Eine ähnliche Aufzählung findet sich in Kants Schrift zur Religion, in der von Neid, Herrschsucht und Habsucht gesprochen wird (RG, 751). Es scheint naheliegend zu vermuten, dass Kant hier die von Platon unterschiedenen Verfallsformen des gerechten Staates – Timokratie, Oligarchie und Demokratie/Tyrannis – re-interpretiert. Vgl. Platon, Politeia 543a–576b. Dazu siehe: Brandt (1997), 230.
68 IG, 38.
69 IG, 44

Diese Unterscheidung ist, nebenbei bemerkt, auch in unserem Alltagsverständnis angelegt, insofern wir nicht davon ausgehen, dass ein kultivierter Mensch *eo ipso* moralisch handelt. Kant fasst seinen gesamten Gedankengang in einer nachgelassenen Reflexion zusammen: „Was ist die Naturbestimmung des Menschen? Die höchste Kultur. – Welches ist der Zustand, darin sie möglich ist? Die bürgerliche Gesellschaft. Welche Triebfedern? Die Ungeselligkeit und Eifersucht. Arbeit. Welches ist die Vernunftbestimmung? Moralität."[70] Damit ist, ungeachtet der Annäherung von Natur und Vernunft, ein Hiatus aufgezeigt, der zur Frage Anlass gibt, wie unsere Moralität als solche eine verfeinerte Ausbildung erfahren kann. In zeitgenössischen Theorien des ‚guten Lebens' ist diese Differenzierung oft zu vermissen – nicht, weil das Problem gelöst wäre, sondern weil es nicht mehr in der wünschbaren Klarheit gestellt wird. Bei Kant setzen an diesem Punkt die Überlegungen zum „ethischen gemeinen Wesen" ein.

An den partikularistischen Neigungen tritt nun ein anderer Aspekt hervor: Die Konkurrenzen, die sie auslösen, bilden eine beständige Gefährdung unserer moralischen Gesinnung. Kant führt dies in einer hypothetischen Zuspitzung vor Augen: Nehmen wir an, alle Einzelnen würden sich redlich bemühen, ihr Handeln am kategorischen Imperativ zu orientieren: gerade dann würde der labile Zuschnitt ihrer Moralität deutlich. Solange wir mit unserem guten Willen nur auf uns selbst gestellt sind, finden wir uns im sozialen Kontext allzu leicht bereit, vom moralischen Weg abzuweichen. „Es ist nicht einmal nötig, daß diese [anderen Menschen] schon als im Bösen versunken, und als verleitende Beispiele vorausgesetzt werden; es ist genug, daß sie da sind, daß sie ihn [den Einzelnen] umgeben, und daß sie Menschen sind, um einander wechselseitig in ihrer moralischen Anlage zu verderben, und sich einander böse zu machen."[71] Diese Lage ist es, die Kant mit dem Ausdruck ‚ethischer Naturzustand' bezeichnet; er charakterisiert denselben als eine „öffentliche, wechselseitige Befehdung der Tugendprinzipien".[72] Kant würde – wie Habermas im Blick auf heutige Gegebenheiten – nicht ausschließen, dass es selbst im Kontext eines wohlgeordneten modernen Staates zu einer moralischen Katastrophe kommen kann.[73]

Der einzige Ausweg, den Kant sieht, ist der Form nach bereits bekannt – er liegt abermals in einer Vereinigung aller Einzelnen in einer öffentlich geregelten Weise. Dass die Moralität, als bloße Privatsache aufgefasst, in höchstem Maße bedroht ist, geht Kant zufolge auf den „Mangel eines sie vereinigenden Prinzips"[74] zurück. Nur wenn die Menschen sich mit der expliziten Intention zusammentun, ihre moralische Entfaltung gemeinsam zu befördern, können sie dieser Bedrohung wirksam entgegen treten. Damit ist die Notwendigkeit aufgezeigt, sich auf ein „ethisches gemeines Wesen"[75] einzulassen. Die Analogie zur Begründung von Rechtsverhältnissen liegt auf der Hand: So wie

---

70 Reflexion 1521, NA, 885–892.
71 RG, 752. Für einen Kommentar zu dieser Textstelle siehe Wood (2011), 133.
72 RG, 756.
73 Vgl. Kap. 3.4.1.
74 RG, 755.
75 RG, 752.

die äußere Freiheit erst dann Bestand hat, wenn die Menschen „gemeinschaftlich unter öffentlichen Rechtsgesetzen leben",[76] so kann auch die innere Freiheit nur gemeinsam abgesichert werden. „Wenn nun keine Mittel ausgefunden werden könnten, eine ganz eigentlich auf die Verhütung dieses Bösen und zur Beförderung des Guten im Menschen abzweckende Vereinigung, als eine [...] bloß auf die Erhaltung der Moralität angelegte Gesellschaft zu errichten, welche mit vereinigten Kräften dem Bösen entgegenwirkte, so würde dieses, so viel der einzelne Mensch auch getan haben möchte, um sich der Herrschaft desselben zu entziehen, ihn doch unabläßlich in der Gefahr des Rückfalls unter dieselbe erhalten."[77]

Unsere Pflicht, ein ‚ethisches gemeines Wesen' anzustreben, wird bei konsequenter Ausbuchstabierung der Implikationen des kategorischen Imperativs deutlich. Dass wir alle Menschen jederzeit als Selbstzweck zu behandeln haben, beinhaltet – im Blick auf die unausweichliche ‚Geselligkeit' des Menschen –, dass Bedingungen zu schaffen sind, die es allen erlauben, diese Pflicht auch möglichst weitgehend zu erfüllen. Entscheidend ist dabei, dass wir nicht nur verpflichtet sind, uns als Einzelne so zu verhalten, als ob wir Mitglieder eines ethischen Gemeinwesens wären, sondern auch dazu, ein solches tatsächlich zu stiften. Die Überwindung des ‚ethischen Naturzustands' ist also Kant zufolge „nicht anders erreichbar, als durch Errichtung und Ausbreitung einer Gesellschaft nach Tugendgesetzen [...], die dem ganzen Menschengeschlecht [...] durch die Vernunft zur Aufgabe und zur Pflicht gemacht wird".[78] Zu beachten ist, dass Kant hier – wie zuvor hinsichtlich der ‚vollkommenen bürgerlichen Vereinigung' – von einer Aufgabe der Gattung spricht. Zwar kennt jeder Einzelne durch die praktische Vernunft die Idee des ‚ethischen gemeinen Wesens', doch kann die Umsetzung dieser Idee nicht von Einzelnen, auch nicht von einer einzigen Generation geleistet werden. „Am Menschen [...] sollten sich diejenigen Naturanlagen, die auf den Gebrauch seiner Vernunft abgezielt sind, nur in der Gattung, nicht aber im Individuum vollständig entwickeln."[79] Kant spricht daher von einer „Pflicht von ihrer eigenen Art, nicht der Menschen gegen Menschen, sondern des menschlichen Geschlechts gegen sich selbst".[80] Es geht hier um eine Differenzierung der Verantwortung: Während die Einzelnen die Pflicht haben, sich so weit wie möglich für die Umsetzung dieser Aufgabe zu engagieren, kann von ihnen nicht – wie im Fall einer einzelnen moralisch gebotenen Handlung – verlangt werden, diese Zielsetzung voll zu verwirklichen.

Zur Erläuterung der Aufgabe, an der mitzuwirken unsere Pflicht ist, formuliert Kant, dass es „eine freiwillige, allgemeine und fortdauernde Herzensvereinigung"[81] zu etablieren gilt. Warum es moralisch geboten ist, sich diese Zielsetzung jeweils jetzt und hier zum Anliegen zu machen, zeigt Klaus Düsing: „Die Allgemeingültigkeit

---

76 RG, 753.
77 RG, 752.
78 RG, 752.
79 IG, 23.
80 RG, 756. Siehe auch: RG, 819. Dazu siehe: Moran (2012).
81 RG, 762.

und Strenge des Sittengesetzes verbietet es dem Menschen, [...] nach sittlicher Vollkommenheit als privater innerer Vollendung unabhängig von den anderen zu streben, und verweist ihn an die Gemeinschaft."[82] Der Gedankengang Kants hellt sich weiter auf, wenn man die Differenz zwischen dem ‚Reich der Zwecke' und dem ‚ethischen gemeinen Wesen' betrachtet. Wood erläutert diesen Unterschied auf folgende Weise: Während das „Realm of Ends – which is an ideal community of rational beings following those laws that would bring their ends into harmony or necessary combination" im Kontext des moralischen Prinzips „merely an ideal" darstellt, verhält es sich so, dass „the ethical community [...] – which the human race has a collective duty to establish, and individuals have an ethical duty to join – is not a mere ideal but an actual community on earth".[83]

Aus dem Bisherigen geht hervor: Kant denkt hier nicht, wie Habermas unterstellt, an ein bloß „schwaches Sollen", und er gelangt nicht nur zu „einem kraftlos durchscheinenden, aber moralisch unverbindlichen Ideal eines sittlich verfassten Gemeinwesens".[84] Wie er zu der eben zitierten Lesart gelangt, macht Habermas nachvollziehbar, wenn er schreibt: „Das rein moralische Gemeinwesen ist einer Verwirklichung in der Welt nicht bedürftig, weil der Sinn jener Gesetzgebung, in der wir als freie intelligible Wesen unseren Willen binden, im kategorischen Sollen – ohne Ansehung der tatsächlichen Folgen in der komplexen Welt der Erscheinungen – aufgeht."[85] Habermas lässt sich offenkundig von der Hegelschen Kritik leiten, wonach Kants Moralphilosophie nur zu einem ‚leeren Sollen' gelangt sei. (Dass Habermas mehrfach den Begriffs ‚Innerlichkeit'[86] zur Kennzeichnung der Limitiertheit der Kantschen Position gebraucht, verstärkt den Eindruck, dass seine Kant-Lektüre von Hegel inspiriert ist.) Doch wären hier unterschiedliche thematische Ebenen zu differenzieren: Zum einen ist – gegen die Hegelsche Deutung – festzuhalten, dass Kant zufolge zur Achtung vor dem Sittengesetz selbstverständlich auch gehört, dass wir unsere konkreten Taten unter Bedachtnahme auf ihre Auswirkungen auf alle einzelnen Betroffenen (‚in der komplexen Welt der Erscheinungen') planen und durchführen. Zum anderen gilt es die Unverfügbarkeit der Folgen unseres Handelns zu

---

82 Düsing (1971), 17 f. Düsing unterstreicht an dieser Stelle, dass in der *Kritik der reinen Vernunft* das höchste Gut als „moralische Welt" bestimmt ist (KV, 681); er hält fest: „Im Unterschied zu den Idealen der Alten, in denen die Vollendung des einzelnen Menschen vorgestellt wird, ist damit das höchste Gut ein ethischer Weltbegriff. Es wird als ein Ganzes vernünftiger Wesen gedacht." (Düsing (1971), 17 f.)

83 Wood (2011), 134 f. Sharon Anderson-Gold resümiert ihre Analyse der Differenzen zwischen diesen beiden Konzeptionen folgendermaßen: „The unity of the ethical commonwealth is more complex than the abstract unification of the kingdom of ends. The purposive striving of individuals to create conditions that will make virtue possible not merely for themselves but for the entire species transcends the individual's capacity to clearly vision the outcomes. „ (Anderson-Gold (2001), 49.) Siehe auch: Rossi (1989), 376. Sullivan geht indessen davon aus, dass das ‚Reich der Zwecke' bei Kant immanent in „three different forms" ausdifferenziert ist: Sullivan (1989), 227.

84 Habermas (2004a), 146.
85 Habermas (2004a), 147.
86 Vgl. Habermas (2004a), 143.

bedenken. Diese resultiert aus dem interaktiven Charakter von Handlung und ist daher unumgehbar – wir haben weder unsere individuelle Zukunft im Griff, noch können wir ‚Geschichte machen'. Diese Unverfügbarkeit ist kennzeichnend für die Endlichkeitsbedingungen, die unsere gesamte Handlungssphäre definieren; sie ist nicht das spezifische Defizit der Idee einer Vereinigung unter Tugendgesetzen. Dass die Zukunft in dieser Weise offen ist, heißt freilich nicht, dass unsere Planungen nur von einem ‚schwachen Sollen' getragen sein können. Andernfalls hätte – da diese Offenheit alle Handlungen betrifft – auch die Konzeption eines ‚starken Sollens' ihre praktische Relevanz verloren. In diesem Kontext wäre u. a. zu bedenken, dass auch ein praktisches Engagement für gerechtere Verhältnisse moralisch unbedingt geboten ist, obwohl wir stets im Risiko des Scheiterns stehen.

Dass Kant die Errichtung einer Gesellschaft unter Tugendgesetzen nach dem Modell der Begründung von Rechtsverhältnissen denkt, zeigt sich v.a. an der gesetzlichen Regelung des ‚ethischen gemeinen Wesens'[87] sowie daran, dass diese Regelung öffentlichen Charakter hat. Doch sind hier auch zwei entscheidende Differenzen zu beachten: Erstens, während ein „rechtlichbürgerlicher (politischer) Zustand" durch Zwangsgesetze geregelt ist, hat der „ethischbürgerliche Zustand" sein Kennzeichen darin, dass das Verhältnis der Menschen untereinander auf „zwangsfreien, d. i. bloßen Tugendgesetzen beruht".[88] Daher kann ein solcher „ethischer Staat" auch als „ein Reich der Tugend (des guten Prinzips)"[89] bezeichnet werden. Zweitens, eine Begrenzung des Geltensbereichs in Analogie zu den einzelnen Staaten erweist sich als undenkbar: „[W]eil die Tugendpflichten das ganze menschliche Geschlecht angehen, so ist der Begriff eines ethischen gemeinen Wesens immer auf das Ideal eines Ganzen aller Menschen bezogen, und darin unterscheidet es sich von dem eines politischen. Daher kann eine Menge in jener Absicht vereinigter Menschen noch nicht das ethische gemeine Wesen selbst [...] heißen".[90] Von hier aus erschließt sich näher, worauf Kants These vom Öffentlichkeitsstatus des ethischen Gemeinwesens hinausläuft: Der Begriff ‚öffentlich' signalisiert, dass es der Grundintention einer ‚fortdauernden Vereinigung' zur ‚Beförderung der Moralität' widersprechen würde, in der Privatsphäre, als eine Art Geheimbund, angesiedelt zu sein, da ihr Anliegen ja ist, letztlich alle Menschen einzubeziehen. Dazu gehört auch, dass die Gesetze, die für diese Vereinigung verbindlich sind, allgemein bekannt sein müssen.

Aus der Perspektive heutiger Denkusancen mag Kants Konzeption auf folgende Weise wahrgenommen werden: Wohl ist einleuchtend, dass es zu unseren moralischen Pflichten gehört, einander im Guten zu befördern, und ebenso, dass auch der bestgeordnete Rechtsstaat dies nicht leisten kann, da die Moralität der Bürger grundsätzlich jenseits der staatlichen Kompetenzen liegt; wie aber soll nun – im Rahmen einer durch die moderne Staatlichkeit geprägten gesellschaftlichen Ordnung – die Idee des ethischen Gemeinwesens umgesetzt werden? Wo hätte diese einen Ort? Hier ist Kants Pointe zu

---

87 RG, 752 ff. Dazu siehe: Hutter (2005).
88 RG, 753.
89 RG, 753.
90 RG, 754 f.

beachten, dass der Tugendstaat nur als Kirche zu denken ist. Kant bezieht diesen Begriff zunächst nicht auf irgendwelche historisch gewachsene Glaubensgemeinschaften; er erörtert vielmehr, wie ‚Kirche' der Idee nach zu begreifen ist, um dann die Vielfalt der Glaubensgemeinschaften von dieser Idee her zu interpretieren. Das Zentrum derselben bildet Gott als Gesetzgeber, wofür Kant folgendes Argument vorbringt: Wenn das ethisch-bürgerliche Gemeinwesen so zu denken ist, dass es analog zum rechtlich-bürgerlichen durch öffentliche Gesetze geregelt ist, dann muss ein Gesetzgeber vorausgesetzt werden; dieser kann aber nicht aus dem Kreis der Menschen stammen, da auf diese Weise abermals nur eine äußere Gesetzgebung mit Zwangsbefugnissen zustande kommen könnte. Somit muss von einem Getzgeber ausgegangen werden, „in Ansehung dessen alle wahren Pflichten, mithin auch die ethischen, zugleich als seine Gebote vorgestellt werden müssen [...]. Dieses ist aber der Begriff von Gott als einem moralischen Weltherrscher. Also ist ein ethisches gemeines Wesen nur als ein Volk unter göttlichen Geboten, d. i. als ein Volk Gottes, und zwar nach Tugendgesetzen, zu denken möglich."[91]

Entscheidend ist, in welcher Weise hier der Ausdruck ‚zugleich' verwendet wird: Kant nimmt damit Bezug auf seine (in Kapitel 2.2. erläuterte) These, dass es nicht um eine Relation von der Art geht, dass die Menschen den göttlichen Geboten auf heteronome Weise unterworfen wären, sondern darum, dass die in unserer reinen praktischen Vernunft verankerten Pflichten in einer gesonderten Annahme auch als göttliche Gebote vorgestellt werden. Wurde hier zunächst erörtert, welche Bedeutung diese Vorstellung für die Ausbildung unserer je eigenen moralischen Sensibilität hat, soll nun ihre Relevanz für den Begriff ‚Kirche' zur Sprache kommen – Kant hält ja fest: „Die Idee eines Volkes Gottes ist (unter menschlicher Veranstaltung) nicht anders als in der Form einer Kirche auszuführen."[92]

Wenn Habermas die Frage aufwirft, was gegen heutige Tendenzen einer Verkümmerung des moralischen Bewusstseins unternommen werden könnte, dann liegt hier die entscheidende Weichenstellung der Antwort Kants: Die von Habermas gesuchte „regenerative Kraft"[93] ist Kant zufolge nur mittels eines zweiten, vom Rechtsstaat unter-

---

91 RG, 758. Zur näheren Erläuterung dieser Argumentation Kants siehe: Baumgartner (1996).
92 RG, 759. Wenn Giovanni B. Sala an diesem Punkt einwendet, Kant vermöge, indem er die göttliche Gesetzgebung in „die Gesetze des Individuums in seiner Vernunftautonomie" verlegt, Kirche nicht anders denn als das von den Einzelnen gedachte ‚Reich der Zwecke' zu fassen, bleibt unberücksichtigt: Erstens, dass Kant ganz im Gegenteil mit guten Gründen aufzeigt, dass zu unseren moralischen Pflichten auch die gehört, eine Gesellschaft unter Tugendgesetzen realiter – als ‚menschliche Veranstaltung' – zu gründen. Zweitens, dass dafür, wie für jedes gesellschaftliche Gefüge, ein ‚vereinigendes Prinzip' nötig ist, das aber in diesem Fall nicht von einem menschlichen, sondern nur vom göttlichen Gesetzgeber ausgehen kann. Drittens, dass das in unserer Vernunft verankerte Sittengesetz gerade nicht individualisiert zu verstehen ist: Das göttliche Gesetz in uns ist bei Kant immer ein für alle Menschen gleichermaßen gültiges (aber nicht heteronom bestimmendes) Gesetz und kann daher auch das ‚vereinigende Prinzip' einer realen Tugendgemeinschaft bilden. Siehe: Sala (2004), 252–254.
93 Habermas (2004a), 142 und 158 f.

schiedenen ‚ethischen Staates' zu gewinnen, der nicht anders als in Form einer Kirche realisiert werden kann. Doch stehen dieser Antwort massive Sperrprämissen seitens des nachmetaphysischen Denkens entgegen. Im heutigen Diskurs richtet sich die Ablehnung insbesondere gegen die Vorstellung von Gott als Gesetzgeber. Dies liegt auch an der zunehmend verbreiteten Einschätzung, wonach alle Glaubensformen, die sich auf Gott als Gesetzgeber beziehen – damit alle monotheistischen Weltreligionen – in den Gläubigen die Bereitschaft kultivieren, auch menschenverachtende Taten zu setzen, wenn diese nur auf göttliche Gebote zurückgeführt werden können. In diesem Sinne vertritt beispielsweise Anat Biletzki die These, dass Religion in ihren monotheistischen Ausprägungen „an obstacle to human rights"[94] darstellt. Mit der für den modernen Rechtsstaat verbindlichen Achtung der Menschenrechte wäre, so Biletzki, höchstens eine Orientierung an der konfuzianischen Ethik kompatibel. Nun ist gewiss nachvollziehbar, dass die massive Gewaltanwendung unter Berufung auf religiöse Überzeugungen, die heute die Situation in großen Teilen der Welt prägt, zu einer nachdrücklichen Kritik Anlass gibt. Nicht plausibel ist es indessen, wenn dabei monotheistische Glaubensformen so aufgefasst werden, als würden sie zwangsläufig auf eine fundamentalistische Politik hinauslaufen. An diesem Punkt wird die Leistungsfähigkeit der Kantschen Unterscheidung zwischen der Idee einer allgemeinen Kirche einerseits, und der Vielfalt historisch gewachsener Glaubensgemeinschaften andererseits, offenkundig.

Kant hält mit der wünschbaren Deutlichkeit fest, dass Religionskriege „die Welt so oft erschüttert und mit Blut besprizt haben";[95] doch gibt er zu bedenken, dass dies nicht die logische Konsequenz aus der Idee von Gott als Gesetzgeber darstellt, sondern vielmehr einen Verrat dieser Idee. Wie Kant erläutert, ist der Begriff ‚Kirche' dahingehend zu verstehen, dass Gott als moralischer Gesetzgeber die Basis bildet; verbindlich für das Handeln der Gläubigen – auch in der Sphäre der Politik – ist demnach das eine Sittengesetz, das die gleiche Berücksichtigung der Menschenwürde aller Einzelnen fordert. Aus diesem Grund kann der Begriff ‚Kirche', wie Kant betont, letztlich nur im grammatikalischen Singular sinnvoll bestimmt werden, geht es doch nicht um eine Gemeinschaft, die jeweils andere Gemeinschaften ausgrenzt, sondern um eine, die idealiter alle Menschen einschließt. So gesehen, beruht Kirche nicht auf Überzeugungen, die mit der Konzeption der Menschenrechte inkompatibel sind. Wie Kant das Spannungsverhältnis zwischen dieser Idee von Kirche und der Pluralität historisch gewachsener Konfessionen analysiert, wird hier noch zur Sprache kommen (siehe Kapitel 3.3.1); an dieser Stelle gilt es zu bedenken, dass es für die – vielen heute so naheliegend erscheinende – vollständige Abkehr von der Konzeption ‚Kirche' keine zwingenden *moralischen* Gründe gibt. Auch verhält es sich so, dass Kants Zugangsweise zu dieser Thematik dem Alltagsverständnis nicht so fremd ist, wie es im intellektuellen Diskurs gerne angenommen wird: Unter den gläubigen Menschen werden viele an ihren jeweiligen Glaubensgemeinschaften eben

---

94 Biletzki (2013).
95 RG, 769.

dies schätzen, ein ‚System wohlgesinnter Menschen' zu bilden, die einander im Guten befördern; und viele werden verknöcherte hierarchische Kirchenstrukturen genau dafür kritisieren, dieser Art der Verbundenheit im Wege zu stehen. Diesem Selbstverständnis entspricht im theologischen Diskurs die – vor allem unter protestantischen Vorzeichen entfaltete – Konzeption der ‚Gemeinde'[96] bzw. die Idee der Einheit im ‚Heiligen Geist'.

Doch wird die Konzeption ‚Kirche' heute oft auch dann pauschal als obsolet betrachtet, wenn sie nicht als moralisch fragwürdig gilt – sei es *per se* oder jedenfalls in ihren monotheistischen Varianten. Das bedeutet freilich, dass die von Habermas aufgeworfene Frage nach einem möglichen Ursprungsort moralischer Regeneration ungelöst bleibt. Zu beantworten wäre, wie eine Gemeinschaft unter Tugendgesetzen, die potenziell alle Menschen umfasst, anders denn als Kirche gedacht – und vor allem: verwirklicht – werden sollte. Der Kern des Problems liegt ja darin, dass die Einzelnen hinsichtlich ihrer Moralität heute weitgehend auf sich gestellt – und damit gefährdet – sind, d. h., dass sich unter säkularisierten Bedingungen keine Gemeinschaftsbildung abzeichnet, die sich die wechselseitige ‚Beförderung des Guten im Menschen' so zur Aufgabe macht, dass sie dies – analog zur Sphäre des Rechts – auch öffentlich kundtun würde.[97] Wie es scheint, hat der moralphilosophische Diskurs noch nicht voll ausgeschöpft, was es bedeutet, dass Kant auf dem Öffentlichkeitsstatus des ethischen Gemeinwesens insistiert. An diesem Punkt ist eine weitere Differenzierung zu bedenken: Wohl hebt Kant hervor, wie das ethische Gemeinwesen sich vom politischen unterscheidet, doch ist dies nicht im Sinn einer Abschottung zu verstehen, sondern dahingehend, dass die Gläubigen einander eine Stärkung ihrer Moralität vermitteln, die ihr Verhalten in allen Lebenssphären, also auch in staatlichen Kontexten, tragen soll.[98]

Bei der Rezeption der Kantschen These ist indes auf ein mögliches Missverständnis zu achten: Wenn es bei Kant darum geht, dass die Existenz des ethischen Gemeinwesens und die Gesetze, denen es sich verpflichtet weiß, öffentlich bekannt gemacht werden, so darf dies nicht verwechselt werden mit einer These, die einem den Einzelnen entgegengebrachten öffentlichen Erwartungsdruck hinsichtlich ihres Wohlverhaltens das Wort redet. Gewiss, die zentrale Intention, einander im Guten zu fördern, impliziert als eine der wichtigsten Aufgaben, die Einzelnen auch in ihren Schwächen und Verfehlungen wahrzunehmen und nicht sich selbst zu überlassen; doch kann der Weg zur Verbesserung der Gesinnung (wie in Kapitel 1.1.3 erläutert) nicht in einer öffentlichen Beschämung gesucht werden. Dies gilt in gleicher Weise im Hinblick auf jenen Aspekt des ethischen

---

96 Zum Anspruch, den theologischen Begriff von ‚Gemeinde' philosophisch zu rekonstruieren, vgl. Nagl (2010), 221–258 (Kapitel: „,Community'. Erwägungen zum ‚absolute pragmatism' in der Spätphilosophie von Josiah Royce").

97 Dass das an die Stelle des Faches ‚Religion' tretende säkulare Unterrichtsfach ‚Ethik' in eine konzeptionelle Verlegenheit führt, kann u. a. daran liegen, dass die Moralität auf diesem Wege individualisiert bleibt, d. h., nicht auf die Bildung einer öffentlichen Gemeinschaft hin orientiert wird.

98 In welcher Weise das ethische Gemeinwesen den Beziehungen unter Bürgern dient, erläutert näher: Rossi (1998).

Gemeinwesens, den man als interne Öffentlichkeit bezeichnen kann:[99] Auch in der Interaktion unter Mitgliedern derselben Gemeinschaft kann durch äußeren Druck (wie er im Lauf der Religionsgeschichte bis heute in vielfältigen Formen des ‚Anprangerns' ausgeübt wurde) keine moralische Besserung erzielt werden; der Begriff ‚Scheinheiligkeit' macht eben dies zum Thema.

---

99 Davon spricht z. B. John Rawls in CP, 575 f.

3.2 Die Utopie der Einheit von Kunst und Natur

3.2.1 Das ultimative Ziel der Geschichte

Dass Kants Konzeption von Kirche heute gerne als obsolet betrachtet wird, dürfte auch daran liegen, dass ein Ausdruck wie ‚Reich der Tugend' Assoziationen einer freudlosen Strenge hervorruft. Demgegenüber ist jedoch geltend zu machen, in welcher Weise Kants Moralverständnis eine Entfaltung unserer Neigungen einschließt. Hier kommt eine von der Konzeption der ‚ungeselligen Geselligkeit' bekannte Argumentationsfigur erneut zum Tragen: So wie die Errichtung des ‚Geheges' der bürgerlichen Vereinigung die Voraussetzung schafft, dass die vielfältigen Partikularinteressen ‚hernach die beste Wirkung tun', so ist ein Handeln unter Tugendgesetzen die Bedingung für eine Entfaltung der individuellen Neigungen. Kant nimmt auf das gängige Missverständnis explizit Bezug, indem er moniert, „daß man die Pflicht lieber mit Aufopferungen verbunden vorstellt als mit den Vorteilen, die sie uns einbringt",[1] und er hält dagegen: „Es wird seitens der Moral dem Menschen nicht angesonnen, er solle, wenn es auf Pflichtbefolgung ankommt, seinem natürlichen Zwecke, der Glückseligkeit, entsagen, denn das kann er nicht, sondern er müsse, wenn das Gebot der Pflicht eintritt, gänzlich von dieser Rücksicht abstrahieren."[2] Die moralische Pflicht verlangt von uns nichts weiter, als dass wir uns der Glückseligkeit erst als würdig erweisen müssen; das bedeutet, „daß die Würdigkeit, glücklich zu sein, die Bedingung sei, unter welcher der Wunsch [der Glückseligkeit] allein mit der gesetzgebenden Vernunft zusammenstimmen kann".[3] Dass Kant hier die Formulierung von der ‚Würdigkeit, glücklich zu sein' verwendet, zeigt, dass die Implikationen dieser Denkfigur reicher sind, als häufig aufgegriffen wird. Während in der religionsphilosophischen Rezeption auf das Faktum Bedacht zu nehmen ist, dass ein tugendhaftes Handeln nicht unbedingt von Glückseligkeit begleitet wird, ist der Fokus

---

1 TP, 131.
2 TP, 131.
3 RG, 697. Näher dazu: Himmelmann (2003), 97 ff.

hier darauf gerichtet, dass die moralische Pflicht nicht die unbedingte Unterdrückung der eigenen Neigungen gebietet. Dem entsprechend hält Kant fest: „Moralität ist die Idee der Freiheit als eines Prinzips der Glückseligkeit (regulatives Prinzip der Glückseligkeit). Daher müssen die Gesetze der Freiheit unabhängig von der Absicht auf eigene Glückseligkeit gleichwohl die formale Bedingung derselben a priori enthalten".[4]

Freilich liegt auf der Hand, dass die Implementierung dieser Idee, d. h. die Zusammenführung von Moralität und Glück, soweit sie im menschlichen Leben gelingen soll, nicht einfach zu bewerkstelligen ist, sondern eines längeren Prozesses bedarf. Wie Kant erläutert, geht es hier nicht erneut um eine Regelung, die der Entfaltung der Neigungen äußere Grenzen setzt, wie dies seitens der rechtsstaatlichen Gesetzgebung geschieht. Wohl zeigt Kant eine Analogie zum bürgerlichen Gemeinwesen auf, indem er die durch Moralität gewonnene Freiheit wieder als einen Ort der Kultivierung darstellt, doch ist im Verhältnis von Moral und Natur die Priorität in diesem Fall verändert: Es geht nun nicht mehr um eine Kultivierung unserer Naturanlagen, die bis an die ‚Idee der Moralität' heranführen kann, sondern es ist umgekehrt die moralische Haltung selbst, die die Kultivierung unserer Naturanlagen leistet. Letztlich sollen wir eine „sittliche Denkungsart" ausbilden, die schon unsere Glückseligkeitswünsche selbst prägt, d. h. eine „Gesinnung, auch nur so bedingt zu wünschen".[5] Auf diese Weise wäre der den Menschen kennzeichnende Hiatus zwischen Vernunft und Natur überwunden. (Die Frage, wie weit es sich dabei nur um eine grenzbegriffliche Vorstellung handeln kann, wird noch zur Sprache kommen.)

An diesem Punkt bringt Kant abermals die geschichtsphilosophische Perspektive zum Tragen: Er ordnet die Aufgabe, Moralität und Glück in ein harmonisches Verhältnis zu bringen, den Pflichten ‚der Gattung gegen sich selbst' zu. Kant skizziert diesen Gedankengang so: „Der Mensch soll sich aus der Rohigkeit seiner Naturanlagen selbst herausarbeiten und, indem er sich über sie erhebt, dennoch Acht haben, daß er nicht wider sie verstoße; eine Geschicklichkeit, die er nur spät und nach vielen mißlingenden Versuchen erwarten kann."[6] Entscheidend ist, dass diese Art von ‚Geschicklichkeit' nur in kooperativer Form, d. h. im Kontext einer Gemeinschaft, die sich an den Tugendgesetzen orientiert, ausgebildet werden kann. Wenn Kant den gesellschaftlichen Zuständen seiner Gegenwart attestiert, wohl durch Zivilisierung und Kultivierung geprägt, nicht aber „moralisiert"[7] zu sein, so besagt dies, dass der Prozess der Umsetzung der genannten Aufgabe (jedenfalls zum größeren Teil) von den künftigen Generationen zu leisten ist. Es gilt zu beachten, dass wir hier erst Kants Konzeption des ultimativen Ziels der Geschichte vor uns haben; die Begründung einer Weltbürgergesellschaft bildet, wie gesagt, nur die Bedingung der Möglichkeit der optimalen Entfaltung des Menschen. Kant

---

4 LR, Nr. 6.
5 RG, 697.
6 AM, 95.
7 Kant formuliert diesen Gedanken mehrfach, u. a. so: „Wir sind im hohen Grade durch Kunst und Wissenschaft *kultiviert*. Wir sind *zivilisiert* bis zum Überlästigen […]. Aber uns schon für *moralisiert* zu halten, daran fehlt noch sehr viel." (IG, 44)

zufolge erschließt sich der gesamte Gang der Menschheit von diesem Ziel her; er hält hinsichtlich des Sinns der Weltgeschichte fest, „der Mensch sollte, wenn er sich aus der größten Rohigkeit dereinst zur größten Geschicklichkeit, innerer Vollkommenheit der Denkungsart und (so viel auf Erden möglich ist) dadurch zur Glückseligkeit emporgearbeitet haben würde; hiervon das Verdienst ganz allein haben".⁸ In pointierter Verkürzung formuliert: „Durch Zivilisieren und Moralisieren entspringt am Ende Einheit der Glückseligkeit und Sittlichkeit".⁹ Im Blick darauf hält Dörflinger zurecht fest, dass Kants Überlegungen „auf einen geradezu ‚eudaimonistisch' zu nennenden Endzweck hinauslaufen, wobei darin allerdings Glückseligkeit an die Bedingung der Tugend [...] rückgebunden bleibt."¹⁰ Kant leitet aus dieser geschichtsphilosophischen Perspektive eine dreifache Aufgabe für die Gegenwart ab: Es „muß ein Plan gemacht werden: der Erziehung, der Regierung, der Religion, darin Glückseligkeit und Moral den Beziehungspunkt ausmachen".¹¹

Dieses geschichtsphilosophische Element der Moralphilosophie Kants wird in seinen Nuancen erst deutlich, wenn man die Bezugnahme auf Rousseau betrachtet. Indem Kant sondiert, welches die eine Leitfrage sein könnte, die die verschiedenen Schriften Rousseaus verknüpft, ortet er dieselbe an genau diesem Punkt: Rousseau suche das „Problem aufzulösen, wie die Kultur fortgehen müsse, um die Anlagen der Menschheit, als einer sittlichen Gattung, zu ihrer Bestimmung gehörig zu entwickeln, so daß diese jener als Naturgattung nicht mehr widerstreite. Aus welchem Widerstreit [...] alle wahre Übel entspringen, die das menschliche Leben drücken, und alle Laster, die es verunehren."¹² Um diese Einschätzung – und das Gewicht, das sie für Kant hat – aufzuschlüsseln, gilt es den diesbezüglichen Überlegungen Rousseaus näher nachzugehen. Dies erfordert auch, Rousseaus Auffassung vom Geschlechterverhältnis zu rekonstruieren: Im Zuge der Spezifizierung der Schritte, die die Menschheit künftig zu setzen hat, um ihrer gegenwärtigen beklagenswerten Lage zu entkommen, und um letztendlich ihren optimalen Zustand zu erreichen, ordnet Rousseau Männern und Frauen jeweils andere Aufgaben zu; das bedeutet, dass die Menschheit den geschichtlichen Fortschritt nur dann zu leisten vermag, wenn die beiden Geschlechter den ihnen jeweils auferlegten Rollen in der Tat entsprechen. Wie hier zu zeigen sein wird, hat diese Sichtweise immanente Spannungen der Rousseauschen Theorie, z. B. in seinen zentralen Konzeptionen ‚Natur' und ‚Auto-

---

8 IG, 36.
9 Refl. 1523, NA, 894–896.
10 Dörflinger (2004), 210. Bernd Dörflinger verweist hier u. a. auf den in der *Kritik der reinen Vernunft* ausgeführten Gedanken, dass die „vernünftigen Wesen [...] selbst [...] Urheber ihrer eigenen und zugleich anderer dauerhaften Wohlfahrt sein würden", sofern „jedermann thue, was er solle" (KV, 680).
11 In einer nachgelassenen Reflexion ordnet Kant diese drei Aufgaben den Schlüsselbegriffen seiner Geschichtsphilosophie zu: „Die Mittel der Verbesserung sind Erziehung (Kultivierung), Gesetzgebung (Zivilisierung) und Religion (Moral). Alle drei öffentlich, damit das Ganze in Vollkommenheit zunehme [...]. Alle drei der Natur angemessen, folglich negativ." (Refl. 1524, NA, 896–899.)
12 AM, 93 f.

nomie' zur Folge, die später – nicht nur bei Kant – einen prekären Niederschlag finden sollten. Dieser spezielle Zuschnitt der geschichtsphilosophischen Überlegungen Rousseaus kommt freilich erst dann klar in Sicht, wenn man auch seine narrativen Schriften als Ausdruck philosophischer Reflexionen liest. Eine derartige Zugangsweise scheint nicht zuletzt dadurch gerechtfertigt, dass Rousseau selbst mit Bezug auf sein Werk *Emile* festhält: „Es liegt mir wenig daran, einen Roman geschrieben zu haben [...]. Es sollte vielmehr die Geschichte des menschlichen Geschlechts sein."[13] Im Folgenden wird besonderes Augenmerk darauf zu richten sein, wie Rousseau die anspruchsvollste Aufgabe der künftigen Menschheit in der Figur einer Frau verkörpert. (Eilige Lesende, denen nicht daran gelegen ist, die Elemente des Rousseauschen Zukunftsprojekts im Einzelnen nachvollziehen, da sie sich unmittelbar auf deren Rezeption bei Kant konzentrieren wollen, können von hier gleich zu Kapitel 3.2.4 übergehen.)

3.2.2 Vom Elend der Zivilisation zur Autonomie der Staatsbürger

Ausgangspunkt von Rousseaus geschichtsphilosophischen Überlegungen ist seine Diagnose, dass die Gegenwart von einer durchgängigen, aus dem Antagonismus der eigennützigen Interessen resultierenden Entfremdung des Menschen gekennzeichnet ist. Der Hintergrund dieser Diagnose lässt sich folgendermaßen umreißen: Die Entfremdung stellt sich für Rousseau nicht als die *conditio humana* dar, sondern als Ergebnis von Prozessen der Vergesellschaftung und Arbeitsteilung.[14] In seinen Erwägungen über die Anfänge der Menschheitsgeschichte – die er als „hypothetische und bedingte Überlegungen, die eher zur Erhellung der Natur der Sache als zum Aufweis des tatsächlichen Anfangs geeignet sind",[15] bezeichnet – geht Rousseau davon aus, dass es vor der Zeit der Binnenentwicklung der Zivilisation eine Periode gegeben hat, in der die Menschen auf eine nicht entfremdete Weise, d. h. ihrer ursprünglichen Natur entsprechend, lebten.[16] Er charakterisiert diesen Naturzustand dadurch, dass es noch keine Abhängigkeiten gab: weder hierarchische Verhältnisse zwischen den Menschen, noch eine Abhängigkeit von den eigenen Leidenschaften – die Begierden sind noch nicht weiter entfaltet als die Möglichkeit der Bedürfnisbefriedigung. Rousseau schreibt: „Da der Wilde nichts wünscht als die Dinge, die er kennt, und da er nur die kennt, die zu besitzen in seiner Macht steht,

---

13 EM, 456.
14 Für Hans Barth ist der Begriff ‚Entfremdung' geeignet, den inneren Zusammenhang aller Schriften Rousseaus hervortreten zu lassen sowie ihre Bedeutung für die Geschichtsphilosophie bei Kant, Schiller, Hegel und Marx. (Barth (1959).)
15 UU, 81.
16 Für eine Erörterung der Frage, worin sich die Überlegungen Rousseaus von den Hobbesschen unterscheiden, siehe: Strauss (1956) Kap. 6.

oder leicht zu erlangen sind, kann infolgedessen nichts ruhiger sein als seine Seele und nichts begrenzter sein als sein Geist."[17]

Im Blick darauf, dass Rousseau den Prozess der Zivilisierung als eine Verlustgeschichte charakterisiert, wurde ihm bekanntlich vielfach unterstellt, er rufe zu einer Rückkehr zu den Lebensformen der Urgeschichte der Menschheit auf. Doch weist Rousseau diese Deutung bereits in seinem zweiten Diskurs unmissverständlich zurück: „Was nun? Muß man die Gesellschaften zerstören? Mein und Dein beseitigen, zu einem Leben mit den Bären im Walde zurückkehren? Das ist eine Folgerung in der Art meiner Gegner. Einerseits möchte ich ihr gern zuvorkommen, andererseits möchte ich ihnen die Blamage nicht ersparen. O ihr, zu denen die himmlische Stimme noch nicht gesprochen hat, und die ihr keine andere Bestimmung eurer Gattung kennt als die friedliche Vollendung eures kurzen Lebens [...], geht in die Wälder [...] und befürchtet nicht, ihr würdet eure Gattung erniedrigen, wenn ihr, um auf eure Laster zu verzichten, auf ihre Kenntnisse verzichtet."[18] Rousseau betont hingegen, dass der Prozess der Zivilisierung irreversibel ist, und dass eine Rückkehr zu den anfänglichen Lebensverhältnissen auch kein Desiderat darstellt. Er wendet sich an „Menschen wie mich [...], in denen die Leidenschaften für immer die ursprüngliche Einfalt untergraben haben, [...] alle, die davon überzeugt sind, dass die göttliche Stimme das ganze Menschengeschlecht zur Erkenntnis und zum Glück der himmlischen Geister berufen hat."[19] Von hier aus geht Rousseau der Frage nach, welche Art des Umgangs mit den gegebenen Bedingungen – basierend auf der Erkundung ihrer Genese – angezeigt ist. Zu beachten gilt es, dass in der zuletzt zitierten Textpassage der Begriff ‚Glück' die Berufung, d. h., das Ziel des ‚ganzen Menschengeschlechts' bezeichnet.

In der näheren Erläuterung des Ziels der Erneuerung steht der Begriff ‚Autonomie' im Zentrum. Es kommt, so Rousseau, darauf an, die Heteronomie, unter der der zivilisierte Mensch zu leiden hat, in ihren beiden Gestalten zu überwinden: in der Form der Abhängigkeit sowohl von anderen Menschen als auch von den eigenen Leidenschaften. Im Blick auf diese Freiheit von Abhängigkeit ist die antizipierte künftige Gestaltung des Lebens dem Naturzustand analog. Gleichwohl besteht ein entscheidender Unterschied, insofern die antizipierte Freiheit von gesellschaftsinduzierten Beschädigungen durch die Menschen selbst etabliert, ihnen nicht von Natur aus vorgegeben ist. Die projektierte Freiheit stellt sich somit als eine zweite Natur dar, die durch Kritik und Praxis vermittelt ist. Für die Annäherung an dieses Ziel sind Rousseau zufolge drei verschiedene Schritte zu setzen. (Die ersten beiden können hier freilich nur so weit thematisiert werden, als es der auf Kant zulaufende Gedankengang erfordert.)

Die erste auf die Überwindung hierarchischer Verhältnisse abzielende Aufgabe besteht in der Etablierung der Freiheit der Staatsbürger. Rousseau geht davon aus, dass die

---

17 UU, 135. Auch diese Phase ist nicht geschichtslos gedacht. Wie Iring Fetscher zu Recht festhält, lassen sich in Rousseaus Erläuterungen zumindest zwei Perioden unterscheiden, doch kann darauf hier nicht eingegangen werden. Siehe: Fetscher (1975), bes. 35 ff.
18 UU, 125–127.
19 UU, 125–127.

Staaten, die sich in der Geschichte entwickelt haben, auf einem Vertrag zwischen Ungleichen beruhen, wobei sich diese Ungleichheit im Laufe der Zeit verstärkt hat. „Verfolgen wir den Fortschritt der Ungleichheit [...], so finden wir, dass die erste Etappe die Einführung der Gesetze und des Eigentumsrechts, die zweite die Einsetzung der Ämter und die dritte und letzte die Verwandlung der legitimen Gewalt in willkürliche war. Auf diese Art wurde der Stand der Reichen und der Armen durch die erste Epoche ermöglicht, der der Mächtigen und der Schwachen durch die zweite und der der Herren und Knechte durch die dritte. Das ist der höchste Grad der Ungleichheit [...] – bis neue Revolutionen die Regierung vollkommen auflösen oder der legitimen Einrichtung annähern."[20] Die ‚legitime Einrichtung' soll dadurch bewirkt werden, dass der alte, ungerechte Vertrag durch einen neuen ersetzt wird. Im Zentrum steht dabei das Prinzip, dass die Einzelnen nicht nur Glieder des Staates, sondern auch Teil des Souveräns sein sollen – dass „jeder einzelne, mit allen verbündet, nur sich selbst gehorcht und so frei bleibt wie zuvor".[21]

Rousseau bezieht die Konzeption der Freiheit der Staatsbürger aber ausschließlich auf Männer. Die Frauen haben in seinem Entwurf einer idealen Ordnung ihren Platz nur innerhalb der Familie. Sie befinden sich dabei in einer Situation zweifacher Subordination: Zum einen sind sie der staatlichen Gesetzgebung unterworfen, ohne Teil des Souveräns zu sein, zum anderen sind sie innerhalb der Familie der Herrschaft ihres Ehemanns unterstellt.[22] Muß die Ehefrau, wie Rousseau fordert, „im Haus regieren wie ein Minister im Staat",[23] so bedeutet dies, dass sie ihrem Mann als gesetzgebendem Herrscher unterworfen ist. Rousseau unterstreicht den untergeordneten Charakter dieser Stellung: „Verkennt sie aber die Stimme ihres Herrn oder maßt sie sich seine Rechte an und will selbst befehlen, dann entsteht aus dieser Unordnung nichts als Unglück, Ärgernis und Schande."[24] Auf diese Weise findet das Gerechtigkeitsprinzip vom ‚Gehorsam dem Gesetz gegenüber, das man sich selbst gegeben hat', keine Anwendung auf die Frauen. Rousseau durchbricht hier seine Konzeption einer ‚legitimen Einrichtung'; er geht in Bezug auf die Familie nicht so vor, dass er die historisch gewordene Form mit einem neuen, gerechten Prinzip des Zusammenlebens konfrontiert. Heidemarie Bennent hält zu Recht fest: „Die Streichung des Herrschaftsvertrags avisierte im Hinblick auf die Ehe keine neue herrschaftsfreie Vertragsform."[25]

Jemandem Autonomie abzusprechen, heißt Rousseaus eigenen Kategorien zufolge, diese Person nicht als Mensch zu achten. In seiner Erläuterung dieses Punktes macht Rousseau geltend, dass die Einzelnen nicht einmal das Recht haben, ihre Autonomie von sich aus aufzugeben: „Auf seine Freiheit verzichten heißt, auf sein Menschtum, auf die Menschenrechte, sogar auf seine Pflichten zu verzichten [...]. Ein solcher Verzicht

---

20 UU, 251.
21 GV, 73.
22 Dazu siehe den ‚Exkurs zur Rechtsstellung der Frau' in Kuster (2005), 134–136.
23 EM, 446.
24 EM, 446.
25 Bennent (1985), 92.

ist mit der menschlichen Natur unvereinbar."[26] Rousseau nimmt den Widerspruch, in den er gerät, indem er das Prinzip der Freiheit von äußerer Abhängigkeit nicht auf die Frauen anwendet,[27] offenbar nicht wahr. Er modifiziert an diesem Punkt vielmehr seine anthropologische Konzeption: Er geht nun davon ab, eine einzige menschliche Natur vorauszusetzen und schreibt z. B.: „Die Frau ist dafür geschaffen, dem Mann nachzugeben und sogar seine Ungerechtigkeit zu ertragen."[28] Rousseau nimmt also eine besondere, auf Gehorsam hin orientierte Natur der Frau an.[29] (Im Weiteren kennzeichnet er diese besondere Natur durch Schamhaftigkeit; doch davon später.) Dem entsprechend soll auch die Erziehung der Mädchen anders gestaltet werden als die der männlichen Kinder: „Sie müssen beizeiten an den Zwang gewöhnt werden. Dieses Unglück (wenn es für sie ein Unglück ist) gehört untrennbar zu ihrem Geschlecht."[30]

Rousseaus Begriff der Natur wird an diesem Punkt inkonsistent. Im hypothetisch angenommenen Naturzustand leben Frauen ebenso wie Männer in Autarkie und es gibt noch keine wie immer gearteten Unterordnungsverhältnisse. Welche Natur ist also gemeint, wenn den Frauen eine Anlage zum Gehorsam zugesprochen wird? Rousseau erklärt hier willkürlich zur Natur, was sich im Gesellschaftszustand herausgebildet hat. Auf diese Widersprüchlichkeit machten u. a. Seyla Benhabib und Linda Nicholson aufmerksam: „[Die] Ambivalenz in Rousseaus Naturbegriff führt dazu, daß er als ‚Geschlechtsunterschiede' beschreibt, was in Wirklichkeit sorgfältig kultivierte, geformte, beigebrachte Unterschiede des Verhaltens, Denkens, Fühlens und Wahrnehmens bei Männern und Frauen sind."[31] Es liegt hier also eine *petitio principii* vor: Die Normen, die abgeleitet werden sollen, werden zuvor in ‚die Natur' hineinprojiziert. (Diese Vorgangsweise ist freilich nicht allein bei Rousseau zu verfolgen; sie ist paradigmatisch für eine Denktradition, die sich bis heute fortsetzt. Nach wie vor wird versucht, Normen, die auf ein Herrschaftsverhältnis zwischen den Geschlechtern abzielen, im Rekurs auf ‚die Natur' zu legitimieren. Dies gilt z. B. für so manche Handlungsanweisungen von kirchlicher Seite.)

Die Unschärfe im Naturbegriff belastet auch Rousseaus Verständnis der Geschichte. Wenn Rousseau die Entwicklung der Menschheit – ihren Weg vom Naturzustand in die verschiedenen Formen der Ungleichheit – hypothetisch entwirft, so ist signifikant, dass die Genese der Familie nicht unter dem Aspekt der Geschlechterhierarchie betrachtet wird. Heidemarie Bennent hält fest: „Indem [...] die gesamte Zivilisationsgeschichte als zunehmende Depravation des autarken Urtypus interpretiert wird, müßte im Grunde auch der Geschlechtsunterschied als Merkmal des Verfalls gesehen werden."[32] Dass

---

26 GV, 67.
27 Diesen Widerspruch thematisiert auch: Okin (1980), 99.
28 EM, 433.
29 Für eine eingehende Analyse des geschlechterdifferenten Begriffs der ‚Natur' bei Rousseau siehe: Heinz (2012).
30 EM, 399.
31 Benhabib/Nicholson (1980), 537. Vgl. auch Bovenschen (1980), 169.
32 Bennent (1985), 86.

Rousseau diesen Schritt nicht vollzogen hat, wird in der feministisch motivierten Kritik oft so gesehen, als hätte er die Frauen *toto genere* als ‚geschichtslos' behandelt.³³ Indessen stellt sich die Problematik seiner Überlegungen anders dar, sobald man in Betracht zieht, dass Rousseau sich nicht allein mit der Vergangenheit der Menschheit, sondern auch mit deren Zukunft befasst. In seiner Erörterung der Aufgaben, die für die Etablierung der idealen neuen Ordnung wahrzunehmen sind, weist er den Frauen – unter der Perspektive der ihnen zugeschriebenen Naturanlagen – spezifische Pflichten zu. Diese haben freilich dienenden Charakter. Mit Bezug auf den im Gesellschaftsvertrag fundierten Rechtsstaat bedeutet dies: Die männlichen Jugendlichen sollen von ihren Müttern zu mündigen Bürgern erzogen werden, die aktiven Bürger sollen bei ihren Ehefrauen emotionalen Rückhalt finden. Dem entspricht Rousseaus Erziehungsprogramm: „Die ganze Erziehung der Frauen muß auf die Männer Bezug nehmen".³⁴ Dieser Konzeption zufolge sollen also die Frauen wohl zum künftigen Fortschritt beitragen, doch bleibt ihnen die Möglichkeit einer Partizipation am öffentlichen Leben versperrt. Das hatte weitreichende Folgen über Rousseau hinaus. Wie in der feministisch motivierten Kritik vielfach moniert wurde, ist in den theoretischen Grundlagen des modernen Staates eine Geschlechterasymmetrie enthalten, die nicht ohne weiteres getilgt werden kann. Lynda Lange erläutert, dass es unmöglich ist, Rousseaus politische Philosophie auf einfache Weise dadurch zu korrigieren, dass die Frauen mitgedacht werden, wenn von Staatsbürgern die Rede ist. „With regard to the question of universal citizenship, it is apparent that the social role of women as ‚natural' reproductive workers is incompatible with participation in the general will."³⁵ Da diese für die Spätaufklärung kennzeichnende Konzeption der Geschlechterrollen bis heute wirksam ist, geht eine zentrale Forderung der aktuellen Debatte in Richtung einer Redimensionierung nicht nur der öffentlichen, sondern zugleich der häuslichen Sphäre. In Zusammenhang damit hat sich vor allem gezeigt, dass der Gedanke einer geschlechtsspezifischen Arbeitsteilung insgesamt unhaltbar ist: Einen männlichen oder weiblichen Körper zu haben, bedeutet für niemanden, für eine bestimmte Tätigkeit qualifiziert zu sein.³⁶

Den kritischen Analysen der Rousseauschen Konzeption wird häufig entgegengehalten, letztere sei lediglich ein Spielgelbild der damaligen Lebensverhältnisse. Dieser Einwand lässt jedoch außer Acht, dass Rousseau seinen Entwurf immer wieder als Gegenmodell zu der von ihm beobachteten, durch Entfremdung gekennzeichneten Realität deklariert. Er wendet sich vor allem gegen die urbanen Bedingungen seiner Zeit, denen er attestiert, eine Vereinzelung der Einzelnen mit sich zu bringen. „In unseren großen Städten", notiert er, hat „die Gesellschaft [...] alles so durchdrungen und ist so gemischt, daß man [...] in seinem Haus wie auf dem Marktplatz lebt. Wenn man nur in der Gesellschaft lebt, hat man natürlich keine Familie mehr. Kaum, dass man noch seine Eltern

---

33 Zur Geschichtslosigkeit der Frau bei Rousseau siehe z. B. Bovenschen (1980), 177.
34 EM, 394.
35 Lange (1979), 48.
36 Für eine eingehendere Auseinandersetzung mit dem Problem eines biologischen Determinismus siehe: Nagl-Docekal (2001), 17–36.

kennt. Man empfindet sie als fremd."³⁷ Diese allseitige Entfremdung wird insbesondere in der Fragment gebliebenen Fortsetzung des *Emile*, die unter dem Titel *Emile und Sophie oder Die Einsamen*³⁸ erschienen ist, thematisiert. Die beiden Zöglinge, mit deren Eheschließung das Buch *Emile* endet, ziehen darin in die Stadt und erleben das Scheitern ihrer Ehe. Sophie stirbt daraufhin. Damit tritt die unaufgelöste Spannung in Rousseaus Denken deutlich hervor: Während für die Männer der Weg in eine neue, auf Autonomie gegründete Ordnung aufgezeigt wird, gibt es für die Frauen keinen Platz außerhalb der Ehe.³⁹

3.2.3 Die Zuneigung der Geschlechter als Ort der Moralisierung

Die Aufgabe der Überwindung von Entfremdung erfordert indessen mehr als die Etablierung eines gerechten Staates. Wie Rousseau hervorhebt, kann der Staat selbst dann, wenn er auf kontraktualistischer Basis neu geordnet ist, seine Bürger nicht dazu bringen, sich auch damit zu identifizieren. „Jeder kann als Mensch einen eigenen Willen haben, der mit oder gegen den Allgemeinwillen läuft, den er als Staatsbürger hat. Sein Partikularinteresse kann ihn ganz anders fordern als das Gemeininteresse."⁴⁰ Rousseau hält fest, dass das einzelne Individuum „seiner Natur nach nach Bevorzugung [...] strebt",⁴¹ so dass ständig die Gefahr von Gesetzesübertretung und Korruption droht:⁴² „Denn dieselben Laster, welche die sozialen Einrichtungen nötig machen, machen auch ihren Mißbrauch unvermeidlich. Mit Ausnahme des einzigartigen Sparta [...] halten die Gesetze, die im allgemeinen nicht so stark wie die Leidenschaften sind, die Menschen nur im Zaum, aber sie ändern sie nicht. Deshalb wäre leicht zu beweisen, daß jede Regierung, die sich ohne Verfall und Verschlimmerung immer genau gemäß dem Zweck ihrer Einsetzung entwickelte, ohne Notwendigkeit eingeführt worden wäre. Ein Land, in dem niemand die Gesetze umginge und sein Amt mißbrauchte, hätte weder Obrigkeit noch Gesetze nötig."⁴³ Im Blick auf diesen Hang der Einzelnen, sich vom Allgemeinwillen, auch wenn sie diesen mittragen, zugleich auszunehmen, erläutert Rousseau den zweiten notwen-

---

37 EM, 423.
38 Sigle: ES.
39 Dies dokumentieren auch Rousseaus abqualifizierende Äußerungen über die Gelehrsamkeit von Frauen. Rousseau schreibt über die Frau als „Blaustrumpf und Schöngeist" u. a.: „Die Kritik kann nicht ausbleiben, sobald man seinen Stand verläßt und einen annehmen möchte, für den man nicht geschaffen ist. Alle diese hochtalentierten Frauen nötigen nur den Dummen Achtung ab" (EM, 447). Eine gelehrte Pariserin, die anonym bleiben wollte – sie signierte mit ‚Henriette' – sandte Rousseau einen Brief, in dem sie einen in ihrer eigenen Lebenserfahrung begründeten Einwand gegen diese Textstelle formulierte. Zur Analyse des damit beginnenden Briefwechsels siehe: Honegger (1991), 19–29.
40 GV, 77.
41 GV, 85.
42 GV, 79 sowie 148–153.
43 UU, 253.

digen Schritt der Erneuerung: Gefordert ist nun, dass die Menschen selbst sich ändern. Letztendlich sollen sie die Gesetze nicht mehr gezwungenermaßen, sondern aus freien Stücken, d. h. aus Pflicht, befolgen. In der näheren Erörterung dieser Aufgabe rückt Rousseau die zweite Form der Abhängigkeit, diejenige von den eigenen Leidenschaften, in den Vordergrund und macht geltend, dass es darauf ankommt, diese zu überwinden. Dabei bringt er das Prinzip der Autonomie auf die in den Einzelnen vor sich gehenden Entscheidungsprozesse zur Anwendung: „Nun erst löst die Stimme der Pflicht den physischen Trieb [...] ab. Der Mensch, der bisher nur an sich gedacht hatte, sieht sich gezwungen, nach anderen Grundsätzen zu handeln und seine Vernunft zu befragen, ehe er seinen Neigungen folgt."[44] (Im Kontext der rezenten rechtsphilosophischen Debatte thematisierte John Rawls, dass der wohlgeordnete Rechtsstaat nur dann von dauerhaftem Bestand sein kann, wenn die Bürger sich aus moralischen Gründen damit identifizieren. Um dieser Verwiesenheit des Rechts auf Moralität gerecht zu werden, schlägt Rawls, wie erwähnt, vor, die staatsbürgerlichen Tugenden in den Gesellschaftsvertrag aufzunehmen.[45])

Die Wendung zur Moral stellt für Rousseau die eigentliche Menschwerdung dar; kurz nach der eben zitierten Textstelle schreibt er, dass der Mensch „den Augenblick preisen müßte, der ihn für immer erlöst und aus einem dummen beschränkten Tier zu einem intelligenten Wesen und zu einem Menschen gemacht hat."[46] Freilich: was hier ‚für immer' geschehen ist, betrifft allererst die den Menschen auszeichnende Kompetenz; dass eine entsprechende Umsetzung noch aussteht, ist Teil der Gegenwartsdiagnose Rousseaus. Er sondiert daher, wie die moralische Erziehung gestaltet werden sollte, und fokussiert dabei nicht nur die Kindererziehung, sondern auch die Ausbildung der moralischen Sensibilität der Erwachsenen. An dem zuletzt genannten Punkt erhält seine Unterscheidung der Geschlechter erneut zentrale Bedeutung: Die Frauen erscheinen, wie Lieselotte Steinbrügge aufgezeigt hat, als „das moralische Geschlecht".[47] Dabei beruft Rousseau sich wieder auf die spezifische ‚Natur' der Frau (von der bereits die Rede war), in diesem Fall auf die Veranlagung zur Scham. So enthält seine Konzeption der Mädchenerziehung die Forderung, diese Anlage zu kultivieren, denn „Keuschheit muß die kostbarste Tugend für eine Frau sein, die nur ein bißchen Seelengröße hat".[48] Durch ihre Sittsamkeit soll die Frau schließlich auch die Begierden des Mannes beherrschen: „Die Herrschaft der Frau beginnt mit ihren Tugenden. Kaum haben sich ihre Reize entwickelt, so herrscht sie schon durch die Sanftheit ihres Charakters und flößt durch ihre Sittsamkeit Achtung

---

44 GV, 78 f.
45 IP, 93. Für einen kritischen Kommentar, der geltend macht, dass sich eine moralische Haltung nicht kontraktualistisch fundieren lässt, siehe Teil I dieses Buches.
46 GV, 79.
47 Siehe Steinbrügge (1987).
48 EM, 427.

ein."⁴⁹ Um diese Wirkung zu erzielen, muß schon das Mädchen dazu angehalten werden, dass es „wenig spricht, zuhört, sich sittsam benimmt und ehrbar ausdrückt".⁵⁰

Die Frau muss demnach selbst dafür sorgen, dass sie nicht bloß als Objekt der Begierde behandelt, sondern als Person geachtet wird. Erst auf der Basis ihrer Sittsamkeit kann sich das Verhältnis zwischen Mann und Frau als eine Beziehung zwischen Menschen gestalten. Diese Thematik rückt Rousseau u. a. am Schluss seines Romans *Julie oder Die neue Héloïse* in den Vordergrund. Dort wird das Schicksal Lord Bomstons, einer Nebenfigur des Romans, erzählt. Diesem wird Laura, ein Freudenmädchen, zugeführt, doch sie widersetzt sich seinem Begehren. Laura liebt den Lord und kann dies nur damit zum Ausdruck bringen, dass sie sich ihm versagt. Erst durch diese Verweigerung wird sie für den Lord in ihrem individuellen Schicksal sichtbar.⁵¹ Rousseau bringt in dieser narrativen Form seine generelle Forderung zum Ausdruck, dass die Geschlechterbeziehung einen maßgeblichen Ort des Übergangs von der physischen Neigung zur Moralität bilden soll. Kant wird in seiner Schrift *Mutmaßlicher Anfang der Menschengeschichte* ebenfalls die Bedeutung der Scham für die Ausbildung einer moralischen Haltung erörtern. Freilich schlägt er insofern einen anderen Weg ein, als er die Keuschheit beiden Geschlechtern zuordnet. Dies zeigt sein Kommentar zum ‚Feigenblatt' im biblischen Buch *Genesis*: „Eine Neigung dadurch inniger und dauerhafter zu machen, daß man ihren Gegenstand den Sinnen entzieht, zeigt schon das Bewußtsein einiger Herrschaft der Vernunft über die Antriebe [...]. Weigerung war das Kunststück, um von bloß empfundenen zu idealischen Reizen, von der bloß tierischen Begierde allmählich zur Liebe, und mit dieser vom Gefühl des bloß Angenehmen zum Geschmack für Schönheit [...]. überzuführen. Die Sittsamkeit, eine Neigung, durch guten Anstand [...] anderen Achtung gegen uns einzuflößen, [...] gab überdem den ersten Wink zur Ausbildung des Menschen als eines sittlichen Geschöpfs."⁵²

Rousseaus Konzeption der Erziehung zur Moral hat indessen einen ausgeprägt geschlechterhierarchischen Zuschnitt. Vordergründig ist, wie eben zitiert, von der ‚Herrschaft der Frau' die Rede; auch von der „Autorität der Geliebten".⁵³ Dies könnte den Eindruck erwecken, als würde sich hier das oben thematisierte Subordinationsverhältnis umkehren. Doch dieser Schein trügt: Darin, dass sie seine moralische Entwicklung befördert, dient die Frau erneut dem Mann. Das eigentliche Interesse Rousseaus gilt der Erziehung der Männer zu einem vernunftgeleiteten moralischen Handeln. Es ist signifikant, dass die Sittsamkeit der Frau hingegen als in ihrer Natur angelegt betrachtet wird. Auf diese Weise belastet die erläuterte Inkonsistenz in Rousseaus Naturverständnis auch seine Auffassung von Moral. Sarah Kofmann arbeitet in ihrer Untersuchung der „Ökonomie der Scham"⁵⁴ bei Rousseau heraus, dass eine *petitio principii* vorliegt:

---

49 EM, 425.
50 EM, 425.
51 NH, 783–795.
52 AM, 89 f.
53 UU, 426.
54 Kofmann (1986), 20.

„Nichts also legitimiert den natürlichen Charakter der Scham";[55] das für die bürgerliche Geschlechterordnung kennzeichnende Ideal der sittsamen, eher schweigenden als sprechenden Frau wird vielmehr zuerst auf ‚die Natur' projiziert. Feministisch motivierte Kritik wird Rousseaus Überlegungen freilich nicht gerecht, wenn sie ausschließlich deren instrumentalisierende Implikationen hervorhebt. Es gilt darüber hinaus zu beachten, dass die Frau – gerade weil ihr die Ausbildung und Differenzierung von Gefühlen überantwortet ist – im Vergleich zum Mann als subtiler dargestellt wird. Dies wird z. B. auf folgende Weise deutlich: Wenn Rousseau auf der Tugendhaftigkeit der Frau insistiert, geht es ihm nicht um eine asketische Haltung; der Frau wird vielmehr die „Kunst" zugesprochen, ihr Begehren auf eine andere, indirekte Weise zum Ausdruck zu bringen: „Ihr Los wäre zu grausam, wenn sie, selbst in den berechtigten Wünschen, kein Ausdrucksmittel hätte, das dem gleichwertig ist, das sie nicht anzuwenden wagt. Soll ihre Schamhaftigkeit sie unglücklich machen?"[56] Rousseau hat hier ein Vermögen vor Augen, welches der Frau erlaubt, ihre „Neigungen mitzuteilen, ohne sie zu offenbaren".[57] Diese Fähigkeit zur Nuancierung kommt seines Erachtens nicht allein in den erotischen Beziehungen zum Tragen, sondern prägt generell die soziale Kompetenz der Frau. Rousseau spricht der Frau vor allem hinsichtlich der Wahrnehmung nonverbaler Kommunikation eine dem Mann überlegene Fähigkeit zu.[58] Dass er auf diese Weise von ihrer größeren Subtilität ausgeht, bildet die Voraussetzung dafür, dass er das eigentliche, letzte in seinem geschichtsphilosophischen Denken entworfene Ziel in einer literarischen Frauengestalt zum Ausdruck bringt.

3.2.4 Julies Garten bei Rousseau und Kant

Wie zuvor für den gerechten Staat, so ist nun auch für die Moralität festzuhalten, dass Rousseau in seinem geschichtsphilosophischen Entwurf für die Zukunft noch eine weitergehende Perspektive entwickelt. Das geschieht insbesondere in seinem Buch *Julie oder Die Neue Héloïse*. (Mit demselben Recht, mit dem er dies im Blick auf den *Émile* betont, könnte Rousseau auch über dieses Buch sagen, dass das eigentliche Thema die Geschichte ist.) Rousseau zeigt, dass mit der Einhaltung der moralischen Gesetze noch nicht Vollkommenheit erreicht ist. Moralität bleibt so lange limitiert, als sie das Handeln auf die Vernunft allein gründet. Rousseau verdeutlicht dies an der Figur Herrn von Wolmars, des Ehemannes, für den Julie, obwohl sie ihren Hauslehrer liebt, sich entscheidet, um dem Wunsch ihres Vaters gerecht zu werden. In einem Brief aus der Feder Julies wird Wolmar eingehend charakterisiert. Dabei bleibt zum einen kein Zweifel, dass ein Handeln aus Vernunft ein notwendiges Ideal darstellt; so liest man etwa: „Mit

---

55 Kofmann (1986), 26.
56 EM, 419.
57 EM, 419.
58 Vgl. EM, 416 f. Für eine eingehende Studie zur Differenz der Sprache der Frauen und der Männer bei Rousseau siehe Garbe (1992), 108–113.

welcher Sorgfalt ich ihn auch habe beobachten können, so habe ich doch keine andere Leidenschaft an ihm finden können als die, welche er für mich hegt. Und auch diese Leidenschaft ist so gleichförmig und gemäßigt, daß man meinen könnte, er liebe nur, so sehr er lieben wolle, und wolle es nur in dem Maße, als es die Vernunft erlaubt [...]; in dieser Hinsicht erscheint er mir uns anderen Gefühlsmenschen, die wir selbst uns doch so sehr bewundern, überlegen zu sein, denn das Herz täuscht uns auf tausenderlei Art und handelt nur nach einem allezeit verdächtigen Grundsatze; die Vernunft aber hat kein anderes Ziel als das Gute; ihre Regeln sind sicher, klar, in der Führung des Lebens leicht zu befolgen".[59] Doch zugleich werden die Grenzen dieser Haltung deutlich, wenn es im selben Brief heißt, „ich habe ihn niemals lustig oder traurig gesehen [...]. Er lacht nie; er ist ernsthaft";[60] und weiter: „Wäre ich so ruhig als er, so würde gar zu viel Kälte unter uns herrschen und unsern Umgang weniger angenehm und lieblich machen."[61]

Julie repräsentiert ein Ideal, das über ein vernunftgeleitetes Leben hinausreicht. Es ist durch eine andere Umgangsweise mit den Leidenschaften gekennzeichnet: Diese sollen zwar beherrscht werden, aber zugleich präsent bleiben. Vernunft soll nicht an die Stelle der Gefühle gesetzt, sondern mit diesen zu einem harmonischen Ganzen verbunden werden. Ernst Cassirer ortet hier das eigentliche Zentrum der Philosophie Rousseaus: „Sein ganzes Denken ist von Anfang an von dem Problem der ‚Glückseligkeit' bewegt: es sucht nach einer Einheit, einer Harmonie von Tugend und Glückseligkeit."[62] In einem Brief Julies ist das Ausgangsproblem klar benannt: „Ist es nicht eines Menschen sehr unwürdig, wenn er niemals mit sich selbst in Einklang leben kann, wenn er eine Richtschnur für seine Handlungen und eine andere für seine Empfindungen hat, wenn er denkt, als hätte er keinen Körper, und handelt, als hätte er keine Seele, und wenn er nichts von dem, was er in seinem ganzen Leben tut, sich jemals ganz aneignet."[63] Doch was hat es zu bedeuten, dass das Ideal der Harmonie von Vernunft und Gefühl bei Rousseau (und nicht nur bei ihm) von einer Frauengestalt verkörpert wird? Ausschlaggebend ist ein Zusammenhang, der hier bereits thematisiert wurde: Die dichotome Auffassung der Geschlechtscharaktere ist so konzipiert, dass im Rahmen der modernen Öffentlichkeit die Frau keinen Ort hat. Dies eröffnet die Möglichkeit, jene Dimensionen des Lebens, die Männer in ihrer Sphäre vermissen, auf die Frau zu projizieren. Das Weibliche wird auf diese Weise zur Utopie der Moderne.[64]

---

59 NH, 386.
60 NH, 386.
61 NH, 389. Auch für Klaus Dirscherl „wird deutlich, daß Wolmar so vollkommen nicht ist, wie er zunächst wirkt [...]. Der Gegensatz zwischen dem ‚nur' vernünftig Handelnden und einer Julie, die heldenhaft ihren früheren amour passion in einen amour sagesse verwandelt, ist unübersehbar." (Dirscherl (1985), 112.)
62 Cassirer (1975), 28. Rousseau nimmt hier bereits Elemente von Friedrich Schillers Konzeption der ‚schönen Seele' vorweg.
63 NH, 378.
64 Den Vorgang der Idealisierung des Weiblichen verfolgt Klinger (1990). Siehe auch: Nagl-Docekal (1992), besonders den Abschnitt: Die Frau als Utopie der Moderne (528 f.).

Rousseau führt das Thema der Vermittlung von Vernunft und Gefühl vor allem im letzten Teil seines Romans aus (in einem Nuancenreichtum, auf den hier nicht voll eingegangen werden kann). Die Beziehung zwischen Julie und St. Preux, ihrem ehemaligen Hauslehrer, bricht mit Julies Verehelichung nicht ab; Julie ist vielmehr bestrebt, beide Bindungen in Einklang zu bringen. In einem kurz nach ihrer Trauung verfassten Brief an St. Preux schreibt sie: „Ist es nicht besser eine so kostbare Empfindung zu läutern, um sie dauerhaft zu machen? Ist es nicht besser, wenigstens das davon zu erhalten, was sich mit der Unschuld in Einklang bringen läßt? Heißt das nicht, alles erhalten, was sie nur immer an Reizendem gehabt hat? [...] Ich liebe Sie noch immer, zweifeln Sie nicht daran. Das Gefühl, das mich zu Ihnen hinzieht, ist noch so zärtlich und so lebhaft, daß eine andere darüber vielleicht beunruhigt wäre."[65] Nur unter der Perspektive dieser (durch Julie verkörperten) Harmonisierung ist es gerechtfertigt, Rousseaus Geschichtsphilosophie mittels des Stichworts ‚zurück zur Natur' zu deuten: Moralität soll so eingeübt werden, dass sie den Gefühlen, als natürlichen Neigungen, wieder Raum geben kann, sich zu entfalten.

Dieser Gedanke erfährt eine detaillierte Ausgestaltung vor allem auf metaphorische Art – in Form von Julies Garten, über den ein Brief St. Preux' berichtet. Dieser Garten wurde von Julie so angelegt, dass der Betrachter den Eindruck gewinnen kann, sich in ursprünglicher Natur vorzufinden. St. Preux erzählt: „Zugleich aber glaubte ich, den wildesten, einsamsten Ort vor mir zu sehen, und es kam mir vor, als sei ich der erste Sterbliche, der jemals in diese Einöde vorgedrungen sei. Überrascht, ergriffen, entzückt von einem so wenig erwarteten Schauspiel, blieb ich eine Minute regungslos stehen und rief in unwillkürlicher Begeisterung aus: ‚O Tinian! O Juan Fernandez! Das Ende der Welt, Julie, liegt vor Ihrer Türe!'"[66] St. Preux wird von Julie eines Besseren belehrt: „‚Allerdings', sagte sie, ‚die Natur hat alles getan; aber unter meiner Anleitung, und hier ist nichts, das ich nicht angeordnet hätte [...]. Kommen Sie mit, so werden Sie es begreifen. Adieu Tinian, Adieu Juan Fernandez [...]!'"[67] Doch obwohl St. Preux auf diese Weise mehrfach über die Künstlichkeit des Gartens unterrichtet wird, stellt sich der ursprüngliche Eindruck für ihn stets aufs Neue her.

Julie nennt ihren Garten ‚Elysium', und in diesem Namen kündigt sich eine Ambivalenz an. St. Preux berichtet über den diesbezüglichen Teil des Gesprächs mit Julie im Garten: „‚Nun, was meinen Sie?' sprach sie im Gehen. ‚Sind Sie noch immer am Ende der Welt?' ‚Nein' erwiderte ich ‚gar außer der Welt; Sie haben mich in der Tat ins Elysium versetzt.'"[68] Diese Textstelle lässt anklingen, dass die angestrebte Vermittlung von Vernunft und Gefühl möglicherweise in der Realität nicht eingelöst, sondern nur ‚außer der Welt' gedacht werden kann. Diese Spannung bleibt für den weiteren Verlauf des Romans bestimmend.

---

65 NH, 379.
66 NH, 492.
67 NH, 493.
68 NH, 499.

Auf diese Weise verkörpert Julie einen zweifachen Gedanken. Zum einen (1) repräsentiert sie die Harmonie von Tugend und Glück, die Rousseau als das ultimative Ziel der Geschichte betrachtet. Es ist dieser Punkt, an den Kant anknüpft. Kant diagnostiziert zunächst eine Schaukelbewegung, durch die Kultur und Natur alternativ Schaden nehmen, indem er festhält, „daß die Anreize [zu den Lastern] an sich gut und als Naturanlagen zweckmäßig sind, diese Anlagen aber, da sie auf den bloßen Naturzustand gestellt waren, durch die fortgehende Kultur Abbruch leiden, und dieser dagegen Abbruch tun."[69] Diesem Konflikt werden, so Kant, die Menschen nicht beikommen können, „bis vollkommene Kunst wieder Natur wird: als welches das letzte Ziel der sittlichen Bestimmung der Menschengattung ist."[70] In seinen posthum überlieferten Reflexionen zu Rousseau nimmt Kant offenkundig auf Julies Garten Bezug, wenn er notiert: „Rousseau erhebt die Natur, und die ist auch unser Beziehungspunkt bei aller Kunst: nämlich jener nicht Gewalt anzutun, sondern sie nur vollkommen zu entwickeln. Blumen, neue Früchte."[71] Dadurch erschließt sich erst eigentlich Kants These, dass es allein auf die richtige Ordnung unserer Triebfedern ankommt. Wie er aufzeigt, wäre es irrig, den Grund des Moralisch-Bösen in der „Sinnlichkeit des Menschen" zu suchen, da diese uns von Natur gegeben ist;[72] vielmehr „ist der Mensch [...] nur dadurch böse, daß er die sittliche Ordnung der Triebfedern umkehrt: [...] die Triebfeder der Selbstliebe und ihre Neigungen zur Bedingung der Befolgung des moralischen Gesetzes macht, da das letztere vielmehr als die oberste Bedingung der Befriedigung der ersteren [...] als alleinige Triebfeder aufgenommen werden sollte."[73]

Zum anderen (2) repräsentiert Julie Rousseaus Zweifel, ob die angestrebte Harmonie unter den Bedingungen der Endlichkeit jemals voll verwirklicht werden kann, wie schon an der Benennung ihres Gartens als ‚Elysium' deutlich wird. Verfolgt man näher, wie die beiden Gesprächspartner im Garten gestaltet sind, so wird sichtbar, dass für Julie durch den Eindruck von Natürlichkeit die dahinter stehenden Anstrengungen nicht zum Verschwinden gebracht werden. Sie sagt etwa über die Natur: „Wer sie liebt, und doch nicht so weit gehen kann, um sie aufzusuchen, ist genötigt, ihr Gewalt anzutun, sie gewissermaßen zu zwingen, daß sie komme und bei ihm wohne. Das alles aber läßt sich ohne ein wenig Vortäuschung nicht erreichen."[74] Die Tugend behält also für Julie einen Hintergrund von Gewalt und Zwang der Natur gegenüber. Diese Spannung wird in Zusammenhang mit dem Tod Julies zu einer offenen Ambivalenz. Wie Christine Garbe[75] hervorhebt, deutet Julie ihren bevorstehenden Tod verschiedenen Personen gegenüber auf sehr unterschiedliche Weise. Zu Wolmar und ihrer Base und Vertrauten Clara spricht sie vom Ausmaß ihres Glücks: „Mein Glück, das sich allmählich gesteigert hatte, hatte

---

69 AM, 95.
70 AM, 95.
71 Reflexion 1523, NA, 894–896.
72 RG, 683.
73 RG, 685.
74 NH, 500.
75 Garbe (1992), 174–181.

nun den höchsten Gipfel erreicht."⁷⁶ In ihrem letzten Brief an St. Preux hält sie indessen zunächst fest, dass Tugend für sie nie gesicherter Besitz in der Art einer zweiten Natur war: „Sie glaubten, ich sei völlig geheilt; ich glaubte es auch. Wir wollen demjenigen danken, der den Irrtum bestehen ließ, solange er nützlich war; wer weiß, ob mir nicht, wenn ich mich dem Abgrund so nahe gesehen, geschwindelt hätte."⁷⁷ Von hier aus sieht Julie ihren Tod in ganz anderem Licht: „Habe ich für Glück und Tugend nicht lange genug gelebt? [...] Nach so vielen Opfern erachte ich das letzte, das ich noch bringen muß, für gering. Es heißt nur, noch einmal mehr zu sterben."⁷⁸ Garbe kommentiert zu Recht: „Befand sich Julie auf dem Gipfel des Glücks oder am Abgrund der Leidenschaften? Oder war der Gipfel ihres Glücks gar zugleich der Rand eines Abgrunds?"⁷⁹

Am Ende des Buches arbeitet Rousseau das Thema der Zweideutigkeit mit besonderer Eindringlichkeit heraus. Der Bericht über Julies Tod enthält eine Reihe christologischer Motive, die zugleich zurückgenommen werden. So sehen manche Julie als vom Tode auferweckt, und die Familie muß diesem falschen Schein entgegentreten. Ferner spricht Julie auf dem Totenbett Worte, deren Anklänge an das Neue Testament unüberhörbar sind: „Ich verlasse euch eigentlich nicht, ich bleibe bei euch; indem ich euch vereint zurücklasse, bleiben euch mein Geist und mein Herz. Ihr werdet mich unaufhörlich unter euch sehen, Ihr werdet unaufhörlich fühlen, daß ich unter euch bin."⁸⁰ Ihre Erwartung erfüllt sich indessen nicht. Der Kreis ihrer Lieben macht nach Julies Tod einen trostlosen Eindruck.⁸¹

Im Rückblick auf den gesamten Gedankengang Rousseaus tritt hervor, dass die Frauen, denen die höchsten menschlichen Ziele anvertraut sind, einen hohen Preis zu bezahlen haben. Beide literarischen Figuren, Sophie und Julie, sind exterritorial loziert: keiner wird die Möglichkeit eingeräumt, an den öffentlichen Prozessen der Meinungsbildung und Entscheidungsfindung, die den Staat und das ökonomische Leben unter Bedingungen der Moderne kennzeichnen, zu partizipieren. Rousseau lässt erkennen, dass er die Kalamität dieser Positionierung wohl wahrnimmt, aber keinen Ausweg daraus sieht: beide Frauenfiguren sterben in jungen Jahren. Auf diese Weise präsentiert Rousseau sich als ein Autor, dessen Denken simplen, dogmatisch vertretenen Auffassungen dichotomer Geschlechtsrollen weit überlegen ist. Es scheint angemessen, seine Reflexionen über Geschlechterverhältnisse als eine präzise Artikulation jener Auffassungen der Dichotomie ‚männlich/weiblich' – und ihrer ungelösten Probleme – zu lesen, welche die Lebens-

---

76 NH, 763.
77 NH, 777.
78 NH, 778.
79 Garbe (1992), 179.
80 NH, 763.
81 Diesem Scheitern schenkt vor allem Tony Tanner Beachtung; sie schreibt: „At the end, all bonds have snapped: father, husband, cousin, lover, children, thrown back or turned in upon themselves, wandering around in a daze of misery without communication [...]. There is a glimpse here of that unspeakable solitude at the heart of all relationships which every other page of the book works to transcend or conceal or deny." (Tanner (1982), 124.)

welt des Bürgertums der Moderne prägten und bis in die gegenwärtigen Verhältnisse nachwirken. Rousseaus Werk bietet damit wertvolle Instrumente für die kritische Analyse des Mentalitätshintergrunds jener gegenwärtigen sozialen Ordnungsmuster, durch die Frauen in vielfacher Form mit Diskriminierung konfrontiert werden.[82]

Kant nimmt eine entscheidende Transformation vor: Zwar kommt in seinen Überlegungen zum Geschlechterverhältnis der bürgerliche Entwurf immer wieder (wenngleich nicht bruchlos[83]) zum Tragen, doch wird die Harmonie von Moralität und Glückseligkeit in geschlechtsneutraler Form erläutert. Damit hebt Kant dieses Thema, das bei Rousseau literarisch verschlüsselt bleibt, auf die Ebene der begrifflichen philosophischen Argumentation, die sich mit der Doppelstellung des Menschen als sinnliches und vernunftbegabtes Wesen auseinandersetzt. Dem entsprechend betrifft auch die Frage, ob die als ultimatives Ziel der Geschichte dargestellte sorgfältige Ausbalancierung jemals realiter erreichbar sein wird, den Menschen als solchen. Bei Kant zeichnet sich hinsichtlich dieser Frage – die Roussau in den Ambivalenzen am Lebensende Julies veranschaulicht – eine luzide abgestufte Erwägung ab: Zunächst (1) macht er einsichtig, dass das Ziel menschlichen Handelns mit aller Klarheit, d. h. ohne Abstriche, formuliert werden muss. Das ist nicht so zu verstehen, als läge es an der Philosophie, dieses Ziel frei zu erfinden; es geht allein darum, ein Wissen konsistent auszubuchstabieren, das in unserer praktischen Vernunft immer schon angelegt ist. Diese Art des Bewusstmachens hat praktische Relevanz: Sie bringt einen „Leitfaden" für gegenwärtiges Handeln in Sicht, der einer allmählichen Annäherung an dieses Ziel „beförderlich"[84] sein kann. Doch macht Kant ferner (2) geltend, dass die Menschheit selbst bei kontinuierlichen künftigen Anstrengungen, zu einem beglückenden Ganzen zu gelangen, keine innerhalb der geschichtlichen Zeit – „noch hier auf Erden"[85] – eintretende Vollendung zu erreichen vermag. Kant erläutert dies anhand der Apokalypse des Johannes, indem er festhält, die „vollendete Errichtung des göttlichen Staates" sei „als eine bloß zur größeren Belebung der Hoffnung und des Muts [...] abgezweckte symbolische Vorstellung"[86] zu deuten. Aus philosophischer Perspektive könne diese Vorstellung nur im Sinne eines Grenzbegriffs aufgefasst, d. h., auf das Ende der Geschichte – „womit dann alles Erdenleben ein Ende hat"[87] – bezogen werden.[88] Daher „muß es befremden", so Kant, „daß gleichwohl die

---

82 Für weitere erhellende Artikulationen des dichotomen Denkens siehe: Doyé/Heinz/Kuster (2002).
83 Siehe Jauch (1988).
84 IG, 34 und 36.
85 RG, 801.
86 RG, 800.
87 RG, 801.
88 Kant formuliert diese These unter Berufung auf die in der Apokalypse in Aussicht gestellte „Scheidung der Guten von den Bösen". Seines Erachtens bedeutet diese Scheidung die Auflösung eines konstitutiven Elements der menschlichen Endlichkeitsbedingungen: Für das Leben auf Erden, insbesondere für die der Gattung aufgetragenen „Fortschritte" sei „die Vermischung beider untereinander geradezu [...] nötig" (RG, 801).

Philosophen alter und neuer Zeiten die Glückseligkeit mit der Tugend in ganz geziemender Proportion schon in diesem Leben (in der Sinnenwelt) haben finden, oder sich ihrer bewußt zu sein haben überreden können".[89]

Was indessen (3) die innerhalb des ‚Erdenlebens' verbleibende Zukunftsperspektive anbelangt, untersucht Kant, ob wenigstens eine schrittweise Annäherung an das von unserer moralischen Vernunft gesteckte Ziel möglich ist. Eben diese Aufgabe bildet für ihn, wie erläutert, das Zentrum der Geschichtsphilosophie: Diese sucht nachzuweisen, dass die Möglichkeit einer zunehmenden Moralisierung in der Tat besteht. Damit eröffnet sie jene „tröstende Aussicht in die Zukunft",[90] ohne die gegenwärtige Bemühungen in diese Richtung als sinnlos erscheinen müssten.

(4) Analog zu diesem Blick auf den Fortgang der Menschheit behandelt Kant die Aussichten der Einzelnen jetzt und hier. Wie sehr diese sich auch um ein Austarieren von Kunst und Natur bemühen mögen, so gehört doch die Erfahrung, dass Glückswürdigkeit oft nicht zum Glück führt, zu jedem Menschenleben. An diesem Punkt der Verzweiflung setzt, wie erläutert, Kants Postulatenlehre an; demnach fordert unsere praktische Vernunft die Existenz Gottes, da dieser allein uns die höchste „jener Sittlichkeit angemessene Glückseligkeit"[91] zuzusichern vermag. Dagegen wendet Jürgen Habermas ein, dass es dieser Überlegung an Stringenz ermangele. Für ihn ist die Postulatenlehre ein Versuch, „motivationalen Halt" zu vermitteln, der sich aber als kontraproduktiv erweist: „Eine solche funktionalistische Überlegung, wonach der Glaube an Gott und die Unsterblichkeit der moralischen Gesinnung der Menschen zuträglich sei, ist jedoch selbstdestruktiv. Sie untergräbt nicht nur die Forderung der Moral, aus Achtung vor dem Sittengesetz allein zu handeln, sondern auch den Modus des Fürwahrhaltens selbst."[92] Doch geht dieser Einwand den Intentionen Kants nicht in vollem Umfang nach. Kant sucht möglichst präzise zu rekonstruieren, was es für endliche Wesen heißt, moralisch zu handeln. Im Zeichen dieser Fragestellung bringt er zwei Themenbereiche ins Spiel: Da ist zum einen die in unserer Vernunft verankerte Verbindlichkeit des kategorischen Imperativs, die – wie Habermas zu Recht hervorhebt – keineswegs der Religion bedarf.[93] Zum anderen stellt sich die Frage, woher Menschen überhaupt den Mut und die Kraft beziehen, ungeachtet der oft düsteren Aussichten moralisch zu handeln.[94] Im Zuge der

---

89 KP, 244.
90 IG, 30.
91 KP, 254.
92 Habermas (2004a), 149.
93 Die Argumentation der *Grundlegung zur Metaphysik der Sitten* fortführend, hält Kant am Beginn der Vorrede zur ersten Auflage seiner Religionsschrift fest: „Die Moral [...] bedarf also zum Behuf ihrer selbst (sowohl objektiv, was das Wollen, als auch subjektiv, was das Können betrifft) keineswegs der Religion, sondern, vermöge der reinen praktischen Vernunft, ist sie sich selbst genug." (RG, 649)
94 In seinen anthropologischen Überlegungen hat Kant den Begriff ‚moralischer Mut' näher erörtert. (AP, 583).

Ausdifferenzierung dieser beiden Ebenen unterscheidet Kant zwischen ‚Vernunft' und ‚Gesinnung' – er erörtert nicht nur das Sittengesetz und die sich daraus ableitenden Anforderungen, sondern auch die subjektiven Bedingungen der Umsetzung derselben. In der *Kritik der praktischen Vernunft* erläutert er diese Spannung so: „Aber der subjektive Effekt dieses Gesetzes, nämlich die ihm angemessene und durch dasselbe auch notwendige Gesinnung, das praktisch mögliche höchste Gut zu befördern, setzt doch wenigstens voraus, daß das letztere *möglich* sei, widrigenfalls es praktisch-unmöglich wäre, dem Objekte eines Begriffes nachzustreben, welcher im Grunde leer und ohne Objekt wäre."[95] Kants These lautet demnach: Erst dadurch, dass die reine praktische Vernunft zum „Begriff von der Gottheit" gelangt, können wir die „Welt" als ein konsistentes Ganzes[96] auffassen – und erst auf dieser Basis kann die Einheit von Moralität und Glückseligkeit mit gutem Grund erhofft werden, wohingegen in innergeschichtlicher Perspektive der Gedanke einer völligen Verwirklichung dieser Einheit als Utopie erscheint.

Unter postmetaphysischen Prämissen ist heute kaum jemand bereit, diesen Gedankengang Kants weiterzuführen. Doch sind mit dieser Abkehr die Problemstellungen, mit denen Kant sich auseinandersetzte, nicht überwunden. Klärungsbedürftig bleibt etwa, woher Menschen – als endliche Wesen – den Mut und die Kraft für ein öffentliches Engagement im Zeichen moralischer Anforderungen beziehen können (bzw. de facto beziehen). Ferner zeigt sich hier, dass die heute gängige Verabschiedung jeglicher religionsphilosophischer Theoriebildung eine Paradoxie generiert: Während das Ziel der Harmonisierung von Kunst und Natur unter nachmetaphysischen Prämissen, etwa in Konzeptionen des guten oder gelingenden Lebens, zentral fokussiert wird, ist es gerade der so strikt ausgeblendete moraltheologische Diskurs, der die diese Zielsetzung unterlaufenden Endlichkeitsbedingungen uneingeschränkt zur Sprache bringt.

Wichtig wäre, die Pointe von Kants Konzeption der ‚reinen moralischen Religion' zu beachten. Es geht nicht um eine Beweisführung – etwa mit der Zielsetzung, Ungläubige unter den Lesern seiner Schriften von der Notwendigkeit einer religiösen Orientierung zu überzeugen. Es geht auch nicht um eine ‚funktionalistische Überlegung', die religiöse Überzeugungen als moralisch ‚zuträglich' erscheinen lassen soll. Kant spricht vielmehr aus der Perspektive der Vernunftanalyse: Was philosophisch in Teilschritten aufgeschlüsselt ist, hat unsere praktische Vernunft immer schon geleistet. Sobald wir uns handelnd für ein moralisch geprägtes Zusammenleben engagieren, ist das Sinnganze bereits (praktisch notwendig) vorausgesetzt – andernfalls hätten wir keinen guten Grund, in dieser Weise tätig zu sein. In einer nicht genau datierbaren Reflexion er-

---

95 KP, AA V, 143.
96 Dass nur „Moraltheologie" – im Unterschied zu einer spekulativen Theologie – den Begriff einer systematischen Einheit entwickeln kann, hat Kant bereits in der *Kritik der reinen Vernunft* dargelegt. „Die Welt muß als aus einer Idee entsprungen vorgestellt werden, wenn sie mit demjenigen Vernunftgebrauch, ohne welchen wir uns selbst der Vernunft unwürdig halten würden, nämlich dem moralischen, zusammenstimmen soll." (KR, 684)

läutert Kant die desaströsen Folgen, die eine Verweigerung dieser praktischen Annahme für unser Selbstverständnis hätte: „Wenn ich das Dasein Gottes läugne, so muß ich mich entweder wie einen Narren ansehen, wenn ich ein Ehrlicher Mann seyn will (oder bin), oder wie einen Bösewicht, wenn ich ein kluger Mann seyn will. Es giebt Beweise per deductionem contrarii ad absurdidatem oder turpitudinem."[97]

---

[97] Reflexion Nr. 4256, RX, 484 f. Dazu: Schmucker (1967), 152.

3.3 Religiöse Pluralität im modernen Rechtsstaat

3.3.1 Viele Religionen – eine Vernunft

Die hier erörterten Differenzierungen tangieren auch die Debatte zu einem der akuten Probleme der Gegenwart: zu den zahlreichen religiös motivierten – oder zumindest religiös konnotierten –, oft höchst gewaltförmig ausgetragenen Konflikten.

Um einige Koordinaten der Debatte knapp zu rekapitulieren: In jedem Land leben heute Menschen verschiedener religiöser Bekenntnisse sowie eine Anzahl von Nichtgläubigen. Diese Konstellation – das „Faktum der Pluralität"[1] – dürfte sich in absehbarer Zeit nicht ändern. In Diagnosen zur Gegenwart zeichnet sich ein diesbezüglicher Wandel ab: Während die für die Moderne kennzeichnenden Säkularisierungsprozesse, die viele Lebensbereiche erfasst haben, zunächst dahingehend gedeutet worden waren, dass die Religiosität bald insgesamt ein Ende finden würde, überwiegt nunmehr die Einschätzung, dass religiöse Gemeinschaften auch in einem säkularen Umfeld fortbestehen werden. Jürgen Habermas verwendet den Terminus „post-säkulare Gesellschaft", um diese dauerhafte Koexistenz zu benennen.[2] Trifft dieser geänderte Befund zu, ist auch mit dem Konfliktpotential religiöser Vielfalt weiterhin zu rechnen, und damit stellt sich die Frage, wie derartige Antagonismen vermieden oder abgebaut werden können. *Ein* Lösungsansatz liegt bereits vor: die „prinzipielle Unterscheidung von religiöser und politischer Ebene", die für den modernen Staat konstitutiv ist.[3] Im Blick auf den historischen Hintergrund der konfessionellen Bürgerkriege kann diese Form von Säkularisierung als eine „epochale politische Kulturleistung" – wie Ernst-Wolfgang Böckenförde es ausdrückt – bezeichnet werden, da sie darauf abzielte, „dass Menschen verschiedener religiöser Überzeugungen und Weltanschauungen friedlich und in Freiheit [...] unter

---

1 Zum „Faktum der Pluralität" siehe z. B. CP, 1999, 573, und Habermas (2005), 143. Eine einführende Darstellung dieser Rawlsschen These bietet: Hinsch (1992), 22–28.
2 Habermas (2005a), 33.
3 Böckenförde (2006), 17.

einer gemeinsamen Ordnung leben können".[4] Die Gestaltung dieser für alle verbindlichen Ordnung ist der Gemeinschaft der Bürger und Bürgerinnen selbst überlassen; sie erfordert eine Begründung, die sich nicht auf kirchliche Autoritäten beruft, sondern auf vernünftige Argumente, die öffentlich erörtert werden[5]. Im rezenten vertragstheoretischen Diskurs wird der von allen geteilten „öffentlichen Vernunft" („public reason" ist der von John Rawls verwendete Ausdruck[6]) die Kompetenz zugeordnet, eine „für alle Bürger rational akzeptable Begründung"[7] von Verfassungsgrundsätzen und damit kompatiblen spezifischen Regelungen zu leisten.

Zu den zentralen Elementen der auf diese Weise legitimierten Ordnung gehört das Prinzip der Religionsfreiheit. Wenn die Parteien im Urzustand – die in einem hypothetischen Vertrag über die gesetzlichen Grundprinzipien ihres Gemeinwesens entscheiden – einander „Grundfreiheiten (Gedankenfreiheit, Gewissensfreiheit usw.)"[8] einräumen, so nehmen sie darauf Bezug, dass die Einzelnen ihre Weltsicht und praktische Orientierung in der Regel aus umfassenden Lehren beziehen. Diesen „reasonable comprehensive doctrines",[9] denen auch die religiösen Überzeugungen zugezählt werden, wird vertraglich ein Freiraum – auch für die darauf gegründete Gemeinschaftsbildung – zugesichert, der zwar durch einen rechtlichen Rahmen (im Sinne der Prinzipien ‚Freiheit' und ‚Gleichheit') begrenzt, ansonsten aber in keiner Weise geregelt wird. Aus der Perspektive der Gesetzgebung sind die religiösen Bekenntnisse so in die „Hintergrundkultur"[10] verwiesen. Mit dieser Sichtweise ist in der Regel eine Auffassung verbunden, die sich nicht zwingend daraus ableitet: dass die *Verschiedenheit* der Glaubenslehren ihre *Unversöhnlichkeit* bedeutet. Rawls zufolge müssen „tiefe und unauflösliche Differenzen in Angelegenheiten von fundamentaler Bedeutung als dauerhafte Bedingung menschlichen Lebens"[11] anerkannt werden. Kennzeichnend für diese Auffassung ist, dass der Begriff ‚Vernunft' hier im Plural gebraucht wird; demnach ist die ‚Hintergrundkultur' von „many forms of nonpublic reason"[12] geprägt. Die Sphäre der Religion erscheint so als eine Pluralität von Systemen, die sich jeweils nur für die Mitglieder der einzelnen

---

4 Böckenförde (2006), 11. Böckenförde unterscheidet in diesem Zusammenhang drei Typen der Legitimation des säkularisierten Staates: Neben der auf die Zeit der konfessionellen Bürgerkriege zurückgehenden (1) sind dies die auf den Schutz der Menschenrechte bezugnehmende Argumentation (2) und die im Kontext des 2. Vatikanischen Konzils entwickelte theologische Begründung (3) (siehe: Declaratio de libertate religiosa, Nr. 2).
5 Vgl. LI, bes. „6. Vorlesung. Die Idee des öffentlichen Vernunftgebrauchs" (LI, 312–366).
6 Vgl. die Angaben zur Ausdifferenzierung des Begriffs ‚public reason' bei Rawls in Kap. 1.1.2.
7 Habermas (2005a), 21.
8 IP, 95.
9 CP, 573. In diesem Punkt setzt Rawls einen anderen Akzent als Habermas, indem er nicht nur im Blick auf gläubige Menschen den Hintergrund einer solch umfassenden Lehre konstatiert, sondern davon ausgeht, dass auch religiös Ungebundene sich an mehr oder weniger „umfassenden Lehren" orientieren. (Vgl. IP, 315.).
10 Rawls definiert den Begriff ‚background culture' in: CP, 576.
11 IP, 118.
12 CP, 575 f.

Glaubensgemeinschaften als vernünftig darstellen. Damit ist eine klare Disjunktion vorgenommen: Da ist zum einen die Ebene der von den Bürgern geteilten öffentlichen Vernunft („public political reason", im Singular), von der allein erwartet wird, allgemeine Verbindlichkeit erlangen zu können – zum anderen die Ebene des vielfältigen systemimmanenten Denkens. In der jüngsten Debatte wurde diese Gegenüberstellung noch durch die Auffassung zugespitzt, die den Begriff ‚Vernunft' ausschließlich auf die ‚säkularen Bürger' bezieht, während sie die Sprache der Religionen als in ihrem Kern „opak",[13] und das heißt, als „das intransparente Andere der Vernunft"[14] betrachtet.

Nun gibt es aber – wie in Kap. 3.1.1 erläutert – keinen guten Grund, den öffentlichen Vernunftgebrauch der Bürger mit dem säkularistischen Denken zu identifizieren, dem areligiöse bzw. religionsfeindliche Menschen verpflichtet sind. Daher gilt es die sprachlichen Modalitäten neu zu durchdenken: die Relation zwischen den Sprachen unterschiedlicher Bekenntnisse ebenso wie die zwischen den zwei von den gläubigen Individuen verwendeten Sprachen, wenn diese zum einen am öffentlichen Vernunftgebrauch der Bürger teilnehmen und sich zum anderen in der innerhalb ihrer jeweiligen Glaubensgemeinschaft üblichen Form ausdrücken.[15] Vorab sei hervorgehoben, dass das Grundprinzip der Trennung von kirchlicher Autorität und Staat mit dieser Fragestellung nicht in Zweifel gezogen wird. Der Blick ist vielmehr auf die Positionierung der Gläubigen (der unterschiedlichen Bekenntnisse) im Kontext moderner rechtsstaatlicher Bedingungen gerichtet. Dass an diesem Punkt Klärungsbedarf besteht, liegt auf der Hand: Wenn die religiösen Lehren als Denksysteme aufgefasst werden, die sowohl gegen einander als auch gegenüber der vernünftigen staatsbürgerlichen Argumentation abgeschottet sind – wie sollen sich dann gläubige Menschen an der Umsetzung der Konzeption einer liberalen Gesellschaft beteiligen, die ja vorsieht, dass alle Bürgerinnen und Bürger die gleiche Möglichkeit haben sollen, an der öffentlichen Meinungs- und Willensbildung zu partizipieren? Auf welche Weise sollen Gläubige ihre Vorstellungen von einer gerechten Ordnung artikulieren? Jürgen Habermas hat ein Modell von Zweisprachigkeit vor Augen und plädiert dafür, religiös motivierte Wortmeldungen in die säkulare Sprache zu „übersetzen".[16] (Darauf werde ich zurückkommen.)

Bezüglich der praktischen Dimension dieser Thematik ist zu bedenken: Werden Glaubensdoktrinen so gedeutet, dass sie jeweils nur eine Binnenlogik beanspruchen können, und wird ihnen damit im Grunde Sprachlosigkeit nach außen hin attestiert, dann wird Religion insgesamt in die Nähe des Fundamentalismus gerückt. Dies kann aber gerade jenes Konfliktpotential religiöser Vielfalt theoretisch befestigen, dessen Abbau eigentlich geleistet werden soll. Freilich könnten die *de facto* gegebenen Konflikte mit religiöser Konnotation die Annahme nahe legen, dass eine derartige Sicht eben ange-

---

13 Habermas (2005b), 150.
14 Habermas (2005b), 149.
15 Siehe die sorgfältigen Differenzierungen in: Junker-Kenny (2014).
16 Habermas (2005a), 26. Siehe auch: Habermas (2004a), 142 und 158 f. Eine eingehende Diskussion der Habermasschen Konzeption einer ‚Übersetzung' bieten die Beiträge in: Langthaler/Nagl-Docekal (2007).

messen ist. Doch liegt die diagnostizierte ‚Unverträglichkeit' in der Tat an den religiösen ‚Doktrinen' als solchen, oder an der Haltung von Menschen, die sich auf jeweils andere Lehren berufen? Es scheint jedenfalls den Versuch wert, ungeachtet der historischen und zeitgenössischen Phänomene von Unversöhnlichkeit mit philosophischen Mitteln zu untersuchen, ob eine die Religionsgrenzen überschreitende Verständigung grundsätzlich unmöglich ist.[17] Auch für die Erörterung dieser Frage bieten sich im Werk Kants und Hegels Differenzierungen an, die es möglich machen, über die heute oft plakativ-vereinfachende Sichtweise hinauszugelangen.

Zunächst zeigt sich hier die Leistungsfähigkeit der Kantschen Zugangsweise, die sich der Diversität der religiösen Lehren und der so unterschiedlichen Lebensformen, die von ihnen ausgehen, nicht unmittelbar zuwendet, sondern vorerst erkundet, wie es überhaupt zu erklären ist, dass sich in allen historisch bzw. ethnologisch erfassten Kulturen Phänomene von Glaube und Kultus finden. Wie erläutert, macht Kant geltend, dass Religion in jedem Menschen aus einem „Bedürfnis"[18] der Vernunft – genauer gesagt, der moralisch-praktischen Vernunft – entspringt. Er fasst seinen Gedankengang in der These zusammen: „(E)s ist moralisch notwendig, das Dasein Gottes anzunehmen".[19] Demgemäß begründet die Vernunft in uns einen „reinen Vernunftglauben",[20] der den Charakter einer unerschütterlichen Überzeugung hat, aufgrund deren die Einzelnen sagen können: „(I)ch beharre darauf und lasse mir diesen Glauben nicht nehmen."[21] Erst vor diesem Hintergrund wendet Kant sich den vielfältigen im Lauf der Zeit entstandenen Bekenntnissen zu, die er als „Geschichtsglauben"[22] bezeichnet: Er geht davon aus, dass jedes Bekenntnis in der Überzeugung von der Heiligkeit des Sittengesetzes, d. h. in der reinen moralischen Religion, seine Wurzel hat. „Es ist nur eine (wahre) Religion, aber es kann vielerlei Arten des Glaubens geben", hält er fest.[23] Dem gemäß sagt Kant über jedweden „Volksglauben", dass „lange vor diesem [...] die Anlage zur moralischen Religion in der menschlichen Vernunft verborgen lag".[24] In dem Begriff ‚verborgen' klingt bereits eine weitere Überlegung an: Menschheitsgeschichtlich betrachtet, hat für Kant der Volksglaube Priorität, da er ursprünglich die einzige Möglichkeit der Verständigung über die an den Menschen gerichtete absolute Anforderung eröffnet. Demnach konnte der Kern

---

17 Freilich ist schon bezüglich der empirischen Evidenzen festzuhalten, dass sich die Beziehung zwischen unterschiedlichen Religionsgemeinschaften im Laufe der Geschichte nicht durchgängig antagonistisch gestaltet hat.
18 Siehe z. B. KP, 256 f. und 276–281 (Kap. VIII, Vom Fürwahrhalten als einem Bedürfnisse der reinen praktischen Vernunft). Vgl. auch VS, 126 f.
19 KP, 256. Dazu notiert Magnus Striet: „Die Provokation, die in dieser Argumentation für eine säkular gewordene Welt liegt, kann gar nicht hoch genug veranschlagt werden." (Striet (2005), 175.)
20 KP, 257.
21 KP, 278.
22 SF, 337.
23 RG, 768.
24 RG, 773. Dass Kant hier den Begriff ‚Anlage' verwendet, lässt annehmen, dass er einen Zusammenhang mit der „ursprünglichen Anlage zum Guten in der menschlichen Natur" (RG, 627 f.) vor Augen hat.

von Religion zunächst nicht in explizit artikulierter Form zum Ausdruck gebracht werden, sondern nur im anschaulichen Modus narrativer Sprache. Ähnlich wie später Hegel hat Kant einen religiösen Bildungsweg der Menschheit vor Augen, verbunden mit der generellen geschichtsphilosophischen These, dass die Geschichte insgesamt sich als ein zunehmend genaueres Erfassen dessen darstellt, worauf es in der menschlichen Praxis ankommt.

Unter dieser Perspektive erscheint die Religionsgeschichte als ein fortschreitendes Weiter-Arbeiten am gleichen Thema. In den ältesten Perioden konnten, so Kant, nur „die ersten rohen Äußerungen" der „Anlage zur moralischen Religion"[25] zu Stande kommen. Man darf wohl davon ausgehen, dass Kant hier – obwohl nicht explizit – jene Glaubenstraditionen einzuordnen vermag, in denen die ‚Idee von Gott' noch keinen klaren Ausdruck findet, die also keine (deutliche) Gottesvorstellung vermitteln. Im Blick auf den weiteren Verlauf der Geschichte hält Kant fest, dass jüngere Formen des Kirchenglaubens – insbesondere die auf „[e]in heiliges Buch"[26] gegründeten – eine angemessenere Umsetzung der ‚Anlage zur moralischen Religion' erkennen lassen. Die Geschichte zeige daher, man könne „mit Grunde annehmen, der göttliche Wille sei: daß [...] ob die Menschen zwar manche Form einer Kirche mit unglücklichem Erfolg versucht haben möchten, sie dennoch nicht aufhören sollen, nötigenfalls durch neue Versuche, [...] diesem Zwecke nachzustreben".[27] Die Aufgabe, die im Laufe der Geschichte gelöst werden soll, besteht somit darin, den zunächst verborgenen Kern der ‚reinen moralischen Religion' für die Menschen immer deutlicher erkennbar – und damit immer adäquater lebbar – zu machen. Die verschiedenen Formen des ‚Geschichtsglaubens' stellen sich damit als „ein Leitmittel" dar, das der Menschheit ermöglicht, „dem reinen Religionsglauben sich kontinuierlich zu nähern", bis sie so weit gelangt ist, „jenes Leitmittel endlich entbehren zu können".[28]

Heißt das, dass ein gänzliches Absterben der historisch gewachsenen Bekenntnisse anzustreben ist? Kant differenziert hier zwischen einer kurz- und einer langfristigen Perspektive. Zunächst erteilt er jedwedem Aufruf zu einer Auflösung der bestehenden Religionsgemeinschaften eine klare Absage – dadurch würden die Menschen des ‚Leitmittels' beraubt, dessen sie doch dringend bedürfen. In längerfristiger Perspektive gelte es indes darauf hinzuarbeiten, dass die historisch-begrenzten Narrative an Bedeutung verlieren. „Nicht daß der Kirchenglaube aufhöre (denn vielleicht mag er als Vehikel immer nützlich sein), sondern daß er aufhören könne", sei das Ziel, „wohin wir dann schon jetzt [...] fleißig arbeiten sollen."[29] Kant benennt auch ein Prüfkriterium: Demnach kann ein Auslaufen des ‚Geschichtsglaubens' nur dann als Element des geschichtlichen Fortschreitens zum Besseren betrachtet werden, wenn dies nicht einfach ein ‚Ende der Religion' bedeutet, sondern – im Gegenteil – den Übergang zu einer alle Menschen

---

25 RG, 773.
26 RG, 767.
27 RG, 765 f.
28 RG, 777.
29 RG, 802

gleich einbeziehenden Glaubensgemeinschaft, wo dann „reine Vernunftreligion über alle herrsche, ‚damit Gott sei alles in allem'".[30] In seiner Konzeption des ‚ethischen gemeinen Wesens' erläutert Kant näher, wie diese umfassende Gemeinschaft – die man ‚Kirche nach den Kirchen' nennen könnte – zu denken ist. In geraffter Form drückt Kant seine Sicht der Bedeutung der historisch gewachsenen Glaubensformen auf folgende Weise aus: „Der Kirchenglaube geht [...] in der Bearbeitung der Menschen zu einem ethischen gemeinen Wesen [...] natürlicherweise vor dem reinen Religionsglauben vorher. [Fußnote:] Moralischerweise sollte es umgekehrt zugehen."[31]

3.3.2 Religiös konnotierte Konflikte der Gegenwart

Was kann aus alledem für die heutige Lage bezogen werden? *Eine* Problemstellung ist in jedem Falle offen: Während das geschichtsphilosophische Denken Kants (wie auch desjenigen Hegels) die Pluralität der Bekenntnisse in die zeitliche Abfolge eines Fortschreitens einordnet – und den Protestantismus als die bislang avancierteste Form des ‚historischen Glaubens' darstellt –, ist es gerade die ‚Gleichzeitigkeit des Ungleichzeitigen', die die Herausforderung des modernen Verfassungsstaats bildet. Dennoch können die Kantschen Prämissen auch zur Klärung dieser Lage beitragen. Zum einen macht Kant die Intensität religiös konnotierter Konflikte verständlich: Gehört zur Gläubigkeit, dass sie von felsenfester Überzeugung getragen wird, und ist den Menschen ‚Religion' zunächst ausschließlich in der jeweils besonderen Form ihres ‚Geschichtsglaubens' präsent, so erklärt sich, wodurch das mit konfessioneller Pluralität oft verknüpfte Konfliktpotential generiert wird. Zugleich macht Kant diese (bekannte) Oberfläche durchsichtig, indem er darunter den, bei aller narrativen Differenz, geteilten Ursprungsort von Religion sichtbar macht. Daher sind, wie Kant unterstreicht, „die sogenannten Religionsstreitigkeiten, welche die Welt so oft erschüttert und mit Blut besprizt haben, nie etwas anderes, als Zänkereien um den Kirchenglauben gewesen".[32]

Von der gemeinsamen Wurzel her betrachtet, treten zwei Aspekte des ‚Geschichtsglaubens' hervor. Erstens seine historische Begrenztheit: Insofern die einzelnen Bekenntnisse zu einer bestimmten Zeit entstanden sind und sich in einem spezifischen kulturellen Kontext artikuliert haben, kann keines sich unmittelbar auf Gott berufen. Jeder ‚historische Glaube' geht auf die uns Menschen gestellte Aufgabe zurück, „daß wir die Vernunftidee" einer Gemeinschaft der Gläubigen „selbst ausführen".[33] Aus diesem Grund sind die Glaubenslehren nicht als ein für alle Mal abgeschlossen zu betrachten, sondern, wie erläutert, als deutungsoffen und zugleich der Neu-Deutung bedürftig. Zweitens: Unter der Perspektive des gemeinsamen Ursprungs erscheint die gängige Auffassung unplausibel, wonach die unterschiedlichen Lehren gegeneinander abgeschlosse-

---

30 RG, 785. Vgl. 1 Kor. 15,28: „auf daß Gott sei alles in allem".
31 RG, 767.
32 RG, 769.
33 RG, 765.

ne Systeme darstellen, zwischen denen es keine Verständigung geben kann. Aus diesen zwei Aspekten lassen sich Konsequenzen ziehen, die sowohl die Stellung der Gläubigen als Bürgerinnen und Bürger im modernen Staat als auch die Relation zwischen den verschiedenen Glaubenslehren betreffen.

Zum ersten: Wenn die Bedingungen der Moderne die Lebensverhältnisse heute weltweit prägen, sehen sich wohl auch die Gläubigen überall mit jener Aufgabe konfrontiert, die Hegel als Einsicht Luthers dargestellt hat: die Aufgabe einer denkenden Neu-Aneignung ihrer tradierten Lehren (Näheres dazu in Kapitel 3.4.2). Im gegenwärtigen Diskurs wird diese Aufgabe aber oft verzerrt thematisiert – so nämlich, als seien die ‚säkularen Bürger' im liberalen Verfassungsstaat berechtigt, von den gläubigen Mitbürgerinnen und -bürgern eine ‚Modernisierung' ihrer jeweiligen Lehren einzufordern. Einen derartigen Druck auszuüben, ist jedoch auf doppelte Weise unzulässig: Zum einen deshalb, weil Gedanken grundsätzlich nicht geboten werden können. Denken ist immer nur in Form von ‚meinen' Gedanken möglich, und auch seitens des Staates können nur bestimmte Handlungen verboten oder geboten werden, nicht aber Gedanken. Zum anderen entsteht ein Widerspruch hinsichtlich des Prinzips der Gedanken- und Gewissensfreiheit: Diejenigen, die von außen eine ‚Modernisierung' von Glaubenslehren einfordern, beanspruchen zwar, auf dem Boden des liberalen Verfassungsstaats zu stehen, verletzen aber gerade dieses ihn kennzeichnende Prinzip. Sinnvoller Weise kann die Aufgabe einer denkenden Neu-Aneignung nur aus der Perspektive der Gläubigen erörtert werden. Für sie selbst erweist es sich als notwendig, sich die Bedeutung ihrer Lehren im Kontext der veränderten Lebensbedingungen – auch hinsichtlich ihrer eigenen Positionierung als Staatsbürger und -bürgerinnen – neu zu vergegenwärtigen, da sie andernfalls in ein gespaltenes Selbstverständnis geraten würden, das *à la longue* nicht durchzuhalten ist.

Dass solche Reflexionsprozesse *de facto* bereits eingesetzt haben, belegt die neuere Religionsgeschichte vielfach. Man denke etwa an die Abkehr von der (zunächst rigide ablehnenden) Haltung zum Thema Menschenrechte, die die katholische Kirche im Zweiten Vatikanum vollzogen hat;[34] oder an die in unterschiedlichen Religionsgemeinschaften laufenden Kontroversen über tradierte Geschlechternormen. Zu einem solchen neuen Verständnis zu gelangen, erfordert in der Regel auch eine Re-Lektüre der jeweiligen ‚heiligen Bücher'. Kant schlägt vor, an dieses Vorhaben mit folgender Einstellung heranzugehen: „Die Göttlichkeit ihres moralischen Inhalts entschädigt die Vernunft hinreichend wegen der Menschlichkeit der Geschichtserzählung, die, gleich einem alten Pergamente hin und wieder unleserlich, durch Akkomodationen und Korrekturen im Zusammenhang mit dem Ganzen müssen verständlich gemacht werden."[35] Ernst zu machen mit einer solchen Neu-Deutung von Glaubenslehren, heißt freilich in der Regel auch, sich auf Konflikte einzulassen. Um den Kern des Glaubens neu in Sicht zu bringen, ist ja erforderlich, so manche der kirchlichen Doktrinen, die im Laufe der Zeit festgelegt wurden – Kant nennt sie ‚statutarische' Bestimmungen im Unterschied zum eigentlichen religiösen Gehalt –, zu verabschieden. Dies bedeutet eine Herausforderung

---

34 Dazu siehe: Isensee (1987).
35 SF, 335.

für diejenigen in der jeweils eigenen Glaubensgemeinschaft, die an traditionellen Auffassungen selbst dann festhalten wollen, wenn es dafür keine guten Gründe gibt – eine Konfliktlage, die sich bekanntlich oft auch in einer erbitterten Auseinandersetzung mit der kirchlichen Obrigkeit manifestiert. So war es etwa, wie Volker Gerhardt in der Marburger Christian Wolff-Vorlesung 2008 darlegte, eine Abwehrhaltung dieser Art, die die Tragik des Schicksals Wolffs – die unter Todesdrohung verhängte Vertreibung von der Universität Halle – bedingt hat. Dass der von Wolff 1721 gehaltene Vortrag über das vom chinesischen Kaiser 1692 erlassene Toleranzedikt, das Wolff als vorbildlich darstellte, in dieser Weise skandalisiert wurde, resultierte aus der rigiden Verweigerung einer Betrachtung der christlichen Tradition aus einem neuen Gesichtspunkt.[36]

Nun – zweitens – zur möglichen Übereinstimmung zwischen unterschiedlichen Bekenntnissen. Festgehalten sei zunächst: Eine denkende Neu-Aneignung der je eigenen Glaubenslehre ist nicht als ein Anpassungsprozess an veränderte Gegebenheiten zu verstehen (wie dies heute aber oft geschieht). Das käme ja einer Internalisierung des Modernisierungsdrucks von außen – und damit einer Preisgabe selbständigen Denkens – gleich. Eine plausible Verortung von Religion in der Gegenwart erfordert vielmehr, die gegebenen Bedingungen zum Anlass zu nehmen, dem zentralen Anspruch, der im eigenen Bekenntnis jeweils narrativ präsent ist, nachzugehen. Insofern die Bedingungen heute durch eine verbreitete areligiöse Haltung geprägt sind, spitzt sich dieses Vorhaben auf die Frage zu, wie Religion als solche denkend einzuholen ist. Dies entspricht nun der Kantschen Einschätzung, dass der den unterschiedlichen Bekenntnissen zugrundeliegende gemeinsame Kern immer deutlicher zum Bewusstsein gebracht werden wird. In einer säkular definierten Welt werden die Gläubigen sich zunehmend dazu aufgerufen sehen, ungeachtet der Unterschiede zwischen ihren Lehren gemeinsam auf der Legitimität und Relevanz von Religion zu bestehen. In dieser Situation könnte die von Kant thematisierte Intensität der gläubigen Überzeugung die Richtung ihrer Wirkung verändern: Sie dürfte dann weniger in Gefahr sein, Spannungen zwischen den Konfessionen zu generieren, sondern das gemeinsame Anliegen tragen, das Kant mit den Worten ‚ich lasse mir diesen Glauben nicht nehmen' charakterisiert. Vielleicht bestehen also auch auf der emotionellen Ebene nicht die ‚unauflöslichen Differenzen' zwischen den Konfessionen, die so gerne unterstellt werden? Nun ist von Kritikern Kants vielfach moniert worden, seine Auffassung des geteilten Kerns der Glaubenslehren als ‚reine moralische Religion' stelle eine unzulässige Fokussierung auf Moral dar. Diesbezüglich wären natürlich weitreichende Erörterungen nötig, doch kann hier nur zu bedenken gegeben werden, dass die inter-konfessionellen Wortmeldungen, die in letzter Zeit vermehrt öffentlich zur Geltung gebracht wurden, einen deutlichen moralischen Akzent hatten – etwa gemeinsame Friedensappelle oder Aufrufe dazu, die soziale und ökologische Verantwortung ernst zu nehmen.

Indem Kant die von allen Menschen geteilte ‚reine moralische Religion' in das Zentrum rückt, bringt er das kritische Potential des Glaubens in Sicht. Er thematisiert damit,

---

36 Volker Gerhardt hat mir das Manuskript seines Vortrags dankenswerterweise zur Verfügung gestellt.

dass Kirche *idealiter* universalistisch ausgerichtet ist und sich deshalb bleibend in einem Spannungsverhältnis zum jeweils lokal begrenzten Staat und seiner Interessenslage befindet. Aufschlussreich ist in dieser Hinsicht, dass Kant das ‚ethische Gemeinwesen' (d. h., die Gemeinschaft der Gläubigen) grundsätzlich vom Staat – auch von einem wohlgeordneten Verfassungsstaat – unterscheidet. Das bedeutet, dass öffentliche Wortmeldungen von Gläubigen zu politischen Fragen auch unter dem Aspekt einer universalistisch orientierten Anwaltschaft zu beurteilen wären. Karl-Otto Apels Überlegungen zum advokatorischen[37] Element von Moralität könnten zur näheren Ausleuchtung dieses Punktes dienen. Über kritisches Potential verfügt die ‚reine moralische Religion' auch noch in einer weiteren Hinsicht: Der Glaube steht hier für eine moralische Sensibilität, die sich von der normativen Dimension staatlicher Gesetzgebung grundlegend unterscheidet; er steht für die Differenz zwischen Gesinnung und Gesetz, die hier bereits erörtert wurde. – Noch ein weiterer Punkt kann von Kants Begriff der Religion her präzisiert werden: Wenn in der heutigen Debatte der Ort der Religionen mit dem Terminus ‚Hintergrundkultur' angegeben wird, so sollte man sich vergegenwärtigen, dass dies allein der rechtstheoretischen Perspektive entspricht. Für die Gläubigen selbst steht ihre Überzeugung nicht im Hintergrund; sie bildet vielmehr den zentralen Ansatzpunkt, von dem aus sie alle Fragen, auch die öffentlichen Belange, betrachten.

Aus dem Bisherigen geht ferner hervor, dass der Wortwechsel zwischen gläubigen und areligiösen Menschen sich anders darstellt, als es die Auffassung von der kommunikativen Exterritorialität religiösen Denkens nahelegt. Es gilt jeweils auf beiden Seiten zu untersuchen, von welchen Begründungen kontroverse Ansprüche hinsichtlich der Ordnung des Gemeinwesens ausgehen – wobei diese Begründungen oft in unausgesprochener Form bestimmend sind. Man denke etwa an die Debatte für und wider die Todesstrafe. Mit gutem Grund unterstreicht John Rawls, dass auch die areligiösen Menschen sich an ‚umfassenden Lehren' orientieren, wie sie etwa durch den Ausdruck ‚Weltanschauung' bezeichnet werden. Kommt es nun aber darauf an, die jeweils eigenen Überzeugungen plausibel zu machen, so bedeutet das für die Gläubigen, dass das Thema des denkenden Durcharbeitens ihrer jeweiligen Lehren unmittelbar virulent ist. Doch wie kann eine solche ‚denkende Aneignung' von Glaubenslehren bewerkstelligt werden? Sowohl Kant als auch Hegel (wie im nächsten Kapitel gezeigt werden soll) plädieren an diesem Punkt für eine Kooperation von Theologie und Philosophie.

Im Blick auf den religiösen Pluralismus der Gegenwart wäre zu überlegen, ob der Vorschlag einer philosophischen Ausdeutung der religiösen Lehren – entsprechend modifiziert – für alle heute präsenten Glaubenslehren Relevanz haben könnte. Klar scheint jedenfalls: Wenn religiös motivierte Überzeugung im öffentlichen Diskurs zur Geltung gebracht werden soll, sehen die Gläubigen sich genötigt, anderen gegenüber wie auch untereinander zu explizieren, worum es bei ihrem Glauben geht. Da der Anspruch der Moderne auf die ‚eigene Einsicht' unumgehbar ist, kann eine derartige Klärung nicht erneut in narrativer Sprache erfolgen, sondern nur auf philosophisch-begriffliche Weise. Die Grundlagen für ein – auch methodisch reflektiertes – Herangehen an diese Aufgabe

---

37 Siehe Kap. 2.1, FN 42.

einer theologisch-philosophischen Kooperation sind bei Kant bereits entwickelt, insbesondere in seiner Schrift *Der Streit der Fakultäten*. Signifikant ist, dass sich die Suche nach einem Ausweg aus den mit der religiösen Vielfalt oft einhergehenden Antagonismen von hier aus anders darstellt, als dies heute in der Regel gesehen wird. Die Hoffnung richtet sich nun nicht darauf, dass trans-konfessionelle Dialoge *per se* einen solchen Ausweg bringen könnten, sondern auf die für alle Glaubensgemeinschaften primär notwendige *immanente* Auseinandersetzung um das, „was das Wesentliche aller Religion ausmacht".[38]

Mit Blick auf die heute oft propagierte Option der *bricolage* ist hinzuzufügen: Die im religionsphilosophischen Kontext hervorgehobene Relevanz der ‚eigenen Einsicht' ist nicht dahingehend zu verstehen, dass der Glaube der Einzelnen ihrer jeweils individuellen Phantasie überlassen bleiben sollte, im Sinne der Vorstellung, dass es an den Einzelnen liege, sich ihre persönliche Variante von Glauben zusammenzustellen. Die Aufgabe einer theologisch-philosophischen Kooperation läuft, ganz im Gegenteil, auf eine diskursiv ausweisbare Deutung hinaus, die auf die von den Menschen geteilte Vernunft gegründet ist. Wie erwähnt, macht Kant einsichtig, dass es die Einzelnen, auf sich allein gestellt, im Denken nicht weit bringen können.[39] Wenn Kant dort festhält, dass die Menschen von ihrer Vernunft „in allen Stücken öffentlichen Gebrauch machen" sollten, so lässt dieser Sprachgebrauch aufhorchen: Der Begriff ‚öffentlicher Vernunftgebrauch' ist hier einer Art der Verständigung über den Glauben zugeordnet, welche der heutigen rechtstheoretischen Debatte zufolge gerade nicht unter den Begriff ‚public reason' subsumierbar ist.

Wie Hegel die Aufgabe einer philosophischen Ausdeutung der Glaubensinhalte expliziert, soll im folgenden Kapitel thematisiert werden. Doch schon an dieser Stelle zeichnet sich ab, dass ein so tiefgreifendes Projekt nicht rasch umgesetzt werden kann, so dass auf allen Seiten viel Geduld aufzubringen sein wird.

---

38 RG, 771. Die von Kant hier eingeforderte Re-Interpretation wurde – in einem anderen Kontext – von Habermas als heute bereits in Gang befindlich beobachtet. Demnach habe der Prozess der „‚Modernisierung' des Glaubens", der zunächst „im Abendland mit der Reformation eingesetzt[...] hat, mittlerweile auch die anderen Weltreligionen erfasst" (Habermas (1999), 192).

39 WA, 54 f. Vor allem unter dem Titel der Spiritualität werden heute mitunter individuell aus Elementen verschiedener Traditionen zusammengefügte Vorstellungen artikuliert, die ob ihrer Naivität geradezu erschüttern können. Betroffen macht aber auch, dass auf Berichte dieser Art oft im Sinne eines ‚anything goes' reagiert wird. Dabei handelt es sich nur dem Anschein nach um eine liberale Haltung. Worauf es ankäme, wären ernsthafte Gespräche über den Inhalt solcher Vorstellungen, speziell über die darin artikulierte Sicht des Menschen.

3.4 Aufklärung und Religion bei Habermas und Hegel

3.4.1 Die Gefahr einer ‚entgleisenden Modernisierung'

Es mehren sich heute die Anzeichen, dass unter den Bedingungen des industrialisierten ‚Westens' die gesellschaftliche Solidarität im Schwinden begriffen ist. Für Jürgen Habermas liegt ein Indiz dieses Prozesses darin, dass zunehmend „wirtschaftliche Imperative" an Bedeutung gewinnen, „die einen am je eigenen Erfolg orientierten Umgang der handelnden Subjekte miteinander prämieren."[1] Er beschreibt diese Entwicklung näher als die „Verwandlung der Bürger wohlhabender und friedlicher liberaler Gesellschaften in vereinzelte, selbstinteressiert handelnde Monaden, die nur noch ihre subjektiven Rechte wie Waffen gegeneinander richten",[2] und er notiert: „Diese Erschütterung des Normbewusstseins manifestiert sich auch in schwindenden Sensibilitäten für gesellschaftliche Pathologien und verfehltes Leben überhaupt."[3] Auswirkungen dieser Defizite seien auch in globaler Perspektive zu verfolgen: „Evidenzen für ein solches Abbröckeln staatsbürgerlicher Solidarität zeigen sich im größeren Zusammenhang einer politisch unbeherrschten Dynamik von Weltwirtschaft und Weltgesellschaft."[4] Es drohe also eine „entgleisende Modernisierung der Gesellschaft im ganzen".[5]

Diese Beobachtungen haben gewiss Plausibilität. So stellt sich die Frage, ob bzw. in welcher Weise Philosophie beitragen könnte, einen Ausweg aus der skizzierten Lage in Sicht zu bringen. Jürgen Habermas hat mehrfach vorgeschlagen, mittels einer kritischen Re-Lektüre von religionsphilosophischen Überlegungen aus der Denkgeschichte seit der Aufklärung – von Kant bis Derrida – Ansatzpunkte für die gegenwärtige Aufgabe zu beziehen, wobei er vor allem den Gedanken einer „Übersetzung" herausarbeitete: Gelänge

---

1 Habermas (2004a), 157.
2 Habermas (2004b), 10.
3 Habermas (2004a), 157.
4 Habermas (2004b), 10.
5 Habermas (2005a), 33.

es, normativ relevante Glaubensgehalte „aus der religiösen in eine öffentlich zugängliche Sprache zu übersetzen",[6] würde den säkularen Bürgern eine „rettende Aneignung"[7] ermöglicht. Auf diese Weise könnten „die suggestiven Bilder und die dichten Narrative der großen Weltreligionen [...] für ein verkümmerndes normatives Bewusstsein regenerative Kraft gewinnen".[8] Eine entscheidende Inspiration für dieses Programm bildet Hegels Gedanke einer Aufhebung der Religion in Philosophie; doch erfolgen explizite Bezüge auf Hegel bei Habermas nur in knapper Form. Vor diesem Hintergrund sollen die folgenden Ausführungen näher erläutern, dass Hegels Deutung des Christentums ein differenziertes Instrumentarium bereitstellt: sowohl für eine Analyse der Genese der gegenwärtigen normativen Krise, als auch für die Erwägung eines möglichen Auswegs. Dabei wird u. a. zu erörtern sein, inwieweit Hegel auch Überlegungen formuliert, die auf eine Übersetzung in umgekehrter Richtung zulaufen.

In seiner Charakterisierung der Moderne thematisiert Hegel Probleme, die den von Habermas im Blick auf heutige Bedingungen konstatierten entsprechen. Auch Hegel beobachtet eine Vereinzelung der Einzelnen, die sich in der Tendenz äußert, dass „die Sucht des Privatrechts und Genusses an der Tagesordnung"[9] ist. Die Moderne sei darin „der Zeit des römischen Kaisertums" vergleichbar, in der „die Vernunft sich allein in die Form des Privatrechts flüchtete" und „das besondere Wohl zum Zweck erhoben wurde".[10] Vielfach verwendet Hegel den Ausdruck ‚Atome' als Metapher für die vielen Einzelnen, die des gesellschaftlichen Zusammenhalts verlustig gegangen sind. In einem Kommentar zur „Lage der Gegenwart" beschreibt er das Prinzip seiner Zeit so: „Die subjektiven Willen der Vielen sollen gelten"; kennzeichnend dafür sei der „Liberalismus", der „das Prinzip der Atome, der Einzelwillen" verfechte.[11] Hegel moniert, dass eine derartige Isolierung leicht in einen wechselseitigen Antagonismus übergehen könne: „Ich, Dieser, bin allein das Wesenhafte [...;] so verbindet die Einzelnen nichts objektiv Gemeinsames, und bei der beliebigen Verschiedenheit ihres Gefühls sind sie feindselig mit Haß und Verachtung gegeneinander gerichtet." Ein Niederschlag dieser Haltung zeige sich an den modernen Intellektuellen, insofern die Einzelnen „in der Subjektivität und deren Virtuosität und eben damit im Eitlen ihre Befriedigung gefunden" haben,[12] wodurch die Möglichkeit verstellt wurde, gemeinsam an einem auch praktisch relevanten Projekt zu partizipieren.

Diese Beobachtungen geben freilich nur einige wenige Konturen des Hegelschen Bildes der Moderne wieder. Dessen komplexe Ausgestaltung erschließt sich erst, wenn

---

6 Habermas (2005a), 26.
7 Habermas (2005a), 36
8 Habermas (2004a), 158 f. Für eine eingehende Darstellung der Habermasschen Überlegungen zur möglichen Bedeutung von Religion in der gegenwärtigen moralischen Krise siehe: Junker-Kenny (2011).
9 R II, 343.
10 R II, 342 f.
11 VW, 932 f. Siehe auch: GW, 392, und ders., R II, 340.
12 R II, 343.

man den Kernelementen von Hegels Geschichtsphilosophie nachgeht, und speziell der Bedeutung, die dem Christentum beigemessen wird. Signifikant ist, dass Hegel die sozialatomistischen Züge der Moderne nicht schlicht einer Abkehr vom Christentum zuschreibt, wie dies jetzt oft geschieht, sondern sie als ein Element der Implementierung desselben auffasst.[13]

Zunächst zum allgemeinen Rahmen: Ausgehend von seiner Konzeption des Geistes sieht Hegel die Geschichte darin gegründet, dass die Menschen wohl von Anbeginn an geistbegabte Wesen waren, sich aber das Bewusstsein davon, was es heißt, Mensch und also Geist zu sein, erst erarbeiten mussten. Gehört zur vollen Entfaltung von Geist, sich als Geist zu wissen und damit frei zu sein, so bedeutet dies, dass die Menschen zunächst nur ‚an sich' frei waren. Der Begriff ‚Weltgeschichte' (im Singular) erscheint von hier aus insofern gerechtfertigt, als ein – freilich nicht simpel linear verlaufender – Prozess zu verfolgen ist, der ein immer adäquateres Verständnis des Menschen und seiner Freiheit hervorgebracht hat und so auf Bedingungen zuläuft, in denen die Menschen ‚an und für sich' frei sind. Den Kern jeder historischen Epoche bildet damit für Hegel ein je spezifischer Begriff des Menschen. Die Art, wie die Menschen ihre Existenz im Kontext der sozialen und der natürlichen Welt aufgefasst haben, war demnach ausschlaggebend dafür, wie sich die diversen Lebensbereiche gestalteten – die soziale und institutionelle Ordnung ebenso wie die kulturellen Aktivitäten. Hegel formuliert dies so, dass jeweils ein bestimmter Begriff des Menschen in die Wirklichkeit „eingebildet"[14] wurde.

Als ausschlaggebend für diesen Fortgang betrachtet Hegel die Religion. Er geht davon aus, dass jede Epoche der (bisherigen) Weltgeschichte religiös fundiert war, wobei ‚Religion' als Ort der von einer Gemeinschaft geteilten tiefsten Überzeugungen – als Ort der für alle verbindlichen ‚Wahrheit' – bestimmt ist. Hegel formuliert: „Die Religion ist der Ort, wo ein Volk sich die Definition dessen gibt, was es für das Wahre hält".[15] Wie er weiter erläutert, ist in jeder Religion auch ein bestimmtes Verständnis dessen angelegt, was es heißt, Mensch zu sein. Die Geschichte der einzelnen Epochen stellt sich von hier aus als ein ‚Einbilden' der betreffenden Religion in die Wirklichkeit dar: „Wie daher die Religion beschaffen ist, so der Staat und seine Verfassung; er ist wirklich aus der Religion hervorgegangen und zwar so, daß der athenische, der römische Staat nur in dem spezifischen Heidentum seiner Völker möglich war".[16] Dieser Vorgang ist nicht nur ein Gestaltungs-, sondern zugleich ein Erfahrungsprozess: Im Zuge der Umsetzung der jeweiligen Sicht des Menschen – genauer: erst durch eine konsequente Implementierung –

---

13 Wenn im Folgenden Hegels Sicht der Moderne dargestellt wird, so geschieht dies unter der methodischen Perspektive einer Zusammenschau der über Hegels Werk (einschließlich der posthum veröffentlichten Vorlesungsmitschriften) verstreuten Ausführungen zu dieser Thematik. Gezeigt werden soll, dass diese Ausführungen, zusammen gestellt, eine ebenso differenzierte wie scharfsichtige Einschätzung der Bezüge zwischen Religion und Moderne ergeben. Eine werkgeschichtliche Rekonstruktion der Genese der Hegelschen Deutung der Gegenwart ist nicht intendiert.
14 Für diese Wortwahl Hegels siehe z. B. PG, 31.
15 PG, 70.
16 PG, 71.

kommen auch deren inadäquate Elemente an den Tag, die letztlich einen Neuansatz notwendig machen: eine im Modus von Religion ausgestaltete, differenziertere Auffassung des Menschen, die zum Leitfaden einer neuen Epoche wird. „Das Höchste aber für den Geist ist, sich zu wissen, sich zur Anschauung nicht nur, sondern zum Gedanken seiner selbst zu bringen [...], aber diese Vollbringung ist zugleich sein Untergang und das Hervortreten eines andern Geistes [...], einer andern Epoche der Weltgeschichte."[17] Die entscheidende Leistung der so bestimmten Abfolge von Epochen liegt für Hegel in einem immer genaueren Erfassen der menschlichen Freiheit. Unter dieser Perspektive gelangt er zu der bekannten Formulierung: „Die Weltgeschichte ist der Fortschritt im Bewußtsein der Freiheit – ein Fortschritt, den wir in seiner Notwendigkeit zu erkennen haben."[18]

Hegels Auseinandersetzung mit seiner Gegenwart ist von dieser geschichtsphilosophischen Konzeption getragen – näherhin von seiner These, dass die europäische (heute kann man präzisieren: westliche) Entwicklung seit dem Zerfall des römischen Reiches als Prozess der ‚Einbildung' des Christentums in die Wirklichkeit zu begreifen ist. Demnach ist erst in dieser Phase der Geschichte mit zunehmender Klarheit „zum Bewußtsein gekommen, daß der Mensch als Mensch frei, die Freiheit des Geistes seine eigene Natur ausmacht; dies Bewußsein ist zuerst in der Religion, in der innersten Region des Geistes aufgegangen; aber dieses Prinzip auch in das weltliche Wesen einzubilden, das war eine weitere Aufgabe, welche zu lösen und auszuführen eine schwere lange Arbeit der Bildung erfordert."[19] So stellt sich die nach-römische Geschichte für Hegel ihrerseits als ein Lernprozess dar: Im Zuge der sukzessiven Implementierung wurden demnach die zentralen Vorstellungen des Christentums jeweils neu akzentuiert, sodass andere Elemente zum Tragen kamen. Nur auf diese Weise konnten die Implikationen des Christentums voll herausgearbeitet werden; zugleich wurden die Gefahren einer einseitigen Rezeption im buchstäblichen Sinn erfahrbar, womit jeweils die Notwendigkeit einer differenzierteren Ausdeutung und Umsetzung – auch der spezifisch christlichen Konzeption der menschlichen Freiheit – offenkundig wurde.

3.4.2 Das Christentum auf dem Weg zur Moderne

Der entscheidende Zug des Christentums – im Vergleich insbesondere zu den religiösen Vorstellungen Ägyptens und Griechenlands – liegt für Hegel im Erfassen der ‚unendlichen Subjektivität', i. e. darin, daß nun „der subjektive Geist als unendliche Subjektivität das Bewußtsein hat, daß er für sich selber unendlichen Wert habe".[20] Bereits im Buch *Genesis* war der Mensch bestimmt durch sein „unendliches Fürsichsein, das in früheren Religionen nicht so zum Bewußtsein gekommen ist, in denen der Gegensatz [des Menschen gegenüber Gott] nicht zu dieser Absolutheit, dieser Tiefe fortgegangen

---

17 PG, 96.
18 PG, 32.
19 PG, 31.
20 R I, 221 und 232.

ist. Dadurch daß dies hier geschehen, ist nun zugleich die Würde des Menschen auf einen weit höheren Standpunkt gesetzt. Das Subjekt hat hierdurch absolute Wichtigkeit, ist wesentlicher Gegenstand des Interesses Gottes [...]. Dies kommt in der Gestalt vor, daß der Mensch als Geist unsterblich ist [...]. Es ist in der Religion, weil ihr Gegensatz unendlich ist, daß die Unsterblichkeit der Seele Hauptmoment ist."[21] In der für das Christentum ausschlaggebenden Menschwerdung Gottes sieht Hegel die „Vollendung"[22] dieser Konzeption, „insofern nun dem Menschen geoffenbart werden soll, was die Natur des Geistes ist".[23] Hegel erläutert: „Das Moment der unmittelbaren Existenz ist [...] im Geiste selbst enthalten. [...] Es ist die Bestimmung des Geistes, zu diesem Momente fortzugehen [...;] der Geist als Subjekt in seiner unendlichen Beziehung auf sich hat die Bestimmung der Unmittelbarkeit an ihm."[24] So hat die christliche Religion mit der „Bestimmung, daß Gott Mensch wird, [...] die letzte Zuspitzung des Geistes in seiner Subjektivität" vollzogen, „und die absolute Verklärung der Endlichkeit ist in ihr zur Anschauung gebracht".[25]

Die Bestimmung des Menschen als Geist impliziert zugleich, dass die Bedingungen der Endlichkeit keine letztgültige Bedeutung haben. Im Blick auf Tod und Auferstehung Christi hebt Hegel hervor: „Gott [...] erhält sich in diesem Prozess, und dieser ist nur der Tod des Todes."[26] In einer Anmerkung ist erläuternd hinzugesetzt: „Die Überwindung des Negativen ist aber nicht ein Ausziehen der menschlichen Natur, sondern ihre höchste Bewährung selbst im Tode und in der höchsten Liebe. Der Geist ist nur Geist als dies Negative des Negativen."[27] Der „Tod", dessen Überwindung in Christus vor Augen geführt wird, ist für Hegel nicht das leibliche Faktum der Sterblichkeit, sondern die Endlichkeit des Menschen als „unmittelbare Einzelheit"; es geht um die „Endlichkeit in allen ihren Formen, die in ihrer äußersten Spitze das Böse ist. [...] Es ist die unendliche Liebe, daß Gott sich mit dem ihm Fremden identisch gesetzt hat, um es zu töten".[28] Für die Menschen ist so zur Anschauung gelangt, dass Geist zu sein „das Aufheben der natürlichen Endlichkeit, [...] die Aufhebung der Schranke"[29] bedeutet. In philosophischer Form ist diese „Aufhebung des Natürlichen [...] wesentlich so zu fassen, daß sie die Bewegung des Geistes ist, sich in sich zu erfassen, dem Natürlichen abzusterben, daß sie also die Abstraktion vom unmittelbaren Willen und unmittelbaren Bewußtsein ist. [...] Was ihm gilt, was seinen Wert hat, das hat er nur in dieser Aufhebung seines natürlichen Seins und Willens."[30] Dass dies im Christentum mit letzter Konsequenz erfasst ist, zeigt sich für

---

21 R II, 260.
22 R II, 276.
23 R II, 277.
24 R II, 277.
25 R II, 276 f.
26 R II, 291.
27 R II, 291.
28 R II, 292.
29 R II, 293.
30 R II, 293.

Hegel daran, dass Christus den „gesteigerten Tod des Missetäters"[31] gestorben ist – „alle Größe und alles Geltende der Welt ist damit ins Grab des Geistes versenkt. Dies ist das revolutionäre Element, durch welches der Welt eine ganz andere Gestalt geben ist. Aber im Aufgeben des natürlichen Willens ist zugleich dies Endliche [...] verklärt".[32]

Indem die Gläubigen sich in dieser Weise als Geist erfassen, sehen sie sich vor eine Aufgabe gestellt: Wohl ist die Versöhnung von Unendlichem und Endlichem bereits geleistet[33] – was sich darin ausdrückt, dass die Erlösungstat Christi in der Zeitform der Vergangenheit erzählt wird[34] –, doch erhält sie in den Einzelnen erst dadurch Realität, dass diese selbst eine Umkehr vollziehen: „Es muß jeder für sich selbst aus seiner eigenen Subjektivität und Schuld das leisten, was er sein soll";[35] dabei kommt es darauf an, dass jeder „diese Umkehrung und das Aufgeben des natürlichen Willens in sich vollbringt und in der Liebe ist".[36] Die zentrale Anforderung ist also, die „unmittelbare Einzelheit" zu überwinden. „Bösesein heißt abstrakt, mich vereinzeln; die Vereinzelung, die sich abtrennt vom Allgemeinen."[37] In seinem Kommentar zum ‚Baum der Erkenntnis' im Buch *Genesis* erläutert Hegel die komplexe Lage menschlicher Freiheit: Zum einen ist die „Trennung" – das „Bewußtsein des Fürsichseins gegen anderes", das nur im Modus der Erkenntnis zu erlangen ist – für den Menschen unumgehbar: „Der Geist ist frei; die Freiheit hat das wesentliche Moment dieser Trennung".[38] Doch ist dieses Fürsichsein zugleich das Böse, das der Überwindung bedarf, damit Freiheit im vollen Umfang möglich wird. Die geforderte Überwindung kann aber nur von der Getrenntheit her zustande kommen, indem die Einzelnen die (bereits geleistete) Versöhnung selbst mit vollziehen. Die Trennung ist so „die Quelle des Übels, aber auch der Punkt, wo die Versöhnung ihre letzte Quelle hat"; das Fürsichsein „ist das Krankmachen und die Quelle der Gesundheit".[39] Somit kann „der Einzelne nur durch Aufhebung seiner unmittelbaren Einzelheit" in „das Gebiet der wahrhaften Freiheit"[40] eintreten.

Die letzte Zielsetzung dieser Aufgabe erläutert Hegel so: Es kommt darauf an, dass die Einzelnen untereinander eine Einheit bilden, in der zugleich ihre Besonderheit gewahrt bleibt. Erst auf diese Weise können Menschen umsetzen – und zugleich die „Erfahrung" machen –, „was der Geist ist". Hegel bestimmt hier den Geist als die „absolute Substanz, welche in der vollkommenen Freiheit und Selbständigkeit ihres Gegensatzes,

---

31 R II, 289.
32 R II, 289.
33 „In der Religion ist [...] das Gute, die Versöhnung absolut vollbracht und an und für sich selbst; es ist vorausgesetzt die göttliche Einheit der geistigen und der natürlichen Welt." (R I, 219)
34 Hegel betont dies z. B. in der Form: „[E]s ist gewiß, daß die Versöhnung vollbracht ist, d. h. sie muß vorgestellt sein als etwas Geschichtliches, als eines, das vollbracht ist auf der Erde, in der Erscheinung. Denn es ist keine andere Weise dessen, was Gewißheit genannt wird." (R II, 307)
35 R II, 294.
36 R II, 294.
37 R II, 257.
38 R II, 257.
39 R II, 257.
40 R I, 232 f.

nämlich verschiedener für sich seiender Selbstbewußtsein[e], die Einheit derselben ist; Ich, das Wir, und Wir, das Ich ist".[41] Im Christentum ist für Hegel diese Wahrheit des Geistes in mehrfacher Perspektive erfasst: Sie prägt das Verständnis von Gott – in der Konzeption der Trinität[42] – ebenso wie die Vorstellung, dass die Gemeinde der Gläubigen vom ‚Heiligen Geist' getragen ist. Zugleich arbeitet Hegel heraus, dass das im Christentum vermittelte Verständnis des Geistes mit unserer Alltagssprache korrespondiert: Wir bringen ein unmittelbares Verständnis davon, was es heißt, ‚Ich' und ‚Wir' in einem zu sein, im Begriff der ‚Liebe' zum Ausdruck, wie er im Blick auf intime Beziehungen aufgefasst wird.[43] Auf diese Weise definiert, wird ‚Liebe' zum Paradigma der Überwindung des vereinzelten Fürsichseins, so dass Hegel geltend machen kann, dass sich das strukturelle Kernelement eines ‚Wir', in dem die Besonderheit der Einzelnen nicht überfahren wird, auf weiter reichende menschliche Beziehungen übertragen lässt. In seiner Rechtsphilosophie entfaltet er von diesem Paradigma her die Konzeption der ‚sittlichen Substanz', die sein Verständnis von Familie und (einem post-kontraktualistisch gefassten) Staat bestimmt (freilich ohne die intendierte Vermittlung überzeugend leisten zu können).

Indem Hegel die europäische Geschichte nach dem Ende des römischen Reiches im Sinne einer sukzessiven Entfaltung bzw. Realisierung der Implikationen des Christentums interpretiert, betrachtet er die Reformation als den entscheidenden Aufbruch, aus dem schließlich die Moderne hervorging. Ausschlaggebend ist dabei die Abkehr von der das Mittelalter prägenden Akzentuierung der Nichtigkeit des Endlichen und der damit verbundenen Distanzname von den Kernelementen des Irdischen, wie sie in den Ordensgelübden ihren charakteristischen Ausdruck gefunden hat. Hegel bestimmt die Reformation als Zurückweisung des Anspruchs, dass „das Geistige selbst der Weltlichkeit entsagt, sich ein negatives Verhältnis gegen die Welt gibt und eben damit gegen sich".[44] Die Reformation habe sich spezifisch gegen „die mönchische Abstraktion" gewendet, die darin liege, „daß das Herz sich nicht konkret entfalte", sich nicht „zum geselligen Leben, zur Kunst und Wissenschaft" ausbreiten könne. „Der Geist aber ist dies, sich zu entwickeln, zu unterscheiden bis zur Weltlichkeit."[45] Das reformatorische Verständnis des Christentums hat Hegel zufolge dieses Wesen des Geistes erfasst. Indem es die Gewissheit artikuliert, dass die Versöhnung der Endlichkeit bereits geleistet ist, können die Einzelnen frei auf die Welt zugehen. Das „so in sich unendliche Subjekt" hat seine Bestimmung darin, „daß es freie Person ist, und sich auch so zur Weltlichkeit, Wirklichkeit als bei sich seiende, in sich versöhnt seiende, schlechthin feste, unendliche Subjektivität verhält [...]; diese seine Bestimmung soll zugrunde liegen, indem es sich auf die Welt-

---

41 PH, 145. Es sei hier angemerkt, dass Axel Honneth auf diese Formulierung mehrfach anspielt – so etwa in seiner Schrift *Das Ich im Wir* (IW) –, ohne aber auf Hegels Begriff des Geistes einzugehen.
42 Für eine eingehende Darstellung siehe: Schöndorf (1982); Düsing (1990), 371–386.
43 Siehe die nähere Erläuterung dieser Konzeption Hegels in Kapitel 2.3.1.
44 R II, 331.
45 R II, 331.

lichkeit bezieht".⁴⁶ Hegel betont hier, „daß das Subjekt [...] diese Befreiung erlangt hat durch die Religion".⁴⁷

Dass die protestantische Deutung des Christentums die menschliche Freiheit in das Zentrum rückt, erweist sich für Hegel nicht zuletzt an Luthers Sicht des Abendmahles, deren Leitgedanke – ‚sola fide'– die Abkehr vom Katholizismus pointiert zum Ausdruck bringt. Demnach ist im katholischen Verständnis die Hostie „dieses sinnliche äußere Ding, [...] Gott als ein Ding, [...] ebenso empirisch von den Menschen genossen".⁴⁸ Dass an diesem Punkt die Äußerlichkeit dominiert, hat für Hegel weitreichende Folgen; er sieht darin die Grundlage jener Unfreiheit, die „der ganzen katholischen Religion" eigen ist. „Es entsteht so die Knechtschaft des Wissens und des Handelns [...], indem das Wahre als Festes, Äußerliches vorgestellt ist. Als so Vorhandenes außerhalb des Subjektes kann es in die Gewalt anderer kommen; die Kirche ist im Besitz desselben sowie aller Gnadenmittel. Das Subjekt ist in jeder Hinsicht das passive, empfangende, das nicht wisse, was wahr, recht und gut sei, sondern es nur anzunehmen habe von anderen."⁴⁹ Im lutherischen Verständnis des Abendmahls komme dagegen „das Selbstgefühl der Gegenwärtigkeit Gottes" erst zustande, „insofern die Äußerlichkeit verzehrt wird [...]. Im Geist und Glauben nur ist der gegenwärtige Gott."⁵⁰ Auf diese Weise vollziehe sich die „Transsubstantiation" – sofern man diesen Ausdruck noch verwenden möchte⁵¹ – am Subjekt selbst: Das Subjekt erlangt das Bewusstsein seiner „Vereinigung mit Gott".⁵² Wie Hegel hervorhebt, hatte diese Sicht Luthers⁵³ die Bedeutung eines Befreiungsschlages: Das Subjekt bedarf nun keiner vermittelnden Instanz mehr – die Differenz zwischen Klerus und Laien ist obsolet geworden, und damit auch die Struktur der Bevormundung.

Die so durch die Reformation erfasste Freiheit bedarf freilich erst der Umsetzung im weltlichen Kontext: „Es ist darum zu tun, daß diese Versöhnung in der Wirklichkeit selbst vorgehe".⁵⁴ Hegel hält fest: „Mit der Reformation [...] beginnt das Reich des Geistes, wo Gott als Geist wirklich erkannt ist. Hiermit ist das neue, das letzte Panier aufgetan, [...] die Fahne des freien Geistes.[...] Dies ist die Fahne, unter der wir dienen, und die wir tragen. Die Zeit von da bis zu uns hat kein anderes Werk zu tun gehabt und zu tun, als dieses Prinzip in die Welt hineinzubilden."⁵⁵ Diese Aufgabenstellung habe

---

46 R II, 330.
47 R II, 331.
48 R II, 328.
49 R II, 328.
50 R II, 328.
51 R II, 329.
52 R II, 328.
53 Hegel bezieht sich hier explizit auf Luther und nicht auf den Protestantismus im allgemeinen, da die reformierte Deutung des Abendmahles seines Erachtens auf eine „geistlose" Erinnerung hinausläuft: „Hier ist das Göttliche, die Wahrheit, in die Prosa der Aufklärung und des bloßen Verstandes heruntergefallen." (R II, 329)
54 R II, 331.
55 VW, 881. Hegel weiß, dass dieses ‚Werk' in der Gegenwart noch keineswegs vollendet ist, daher ist nicht einsichtig, warum Jürgen Habermas urteilt: „Hegel bringt die heilsgeschichtliche Dimension

erneut einen komplexen Prozess generiert: Wie Hegel rückblickend erläutert, brachte die Entfaltung der einzelnen Implikationen des Freiheitsbegriffs auch einseitige, ins Extrem voran getriebene Positionen mit sich. Er diagnostiziert diese Art der Zuspitzung im Blick auf theoretische ebenso wie praktische Belange, wie nun an einigen Beispielen kurz rekapituliert sei.

Hinsichtlich der theoretischen Dimension arbeitet Hegel folgende Zusammenhänge heraus: Für die in sich gefestigte Subjektivität sei zunächst ihr unbefangener Blick auf die Natur kennzeichnend: „Der Geist hat die Natur hier prosaisch als äußerlich genommen und sie frei für sich gewähren lassen. Er fürchtet sich nicht mehr gegenüber dieser Äußerlichkeit und verzweifelt nicht mehr daran, sich damit versöhnen zu können".[56] Die neuzeitliche Naturwissenschaft habe hier ihre Wurzel: „Es ist also die Erfahrung die Wissenschaft der Welt geworden."[57] Auf dieser Basis ist „die Natur [...] nun ein System bekannter und erkannter Gesetze, der Mensch ist zu Hause darin".[58] Die Verurteilung Galileis durch die katholische Kirche habe daher eine eindeutige Konsequenz gezeigt: „Alle denkenden Menschen haben sich [...] von der Kirche entfernt."[59] Damit konnte sich jene Sichtweise entwickeln, von der hier bereits die Rede war, der zufolge sich „die Gesetze der Natur als ein Letztes"[60] darstellen. Diese Verselbständigung der empirischen Perspektive führt in letzter Konsequenz dazu, dass Aussagen, die sich nicht auf empirisch Gegebenes beziehen, als unfundiert abgewiesen werden. Auf diese Weise ist „der Aberglaube an die sogenannte Naturmacht und deren Selbständigkeit gegen den Geist"[61] entstanden.

Doch ist, wie Hegel erläutert, die Einsicht Luthers, dass die Wahrheit nur im Subjekt ihren Ort haben kann – und der damit verbundene Anspruch, nicht von einer fremden Instanz bevormundet zu werden – nicht allein auf die Entfaltung der empirischen Wissenschaften zu beziehen. Vielmehr hat das selbständige Denken insgesamt einen neuen Stellenwert erlangt: „In diesem Versöhntsein des Geistes mit sich weiß sich eben das Innere als bei sich selbst seiend [...], und dieses Wissen, bei sich selbst zu sein, ist eben das Denken."[62] Demgemäß ordnet Hegel die Ausbildung des modernen Rechtsstaats in die Wirkungsgeschichte des reformatorischen Freiheitsverständnisses ein. Auf dessen Basis „wurden Grundsätze festgestellt, aus welchen die Staatsverfassung rekonstruiert werden mußte. Das Staatsleben soll nun mit Bewußtsein, der Vernunft gemäß eingerichtet werden. Sitte, Herkommen, gilt nicht mehr, die verschiedenen Rechte müssen sich

---

der Zukunft einem in sich kreisenden Weltprozess zum Opfer", und Hegel den Fatalismus eines „trostlosen Vorblicks auf eine Ewige Wiederkehr des Gleichen" zum Vorwurf macht. Habermas (2003), 259.
56 VW, 912.
57 VW, 912.
58 VW, 913.
59 VW, 913.
60 VW, 913.
61 R II, 316.
62 R II, 333.

legitimieren als auf vernünftigen Grundsätzen beruhend [...] und so haben die Völker das Recht, nicht Vorrechte."[63] Die für die Moderne kennzeichnende Leitidee der Politik ist demnach „die Hegemonie des selbstbewußten Gedankens, der das Allgemeine will und weiß".[64] Demgemäß unterstreicht Hegel, dass der moderne Staat nicht auf Religion, sondern auf das begriffliche Denken, und das heißt auf Philosophie gegründet ist. Zu beachten ist freilich, dass Hegel damit bloß die Grundkonzeption des modernen Staates beschreibt, während er deren Implementierung nirgendwo als abgeschlossen befindet. Die genannte Leitidee dient ihm vielmehr als Instrument der Kritik an den atomistischen Verwerfungen der Gegenwart.[65]

Ein weiterer Bereich, in dem sich für Hegel eine zugespitzte Individualisierung abzeichnet, ist, wie schon erwähnt, der der Kunst. Für seine Gegenwart erscheint Hegel die Form der Prosa, vor allem im Roman, als kennzeichnend. Die Kunst nimmt damit Bezug auf die Prosa der Wissenschaftssprache sowie des im modernen Staat fest gegründeten Lebens. Wie Hegel aufzeigt, sind im Roman die Einzelnen „in unsere Zeit und Verhältnisse gestellt [...]. Der Roman hat einen Boden, wo die Hauptmomente der Sittlichkeit fest sind, das sittliche Leben nicht mehr auf der Willkür beruht, deren Umfang jetzt klein ist."[66] Auf diese Weise entsteht ein „Kontrast" zwischen dem Individuum und der „festen Wirklichkeit", derart, dass dem Einzelnen nur „das partikulare Interesse", insbesondere „das Interesse des Herzens", verbleibt.[67] Hegel ortet in der Kunst seiner Zeit vor allem zwei gegenläufige Strategien zur Auflösung dieser Spannung: Zum einen die, dass das Individuum „sich in das Objektive ergibt [...], daß es in die Verkettung der Wirklichkeit eintritt, sich eine Familie, einen Standpunkt erwirbt";[68] zum anderen die Strategie der Ironie bzw. des Humors, den Hegel als „Verrücken alles Substantiellen durch eine subjektive Ansicht" bestimmt.[69] Auf diese Weise verfolgt Hegel erneut einen Modus der Verselbständigung der zunächst im Christentum verankerten Vorstellung der ‚unendlichen Subjektivität'. Genauer gesagt, schreibt er der Kunst seiner Zeit zu, den Kulminationspunkt dieser Entwicklung vor Augen zu führen: „[D]ie Person des Künstlers, die eigene Subjektivität," tritt nun selbst auf und lässt nichts untangiert; es ist ihr nicht mehr um einen objektiven Inhalt zu tun",[70] es wird „im Stoff kein Gehalt mehr respektiert",[71] sondern „Raisonnement" und „Kritik" sind „frei geworden".[72] Das bedeutet zugleich, wie Hegel betont, dass die „Kunst unserer Zeit"[73] letztlich über sich hinausweist und an

---

63 VW, 765 f.
64 VW, 766.
65 Dies zeigt Vieweg (2012).
66 HO, 197.
67 HO, 197.
68 HO, 197.
69 HO, 199.
70 HO, 201.
71 HO, 202.
72 HO, 204.
73 HO, 202.

das Denken, das heißt an Philosophie, heranführt: „Die Innerlichkeit erhebt sich zum reinen Gedanken, wo erst die wahrhafte Einheit stattfinden kann."[74]

Eine Wendung zum Denken ist für Hegel auch in der Sphäre der Religion selbst unumgänglich geworden. Die Einsicht Luthers, dass die Wahrheit nur im Subjekt ihren Ort haben kann, und der damit verbundene Anspruch, nicht von einer fremden Instanz bevormundet zu werden, laufen darauf hinaus, dass das selbständige Denken in allen Belangen maßgeblich ist. „Es entsteht so die unendliche Forderung, daß der Inhalt der Religion sich auch dem Denken bewähre, und dies Bedürfnis ist nicht abzuwenden."[75] Hegel zeigt hier folgenden Zusammenhang auf: „Es ist die Freiheit der Vernunft, die in der Religion erworben worden, die nun im Geiste sich für sich selbst weiß. Diese Freiheit wendet sich nun gegen die bloße geistlose Äußerlichkeit, die Knechtschaft [...], und so tritt das Denken ein, das die Äußerlichkeit, in welcher Form sie auch erscheine, zerstört und ihr Trotz bietet."[76] Es gilt festzuhalten, dass Hegel die Aufgabe einer denkenden Aneignung von Religion gewissermaßen als Schicksal der Gegenwart auffasst, dem diese sich nicht entziehen kann. Dass er an diesem Punkt mit Kants Zurückweisung jeder Form theologischer Bevormundung übereinstimmt, ist offenkundig.

Im Zuge der europäischen Entwicklung wurde allerdings, so Hegel, die Aufgabe einer vernünftigen Aneignung von Religion zunächst geradezu in ihr Gegenteil verkehrt, insofern die Auseinandersetzung mit Religion primär von dem an Empirie orientierten Verstand getragen wurde. Damit vollzog sich die folgenreiche Weichenstellung, dass Gott in ein abgetrenntes Jenseits verbannt wurde. „Der Standpunkt der verständigen Aufklärung" ist Hegel zufolge dadurch gekennzeichnet, dass „Gott jenseits ist und kein affirmatives Verhältnis zum Subjekt hat".[77] Anders gesagt: Im Rahmen eines durch die empirischen Wissenschaften definierten Wirklichkeitsverständnisses kann „die Erscheinung Gottes im Fleisch, die Erhebung Christi zum Sohne Gottes, die Verklärung der Endlichkeit der Welt [...] nicht vorhanden"[78] sein. Auf diese Weise werde Gott aller Bestimmungen beraubt. Für das bloß „abstrakte Denken" des Verstandes bleibt Gott „ohne Bestimmung, leer: [...] Er ist ein Jenseits für das Erkennen".[79] Das „letzte Resultat" dieser Position bilde die Auffassung, „daß Gott nichts als das höchste Wesen sei" bzw. die These: „[M]an kann Gott nicht erkennen"[80]. Wie Hegel betont, bedeutet diese „Vollendung der Reflexion" den genauen „Gegensatz zur christlichen Kirche".[81] Damit ist freilich nicht gesagt, dass es der Aufklärung gelungen wäre, das Christentum bzw. Religion überhaupt zu widerlegen – im Gegenteil. Es ist für das Weitere wichtig festzuhalten, dass Hegel zufolge diese Art der Kritik ihren Adressaten immer schon verfehlt hat, da

---

74 HO, 198.
75 R II, 333.
76 R II, 333.
77 R II, 338.
78 R II, 337.
79 R II, 334.
80 R II, 334.
81 R II, 334.

sie religiöse Aussagen vorweg im Sinne ihres Realitätsbegriffs zuschneidet: „Gegen den Glauben aber begeht sie schon darin das *Unrecht*, seinen Gegenstand so aufzufassen, daß er der Ihrige ist. Sie sagt hernach über den Glauben, daß sein absolutes Wesen ein Steinstück, ein Holzblock sei, der Augen habe und nicht sehe, oder auch etwas Brotteig, der, auf dem Acker gewachsen, von Menschen verwandelt und darauf zurückgeschickt werde."[82]

Doch ungeachtet des ‚Unrechts' dieser Kritik kam es doch zu einem weitgehenden Rückzug der Religion. Die Breitenwirkung des Szientismus erfasste, so Hegel, zunehmend auch die Theologie. Indem diese dem empiristischen Realitätsverständnis nichts entgegen zu setzen wusste, konnte sie den Glauben nicht vernünftig ausdeuten – wie es eigentlich dem Prinzip der Moderne entsprochen hätte –, sondern ihn nur dem Gefühl anheimstellen. Hegel notiert, dass „die Religion, das fromme Bedürfnis [...] ihre Zuflucht nehmen zur Empfindung, zum Gefühl".[83] (Im Lichte dieser Konstellation wäre auch zu betrachten, dass in der heutigen Theologie der Begriff ‚Spiritualität' eine Konjunktur erfährt.) Eine solche Wendung zum Gefühl bedeutet aber, wie Hegel moniert, dass letztlich die Gemeinschaft der Lehre vernachlässigt wird. So geraten die Einzelnen auch in dieser Sphäre in den Status von isolierten ‚Atomen', denn „jedes Individuum hat sein eigenes Gefühl":[84] „Es hat da jeder so seinen Gott, [...] seine individuelle Religion, Weltanschauung, usw."[85]

Der „Standpunkt der verständigen Aufklärung" bringt zum anderen eine religionsferne Positionierung des Menschen mit sich: „Diesseits des leeren Wesens Gottes steht so die für sich frei, selbständig gewordene Endlichkeit, die in sich absolut gilt."[86] Dass Gott ein leerer Begriff ist, bedeutet zugleich das Ende jeglicher Verbindlichkeit „als Recht, sittlich, usf."[87] Hegel moniert: „Jetzt ist das Höchste, nicht von Gott zu wissen, und damit weiß man auch nicht, was Recht und Pflicht ist."[88] Dem ‚Gott ohne Eigenschaften' korrespondiert, wie Erich Heintel in Anspielung auf Musil notiert, der ‚Mann ohne Eigenschaften'.[89] Das Subjekt ist nun in einer Weise auf sich gestellt, dass „das Gute, Rechte, usf. nur in ihm enthalten [ist], es ist nur *sein* Gedanke. Die Erfüllung dieses Guten wird dann aus der natürlichen Willkür, Zufälligkeit, Leidenschaft usf. genommen. [...] Die Subjektivität ist so die Willkür selbst".[90] Indem das Handeln derart der Willkür überlassen wird, können die Einzelnen sich durchgängig als gerechtfertigt verstehen: „Wenn

---

82 PH, 409 (Hervorhebung H. N.-D.). Dazu erläuternd Siep: „Dem Bewusstsein des Priesters oder Theologen ist die Aufklärung insofern gleich, als sie selber den Glauben in der verdinglichenden Weise missversteht, die sie am ‚Aberglauben' kritisiert. Die Aufklärung [...] nimmt den als Geist verstandenen Gott als ein ‚vergängliches Ding'." (Siep (2000), 199.)
83 R II, 340.
84 R II, 340.
85 R II, 335. Zu Hegels Auseinandersetzung mit Schleiermacher an diesem Punkt siehe: Müller (2004).
86 R II, 335.
87 R II, 335.
88 R I, 184 f.
89 Heintel (1984), 356.
90 R II, 335 f.

im Subjekt selbst nicht ebenso das Bewußtsein des Guten, die unendliche Forderung des Guten ist in seinem Innersten, so ist kein Schmerz da, so ist das Böse selbst nur ein leeres Nichts."[91] Der „unendliche Schmerz über sich selbst", der im „Glauben an einen Gott" – d. h. im Glauben, für den „das Gute diese reine Einheit ist",[92] – seinen Ursprung hat, kann nun nicht entstehen. (An diesem Punkt zeigt sich erneut – trotz der differenten philosophischen Prämissen – eine Übereinstimmung mit Kant; in diesem Fall mit dessen Überlegungen zum Wissen der Einzelnen um ihre Verfehlungen, wie sie in Kapitel 2.2.2 erläutert wurden.) Hegel beobachtet ferner: Dass die Individuen sich der Zufälligkeit und Leidenschaft überlassen, prägt auch ihre intimen Beziehungen; diese unterliegen nun einem raschen Wandel, so dass „*die* Liebe zu *einer* Liebe und zu einem Genuß ohne Schmerzen verkehrt ist".[93]

Hegel stellt also die problematischen Phänomene ‚unserer Zeit' – die Dominanz des Partikularinteresses und die ‚atomistische' Auflösung des sozialen Zusammenhalts – in ihrer Genese so dar, dass sie als eine Konsequenz des Christentums zu verstehen sind: „[D]iese letzte Erscheinung ist [...] auch eine Realisierung des Glaubens", insofern „darin das Prinzip der subjektiven Freiheit zum Bewußtsein gekommen" ist. Freilich ist diese Seite des Glaubens jetzt in einer Weise auf ihre „letzte Spitze" getrieben, die „zugleich die höchste Roheit" ist.[94] Wenn heute in Weltregionen, die nicht (durchgehend) von der westlichen Zivilisation geprägt sind, die Defizite der Moderne dem Christentum angelastet werden, so stimmt diese Einschätzung offenkundig punktuell mit der Hegelschen überein. Die entscheidende Differenz liegt aber darin, dass für Hegel die sozialen Pathologien nicht aus *dem* Christentum schlechthin erwachsen, sondern aus der einseitigen Zuspitzung einer Implikation desselben. Umso spannender erscheint die Frage, welche Konsequenzen Hegel aus dieser Diagnose zieht bzw. welche Schlüsse sich heute aus seinem Werk ziehen lassen. Klar ist zunächst, dass eine Rückkehr in vor-moderne Verhältnisse keine Option bildet: Wie Hegel in seinen geschichtsphilosophischen Überlegungen plausibel darlegt, lässt sich ein einmal erreichtes ‚Bewußtsein der Freiheit' nicht mehr vergessen machen. Die Frage lautet daher: Wie ist den sich – auf dem Boden der Aufklärung – als frei begreifenden Einzelnen eine Überwindung der atomistischen Bedingungen möglich? Könnte Religion dafür von Bedeutung sein?

3.4.3 Religion in der Form des Denkens

An diesem Punkt gewinnt ein weiteres Element des Hegelschen Portraits der Moderne Relevanz: das Gefühl eines Verlusts. Mag auch die Realität bereits von Vereinzelung geprägt sein, so kann „der Mensch, insofern er Geist ist"[95] – wie Hegel formuliert – sich

---

91 R II, 263.
92 R II, 264.
93 R II, 343 (Hervorhebung H. N.-D.).
94 R I, 338.
95 VW, 821.

damit doch nicht zufrieden geben. Dies kündigt sich zunächst auf der Ebene der Empfindung an, welche der einzig verbliebene Ort dafür zu sein scheint in einer durch empiristischen Konsens definierten Welt: „Es kann im Herzen mehr sein als im Bewußtsein, insofern es bestimmtes, erkennendes, beobachtendes Bewußtsein ist."[96] Entsprechend befindet Hegel: Wo der ‚unendliche Schmerz' verloren gegangen ist, trat an seine Stelle der Schmerz über diesen Verlust. Die Formulierung „Gott ist tot"[97] (welche Hegel in unterschiedlichen Konnotationen verwendet[98]) bringt hier das Gefühl von Bestürzung und Trauer zum Ausdruck, das den modernen Menschen angesichts seines Verlusts befallen hat. Es ist die „Verzweiflung des Aufgebens der Wahrheit",[99] und damit „der höchste Schmerz, das Gefühl der vollkommenen Rettungslosigkeit".[100] Daraus erwächst ein „Bedürfnis",[101] d. h., die Suche nach einem Ausweg aus der ‚Rohheit' der Moderne. Hegel spricht dieses Thema in doppelter Weise an. Zum einen zeigt er einen Weg zur Überwindung der atomistischen Zerstreuung auf; dies geschieht – wie bereits erläutert – im Paradigma der Liebe. Zum anderen thematisiert er in geradezu drastischer Weise, welche Hindernisse in ‚unserer Zeit' einer Umsetzung dieses Paradigmas im Wege stehen. So zeichnet sich folgende Schwierigkeit ab: Angesichts dessen, dass die Einzelnen de facto in die Vereinzelung geraten – dass ihnen Familie und Staat fremd geworden – sind, käme es primär darauf an, dass Menschen sich neu über Liebe verständigen. Doch durch wen und wie könnte diese Verständigung einen Anstoß erfahren? Hier rückt Hegel die unabgegoltenen Elemente der Religion in das Blickfeld – Ansatzpunkt der Aufklärung war ja eine reduktionistische Deutung des Christentums gewesen, d. h. eine Deutung, die der Religion ‚Unrecht' tat. Wendet man sich hingegen der christlichen Lehr-Tradition unbefangen zu, so Hegel, wird deutlich, dass „ihr Werk die ununterbrochene Ausstellung der geistigen Schätze" und ihr Prinzip „die Versöhnung, die Liebe"[102] ist. Demnach ist es an der Zeit, die Aufgabe der denkenden Aneignung von Religion, die sich in der Folge der Reformation als unabweisbar erwiesen hat, endlich ernsthaft in Angriff zu nehmen. Diese Auffassung hat heute wohl nicht nur für das Christentum Relevanz, sind doch durch den nunmehr weltweit vorgedrungenen empiristischen Konsens alle Formen von Religion mit der Religionskritik der Aufklärung konfrontiert.

Freilich sind die Bedingungen für eine denkende Aneignung – jedenfalls für das Christentum – höchst ungünstig. Hegel zeichnet folgendes Bild: Durch den Rückzug des Glaubens auf die Gefühlsebene – heute könnte man sagen: auf eine verselbständigte Ebene der Spiritualität – kommt der Religion ihr artikulierter Inhalt abhanden. Doch „diese Form entspricht", wie gesagt, „dem Geiste, der auch wissen will, woran er ist,

---

96 R II, 194.
97 R II, 291.
98 Vgl. Sobotka (2003).
99 R II, 340 f.
100 R II, 291.
101 R II, 343.
102 VW, 820.

nicht";[103] die Lage ist prekär: „Wenn den Armen nicht mehr das Evangelium gepredigt wird, wenn das Salz dumm geworden und alle Grundfesten stillschweigend hinweggenommen sind, dann weiß das Volk, für dessen gedrungen bleibende Vernunft die Wahrheit nur in der Vorstellung sein kann, dem Drange seines Innern nicht mehr zu helfen [...; dann] sieht es sich von seinen Lehrern verlassen."[104] Hier rückt die Philosophie in das Blickfeld, denn „der religiöse Inhalt flüchtet sich [...] in den Begriff".[105] Hegel hält fest: „Das ist der Standpunkt der Philosophie, daß der Inhalt [...] durch das Denken seine Wiederherstellung und Rechtfertigung erhält."[106] Dabei müsse die Philosophie sich freilich im Klaren sein, dass sie mit einer zweifachen Gegnerschaft zu rechnen hat: Nicht nur diejenigen, die den Standpunkt der Aufklärung vertreten, sondern auch die Kirchen betrachten sie jetzt als Feind.[107]

Die These von der ‚Flucht' des religiösen Inhalts in die Philosophie könnte der Anknüpfungspunkt für Habermas sein, wenn er die Auffassung vertritt, dass sich Elemente der christlichen Lehre in eine säkulare Sprache ‚übersetzen' ließen. Dass eine solche Übertragung nicht nur möglich, sondern z. T. auch bereits erfolgt ist, zeigt sich für ihn im rechtstheoretischen Bereich an der „Übersetzung der Gottebenbildlichkeit des Menschen in die gleiche und unbedingt zu achtende Würde aller Menschen".[108] (Habermas suchte diesen Gedanken auch anhand der Bachelor-Arbeit von John Rawls einsichtig zu machen.[109]) Freilich schränkt Habermas ein, dass nur einige Begriffe auf diese Weise der Religion „entwendet"[110] werden könnten. Ungeachtet der Frage der Plausibilität dieses Vorschlags (auf die hier nicht eingegangen werden kann[111]) ist jedoch festzuhalten, dass Hegels Intention eine andere ist. Er beansprucht gerade nicht, einzelne christliche Konzeptionen neu zu lesen, sondern die christliche Lehre in ihrer Gesamtheit denkend zu durchdringen, d. h., auf den Begriff zu bringen. Auf diese Weise soll der Inhalt des Glaubens als ganzer seine „Rechtfertigung vom denkenden Bewußtsein aus"[112] erhalten. Mehr noch: Der Philosophie obliege nichts anderes als diese Aufgabe. In diesem Sinne

---

103 R II, 340.
104 R II, 343.
105 R II, 340.
106 R II, 339. Für eine eingehendere Sondierung des Themas der Aufhebung der Religion in Philosophie bei Hegel siehe: „Teil II: Kunst/Religion/Philosophie unter Bedingungen radikalisierter subjektiver Freiheit", mit Beiträgen von Erzsébet Rózsa, Ludwig Nagl und Gerrit Steunebrink, in: Gethmann-Siefert/Nagl-Docekal/Rózsa/Weisser-Lohmann (2013), 85–162.
107 R II, 340.
108 Habermas (2005a), 32.
109 Habermas (2010).
110 Habermas (1999), 205. Dazu gibt Quante zu bedenken, dass erst noch zu klären wäre, wie sich dieses Vorhaben einer ‚Übersetzung' aus der Perspektive der Gläubigen ausnimmt. Es wäre zu fragen, „ob das religiöse Subjekt [...] nicht vielmehr darauf beharrt, dass der genuin religiöse Gehalt bei einer solchen Transformation verloren gehen muss." (Quante (2007), 492).
111 Vgl. die Beiträge von Christian Danz, Rudolf Langthaler, Wilhelm Lütterfelds und Herta Nagl-Docekal in: Langthaler/Nagl-Docekal (2007).
112 R II, 341.

verteidigt Hegel sich gegen einen gängigen Einwand: „Der Philosophie ist der Vorwurf gemacht worden, sie stelle sich über die Religion; dies ist aber schon dem Faktum nach falsch, denn sie hat nur diesen und keinen anderen Inhalt, aber sie gibt ihn in der Form des Denkens".[113] Unter diesem Gesichtspunkt lässt sich Hegels komplexe Konzeption von ‚Dialektik' als Vorschlag zu einer denkenden Einholung der christlichen Auffassung von ‚Geist' und ‚Dreieinigkeit' lesen.

Damit entsteht jedoch eine neue Schwierigkeit: Die Komplexität des philosophischen Systems ist nur wenigen zugänglich: „[D]ie Philosophie ist in dieser Beziehung ein abgesondertes Heiligtum, und ihre Diener bilden einen isolierten Priesterstand".[114] So herrscht heute folgende Paradoxie: Die Verständigung über einen Ausweg aus der Vereinzelung – und das heißt: über Liebe – bleibt, obwohl allgemeines ‚Bedürfnis', nur einigen wenigen im ‚elfenbeinernen Turm' vorbehalten, was zur Folge hat, dass sie ohne praktische Auswirkungen, „ohne äußere Allgemeinheit"[115] bleibt. Es liegt auf der Hand, dass es nicht zu den Kompetenzen von Philosophie gehört, ‚Gemeinde' zu bilden. Am Ende seiner Vorlesungen zur Religionsphilosophie spricht Hegel diesen „Mißton [...] in der Wirklichkeit" in zugespitzter Form an, indem er die Prognose in Zweifel zieht, dass „die Pforten der Hölle die Kirche nicht überwältigen werden".[116]

Die Lage scheint ausweglos. Wenn die Einzelnen auf sich allein gestellt – d. h., auf ihre individuelle *bricolage* angewiesen – sind, so haben sie nicht nur die verbindliche Lehre verloren, sondern auch die soziale Abstützung ihrer moralischen Praxis. Hegel gibt zu bedenken, dass existenziell maßgebliche Orientierungen nicht ein für allemal implementiert werden können: Als endliche Wesen bedürfen wir einer kontinuierlichen Erziehung. Es geht nicht nur darum, notiert er, dass der Mensch einmal das Bewusstsein ergreife, dass er Geist ist, sondern „daß es beständig in ihm geweckt werde".[117] Hegel sucht so die Unverzichtbarkeit von Seelsorge geltend zu machen – in einer Weise, die als Anknüpfung an Kants Konzeption des 'ethischen Gemeinwesens' gelesen werden könnte. Insgesamt ist zu beachten, dass sich für Hegel die religiöse Lehre nicht abtrennen lässt von der Bildung einer Gemeinde. Seiner Sicht zufolge „ist die Kirche die Veranstaltung überhaupt, daß die Subjekte zu der Wahrheit kommen, die Wahrheit sich aneignen und dadurch der Heilige Geist in ihnen auch real, wirklich, gegenwärtig werde [...], daß die Wahrheit in ihnen sei"[118]. Entsprechend erläutert Ludwig Siep, dass in Hegels vielzitierter (und vielfach missverstandener) Konzeption der ‚Aufhebung' der Religion in Philosophie nur der „kognitive Teil" von Religion erfasst ist – „nicht ihr kultischer, praktisch gottesdienstlicher und die Moral befördernder Teil".[119] Damit ist das Problem der Gegenwart in voller Schärfe exponiert: Wenn Glaubensgemeinschaften unter szi-

---

113 R II, 341.
114 R II, 343 f.
115 R II, 343.
116 R II, 342.
117 VW, 821.
118 R II, 320.
119 Siep (2000), 19.

entistischen Bedingungen an ihr Ende kommen, dann gibt es keinen öffentlichen Ort mehr für die kontinuierliche Vermittlung und praktische Realisierung des Geistes. Der philosophische Diskurs – als ‚abgesondertes Heiligtum' – kommt dafür ja nicht in Frage. Überdies ist davon auszugehen, dass Philosophierende, als endliche Wesen, ihrerseits der beständigen Aufforderung bedürfen, doch zu bedenken, was es heißt, Geist zu sein.

Aber vielleicht handelt es sich doch nicht um eine vollständig ausweglose Lage; in Hegels Überlegungen ist auch eine Option angelegt, die man als ‚interfakultäres Projekt' bezeichnen könnte.[120] Das Verhältnis zwischen Religion und Philosophie muss nicht notwendig von der erwähnten Gegnerschaft belastet sein. Letztere beruht ja darauf, dass die Religion – insofern sie sich auf die Gefühlsebene zurückzieht – selbst durch den empiristischen Standpunkt beeinträchtigt ist, der keine andere Form des Wissens zulässt. D. h., der reduktionistische Zugriff der Aufklärung müsste auch im Selbstverständnis der Theologie thematisiert und überwunden werden, um so eine erneuerte Erkundung der Inhalte zu gewährleisten. Das kann aber, wie Hegel plausibel macht, nicht allein in der narrativen Sprache der ‚Vorstellung' geschehen; letztere erfordert vielmehr eine philosophische Interpretation: „Wenn die Theologie nicht Philosophie ist, so weiß sie nicht, was sie will."[121] Es ist ja ein Grundzug der Moderne, dass Wahrheit, und damit Verbindlichkeit, nur auf der Ebene der Vernunft (im Unterschied zu der für die empirischen Wissenschaften maßgeblichen Verstandestätigkeit) angestrebt werden kann.

Im Vergleich zum Habermasschen Vorschlag einer Übersetzung theologischer Gehalte in den außer-theologischen Sprachraum kann die Hegelsche Option als eine Übersetzung in umgekehrter Richtung beschrieben werden. Hegels Überlegungen gehen dahin, philosophische Differenzierungen, die in fachlicher Autonomie entwickelt wurden, zur begrifflichen Ausdeutung religiöser Lehrstücke heranzuziehen. Auf dieser Basis erst kann eine Glaubensgemeinschaft einsichtig machen, welche Relevanz die in ihren Lehren angelegten subtilen Erwägungen für gegenwärtige Problemlagen haben, und auf dieser Basis erst ist sie befähigt, jene Betreuungsaufgabe wahrzunehmen, deren Notwendigkeit Hegel aufzeigt. Für die Theologie kommt es dabei darauf an, Philosophie auf dem größten Differenzierungsniveau der Gegenwart zu rezipieren; eine Rückkehr in vormoderne philosophische Positionen (wie sie vor allem im katholischen Kontext häufig vorgeschlagen wird) wäre neuerlich eine Form von Flucht. Diese verbietet sich aufgrund der Beziehung zu dem in einer Epoche jeweils erreichten Verständnis der Freiheit des Menschen, die Hegel generell als Signum der Religionen darstellt, und die er mit Blick auf die Geschichte des Christentums dahingehend charakterisiert, dass „die christliche Religion jedesmal in der Gegenwart des Selbstbewußtseins einen Fuß hat".[122]

---

[120] Dass Hegel einen Ausweg skizziert, erläutert auch Rózsa, indem sie den Gedanken einer „neuen Religiosität" herausarbeitet. (Rózsa (2003).)
[121] VW, 838.
[122] VW, 820.

Das heißt: Eine Theologie, die hinter dem moralischen Anspruchsniveau der Gegenwart zurückbleibt, hat ihre Plausibilität in jedem Falle eingebüßt. Freilich ist die Ausgangslage für eine theologische Rezeption von Gegenwartsphilosophie heute insofern komplex, als sich auch in der Philosophie eine Entdifferenzierung abzeichnet. Wenn Hegel für die Theologie seiner Zeit beklagt, dass sie den szientistischen Begriff des Wissens angeeignet hat, so wäre diese Diagnose jetzt auch auf den philosophischen Diskurs zu beziehen, in dem naturalistische Unterbestimmungen des Menschen weithin Konjunktur haben, ungeachtet der bereits im Denken der Aufklärung formulierten, konzise argumentierten Einsprüche gegen eine solche Denkweise. Falls diese Tendenz gänzlich zum Tragen käme: Wohin könnte – der von Hegel benutzten Metapher folgend – der damit ausgegrenzte ‚Inhalt', d. h., „das Bewußtsein des Geistigen"[123] dann noch fliehen? Für die Gläubigen (jeder Art von Bekenntnis) hätte eine Philosophie dieses Zuschnitts weitreichende Folgen. Sie sähen sich dann auf eine Polarisierung im Sinne der ‚verständigen Aufklärung' zurück geworfen: Ihre Optionen wären einerseits ein Festhalten an Glaubenstraditionen, die nicht explizierbar sind und damit fundamentalistisch-verschlossen bleiben, oder eine Abkehr von Religion. Damit wäre viel – es wäre, mit Kant gesprochen, das nötige ‚Leitmittel' zur Religion im eigentlichen Sinn, d. h. zu dem, „was das Wesentliche aller Religion ausmacht"[124] – verloren. Um diese Art von Polarisierung zu unterbinden, scheint eine Verschiebung der Konfliktlinie angezeigt: Es würden sich dann nicht mehr Theologie und Philosophie gegenüberstehen, sondern es gälte, in beiden Bereichen gegen naturalistische – z. B. neurologisch verkürzte – Begriffe des Menschen Stellung zu beziehen. Dass dieses Projekt auch eine wissenschaftstheoretische Komponente hat, zeigt sich, wenn man den Gründen für gängige Reduktionismen dieser Art nachgeht. Die an sich sinnvolle Forderung interdisziplinärer Kooperation wird oft in der Form missverstanden, dass Ergebnisse unterschiedlicher Disziplinen unkritisch kombiniert werden, d. h., ohne dass die Grenzen ihrer Aussagekraft durch eine Reflexion ihrer methodischen Voraussetzungen erkundet worden wären.

Doch ungeachtet der präzisen Analysen Hegels, und der Plausibilität seiner Forderung einer philosophischen Relektüre der Glaubensinhalte, gilt es aus heutiger Sicht, auch seine Zugangsweise kritisch zu hinterfragen. Die polarisierende Darstellung des ‚Kampfes der Aufklärung gegen den Aberglauben' zeichnet ihrerseits ein reduktionistisches Bild. Das Denken der Aufklärung hat nicht nur die Vereinzelung der Einzelnen hervorgebracht, sondern auch Konzeptionen der wechselseitigen Verbundenheit, die auf die modernen Bedingungen Bedacht nehmen. Es erweist sich hier als geradezu verhängnisvoll, dass Hegel die Moralphilosophie Kants subjektivistisch unter-interpretiert hat. Dieser Einschätzung gegenüber ist geltend zu machen, dass Kant explizit beansprucht, mit seiner Theorie des kategorischen Imperativs den christlichen Liebesbegriff philosophisch zu rekonstruieren.[125]

---

123 VW, 924.
124 RG, 771.
125 Siehe z. B. MS, 587.

Hegels Deutung verkennt zunächst schon, dass der Rechtsstaat bei Kant auch moralisch begründet ist. Kants Denken steht durchaus nicht in der Tradition des von Hegel problematisierten spätrömischen Rechtsmodells, in dem jeder Einzelne nur auf seinen Privatvorteil bedacht ist; vielmehr stellt die Idee des gerechten Staates eine erste, unverzichtbare Konsequenz aus der moralischen Verpflichtung dar.[126] Im Grunde entspricht diese Verortung des Rechts genau jener Forderung, die Hegel gegen den Subjektivismus – und damit gegen Kant – geltend macht: dass „die Intensität des subjektiven freien Geistes sich zur Form der Allgemeinheit entschließt".[127] Im Kontext der heutigen rechtstheoretischen Debatte hat John Rawls auf die von Hegel vollzogene Verkürzung aufmerksam gemacht. Der Gesellschaftsvertrag beruht bei Kant, so hebt er hervor, nicht auf einer „atomistischen" Grundlage, sondern ist eine Vereinigung von „Individuen [...], die einen allen gemeinsamen Zweck anstreben"; und dieser Zweck ist „nicht nur einer, der ihnen faktisch gemeinsam ist, sondern es ist ein Zweck, der ihnen gemeinsam sein soll".[128]

Die vorschnelle Abwendung von der Moralphilosophie Kants beeinträchtigt auch Hegels Blick auf die religiösen Bedingungen ‚unserer Zeit'. Indem Hegel die Diversität der Weltreligionen mit den Mitteln der Geschichtsphilosophie in sein Denken einbezieht, fokussiert er die zeitliche Folge ihres Entstehens, die er im Protestantismus kulminieren lässt, und schließlich das Schwinden des Christentums unter dem Eindruck der Aufklärung. Von dieser Prämisse her wird das ‚Faktum der Pluralität', d. h., die gleichzeitige Präsenz unterschiedlicher Religionsgemeinschaften im Rahmen der urbanen Verhältnisse der Moderne nicht zu einem Kernthema philosophischer Erörterung. Freilich gilt es zu beachten, dass Hegels geschichtsphilosophische Zugangsweise die einzelnen Bekenntnisse nicht so darstellt, als wären sie einander schlicht fremd. Hegel erläutert im Gegenteil, dass die aufeinanderfolgenden Religionsgründungen – den historischen Epochen insgesamt entsprechend – unter der Perspektive des Weiterarbeitens der Menschheit an ein-und-demselben Thema: der Freiheit des Geistes zu betrachten sind. Doch kann von hier aus im Blick auf die heutige Pluralität nur von einer ‚Gleichzeitigkeit des Ungleichzeitigen' gesprochen werden. An diesem Punkt führt Kants moralphilosophische Zugangsweise weiter. Wohl präsentieren Kants knappe Skizzen zur Religionsgeschichte ein dem Hegelschen ähnliches Bild; doch stellt der Gedanke, dass alle Bekenntnisse in der einen moralischen Religion begründet sind, eine Verbindung her, die – wenngleich dies bei Kant nicht explizit ausgeführt ist – alle im Kontext der Moderne fortbestehenden Gemeinschaften gleichermaßen betrifft. Für alle erweist es sich heute als angezeigt, ihre Lehren mit den Mitteln zeitgenössischer Moral- und Rechtsphilosophie neu zu lesen. Dieses ‚interfakultäre Projekt' ist, wie es scheint, bereits auf dem Weg der Implementierung. Damit kommt ein zweifaches Potential in Sicht: Zum einen könnte erwartet werden, dass – in der Hegelschen Metaphorik ausgedrückt – alle darauf hinarbeiten, ihre ‚geistigen Schätze' für die Gegenwart neu ‚auszustellen'; zum anderen, dass gerade

---

126 Dazu siehe: Höffe (1995 a).
127 VW, 882.
128 HL, 466–469 (Kap. „Eine dritte Alternative"). Rawls bezieht sich hier vor allem auf Kant (TP).

dadurch der inklusive Charakter von Religion deutlich gemacht wird. Auf dieser Basis könnten die traditionellen Antagonismen ein Ende finden und der Zielsetzung Raum geben, gemeinsam weltweit einer reduktionistischen Bestimmung des Menschen – und den daraus resultierenden, die Menschenwürde missachtenden Handlungsweisen – entgegenzutreten und einen unverkürzten Begriff von Humanität geltend zu machen.

Literaturverzeichnis

Adams, Nicholas (2006): Habermas and Theology, Cambridge, UK-New York u. a.: Cambridge University Press.
Adler, Max (1915): Über den kritischen Begriff der Religion, in: Festschrift für Wilhelm Jerusalem, Wien-Leipzig: Braumüller, 3–46.
Ameriks, Karl (2000): Kant and the Fate of Autonomy, Cambridge, UK-New York u. a.: Cambridge University Press.
Anderson-Gold, Sharon (2001): Unnecessary Evil. History and Moral Progress in the Philosophy of Immanuel Kant, New York: SUNY Press.
Anderson-Gold, Sharon (2004): Evil and Enlightenment in the Philosophy of Immanuel Kant, in: Herta Nagl-Docekal/Rudolf Langthaler (Hg.), Recht – Geschichte – Religion. Die Bedeutung Kants für die Gegenwart, Wien: Böhlau/Berlin: Akademie, 113–122.
Arendt, Hannah (1981): Vita activa oder Vom tätigen Leben, München: Piper.
Arendt, Hannah (1982): Lectures on Kant's Political Philosophy, Chicago: The University of Chicago Press.
Arendt, Hannah (1985): Das Urteilen. Texte zu Kants politischer Philosophie, München: Piper.
Arendt, Hannah (1998): Arbeiten, Herstellen, Handeln, in: Deutsche Zeitschrift für Philosophie 46, 6, 997–1009.
Ariès, Philippe (2002): Die Geschichte des Todes, München: DTV.
Barth, Hans (1959): Über die Idee der Selbstentfremdung bei Rousseau, in: Zeitschrift für philosophische Forschung 13, 16–35.
Baum, Manfred (2008): Positive und negative Freiheit bei Kant, in: Jahrbuch für Recht und Ethik, Bd. 16, S. 43–56.
Baumgartner, Hans Michael (1982): Geltung durch Antizipation? Eine kritische Anfrage zur Möglichkeit einer hermeneutisch orientierten und pragmatisch unterlegten Transformation der Kantischen Transzendentalphilosophie, in: Wolfgang Kuhlmann/Dietrich Böhler (Hg.), Kommunikation und Reflexion. Zur Diskussion der Transzendentalpragmatik, Frankfurt a.M.: Suhrkamp, 46–53.
Baumgartner, Hans Michael (1996): Gott und das ethische gemeine Wesen in Kants Religionsschrift. Eine spezielle Frage des ethiko-theologischen Gottesbeweises? In: Gerhard Schönrich/Yasushi Kato (Hg.), Kant in der Diskussion der Moderne, Frankfurt a.M.: Suhrkamp, 408–424.
Benhabib, Seyla (1990): Hegel, die Frauen und die Ironie, in: Herta Nagl-Docekal/Herlinde Pauer-Studer (Hg.), Denken der Geschlechterdifferenz. Neue Fragen und Perspektiven der Feministischen Philosophie, Wien: Wiener Frauenverlag, 19–39.

Benhabib, Seyla (2004): The Right of Others. Aliens, Citizens and Residents, Cambridge: Cambridge University Press.
Benhabib, Seyla/Nicholson, Linda (1980): Politische Philosophie und die Frauenfrage, In: Iring Fetscher/Herfried Münkler (Hg.), Pipers Handbuch der politischen Ideen, München-Zürich: Piper, Bd 5, 513–562.
Benjamin, Walter (1977): Über den Begriff der Geschichte, in: ders., Ausgewählte Schriften, Frankfurt a.M.: Suhrkamp, 151–161.
Bennent, Heidemarie (1985): Galanterie und Verachtung. Eine philosophiegeschichtliche Untersuchung zur Stellung der Frau in Gesellschaft und Kultur, Frankfurt a.M.: Campus.
Bernecker, Sven (2006): Kant zur moralischen Selbsterkenntnis, in: Kant-Studien 97, 163–183.
Betzler, Monika (2011), Erziehung zur Autonomie als Elternpflicht, in: Deutsche Zeitschrift für Philosophie 59, 6, 987–953.
Biletzki, Anat (2013): Is religion an obstacle to human rights? Ibn Rushd Lecture im Rahmen des XXIII. Weltkongresses für Philosophie, Athen, 4.–10. August (im Erscheinen).
Bittner, Rüdiger (1974): Maximen, in: Akten des 4. Internationalen Kant-Kongresses, Mainz 6.–10. April 1974, Teil II.2, hg. v. Gerhard Funke, Berlin-New York: de Gruyter, 485–498.
Bittner, Rüdiger/Cramer, Konrad, Hg. (1975): Materialien zu Kants Kritik der praktischen Vernunft, Frankfurt a.M.: Suhrkamp.
Böckenförde, Ernst-Wolfgang (2006): Der säkularisierte Staat. Sein Charakter, seine Rechtfertigung und seine Probleme im 21. Jahrhundert, München: C. F. v. Siemens Stiftung.
Bovenschen, Silvia (1980): Die imaginierte Weiblichkeit. Exemplarische Untersuchungen zu kulturgeschichtlichen und literarsichen Präsentationsformen des Weiblichen, Frankfurt a.M.: Suhrkamp.
Brandt, Reinhard (1997): Antwort auf Bernd Ludwig: Will die Natur unwiderstehlich die Republik? In: Kant-Studien 88, 229–237.
Brandt, Reinhard/Herb, Karlfriedrich, Hg. (2000): Klassiker Auslegen: Jean-Jacques Rousseau. Vom Gesellschaftsvertrag oder Prinzipien des Staatsrechts, Berlin: Akademie.
Buchhammer, Brigitte (2008): Religion und Homosexualität. Eine Relektüre von Hegels Religionsphilosophie, in: Herta Nagl-Docekal/Wolfgang Kaltenbacher/Ludwig Nagl (Hg.), Viele Religionen – eine Vernunft? Ein Disput zu Hegel, Wien: Böhlau/Berlin: Akademie, 211–233.
Byrne, Peter (2007): Kant on God, Aldershot: Ashgate.
Cassirer, Ernst (1975): Das Problem Jean-Jacques Rousseau, Darmstadt: WBG.
Cavell, Stanley (1981): Pursuits of Happiness. The Hollywood Comedy of Remarriage, Cambridge, MA-London: Harvard University Press.
Celikates, Robin/Gosepath, Stefan, Hg. (2009): Philosophie der Moral. Texte von der Antike bis zur Gegenwart, Frankfurt a.M.: Suhrkamp.
Chodorow, Nancy (1978): The Reproduction of Mothering: Psychoanalysis and the Sociology of Gender, Berkeley: The University of California Press.
Dirscherl, Klaus (1985): Der Roman der Philosophen. Diderot – Rousseau – Voltaire (Romanica Monacensia, Bd. 23), Tübingen: Narr.
Dörflinger, Bernd (2004): Führt Moral unausbleiblich zur Religion? In: Norbert Fischer (Hg.), Kants Metaphysik und Religionsphilosophie, Hamburg: Meiner, 207–223.
Doyé, Sabine/Heinz, Marion/Kuster, Friederike, Hg. (2002): Philosophische Geschlechtertheorien, Stuttgart: Reclam.
Düsing, Edith (1990): Hegels spekulative Deutung der Christologie, in: Remigius Bäumer u. a. (Hg.), Verabschiedung oder naturphilosophische Weiterführung der Metaphysik? Frankfurt a.M.-New York: Peter Lang, 371–386.

Düsing, Klaus (1971): Das Problem des höchsten Gutes in Kants praktischer Philosophie, in: Kant-Studien 62, 5–42.
Esser, Andrea (2004): Eine Ethik für Endliche. Kants Tugendlehre in der Gegenwart, Stuttgart: Frommann-Holzboog, 334–339.
Esser, Andrea (2011): Einleitung zum Heftschwerpunkt: Autonomie und Selbstbestimmung, in: Deutsche Zeitschrift für Philosophie, 59, 6, 875–880.
Fasching, Maria (1990): Zum Begriff der Freundschaft bei Aristoteles und Kant, Würzburg: Königshausen und Neumann.
Fetscher, Iring (1975): Rousseaus politische Philosophie. Zur Geschichte des demokratischen Freiheitsbegriffs, 3. überarb. Aufl., Frankfurt a.M.: Suhrkamp.
Forschner, Maximilian (1974): Gesetz und Freiheit: zum Problem der Autonomie bei Kant, München: Pustet.
Forst, Rainer (2004): Moralische Autonomie und Autonomie der Moral, in: Deutsche Zeitschrift für Philosophie 52, 2, 179–197.
Forst, Rainer (2007): Das Recht auf Rechtfertigung. Elemente einer konstruktivistischen Theorie der Gerechtigkeit, Frankfurt a.M:: Suhrkamp.
Förster, Eckart (1998): Die Wandlungen in Kants Gotteslehre, in: Zeitschrift für philosophische Forschung, 52, 341–362.
Frankfurt, Harry G. (2000): Rationalism in Ethics, in: Monika Betzler/Barbara Gluckes (Hg.), Autonomes Handeln. Beiträge zur Philosophie von Harry G. Frankfurt, Berlin: Akademie, 259–273.
Fraser, Nancy (1996): Die Gleichheit der Geschlechter und das Wohlfahrtssystem, in: Herta Nagl-Docekal/Herlinde Pauer-Studer (Hg.), Differenz und Lebensqualität, Frankfurt a.M:: Suhrkamp, 469–500.
Freeman, Samuel (2007): Rawls, London-New York: Routledge.
Friedman, Marilyn (1997): Freundschaft und moralisches Wachstum, in: Deutsche Zeitschrift für Philosophie, 45, 2, 235–248.
Garbe, Christine (1992): Die ‚weibliche' List im ‚männlichen' Text. Jean-Jacques Rousseau in der feministsichen Kritik, Stuttgart: Metzler.
Gehrke, Helmut (1981): Theologie im Gesamtraum des Wirklichen, Wien-München: Oldenbourg.
Gerhardt, Volker/Kauffmann, Clemens u. a., Hg. (2012): Politisches Denken. Jahrbuch, Berlin: Duncker & Humboldt.
Gethmann-Siefert, Annemarie (2005): Einführung in Hegels Ästhetik, München: Fink.
Gethmann-Siefert, Annemarie/Nagl-Docekal, Herta/Rózsa, Erzsébet/Weisser-Lohmann, Elisabeth (Hg.): Hegels Ästhetik als Theorie der Moderne, Berlin: Akademie.
Goethe, Johann Wolfgang v. (1981): Italienische Reise, München: Beck.
Gosepath, Stefan (2004): Gleiche Gerechtigkeit. Grundlagen eines liberalen Egalitarismus, Frankfurt a.M.: Suhrkamp.
Guyer, Paul (2004): Civic Responsibility and the Kantian Social Contract, in: Herta Nagl-Docekal/Rudolf Langthaler (Hg.), Recht – Geschichte – Religion. Die Bedeutung Kants für die Gegenwart, Wien: Böhlau/Berlin: Akademie, 27–48.
Guyer, Paul (2006): Kant. New York: Routledge.
Habermas, Jürgen (1981): Walter Benjamin. Bewußtmachende und rettende Kritik, in: ders., Philosophisch-politische Profile, Frankfurt a.M.: Suhrkamp, 336–376.
Habermas, Jürgen (1988): Nachmetaphysisches Denken, Frankfurt a.M.: Suhrkamp.
Habermas, Jürgen (1991a): Erläuterungen zur Diskursethik, Frankfurt a.M.: Suhrkamp.
Habermas, Jürgen (1991b): Texte und Kontexte, Frankfurt a.M.: Suhrkamp.
Habermas, Jürgen (1994): Israel oder Athen oder: Wem gehört die anamnetische Vernunft? Zur Einheit in der multikulturellen Vielfalt, in: Johann-Baptist Metz (Hg), Diagnosen zur Zeit, Düsseldorf: Patmos, 51–64.

Habermas, Jürgen (1999): Über Gott und die Welt. Eduardo Mendieta im Gespräch mit Jürgen Habermas, in: Jürgen Manemann (Hg.), Befristete Zeit, Münster-Hamburg-London: LIT, 191–209.

Habermas, Jürgen (2003): Zeitdiagnosen. Zwölf Essays, Frankfurt a.M.: Suhrkamp.

Habermas, Jürgen (2004): Die Grenze zwischen Glauben und Wissen. Zur Wirkungsgeschichte und aktuellen Bedeutung von Kants Religionsphilosophie, in: Herta Nagl-Docekal/Rudolf Langthaler (Hg.), Recht – Geschichte – Religion. Die Bedeutung Kants für die Gegenwart, Wien: Böhlau/Berlin: Akademie, 141–160.

Habermas, Jürgen (2004): Zur Diskussion mit Kardinal Ratzinger, in: Information Philosophie, 4, 7–15.

Habermas, Jürgen (2005a): Vorpolitische Grundlagen des demokratischen Rechtsstaates? In: ders./Joseph Ratzinger, Dialektik der Säkularisierung. Über Vernunft und Religion, Freiburg-Basel-Wien: Herder, 15–37.

Habermas, Jürgen (2005b): Zwischen Naturalismus und Religion. Philosophische Aufsätze, Frankfurt a.M.: Suhrkamp.

Habermas, Jürgen (2010): Das ‚gute Leben' eine ‚abscheuliche Phrase': Welche Bedeutung hat die religiöse Ethik des jungen Rawls für dessen politische Theorie? In: Deutsche Zeitschrfit für Philosophie 58, 5, 797–809.

Habermas, Jürgen (2012): Nachmetaphysisches Denken II, Berlin: Suhrkamp.

Hahn, Alois/Hoffmann, Matthias (2009): Der Tod und das Sterben als soziales Ereignis, in: Cornelia Klinger (Hg.): Perspektiven des Todes in der modernen Gesellschaft, Wien: Böhlau/Berlin: Akademie, 121–144.

Hampton, Jean (2003): Should political philosophy be done without metaphysics? In: Chandran Kukthas (Hg.), John Rawls. Critical Assessments of Leading Political Philosophers, London-NewYork: Routledge, vol. IV, 432–455.

Hegel, Georg Wilhelm Friedrich (1952): Briefe von und an Hegel, hg. v. Johannes Hoffmeister, Band I, Hamburg: Meiner (Sigle: BR).

Hegel, Georg Wilhelm Friedrich (1968): Vorlesungen über die Philosophie der Weltgeschichte, hg.v. Georg Lasson, Hamburg: Meiner, Bd. IV: Die germanische Welt (Sigle: VW).

Hegel, Georg Wilhelm Friedrich (1970): Entwürfe über Religion und Liebe, in: Werke in zwanzig Bänden, Frankfurt a.M.: Suhrkamp, Bd. 1, 239–254 (Sigle: RL).

Hegel, Georg Wilhelm Friedrich (1970): Enzyklopädie der philosophischen Wissenschaften (1830) III, Werke in zwanzig Bänden, Frankfurt a.M.: Suhrkamp, Bd. 10 (Sigle: E III).

Hegel, Georg Wilhelm Friedrich (1970): Glauben und Wissen oder die Reflexionsphilosophie der Subjektivität in der Vollständigkeit ihrer Formen als Kantische, Jakobische und Fichtesche Philosophie, in: ders., Werke in zwanzig Bänden, Frankfurt a.M.: Suhrkamp, Bd. 2, 287–433 (Sigle: GW).

Hegel, Georg Wilhelm Friedrich (1970): Grundlinien der Philosophie des Rechts, Werke in zwanzig Bänden, Frankfurt a.M.: Suhrkamp, Bd. 7 (Sigle: PR).

Hegel, Georg Wilhelm Friedrich (1970): Phänomenologie des Geistes, Werke in zwanzig Bänden, Frankfurt a.M.: Suhrkamp, Bd. 3 (Sigle PH).

Hegel, Georg Wilhelm Friedrich (1970): Vorlesungen über die Ästhetik II, Werke in zwanzig Bänden, Frankfurt a.M.: Suhrkamp, Bd. 14 (Sigle A II).

Hegel, Georg Wilhelm Friedrich (1970): Vorlesungen über die Philosophie der Geschichte, Werke in zwanzig Bänden, Frankfurt a.M.: Suhrkamp, Bd. 12 (PG).

Hegel, Georg Wilhelm Friedrich (1970): Vorlesungen über die Philosophie der Religion I, Werke in zwanzig Bänden, Frankfurt a.M.: Suhrkamp, Bd. 16 (R I).

Hegel, Georg Wilhelm Friedrich (1970): Vorlesungen über die Philosophie der Religion II, Werke in zwanzig Bänden, Frankfurt a.M.: Suhrkamp, Bd. 17 (R II).

Hegel, Georg Wilhelm Friedrich (1991): Theologische Jugendschriften, hg. v. Hermann Nohl, Frankfurt a.M.: Minerva (Sigle: TJ).
Hegel, Georg Wilhelm Friedrich (2003): Vorlesungen über die Philosophie der Kunst (Mitschrift Heinrich Gustav Hotho), hg. v. Annemarie Gethmann-Siefert, Hamburg: Meiner (Sigle: HO).
Hegel, Georg Wilhelm Friedrich (2005): Philosophie der Kunst. Vorlesung von 1826, Frankfurt a.M.: Suhrkamp (Sigle: PK).
Heintel, Erich (1968): Die beiden Labyrinthe der Philosophie, Wien-München: Oldenbourg.
Heintel, Erich (1972): Gottes Transzendenz, in: Neue Zeitschrift für Systematische Theologie und Religionsphilosophie, 14, 277–293.
Heintel, Erich (1984): Grundriß der Dialektik, Bd. 1, Darmstadt: WBG.
Heinz, Marion (2012): Zur Konstitution vergeschlechtlichter Subjekte bei Rousseau, in: Marion Heinz/ Sabine Doyé (Hg.), Geschlechterordnung und Staat. Legitimationsfiguren der politischen Philosophie (1600–1850), Berlin: Campus, 163–180.
Held, David (1995): Democracy and the Global Order. From the Modern State to Cosmopolitan Governance, Stanford: Stanford University Press.
Held, David (2013): Kosmopolitanismus. Ideal und Wirklichkeit, Freiburg-München: Alber.
Helm, Bennett W. (2010): Love, Friendship, and the Self. Intimacy, Identification, and the Social Nature of Persons, Oxford: Oxford University Press.
Henrich, Dieter (2010): Hegel im Kontext. Mit einem Nachwort zur Neuauflage, Berlin: Suhrkamp.
Herman, Barbara (2008): Moral Literacy, Cambridge, MA: Harvard University Press.
Himmelmann, Beatrix (2001): Kants Begriff des Glücks, Berlin: de Gruyter.
Hinsch, Wilfried (1992): Einleitung, in: John Rawls, Die Idee des politischen Liberalismus. Aufsätze 1978–1989, Frankfurt a.M.: Suhrkamp, 9–44.
Hirsch, Alfred (2012): Rousseaus Traum vom ewigen Frieden, München: Fink.
Hoffmann, Thomas Sören (2002): Gewissen als praktische Apperzeption. Zur Lehre vom Gewissen in Kants Ethik-Vorlesungen, in: Kant-Studien 93, 424–443.
Höffe, Otfried (1995a): Kategorische Rechtsprinzipien. Ein Kontrapunkt der Moderne, Frankfurt a.M.: Suhrkamp.
Höffe, Otfried (1995b): Ist Rawls' Gerechtigkeitstheorie kantianisch? In: ders., Kategorische Rechtsprinzipien. Ein Kontrapunkt der Moderne, Frankfurt a.M.: Suhrkamp, 306–330.
Höffe, Otfried (2001): „Königliche Völker". Zu Kants kosmopolitischer Rechts- und Friedenstheorie, Frankfurt a.M.: Suhrkamp.
Holzleithner, Elisabeth (2001): Kein Fortschritt in der Liebe? Gerechtigkeit und Anerkennung in Nahbeziehungen, in: Peter Koller (Hg.), Gerechtigkeit im politischen Diskurs der Gegenwart, Wien: Passagen, 235–261.
Honegger, Claudia (1991): Die Ordnung der Geschlechter. Die Wissenschaften vom Menschen und das Weib, Frankfurt a.M.-New York: Campus.
Honneth, Axel (1992): Kampf um Anerkennung. Zur moralischen Grammatik sozialer Konflikte, Frankfurt a.M.: Suhrkamp (Sigle: KA).
Honneth, Axel (1995): Zwischen Gerechtigkeit und affektiver Bindung. Die Familie im Brennpunkt moralischer Kontroversen, in: Deutsche Zeitschrift für Philosophie, 43, 6, 989–1004 (Sigle: GB).
Honneth, Axel (2001): Leiden an Unbestimmtheit. Eine Reaktualisierung der Hegelschen Rechtsphilosophie, Stuttgart: Reclam (Sigle: LU).
Honneth, Axel (2010): Das Ich im Wir. Studien zur Anerkennungstheorie, Frankfurt a.M.: Suhrkamp (Sigle: IW).
Honneth, Axel (2011): Das Recht der Freiheit. Grundriß einer demokratischen Sittlichkeit. Berlin: Suhrkamp (Sigle: RF).

Honneth, Axel (2013): Das Recht der Freiheit. Daniela Zumpf im Gespräch mit Axel Honneth, in: Information Philosophie, 3(2013), 26–29 (Sigle: HZ).

Horster, Detlev (1998): Weibliche Moral – ein Mythos? Frankfurt a.M.: Suhrkamp.

Hutter, Axel (2005): Zum Begriff der Öffentlichkeit bei Kant, in: Michael Städtler (Hg.), Kants 'Ethisches Gemeinwesen. Die Religionsschrift zwischen Vernunftkritik und praktischer Philosophie, Berlin: Akademie, 135–146.

Iannelli, Francesca (2007): Das Siegel der Moderne. Hegels Bestimmung des Hässlichen in den Vorlesungen zur Ästhetik und die Rezeption bei den Hegelianern, München: Fink.

Illies, Christian (2007): Orientierung durch Universalisierung: Der kategorische Imperativ als Test für die Moralität von Maximen, in: Kant-Studien 98, 3, 306–328.

Isensee, Josef (1987): Die katholische Kritik an den Menschenrechten, in: Ernst-Wolfgang Böckenförde/Robert Spaemann (Hg.), Menschenrechte und Menschenwürde, Stuttgart, 138–174.

Jauch, Ursula Pia (1988): Immanuel Kant zur Geschlechterdifferenz. Aufklärerische Vorurteilskritik und bürgerliche Geschlechtsvormundschaft, Wien: Passagen.

Junker-Kenny, Maureen (2009): Jenseits liberaler öffentlicher Vernunft: Religion und das Vermögen der Prinzipien, in: Knut Wenzel/Thomas M. Schmidt (Hg.), Moderne Religion? Theologische und religionsphilosophische Reaktionen auf Jürgen Habermas, Freiburg-Basel-Wien: Herder, 92–127.

Junker-Kenny, Maureen (2011): Habermas and Theology, New York: T&T Clark International.

Junker-Kenny, Maureen (2014): Religion and Public Reason. A Comparison of the Positions of John Rawls, Jürgen Habermas and Paul Ricoeur, Berlin-Boston: de Gruyter.

Kain, Patrick (2004): Self-legislation in Kant's Moral Philosophy, in: Archiv für Geschichte der Philosophie, 86, 257–306.

Kant, Immanuel (1889): Lose Blätter aus Kants Nachlaß, hg. v. Rudolf Reicke, Königsberg: Beyer (Sigle: LR).

Kant, Immanuel (1910 ff.): Briefwechsel, Bd. I. Kants gesammelte Schriften, Berlin: Deutsche/Preussische Akademie der Wissenschaften, Bd. X (Sigle: BW).

Kant, Immanuel (1910 ff.): Handschriftlicher Nachlass, Kants gesammelte Schriften, Berlin: Deutsche/Preussische Akademie der Wissenschaften, Bd. XV.2 (Sigle: NA).

Kant, Immanuel (1910 ff.): Reflexionen, in: Kants gesammelte Schriften, Berlin: Deutsche/Preussische Akademie der Wissenschaften, Bd. XVII (Sigle: RX).

Kant, Immanuel (1910 ff.): Opus postumum, Convolut I–VI. Kants gesammelte Schriften, Berlin: Deutsche/Preussische Akademie der Wissenschaften, Bd. XXI (Sigle: OP).

Kant, Immanuel (1910 ff.): Logik (nach Blomberg). Kants gesammelte Schriften, Berlin: Deutsche/Preussische Akademie der Wissenschaften, Bd. XXIV (Sigle: LB).

Kant, Immanuel (1910 ff.): Vorlesungen über Moralphilosophie, erste Hälfte. Kants gesammelte Schriften, Berlin: Deutsche/Preussische Akademie der Wissenschaften, Bd. XXVII, 1 (Sigle: VM).

Kant, Immanuel (1910 ff.): Philosophische Religionslehre (nach Pölitz). Kants gesammelte Schriften, Berlin: Deutsche/Preussische Akademie der Wissenschaften, Bd. XXVIII, 2.2 (Sigle: VP).

Kant, Immanuel (1910 ff): Vorlesungen über Rationaltheologie (nach Baumbach). Kants gesammelte Schriften, Berlin: Deutsche/Preussische Akademie der Wissenschaften, Bd. XXVIII, 2.2 (Sigle: BB).

Kant, Immanuel (1924): Eine Vorlesung über Ethik, hg. v. Paul Menzer, Berlin: Heise (VE).

Kant, Immanuel (1963 f.): Anthropologie in pragmatischer Hinsicht, in: Werke in sechs Bänden, hg.v. Wilhelm Weischedel, Darmstadt: WBG, Bd. VI, 395–690 (Sigle: AP).

Kant, Immanuel (1963 f.): Das Ende aller Dinge, in: Werke in sechs Bänden, hg.v. Wilhelm Weischedel, Darmstadt: WBG, Bd. VI, 173–190 (Sigle: ED).

LITERATURVERZEICHNIS

Kant, Immanuel (1963 f.), Über den Gemeinspruch: Das mag in der Theorie richtig sein, taugt aber nicht für die Praxis, in: Werke in sechs Bänden, hg.v. Wilhelm Weischedel, Darmstadt: WBG, Bd. VI, 125–172 (Sigle: TP).
Kant, Immanuel (1963 f.): Grundlegung zur Metaphysik der Sitten, in: Werke in sechs Bänden, hg.v. Wilhelm Weischedel, Darmstadt: WBG, Bd. IV, 11–102 (Sigle: GM).
Kant, Immanuel (1963 f.): Idee zu einer allgemeinen Geschichte in weltbürgerlicher Absicht, in: Werke in sechs Bänden, hg.v. Wilhelm Weischedel, Darmstadt: WBG, Bd.VI, 31–50 (Sigle: IG).
Kant, Immanuel (1963 f.): Kritik der praktischen Vernunft, in: Werke in sechs Bänden, hg.v. Wilhelm Weischedel, Darmstadt: WBG, Bd. IV, 103–302 (Sigle: KV).
Kant, Immanuel (1963 f.): Kritik der reinen Vernunft, Werke in sechs Bänden, hg.v. Wilhelm Weischedel, Darmstadt: WBG, Bd. II (Sigle: KR).
Kant, Immanuel (1966): Kritik der Urteilskraft, in: Werke in sechs Bänden, hg.v. Wilhelm Weischedel, Darmstadt: WBG, Bd. V, 173–620 (Sigle: KU).
Kant, Immanuel (1963 f.): Logik, in: Werke in sechs Bänden, hg.v. Wilhelm Weischedel, Darmstadt: WBG, Bd. III, 417–582 (Sigle: LG).
Kant, Immanuel (1963 f.): Die Metaphysik der Sitten, in: Werke in sechs Bänden, hg.v. Wilhelm Weischedel, Darmstadt: WBG, Bd. IV, 303–634 (Sigle: MS).
Kant, Immanuel (1963 f.): Über das Mißlingen aller philosophischen Versuche in der Theodizee, in: Werke in sechs Bänden, hg.v. Wilhelm Weischedel, Darmstadt: WBG, Bd. VI, 103–124 (Sigle: MT).
Kant, Immanuel (1963 f.): Mutmaßlicher Anfang der Menschengeschichte, in: Werke in sechs Bänden, hg.v. Wilhelm Weischedel, Darmstadt: WBG, Bd. VI, 83–102 (Sigle: AM).
Kant, Immanuel (1963 f.): Über Pädagogik, in: Werke in sechs Bänden, hg.v. Wilhelm Weischedel, Darmstadt: WBG, Bd. VI, 693–761 (Sigle: PD).
Kant, Immanuel (1963 f.): Die Religion innerhalb der Grenzen der bloßen Vernunft, in: Werke in sechs Bänden, hg.v. Wilhelm Weischedel, Darmstadt: WBG, Bd.VI, 649–879 (Sigle: RG).
Kant, Immanuel (1963 f.): Der Streit der Fakultäten, in: Werke in sechs Bänden, hg.v. Wilhelm Weischedel, Darmstadt: WBG, Bd. VI, 261–393 (Sigle: SF).
Kant, Immanuel (1963 f.): Was heißt: sich im Denken orientieren? Werke in sechs Bänden, hg.v. Wilhelm Weischedel, Darmstadt: WBG, Bd. III, 267–283 (Sigle: DO).
Kant, Immanuel (1963 f.): Beantwortung der Frage: Was ist Aufklärung? in: Werke in sechs Bänden, hg.v. Wilhelm Weischedel, Darmstadt: WBG, Bd.VI, 51–62 (WA).
Kant, Immanuel (1963 f.): Zum ewigen Frieden, in: Werke in sechs Bänden, hg.v. Wilhelm Weischedel, Darmstadt: WBG, Bd.VI, 191–251 (Sigle: EF).
Kant, Immanuel (2004): Vorlesung zur Moralphilosophie, hg.v. Werner Stark, Berlin: de Gruyter (Sigle: VS).
Kaulbach, Friedrich (1978): Das Prinzip Handeln in der Philosophie Kants, Berlin-New York: de Gruyter.
Kersting, Wolfgang (1984): Wohlgeordnete Freiheit. Immanuel Kants Rechts- und Staatsphilosophie, Berlin-New York: de Gruyter.
Klinger, Cornelia (1990): Frau – Landschaft – Kunstwerk. Gegenwelten oder Reservoire des Patriarchats? In: Herta Nagl-Docekal (Hg.), Feministische Philosophie, Wien-München: Oldenbourg, 63–94.
Kofmann, Sarah (1986): Rousseau und die Frauen, Tübingen: Rive Gauche.
Kopper, Joachim (1955/56): Kants Gotteslehre, in: Kant-Studien 47, 31–61.
Korsgaard, Christine M. (1996): The Sources of Normativity, Cambridge, MA: Cambridge University Press.

Knapp, Markus (2009): Öffentliche Vernunft – religiöse Vernunft, in: Knut Wenzel/Thomas M. Schmidt (Hg.), Moderne Religion? Theologische und religionsphilosophische Reaktionen auf Jürgen Habermas, Freiburg-Basel-Wien: Herder, 203–224.

Krebs, Angelika (2002): Arbeit und Liebe. Die philosophischen Grundlagen sozialer Gerechtigkeit, Frankfurt a.M.: Suhrkamp.

Kuhlmann, Wolfgang (1996): Solipsismus in Kants praktischer Philosophie und die Diskursethik, in: Gerhard Schönrich/Yasishi Kato (Hg.), Kant in der Diskussion der Moderne, Frankfurt a.M.: Suhrkamp, 360–395.

Kuster, Friederike (2005): Rousseau – Die Konstitution des Privaten. Zur Genese der bürgerlichen Familie, Berlin: Akademie.

Landweer, Hilge u. a., Hg. (2012): Philosophie und die Potenziale der Gender Studies. Peripherie und Zentrum im Feld der Theorie, Bielefeld: transcript.

Lange, Lynda (1979): Rousseau: Women and the General Will, in: Lorenne M. G. Clark/Lynda Lange (Hg.), The Sexism of Social and Political Theory. Women and Reproduction from Plato to Nietzsche, Toronto-Buffalo-London: University of Toronto Press, 41–52.

Langthaler, Rudolf (1990): Kants Ethik als ‚System der Zwecke'. Perspektiven einer modifizierten Idee der ‚moralischen Teleologie' und Ethikotheologie, Berlin: de Gruyter.

Langthaler, Rudolf (1997): Nachmetaphysisches Denken? Kritische Anfragen an Jürgen Habermas, Berlin.

Langthaler, Rudolf (2007): Zur Interpretation und Kritik der Kantischen Religionsphilosophie bei Jürgen Habermas, in: ders./Herta Nagl-Docekal (Hg.): Glauben und Wissen. Ein Symposium mit Jürgen Habermas, Wien: Oldenbourg/Berlin: Akademie, 32–92.

Langthaler, Rudolf/Nagl-Docekal, Herta, Hg. (2007): Glauben und Wissen. Ein Symposium mit Jürgen Habermas, Wien: Oldenbourg/Berlin: Akademie.

Larmore, Charles (2003): Public Reason, in: Samuel Freeman (Hg.), The Cambridge Companion to Rawls, Cambridge, UK: Cambridge University Press, 368–393.

Lehmann, Gerhard (1980): Kants Tugenden. Neue Beiträge zur Geschichte und Interpretation der Philosophie Kants, Berlin-New York: de Gruyter.

Lombardo, Emanuela/Meier, Petra/Verloo, Mieke (2010): Discursive dynamics in gender equality politics: What about feminist taboos? In: European Journal of Women's Studies, 17, 2, 105–123.

Luhmann, Niklas (1982): Liebe als Passion. Zur Codierung von Intimität, Frankfurt a.M.: Suhrkamp.

Lütterfelds, Wilhelm (2004): Zur Dialektik von schriftlichem Original und verstehender Auslegung, in: Klaus Dethloff/Rudolf Langthaler/Herta Nagl-Docekal/Friedrich Wolfram (Hg.), Orte der Religion im philosophischen Diskurs der Gegenwart, Berlin: Parerga, 29–42.

Lütterfelds, Wilhelm (2007): Der praktische Vernunftglaube und das Paradox der kulturellen Weltbilder, in: Rudolf Langthaler/Herta Nagl-Docekal (Hg.), Glauben und Wissen. Ein Symposium mit Jürgen Habermas, Wien: Böhlau/Berlin: Akademie, 127–131.

Marshall, Thomas H. (1963): Sociology at the Crossroads and other essays, London: Heinemann.

Marty, François (2004): Die Analogie zwischen ‚ethischem' und ‚bürgerlichem gemeinen Wesen'. Ein Beitrag zur Frage der Erreichbarkeit des höchsten politischen Gutes, in: Herta Nagl-Docekal/Rudolf Langthaler (Hg.): Recht – Geschichte – Religion. Die Bedeutung Kants für die Gegenwart, Berlin: Akademie, 63–70.

Melica, Claudia (2008): Der Begriff der Liebe in Hegels Bestimmung der romantischen Kunst, in: Annemarie Gethmann-Siefert/Bernadette Collenberg-Plotnikov (Hg.), Zwischen Philosophie und Kunstgeschichte. Beiträge zur Begründung der Kunstgeschichtsforschung bei Hegel und im Hegelianismus, München: Fink, 269–279.

Mendelssohn, Moses (2005): Jerusalem oder über die religiöse Macht und Judentum (1783), Hamburg: Meiner.
Menke Christoph (2006): Von der Würde des Menschen zur Menschenwürde. Das Subjekt der Menschenrechte, in: WestEnd. Neue Zeitschrift für Sozialforschung, 2, 3–21.
Menke, Christoph (2010): Autonomie und Befreiung, in: Deutsche Zeitschrift für Philosophie, 58, 5, 675–694.
Mills, Patricia Jagentowicz, Hg. (1996): Feminist Interpretations of G. W. F. Hegel, University Park: Pennsylvania State University Press.
Moran, Kate A. (2012): Community and Progress in Kant's Moral Philosophy, Washington, D. C.: The Catholic University of America Press.
Müller, Ernst (2004): Zur Modernität des Hegelschen Religionsbegriffs, in: Andreas Arndt/Ernst Müller (Hg.), Hegels ‚Phänomenologie des Geistes' heute, Berlin: Akademie, 175–193.
Müller, Klaus (2001): Gottes Dasein denken, Regensburg: Pustet.
Müller, Klaus (2005): Gottesbeweiskritik und praktischer Vernunftglaube. Indizien für einen Subtext der kantischen Theologien, in: Georg Essen/Magnus Stiet (Hg.), Kant und die Theologie, Darmstadt: WBG, 129–161.
Munzel, G. Felicitas (1999): Kant's Conception of Character. The „Critical Link" of Morality, Anthropology, and Reflective Judgement, Chicago-London: University of Chicago Press.
Nagl, Ludwig (2002): Stanley Cavells Philosophie des Films, in: Deutsche Zeitschrift für Philosophie, 50, 1, 163–174.
Nagl, Ludwig (2010): Das verhüllte Absolute: Religionsphilosophie bei Habermas und Adorno, in: ders., Das verhüllte Absolute. Essays zur zeitgenössischen Religionsphilosophie, Frankfurt a.M.: Peter Lang.
Nagl-Docekal, Herta (1992): Von der feministischen Transformation der Philosophie, in: Ethik und Sozialwissenschaften. Streitforum für Erwägungskultur, 3, 4, 523–531.
Nagl-Docekal, Herta (1998a): Feministische Ethik oder eine Theorie weiblicher Moral? In: Detlev Horster (Hg.), Weibliche Moral – ein Mythos? Frankfurt a.M.: Suhrkamp, 42–72.
Nagl-Docekal, Herta (1998b): Ein Postscriptum zum Begriff ‚Gerechtigkeitsethik', in: Detlev Horster (Hg.), Weibliche Moral – ein Mythos? Frankfurt a.M.: Suhrkamp, 142–153.
Nagl-Docekal, Herta (2001): Feministische Philosophie. Ergebnisse, Probleme, Perspektiven, Frankfurt a.M.: Fischer.
Nagl-Docekal, Herta (2007): Eine rettende Übersetzung? Jürgen Habermas interpretiert Kants Religionsphilosophie, in: Rudolf Langthaler/Herta Nagl-Docekal (Hg.), Glauben und Wissen. Ein Symposium mit Jürgen Habermas, Wien: Oldenbourg/Berlin: Akademie, 93–119.
Nagl-Docekal, Herta (2008): Philosophische Reflexionen über Liebe und die Gefahr ihrer Unterbestimmung im zeitgenösssichen Diskurs, in: dies./Friedrich Wolfram (Hg.), Jenseits der Säkularisierung. Religionsphilosophische Studien, Berlin: Parerga, 111–141.
Nagl-Docekal, Herta (2012a): Issues of Gender in Catholicism: How the Current Debate Could Benefit from a Philosophical Approach, in: Charles Taylor/José Casanova/George F. McLean (Hg.), Church and People: Disjunctions in a Secular Age, Washington, D.C: The Council for Research in Values and Philosophy, 155–186.
Nagl-Docekal (2012b): Feministische Philosophie im postfeministischen Kontext, in: Hilge Landweer/Catherine Newmark/Christine Kley/Simone Miller (Hg.), Philosophie und die Potenziale der Gender Studies. Peripherie und Zentrum im Feld der Theorie, Bielefeld: transcript, 231–254.
Nussbaum, Martha (2000): Beatrice's Dante: Wie liebt man richtig? In: Dieter Thomä (Hg.), Analytische Philosophie der Liebe, Paderborn: Mentis, 45–64.
O'Neill, Onora (1985): Between Consenting Adults, in: Philosophy and Public Affairs, 14, 79–97.

O'Neill, Onora (1996): Tugend und Gerechtigkeit. Eine konstruktive Darstellung des praktischen Denkens, Berlin: Akademie Verlag.
O'Neill, Onora (2000): Starke und schwache Gesellschaftskritik in einer globalisierten Welt, in: Deutsche Zeitschrift für Philosophie, 48, 5, 719–728.
O'Neill, Onora (2001): Kant's Conception of Public Reason, in: Volker Gerhardt/Rolf-Peter Horstmann/Ralph Schumacher (Hg.), Kant und die Berliner Aufklärung. Akten des IX. Internationalen Kant-Kongresses, Bd. I, 35–47.
O'Neill, Onora (2003): Vernünftige Hoffnung. Tanner Lecture 1 über Kants Religionsphilosophie, in: Ludwig Nagl (Hg.), Religion nach der Religionskritik, Wien: Oldenbourg/Berlin: Akademie, 86–110.
Okin, Susan Moller (1980): Women in Western Political Thought, London: Virago.
Okin, Susan Moller (1989): Justice, Gender, and the Family, New York: Basic Books.
Opitz, Sven (2012): An der Grenze des Rechts, Weilerswist: Velbrück.
Ottmann, Henning (1997): Die Weltgeschichte, in: Ludwig Siep (Hg.), Reihe Klassiker Auslegen, Bd. 9: G.W.F. Hegel, Grundlinien der Philosophie des Rechts, 267–286.
Paton, H. J. (1947): The Categorical Imperative. A Study in Kant's Moral Philosophy, New York-Evanston: Harper & Row.
Pauer-Studer, Herlinde (2000): Autonom leben. Reflexionen über Freiheit und Gleichheit, Frankfurt a.M.: Suhrkamp.
Peters, Tiemi Rainer/Urban, Klaus, Hg. (2008): Über den Trost, Ostfildern: Matthias Grünewald.
Pinkard, Terry (2007): Liberal Rights and Liberal Individualism Without Liberalism: Agency and Recognition, in: Espen Hammer (Hg.), German Idealism. Contemporary Perspectives, London: Routledge, 206–224.
Pogge, Thomas (2011): Weltarmut und Menschenrechte. Kosmopolitische Verantwortung und Reformen, Berlin: de Gruyter.
Pöggeler, Otto (1956): Hegels Kritik der Romantik, Bonn: Bouvier.
Prauss, Gerold (1983): Kant über Freiheit und Autonomie, Frankfurt a.M.: Klostermann.
Putnam, Ruth Anna (2002): Die Einsamkeit Kohelets, in: Deutsche Zeitschrift für Philosophie, 50, 4, 749–762.
Quante, Michael (2007): Reflexionen der ‚entgleisenden Modernisierung'. Über: Jürgen Habermas: Zwischen Naturalismus und Religion, in: Deutsche Zeitschrift für Philosophie, 55, 3, 489–493.
Rawls, John (1976), A Theory of Justice, Cambridge, MA: Harvard University Press (Sigle: TH).
Rawls, John (1992): Die Idee des politischen Liberalismus. Aufsätze 1978–1989, hg.v. Wilfried Hinsch, Frankfurt a.M.: Suhrkamp (Sigle: IP).
Rawls, John (1993): Political Liberalism, New York: Columbia University Press (Sigle: PL).
Rawls, John (1999): The Idea of Public Reason Revisited, in: ders., Collected Papers, hg. v. Samuel Friedman, Cambridge, MA: Cambridge University Press, 573–615 (Sigle: CP).
Rawls, John (2002): Geschichte der Moralphilosophie. Hume – Leibniz – Kant – Hegel, Frankfurt a.M.: Suhrkamp (HL).
Rawls, John (2003): Politischer Liberalismus, Frankfurt a.M.: Suhrkamp (LI).
Recki, Birgit (2001): Ästhetik der Sitten. Die Affinität von ästhetischem Gefühl und praktischer Vernunft bei Kant, Frankfurt a.M.: Klostermann.
Rentsch, Thomas (2005): Gott, Berlin: de Gruyter.
Rosenkranz, Karl (1965): Hegel als deutscher Nationalphilosoph (1870), Nachdruck: Darmstadt: WBG.
Rossi, Philip J. (1989): Evil and the Moral Power of God, in: Proceedings of the Sixth International Kant Congress, Lanham, MD: Center for Advanced Research in Phenomenology, vol. 2, 119–136.

Rossi, Philip J. (1998): Public Argument and Social Responsibility. The Moral Dimensions of Citizenship in Kant's Ethical Commonwealth, in: Jane Kneller/Sidney Axinn (Hg.), Autonomy and Community. Readings in Contemporary Kantian Philosophy, Albany: State University of New York, 63–85.

Rousseau, Jean-Jacques (1964): Vom Gesellschaftsvertrag oder Prinzipien des Staatsrechts, in: ders., Politische Schriften, Bd. 1, Paderborn-München-Wien-Zürich: Schöningh, 59–208. (Sigle: GV).

Rousseau, Jean-Jacques (1971): Emil oder über die Erziehung, Paderborn-München-Wien-Zürich: Schöningh (Sigle: EM).

Rousseau, Jean-Jacques (1979): Emile und Sophie oder Die Einsamen, in: ders., Gesammelte Werke, München: Winkler, 13. Bd., 645–690 (Sigle: ES).

Rousseau, Jean-Jacques (1978): Diskurs über den Ursprung und die Grundlagen der Ungleichheit zwischen den Menschen, in: ders., Schriften zur Kulturkritik. Die zwei Diskurse von 1750 und 1755, Hamburg: Meiner (Sigle: UU).

Rousseau, Jean-Jacques (1988): Julie oder die Neue Héloïse. Briefe zweier Liebenden aus einer kleinen Stadt am Fuße der Alpen, München: DTV (Sigle: NH).

Royce, Josiah (1912): Sources of Religious Insight, New York: Charles Scribener's Sons.

Rózsa, Erzsébet (2003): Glauben als Wissen. Zum Problem der Religiosität des modernen Menschen bei dem späten Hegel, in: Hegel-Jahrbuch (Glauben und Wissen, Erster Teil), Berlin: Akademie, 223–228.

Rózsa, Erzsébet (2005): Versöhnung und System. Zu Grundmotiven von Hegels praktischer Philosophie, München: Fink.

Rózsa, Erzsébet (2007): Hegel über die Kunst der ‚neueren Zeit' im Spannungsfeld zwischen ‚Prosa' und ‚Innerlichkeit', in: dies., Hegels Konzeption praktischer Individualität. Von der Phänomenologie des Geistes zum enzyklopädischen System, Paderborn: Mentis, 214–250.

Sala, Giovanni B. (2004): Das Reich Gottes auf Erden. Kants Lehre von der Kirche als ‚ethischem gemeinem Wesen', in: Norbert Fischer (Hg.), Kants Metaphysik und Religionsphilosophie, Hamburg: Meiner, 225–264.

Schmidt, Thomas (2001): Glaubensüberzeugungen und säkulare Gründe. Zur Legitimität religiöser Argumente in einer pluralistischen Gesellschaft, in: Zeitschrift für evangelische Ethik, 45, 248–261.

Schmidt, Thomas (2013): Die orientierende Funktion moralischer Prinzipien, in: Zeitschrift für philosophische Forschung 67, 98–114.

Schmucker, Josef (1967): Die primären Quellen des Gottesglaubens, Freiburg: Herder.

Schöndorf, Harald (1982): Anderswerden und Versöhnung Gottes in Hegels ‚Phänomenologie des Geistes', in: Theologie und Philosophie 57, 550–567.

Schönecker, Dieter (2010): Kant über Menschenliebe als moralische Gemütsanlage, in: Archiv für Geschichte der Philosophie, 92, 133–175.

Schönrich, Gerhard (1994): Bei Gelegenheit Diskurs. Von den Grenzen der Diskursethik und dem Preis der Letztbegründung, Frankfurt a.M.: Suhrkamp.

Schramme, Thomas (2011): Selbstbestimmung zwischen Perfektionismus und Voluntarismus, in: Deutsche Zeitschrift für Philosophie, 59, 6, 881–896.

Seel, Martin (1995): Versuch über die Form des Glücks. Studien zur Ethik, Frankfurt a.M.: Suhrkamp.

Seel, Martin (2011): Glaube, Hoffnung, Liebe – und einige andere nicht allein christliche Tugenden, in: Michael Kühnlein/Matthias Lutz-Bachmann (Hg.), Unerfüllte Moderne? Neue Perspektiven auf das Werk von Charles Taylor, Berlin: Suhrkamp, 755–779.

Siep, Ludwig (1992): Praktische Philosophie im Deutschen Idealismus, Frankfurt a.M.: Suhrkamp.

Siep, Ludwig (2000): Der Weg der Phänomenologie des Geistes. Ein einführender Kommentar zu Hegels ‚Differenzschrift' und zur ‚Phänomenologie des Geistes', Berlin: Akademie.

Siep, Ludwig (2010): Aktualität und Grenzen der praktischen Philosophie Hegels, München: Fink.
Sobotka, Milan (2003): Hegels These vom Tode Gotte, in: Hegel-Jahrbuch 2003 (Glauben und Wissen, Erster Teil), Berlin: Akademie, 34–37.
Spaemann, Robert (1973): Von der Polis zur Natur. Die Kontroverse um Rousseaus ersten Diskurs, in: Deutsche Vierteljahresschrift für Literaturwissenschaft und Geistesgeschichte, 47, 584–599.
Stangneth, Bettina (2000): Kultur der Aufrichtigkeit. Zum systematischen Ort von Kants ‚Religion innerhalb der Grenzen der bloßen Vernunft', Würzburg: Königshausen und Neumann.
Stangneth, Bettina (2003), Anmerkungen des Herausgebers (sic!), in: Immanuel Kant, Die Religion innerhalb der Grenzen der bloßen Vernunft, Hamburg: Meiner, 275–304.
Steinbrügge, Lieselotte (1992): Das moralische Geschlecht. Theorien und literarische Entwürfe über die Natur der Frau in der französischen Aufklärung, Stuttgart: Metzler.
Strasser, Peter (2011): Bedingunslose Liebe. Charles Taylors katholische Modernität, in: Michael Kühnlein/Matthias Lutz-Bachmann (Hg.), Unerfüllte Moderne? Neue Perspektiven auf das Werk von Charles Taylor, Berlin: Suhrkamp, 755–779.
Strauss, Leo (1956): Naturrecht und Geschichte, Stuttgart: Köhler.
Striet, Magnus (2005): ‚Erkenntnis aller Pflichten als göttliche Gebote'. Bleibende Relevanz und Grenzen von Kants Religionsphilosophie, in: Georg Essen/Magnus Striet (Hg.), Kant und die Theologie, Darmstadt: WBG, 162–186.
Sullivan, Roger (1989): Kant's Moral Theory, Cambridge, UK-New York u. a.: Cambridge University Press.
Tanner, Tony (1982): Julie and ‚La Maison Paternelle': Another Look at Rousseau's La Nouvelle Héloïse, in: Jean Bethke Elshtain (Hg.), The Family in Political Thought, Brighton: The Harvester Press, 109–128.
Theunissen, Michael (2004): Religiöse Philosophie, in: Klaus Dethloff/Rudolf Langthaler/Herta Nagl-Docekal/Friedrich Wolfram (Hg.), Orte der Religion im philosophischen Diskurs der Gegenwart, Berlin: Parerga, 101–120.
Vieweg, Klaus (2012): Das Denken der Freiheit. Hegels Grundlinien der Philosophie des Rechts, München: Fink.
Vos, Lu de (2006): Institution Familie. Die Ermöglichung einer nicht-individualistischen Freiheit, in: Hegel-Studien 41, 92–112.
Walzer, Michael (1992): Sphären der Gerechtigkeit. Ein Plädoyer für Pluralität und Gleichheit, Frankfurt a.M.: Suhrkamp. (USA: Spheres of Justice, New York: Basic Books, 1983.)
Waszek, Norbert (1999): Zwischen Vertrag und Leidenschaft. Hegels Lehre von der Ehe und die Gegenspieler: Kant und die Frühromantiker (Schlegel, Schleiermacher), in: Jean-François Kervégan/Heinz Mohaupt (Hg.), Gesellschaftliche Freiheit und vertragliche Bindung in Rechtsgeschichte und Philosophie, Frankfurt a.M.: Klostermann, 271–299.
Weiss, Leonhard (2012): Hegels Geschichtsphilosophie und das moderne Europa, Berlin-Wien: LIT.
Weisser-Lohmann, Elisabeth (2011): Rechtsphilosophie als praktische Philosophie. Hegels Grundlinien der Philosophie des Rechts und die Grundlegung der praktischen Philosophie, München: Fink.
Wesche, Tilo (2012): Moral und Glück. Hoffnung bei Kant und Adorno, in: Deutsche Zeitschrift für Philosophie, 60, 1, 49–71.
Wimmer, Rainer (1990): Kants kritische Religionsphilosophie, Berlin-New York: de Gruyter.
Winter, Aloysius (2000): Gebet und Gottesdienst bei Kant, in: ders., Der andere Kant. Zur philosophischen Theologie Immanuel Kants, Hildesheim-Zürich-New York: Olms, 115–161.
Wood, Allen W. (2008): Kantian Ethics, Cambridge-New York: Cambridge University Press.
Wood, Allen W. (2011): Ethical Community, Church and Scripture, in: Otfried Höffe (Hg.), Klassiker Auslegen, Bd. 41: Immanuel Kant, Die Religion innerhalb der Grenzen der bloßen Vernunft, Berlin: Akademie, 131–150.

Personenregister

Adams, Nicholas 158
Adler, Max 71
Adorno, Theodor W. 71
Anderson-Gold, Sharon 104, 167
Apel, Karl-Otto 40, 87, 201
Arendt, Hannah 11, 92, 101, 105, 146, 147
Ariès, Philippe 67

Barth, Hans 176
Baum, Manfred 81
Baumgartner, Hans Michael 40, 169
Benhabib, Seyla 105, 141, 143, 179
Benjamin, Walter 69
Bennent, Heidemarie 178
Betzler, Monika 96
Biletzki, Anat 170
Bittner, Rüdiger 83
Böckenförde, Ernst-Wolfgang 193, 194
Bovenschen, Silvia 179, 180
Brandt, Reinhard 164
Buchhammer, Brigitte 137
Byrne, Peter 112

Cassirer, Ernst 185
Cavell, Stanley 145, 146
Celikates, Robin 43, 44
Chodorow, Nancy 98
Corregio, Antonio Allegri da 133

Danz, Christian 217
Derrida, Jacques 203
Dirscherl, Klaus 185
Dörflinger, Bernd 175
Doyé, Sabine 189
Düsing, Edith 209
Düsing, Klaus 166, 167

Esser, Andrea 79, 92, 114
Fasching, Maria 73

Fetscher, Iring 177
Forst, Rainer 39, 41, 42, 83, 99
Förster, Eckart 108, 123
Frankfurt, Harry G. 96
Fraser, Nancy 143
Freeman, Samuel 31
Freud, Sigmund 71
Friedman, Marilyn 99

Galilei, Galileo 211
Garbe, Christine 184, 187, 188
Gehrke, Helmut 159
Gerhardt, Volker 200
Gethmann-Siefert, Annemarie 133
Goethe, Johann Wolfgang v. 74, 138
Gosepath, Stefan 4 3, 44, 53
Griffin, James 93
Guyer, Paul 90, 97
Günther, Johann Christian 154
Habermas, Jürgen 10, 12, 19, 23, 25, 30, 31, 40, 41, 44, 52, 69, 70, 125, 151, 152, 153, 157, 158, 159, 160, 167, 169, 171, 190, 193, 194, 195, 202, 203-222
Hahn, Alois 67
Hampton, Jean 155
Hegel, Georg Wilhelm Friedrich 9, 10, 11, 12, 13, 17, 18, 19, 23, 33, 34, 36, 47, 48, 49, 52, 53, 54, 55, 56, 57, 58, 59, 60, 63, 65, 72, 74, 75, 85, 92, 99, 130-147, 152, 158, 160, 161, 167, 176, 197, 198, 199, 201, 201, 203-222
Heintel, Erich 50, 71, 159, 214
Heinz, Marion 179, 189
Held, David 105

Helm, Bennett W. 56, 57
Herman, Barbara 84, 100, 101, 102
Himmelmann, Beatrix 173
Hinsch, Wilfried 193
Hoffmann, Matthias 67
Hoffmann, Thomas Sören 116, 119
Höffe, Otfried 28, 91, 104, 105, 106, 155, 221
Honegger, Claudia 181
Honneth, Axel 10, 17-25, 31, 33-76, 129, 144, 145, 151, 152, 153, 154, 209
Horster, Detlev 32
Hutter, Axel 168

Iannelli, Francesca 134
Illies, Christian 42
Isensee, Josef 199

Jauch, Ursula Pia 189
Jesus Christus 133, 160, 188, 213
Johannes von Partmos 189
Junker-Kenny, Maureen 195, 204

Kant, Immanuel 9, 10, 11, 12, 13, 19, 21, 24, 26, 27, 28, 29, 30, 31, 32, 39, 40, 41, 42, 43, 44, 45, 46, 47, 48, 49, 50, 62, 63, 64, 67, 68, 69, 70, 71, 73, 74, 75, 76, 79-127, 155, 156, 157, 158, 159, 160, 161-176, 183, 184-192, 196-202, 215, 220, 221
Kaulbach, Friedrich 108, 109
Kersting, Wolfgang 89, 90
Klinger, Cornelia 185
Kofmann, Sarah 183, 184
Konfuzius 170
Kopper, Joachim 108, 111, 112
Korsgaard, Christine M. 125, 126
Krebs, Angelika 143
Kuster, Friederike 178, 189

Lange, Lynda 180
Langthaler, Rudolf 67, 68, 85, 95, 159, 195, 217
Larmore, Charles 31
Lavater, Johann Caspar 121, 123
Lehmann, Gerhard 112, 114, 117, 122
Lombardo, Emanuela 101
Lütterfelds, Wilhelm 126, 158, 217

Luhmann, Niklas 56, 58
Luther, Martin 158, 199, 210, 211, 213

Maria, Mutter Jesu 134, 141
Maria Magdalena 133, 141
Marshall, Thomas H. 37
Marx, Karl 176
Meier, Petra 101
Melica, Claudia 139
Mendelssohn, Moses 118
Menke, Christoph 82, 85, 86,
Metz, Johann Baptist 66
Moran, Kate A. 166
Müller, Ernst 214
Müller, Klaus 119, 121
Musil, Robert 214

Nagl, Ludwig 70, 120, 125, 146, 171, 217
Nagl-Docekal, Herta 73, 90, 98, 99, 101, 141, 159, 180, 185, 195, 217
Newman, John Henry 122
Nicholson, Linda 179
Niethammer, Friedrich Immanuel 143
Nussbaum, Martha C. 129

O'Neill, Onora 43, 68, 84, 100, 101
Okin, Susan Moller 179
Ottmann, Henning 53
Ovid (Publius Ovidius Naso) 120, 120

Parsons, Talcott 51
Pascal, Blaise 121
Paton, H. J. 81, 83
Pauer-Studer, Herlinde 79, 90
Peters, Tiemi Rainer 66
Pinkard, Terry 86
Platon 164, 164
Pogge, Thomas 105
Pöggeler, Otto 130, 139
Putnam, Ruth Anna 125

Quante, Michael 217

Rawls, John 10, 13, 25-33, 46, 48, 49, 52, 63, 88, 93, 102, 103, 105, 155, 157, 172, 182, 193, 194, 201, 217, 221
Recki, Birgit 101

Rentsch, Thomas 120
Rosenkranz, Karl 53
Rossi, Philip J. 32, 167, 171
Rousseau, Jean-Jacques 11, 13, 20, 26, 86, 115, 175-192
Royce, Josiah 120, 171
Rózsa, Erzsébet 131, 134, 138, 217, 219

Sala, Giovanni B. 169
Schiller, Friedrich 176, 185
Schlegel, Friedrich 139
Schlegel-Schelling, Caroline 143
Schmucker, Josef 122, 192
Schöndorf, Harald 209
Schönecker, Dieter 98
Schönrich, Gerhard 40
Schramme, Thomas 92, 95
Seel, Martin 93
Shakespeare, William 131
Siep, Ludwig 50, 145, 218
Sobotka, Milan 216
Stangneth, Bettina 114, 115, 117, 118, 120, 121
Steinbrügge, Lieselotte 136, 182

Steunebrink, Gerrit 217, 217
Strauss, Leo 176
Striet, Magnus 123, 127, 196
Sullivan, Roger 167

Tanner, Tony 188
Taylor, Charles 86
Theunissen, Michael 154, 155
Tizian 73, 74

Urban, Klaus 66

Verloo, Mieke 101
Vieweg, Klaus 18, 19, 212

Walzer, Michael 67, 143
Weisser-Lohmann, Elisabeth 141
Willmans, C. A. 110
Wimmer, Rainer 115
Winnicott, D. W. 71
Winter, Aloysius 115
Wolff, Christian 200
Wood, Allen W. 165, 167

www.ingramcontent.com/pod-product-compliance
Lightning Source LLC
Chambersburg PA
CBHW080637170426
43200CB00015B/2871